北京师范大学国际中文教育学院学科建设经费资助出版

西北师范大学国际文化交流学院学科建设经费资助出版

国际汉语教育人才培养论丛

（第八辑）

李莉 柯航 主编

中国社会科学出版社

图书在版编目（CIP）数据

国际汉语教育人才培养论丛. 第八辑 / 李莉, 柯航
主编. -- 北京：中国社会科学出版社, 2025.4.
ISBN 978-7-5227-4917-4

Ⅰ. H195-53

中国国家版本馆 CIP 数据核字第 2025UW9575 号

出 版 人	赵剑英	
责任编辑	郭如玥	
责任校对	郝阳洋	
责任印制	郝美娜	

出　　版	中国社会科学出版社	
社　　址	北京鼓楼西大街甲 158 号	
邮　　编	100720	
网　　址	http：//www.csspw.cn	
发 行 部	010-84083685	
门 市 部	010-84029450	
经　　销	新华书店及其他书店	

印刷装订	北京君升印刷有限公司	
版　　次	2025 年 4 月第 1 版	
印　　次	2025 年 4 月第 1 次印刷	
开　　本	710×1000　1/16	
印　　张	28.75	
插　　页	2	
字　　数	471 千字	
定　　价	168.00 元	

凡购买中国社会科学出版社图书，如有质量问题请与本社营销中心联系调换
电话：010-84083683
版权所有　侵权必究

目 录

中文教学

辅助性语法教材中语法点编排与讲解模式研究………罗 堃 郑浩然（3）
莫桑比克初级汉语学习者学习需求研究…………鲍 蕊 张 颖（18）
探究社区理论框架下的语言教学微课互动设计……胡秀梅 张梓芮（29）
乌兹别克斯坦职业汉语需求
　　调查研究…………杨寻止 王暄婷 魏少丽 黄 旭 罗 莲（39）
《国际中文教育中文水平等级标准》与俄罗斯中文高考的
　　对接应用研究………………………周 洋 霍董卓 王学松（53）
新时代海外中文教育的低龄化趋势与应对策略………吴成年（71）
基于CiteSpace的国际中文教育研究热点与
　　趋势分析…………………………………亓 华 李楚翘（84）
在新形势下提升国际中文教育市场供给能力的可行方向……申东月（103）
线上语伴交流活动效果调查及其制约因素分析……路欣怡 张连跃（113）
基于ELAN的线上汉字多模态教学研究
　　——以Lingo bus儿童初级汉语课为例………巨晨苗 杨 泉（125）
视频作品测试法在美高中汉语教学应用研究
　　——以密苏里州哥伦比亚市公立高中汉语课为例………李竺霖（139）
《三字经》在域外汉字文化圈的传播及在国际中文
　　汉字教学中的价值………………………………康小明（155）
近十年国际中文教育案例研究方法述评………………邓杉杉（163）
非汉语环境下汉语课堂活动设计中的问题研究……孙红娟 步延新（173）
图瓦卢中文教育发展现状研究………肖歆童 邓 华 李琼琼（183）
国际中文教育议论文论证结构阶段性特征研究……………周 怡（193）

《世界汉语教学》近十年来教学研究相关文献的
　　可视化分析……………………………………梁　诗　李　娜（206）
近二十年（2000—2021）国内祖语保持
　　研究综述………………………………………张江丽　陈思璇（219）
"一带一路"语境下西北民族地区精准推普
　　实践研究………………………………………宋　珊　敏春芳（231）

师资培养

美国欧柏林大学专家型优秀中文教师古文
　　课堂师生话语互动研究…………………………刘安祺　亓　华（245）
国际中文教师线上与线下教学必备
　　能力重要程度对比研究………………吕　爽　徐　文　陈明君（258）
"一带一路"背景下巴基斯坦汉语应用型人才培养模式
　　构建与实践………………………………………………尚　超（271）
关于汉语国际教育专业硕士中国民族音乐课程的思考………刘一杉（280）
国际中文教育领域专业硕士中华文化传播能力
　　现状调查研究……………………………………………刘景艳（288）
赴新西兰国际中文教师志愿者跨文化适应
　　状况调查研究……………………………………朱　婷　亓　华（299）
赴新西兰国际中文教师志愿者与住家的跨文化交往类型及
　　能力探究…………………………………………左　力　亓　华（314）
阿联酋"百校项目"中文教师工作适应性研究……马鹏程　关振宇（326）

汉语本体与习得

吉尔吉斯语学生汉语语音习得偏误及对策分析……才甫丁·依沙克（343）
基于数字墨水技术的零起点留学生汉字笔顺书写
　　影响因素研究……………………………………………赖　赟（361）
莫斯科语义学派词汇函数理论在现代汉语词际语义关系
　　分析中的应用……………………………………………刘兰民（375）
从翻译教学角度看日语给予动词句与汉语"给"字句………贾笑寒（384）

文化教学

文学经典的超越性及其跨文化传播……………杨晓霭　胡一凡（399）
跨文化教育视域下来华留学生"讲好中国故事"
　　策略研究………………………………………曹晓东（410）
国际中文教育视域下的文化教学方法
　　——以古代历史文化为例……………………赵宏勃（421）
试论"非遗"融入国际中文教育文化教学
　　——以文化共同体为视角……………………刘玉川（432）
跨文化视野下的国际中文教学
　　——以迪士尼电影《花木兰》为例…………孙立峰　王子陌（443）

中文教学

中卷終

辅助性语法教材中语法点编排与讲解模式研究

罗 堃 郑浩然

摘要：本文考察了2010年后出版的14套辅助性语法教材中语法点编排状况与讲解模式。考察发现，14套教材中出现频率最高的语法项目是词类、句子成分、句子类型和动作的态。从语法点等级排布上看，初等语法点多，而高等语法点相对较少，14套教材中有6套教材适用于初级阶段学习者，1套教材适用于准中级阶段学习者，3套教材适用于中级阶段学习者，4套教材适用于准高级阶段学习者。14套教材中语法点讲解模式可分为三类九种，其中基本模式为"说明+展示+练习"。

关键词：辅助性语法教材；语法点；选择；编排；讲解

一 引言

语法点的选择、编排、讲解一直是国际中文教材编写与研究领域的重要议题。现有研究成果主要集中在以下几个方面：

（一）教材中语法点的分级选择问题（杨德峰2001；关键2015）；

（二）语法点的编排原则（杨德峰1997、2001、2020；吕文华2002；唐曙霞2004）；

（三）具体语法点的编排实践（陈珺、周小兵2005；李英、邓小宁2005；刘佳2011；洪炜、黄天妮2020）；

[基金项目] 甘肃省社科规划一般项目（项目编号：2021YB047）。

罗堃：西北师范大学国际文化交流学院；郑浩然：中国民用航空飞行学院洛阳分院。

（四）教材中语法点的讲解模式（杨德峰系列论文）①。

上述研究成果直击汉语教材编写过程中的痛点与瘀点，在国际中文教材资源建设方面起到了一定的推动作用。当然，现有成果也存在问题，比如重视《发展汉语》《新实用汉语课本》等通用汉语教材，忽视专业性汉语教材；重视语法点的等级排布，轻视其讲解模式，等等。针对现有研究成果的不足之处，本文提出"辅助性语法教材"的概念②，并收集近期出版的该类教材进行相关研究。

所谓"辅助性语法教材"是指应用于国际中文教育，能在通用汉语学习之余，辅助学习者深入学习汉语语法知识，提高其语言技能和交际能力的专门语法教材。辅助性语法教材应具备如下特征：

1. 针对汉语作为第二语言学习者；
2. 具有相对系统化的语法教学体系；
3. 语法点的呈现颗粒度较细；
4. 语法点的讲解兼顾形式、意义和功能；
5. 较少使用晦涩的理论语法术语。

根据定义和特征描述，我们筛选了2010年后出版的14套教材开展对比研究（教材具体情况见表1）。文章着力回答三个问题：（1）14套辅助性语法教材在语法点的选择、排布上有何特点？（2）14套教材分别适用于什么水平等级的汉语学习者？（3）14套教材中语法点的讲解模式有什么特征表现？

表1　　　　　　　　　　14套教材出版信息及简称

编号	教材名称	编著者	出版年份	出版社	本文简称
1	《中文语法小红书——中学中文考试语法指南》	陈琦、林晶	2021	北京语言大学出版社	《指南》

---

① 杨德峰系列论文为《初级汉语综合教材语法教学模式初探》《中级汉语综合教材语法教学模式考察及反思》《高级汉语综合教材中的语法教学模式考察》《初级口语教材语法教学模式考察及分析》《中级口语教材的语法教学模式考察》《高级口语教材中的语法教学模式》，其中所用术语为"语法教学模式"，但我们认为"教学模式"这一术语更适合于课堂教学，教材中对语法点的阐释应称为"讲解模式"。

② 本文之所以关注辅助性语法教材，是受相关文化教材的启发。韩明（2011）提出对外汉语文化辅助教材既不同于语言教材，也不同于文化教材，它具有依附性、辅助性、非独立性等特点，可用作学生课内课外的自学材料。

续表

编号	教材名称	编著者	出版年份	出版社	本文简称
2	《汉语语法轻松学》	丁险峰、骆健飞等	2018	华语教学出版社	《轻松》
3	《汉语语法教程：从知识到能力》	徐晶凝	2017	北京大学出版社	《能力》
4	《简明汉语语法学习手册》	朱晓星	2016	北京大学出版社	《手册》
5	《留学生分级汉语教材·语法》	杨海明	2016	暨南大学出版社	《语法》
6	《实用汉语语法教程》	付鸿军	2015	北京师范大学出版社	《教程》
7	《外国人学汉语语法必读》	李军华	2013	外文出版社	《必读》
8	《轻轻松松学语法：对外汉语教学语法纲要》	吴颖	2011	北京语言大学出版社	《纲要》
9	《对外汉语教学实用语法（修订版）》	卢福波	2011	北京语言大学出版社	《教学》
10	《图解基础汉语语法》	姜丽萍	2010	高等教育出版社	《基础》
11	《中文语法快易通/步步高：句型结构（1）（2）》	何文潮、焦晓晓等	2010 2012	北京大学出版社	《句型》
12	《图示汉语语法》	耿二岭	2010	北京语言大学出版社	《图示》
13	《实用汉语语法讲练》	张幼冬	2010	北京大学出版社	《讲练》
14	《图解汉语语法难点学习手册》	郭晓麟、郭念麟	2010	北京大学出版社	《图解》

二 辅助性语法教材语法点编排情况

由于 14 套教材所选择的语法点不同，同时语法知识的颗粒度大小各异。因此，为了进行同质化比较，本文以 2021 年 7 月 1 日实施的《国际中文教育中文水平等级标准》中的语法大纲（以下简称"新大纲"）[①] 为参照，对比 14 套教材中语法点的编排情况。

---

① 根据王鸿滨（2021）研究，新大纲的语法项目和语法点是以海内外 4114 册对外汉语教材中所出现的语法点为基础，经统计、测查后切分而来。具有较强的适用性。

（一）语法点的选择

新大纲中共有 12 类语法项目，分别是：语素、词类、短语、固定格式、句子成分、句子的类型、动作的态、特殊表达法、强调的方法、提问的方法、口语格式、句群，其中包括 573 个语法点。对标新大纲，可以发现 14 套教材在语法点选择上有两个特点：

1. 从语法项目角度看，所有教材都涵盖的语法项目为词类、句子成分、句子类型、动作的态。这说明，上述四类语法项目是汉语语法教学的核心内容。剩下的八类语法项目在 14 套教材中的出现频率依次为：短语（92.9%）、特殊表达法（85.7%）、固定格式（78.6%）、强调的方法（71.4%）、提问的方法（42.9%）、口语格式（42.9%）、语素（14.3%）、句群（7.1%）。

2. 从不同教材对语法项目的覆盖情况看，《句型》《讲练》《图解》等 3 套教材覆盖率最高；《指南》《必读》《教学》次之；覆盖率最低的教材为《纲要》。具体到语法点的数量，涵盖新大纲 200 个以上语法点的教材有 4 套，分别是《教程》《纲要》《教学》《讲练》，语法点数量覆盖比较少的是《轻松》和《能力》。分项语法点数量统计见表 2。

表 2　　　　　　　　14 套教材语法项目统计情况

语法项目 教材简称	语素	词类	短语	固定格式	句子成分	句子的类型	动作的态	特殊表达法	强调的方法	提问的方法	口语格式	句群	总数量
《指南》	0	61	1	2	15	28	5	2	0	8	1	0	123
《轻松》	0	11	0	17	19	0	3	0	0	0	0	0	50
《能力》	0	22	4	2	16	17	5	2	0	0	1	0	69
《手册》	0	29	2	0	9	19	5	1	4	10	1	0	80
《语法》	0	84	6	0	11	53	4	1	3	0	0	1	163
《教程》	0	102	3	2	34	87	4	6	2	0	0	0	240
《必读》	0	66	5	2	2	18	47	0	1	1	0	0	142
《纲要》	0	118	1	1	28	110	4	1	1	0	0	0	264
《教学》	4	128	8	3	30	92	5	5	0	3	0	0	278
《基础》	0	60	5	4	18	35	5	6	6	8	1	0	148
《句型》	0	34	5	1	28	36	5	1	0	7	0	0	117

续表

语法项目\教材简称	语素	词类	短语	固定格式	句子成分	句子的类型	动作的态	特殊表达法	强调的方法	提问的方法	口语格式	句群	总数量
《图示》	4	72	4	4	19	37	4	6	3	2	0	0	155
《讲练》	0	138	6	12	26	77	4	3	3	0	4	0	273
《图解》	0	27	2	1	14	11	3	1	3	0	0	0	62

（二）语法点等级排布

新大纲将 573 个语法点分为初、中、高三等，每等之下又分为三级，总共"三等九级"，高等之下的七级到九级统归在一起，没有再进行细致的切分（王鸿滨 2021）。14 套辅助性语法教材中各等级语法点数量统计如表 3 所示：

表 3　　　　　　14 套教材语法点等级排布统计情况

教材简称	初等			中等			高等
	一级	二级	三级	四级	五级	六级	
《指南》	40	47	23	6	5	1	1
《轻松》	8	13	9	6	8	3	3
《能力》	21	16	10	6	9	4	3
《手册》	19	29	12	8	6	3	3
《语法》	35	50	40	17	9	6	6
《教程》	36	57	53	42	21	16	15
《必读》	20	37	31	13	14	9	18
《纲要》	39	55	52	39	29	23	27
《教学》	41	63	57	41	24	19	33
《基础》	36	52	37	10	5	7	1
《句型》	38	40	22	6	6	3	2
《图示》	32	41	39	16	12	11	4
《讲练》	29	45	51	39	31	24	54
《图解》	18	23	12	2	6	0	1
百分比	69.9%			23.9%			6.2%

数据显示，14套教材中的语法点以初等为主，高等阶段语法点占比相对较低。

（三）从语法点的等级排布看辅助性语法教材的适用阶段

对汉语学习者而言，选择适合自身水平的辅助性教材至关重要。在14套辅助性语法教材中，有的教材明确说明了适用对象，但有的教材并没有告知这一信息。鉴于此，本文通过语法点的分级统计结果来为教材分类，分别考察14套辅助性语法教材相对而言更适合哪一阶段的学习者。相关统计结果表明，14套教材可以服务于四个不同水平等级的汉语学习者。

1. 初级阶段：教材中初等语法点数量占比高于69.9%，中等语法点、高等语法点数量占比分别低于23.9%和6.2%。该阶段教材共有6套，分别是《指南》《基础》《手册》《语法》《句型》《图解》。

2. 准中级阶段：教材中初等语法点数量占比高于69.9%，中等语法点数量占比高于23.9%，高等语法点数量占比低于6.2%。该阶段教材只有《图示》1套，适用于从初级阶段过渡到中级阶段的学习者。

3. 中级阶段：教材中初等语法点数量占比低于69.9%，中等语法点数量占比高于23.9%，高等语法点数量占比低于6.2%。该阶段教材共有3套，分别是《轻松》《能力》《教程》。

4. 准高级阶段：教材中初等语法点数量占比低于69.9%，中等语法点数量占比高于23.9%，高等语法点数量高于6.2%。这一阶段教材共有4套，分别为《纲要》《必读》《教学》《讲练》，适用于从中级阶段过渡到高级阶段的学习者。

需要特别指出的是，大多数教材自己给出的等级定位与本文统计结果相一致，比如《教程》提到，该书是"一本为中高级阶段学习者编写的语法教材"，统计数据支持这一定位。但也有一部分教材的自身定位与统计结果不太一致，例如《轻松》定位为初级汉语水平，但统计结果显示该教材实际上适用于中级阶段的汉语学习者。

三 辅助性语法教材语法点讲解模式类型表现

从教学环节来考察语法点的教学模式，学界已有一些探索。如崔永华

(1989）提出"展示—讲解—练习—归纳"模式。郑艳群、袁萍（2019）把语法教学环节分为 I（导入）、E（说明）、P（练习）、S（总结）四个构件，在教学数据库中，IEPS 结构最为突出。杨德峰的系列论文则把目光投向教材，他分别考察了不同水平等级的 34 部综合教材、36 部口语教材，总结了相应的语法讲解模式。本文将在上述研究的基础上，讨论 14 套辅助性语法教材中语法点的讲解模式。

（一）语法点讲解环节

受编写理念、教学目标以及适用对象三重因素的影响，14 套辅助性教材语法点讲解模式表现不尽一致。根据前人对语法教学环节的界定与研究，我们将 14 套教材中的所有语法讲解环节概括如下：

1. 说明环节：通过逻辑梳理、媒介语对照，对语法知识进行多维讲解。所有教材均有此环节。

2. 展示环节：通过展示语法结构、例句、图片等，对语法知识进行具体化、情景化呈现。所有教材均有此环节。

3. 练习环节：通过正误判断、选择、填空、连词成句等练习，对语法知识进行巩固。大部分教材有此环节。

4. 运用环节：通过对话、小组任务、情景演练等具体的交际活动，对语法知识进行实践运用。仅有部分教材有此环节。

（二）语法点讲解模式的类型

通过对每套教材讲解环节的特点和结构进行细致剖析，我们将 14 套教材中语法点讲解模式分为三类九种。

1. 演绎类

演绎类是指先讲解语法点的意义和用法，而后用例句进一步阐明该语法点（杨德峰 2019）。具体表现为以"说明"环节为基础的五种讲解模式。

（1）"说明+展示"模式

该模式是以"说明"环节为出发点进行讲解的最基本模式，即在语法知识描写之后，提供例句、情景对话等具体的语法事实帮助学生建构起对该语法点的认知。《必读》中运用了这一模式。如：

①动词"会"①

说明：会，技能；推测；擅长于某方面；人、动物等天生具有的能力。②

展示：例句①"孩子会开车，我不会。"

（2）"说明+展示+练习"模式

该模式同样以"说明"环节为出发点，不同之处是在完成知识说明和内容展示之后，还跟有一个练习环节。辅助性语法教材中的《语法》《纲要》《基础》《句型》《手册》五套教材均运用了此模式。例如：

①"把"字句③

说明：介词"把"和它的宾语一起作状语的句子叫作"把"字句。

呈现：格式"主语+把+宾语+在/到/给+地方"。

练习：完成句子题"你把这几件衣服_____。"

（3）"说明$_1$+展示+练习+说明$_2$"模式

该模式是对上一种模式的深入发展，在练习环节后又增加了一个"说明"环节。其中"说明$_2$"环节是针对相应练习题的补充说明。如此一来，整个"讲练"过程显得十分完整。《教学》就使用了该模式。如：

①数词及概数表示法④

说明$_1$："二"和"两"，"二"和"两"表示的数目一样，都是"2"，但用法不同。单用的量词前用"两"。

展示：两把伞、两个人、两瓶酒、两次。

练习：练习二，用"二"或"两"填空，_____两、_____米多、_____分之一、二十_____个班、_____斤、_____个人、三_____个人、_____篇文章。

说明$_2$：要解，根据"2"单个数用于量词前用"两"的规律，"两个人""两倍""两条裤子""两篇文章""三两个人"都应该用"两"。

（4）"说明$_1$+展示+说明$_2$"模式

该模式有两个"说明"环节，"说明$_1$"是对语法知识的初步讲解，"说明$_2$"是对语法知识的补充讲解，前后两个"说明"环节形成了一个

---

① 参见《必读》，第12—13页。
② 讲解内容过长，篇幅所限，本文举例只截取其中一部分，下同。
③ 参见《基础》，第40—43页。
④ 参见《教学》，第66页，及其习题册，第132—133页。

"回溯"格局。《图示》就采用了这种模式。如：

①简单趋向补语①

说明$_1$：可分为两种类型，Ⅰ动词不带宾语，只带简单趋向补语；Ⅱ动词既有宾语，也有简单趋向补语。

展示：动词+"来"/"去"→表示动作的趋向。

说明$_2$：如果动作是朝着说话人进行的，用"来"；如果是朝着相反的方向进行的，就用"去"。

（5）"说明$_1$+展示+说明$_2$+练习"模式

与一种模式相比，这一模式增加了"练习"环节，形成了一个完整的讲解流程。"说明"环节逐层深入，且配有练习题帮助学习者巩固知识。《教程》就应用了这一模式，如：

①程度副词②

说明$_1$：副词是修饰动词、形容词，只作状语的词；在副词中，程度副词是一种非常重要的、使用频率相当高的副词。

展示：例句"这里的风景很美丽。""我现在非常困。"

说明$_2$：难点解析"37°C非常（地）热；31°C很热/真热啊/呀。"

练习：选择正确答案"屋子（　）乱了，快收拾一下吧。

A 很 B 非常 C 太 D 真 E 好。"

综上分析，在演绎类的五种模式当中，前三种类型可视为线性化的"说明"模式，表现为由"说明"环节开启，进而展示或练习，讲练结合且有始有终。后两种类型则是环状的"说明"模式，表现为从"说明"环节出发，而后展示或练习，并对语法知识进行再解释，通过重复输入让学习者掌握相关知识。总体上看，"说明$_1$+展示+练习+说明$_2$"和"说明$_1$+展示+说明$_2$+练习"两种模式结构相对完整，讲解效果较好。

2. 归纳类

归纳类的总体特点是"展示"环节先于"说明"环节，在例句、用法的基础上对语法点进行概括阐释。归纳类模式可以细分为三种类型。

（1）"展示+说明+练习"模式

这一模式先展示语法事实，接着说明语法知识，最后练习。《能力》

---

① 参见《图示》，第112—114页。

② 参见《教程》，第72—75页。

《图解》均使用这种模式。如：

①离合词[1]

展示：举例"第一组，学（汉语）、吃（面包）、看（书）；第二组，走、死、活、醒。"

说明：第一组是及物动词，它们的后边可以直接加宾语。第二组是不及物动词，它们的后边不能加宾语。

练习：练习一，判断并改错"1. 1947 年 10 月，我的爸爸结婚了我的妈妈。"

（2）"展示+说明+练习+运用"模式

该模式的特点是在一条相对完整的"展示+说明+练习"路径基础上增加了"运用"环节，对所学知识进行操练实践，帮助学习者全方位习得该语法点。《指南》采用了这一模式。例如：

①肯定陈述句[2]

展示："是；Subject+是+Noun；我是中学生。"

说明：不管在什么情况下都可以将 is、am、are、was、were 翻译成"是"的假设是错误的。中文的形容词本身已经有 to be 的意思了。

练习：测验的选择题"我（①很 ②是 ③N/A ④有）英国人。"

运用：语法说唱"我们俩"。

（3）"展示+说明$_1$+运用+练习+说明$_2$"模式

相较于前一种模式，该模式的不同之处在于把"运用"环节调整到了"练习"环节之前，让学习者在"运用"的基础上通过"练习"掌握知识，第二个"说明"环节则起到补充作用。这一模式在语法讲解过程中颇具新意。《轻松》就运用了这一模式。如：

①形容词重叠[3]

展示：例句及图示"这个小女孩眼睛大大的，嘴巴小小的，脸圆圆的，戴着一副大眼镜，真可爱。"

说明$_1$：形容词重叠后，主要有两种意思"一种表示程度的加深，另一种具有描写的作用，同时也表达喜爱的感情色彩。"

运用：课堂活动"几人一组，各组成员用重叠式描述班里一个同学

---

① 参见《能力》，第 57—64 页。
② 参见《指南》，第 2—6 页。
③ 参见《轻松》，第 16—19 页。

的长相（眼睛、嘴巴、头发等身体部位）并做出评论，请其他同学猜猜他/她是谁。"

练习：请写出下列形容词的重叠形式，例如"高兴"的答案是"高高兴兴"，"1. 安静_____；2. 整齐。"

说明$_2$：双音节形容词还有一种不完全重叠式，如"A 里 AB"。

通过梳理发现，归纳类的第一种模式"展示"环节地位非常突出，具体表现为用结构、例子、图片开启讲解流程，在"说明""练习"环节深度分析语法结构；后两种模式"运用"环节地位更高，尽管以"展示"环节为起点，但更强调结构、功能和意义的立体化"运用"，真正做到让学习者"在用中学"。

3. 语感类

周健（2016）曾提出"汉语语感培养教学模式"，旨在通过扩大输入、熟记背诵等方法培养学生汉语语感，进而提高学生汉语综合运用能力。这一思路在语法点的讲解上也有所体现，表现为通过反复练习，创制情境，增加语法知识的输入。我们将其概括为"练习$_1$+说明+展示+练习$_2$"模式，这一模式以"练习"为出发点，让学习者迅速进入角色并开始寻找学习目标，在"说明""展示"环节后，通过再次"练习"夯实学习成果。整体上呈现出从"练习"出发，再到"练习"结束的环状路径。《讲练》就运用了这一模式。如：

①代词①

练习$_1$：轻松起步，阅读短文后选词填空"1. 我常常去读那些岩石，读它们使用一种_____的步子走出了洪荒。（怎么样 什么样）"

说明：要点指导"代词是名词、动词、形容词或副词的词，分为人称代词、指示代词、疑问代词"。

展示："我们（包括听话者）"的例句"虽然你是外国人，但我们是朋友，所以我的家人会把你当自家人一样。（包括听话者）"

练习$_2$：举一反三"去年这个大棚种了 3 吨黄瓜，_____一个大棚种的是韭菜，一共卖了 4 万元。A. 其他 B. 另外 C. 别的 D. 那个"

对比 14 套教材语法点的各种讲解模式，使用频率较高的是演绎类模式，其中"说明+展示+练习"模式最为常用，是基本模式。而同一本语

---

① 参见《讲练》，第 10—21 页。

法教材的讲解模式相对固定，往往使用一种讲解模式，一般情况下不会变更，这有助于学习者建立起稳定的学习习惯。

四　一些思考

随着国际中文教育事业的不断发展，汉语教材建设取得了不俗的成绩。根据语合中心提供的最新数据，全球国际中文教育教材数量已多达19530种①。与此同时，教材质量也有长足的进步。20世纪80年代以来，出版了一批具有代表性的辅助性汉语语法教材，杨德峰（2012）曾总结过一部分语法教材的"得失"，肯定其"突出实用、简洁明了"的优点。不过，与英语相比，汉语相关教材建设仍有较大的发展空间。英语辅助性语法教材种类丰富，读者群体多元。像 *A Practical English Grammar*（《牛津实用英语语法》）、*English Grammar in Use*（《英语在用》）、*Collins COBUILD English Grammar*（《柯林斯英语语法》）等教材畅销全球，受到世界范围内英语学习者的认可与热捧，并在面世后不断再版。这些教材的成功经验，值得学习借鉴。本文在分析语法点的编排和讲解模式基础上，对辅助性语法教材资源建设提出一些思考建议。

（一）在语法点选择与编排方面，应重视语法知识的解构和重组。简单来讲，就是语法点呈现的颗粒度大小切分和排布顺序。比如，石定栩（2003）研究指出，虽然同为"是"字结构，但动词"是"应该与"是……的"句式拆分讲解，以免造成学习者母语负迁移。《能力》吸收了这一研究成果，在第三讲讲解"是"，而在十七讲讲解"是……的"句式。又如，"把"字句一个非常难的语法点，其中包含了很多语法内容，学生在短时内很难全部掌握。这时拆分教学就非常有必要，"把"字句的基本结构、"把"与能愿动词、否定词的顺序、谓语动词用复杂形式等结构知识可以在初级阶段讲解，"把"字句宾语的指称性、排斥感觉、认知类动词等语义内容可以放在中级阶段讲解，而"把"字句处置、状态变化的句式义可以在高级阶段讲解。同一语法点在不同阶段的复现符合李泉（2018）提倡的"全覆盖"式的语法教学理念，兼顾了语法点的难度和学生的认知梯度。

---

① 相关数据来自中国新闻网（2022年3月7日）。

另外，语法点整体的编排体系也应多加思考，全面不一定好，适合才是"王道"。如《能力》在语法点的编排方面，就颇具新意。它以"我最好的朋友昨天在一家书店顺利地读完了一本有趣的汉语语法书"这一复杂句的构件成分为纲，上编涉及时间、地点表达，谓语、补语、定语等句子成分，"把"字句、被动句等特殊句式，下编则为句子的时体、情态成分。整本教材体系精当，语法点编排灵活。

（二）在语法点的讲解方面，应适当提升讲解的叙事性、亲切感。目前语法点的讲解多为第三人称视角的知识讲述，活泼不足、沉闷有余，容易让读者产生距离感。为了拉近距离，可以考虑用讲故事的方式或者对话的形式讲解语法知识。在这一方面，《语法答问》和 *Grammar Girl's Quick and Dirty Tips for Better Writing*（《语法女王：无痛升级学习法》）可供参考。《语法答问》是朱德熙先生所著的理论语法书，采用主宾对谈的形式讲解语法知识，对话语言通俗易懂、深入浅出①。《语法女王》是一部在欧美畅销书排行榜上长期"霸榜"的英语语法写作书。在这本教材里，作者把自己对语法的理解融入生活叙事当中，用平实质朴的语言来介绍语法知识，行文生动、有趣。下面是该书对虚拟语气这一语法点的介绍：

1. 虚拟语气的作用是表达许愿、希望或想象等情绪，所以陈述的状况都不是事实，也不是真相。（定义）例如，在《如果我是富翁》（*If I were a rich man*）这首歌里，泰维就幻想着，如果他是个富翁就能达成种种愿望，但是他一点也不富裕，纯粹只是在幻想而已，所以歌名用 If I were 是正确的，而且 I were 一定要跟在 if 后面，因为有 if 这个词，才会看得出你是在祈愿或是在幻想。②（举例+讲解）

这种讲解方式既让学习者学到了语法知识，同时又提高了阅读能力，一举两得。

总而言之，辅助性语法教材在理论和实践层面的创新，其终极目标都是让学习者将语法知识变为语法技能（grammaring, Larsen – Freeman 2003；武和平、王晶 2016），从而推动其汉语水平从"正确性"进阶到"得体性"。

---

① 朱德熙先生（1985：i）在《语法答问》的"序"中提到该书原计划的受众对象为不太懂汉语的外国人，但在实际写作过程中发现很多问题讲不透彻，故提高了理论深度。

② 参见［美］蜜妮安·福格蒂《语法女王：无痛升级学习法》，潘昱均译，中国传媒大学出版社 2010 年版，第 89—90 页。

陆俭明先生（2021）曾在"国际中文教育学科建设高端论坛"上指出"汉语教材在国际中文教育中占有极重要的地位"。郑梦娟（2021）在总结国际中文教材资源建设的成就时也曾提到，未来应多关注辞书、读物等辅助教材。本文考察了 14 套辅助性语法教材的语法点编排与讲解模式，希望能为未来辅助性语法教材的编写与研究尽一点微薄之力。

参考文献

陈珺、周小兵：《比较句语法项目的选取和排序》，《语言教学与研究》2005 年第 2 期。

崔永华：《对外汉语语法课堂教学的一种模式》，《世界汉语教学》1989 年第 2 期。

韩明：《汉语文化辅助教材的编写理念探究》，《西南大学学报》（社会科学版）2011 年第 4 期。

洪炜、黄天妮：《两部初级汉语综合教材结果补语编写的对比分析及启示》，《国际汉语教学研究》2020 年第 3 期。

李泉：《语法知识教学与语法事实教学——语法教学的深化与拓展》，《语言文字应用》2018 年第 4 期。

李英、邓小宁：《"把"字句语法项目的选取与排序研究》，《语言教学与研究》2005 年第 3 期。

刘佳：《初、中、高三个阶段对外汉语教材虚让复句编排情况考察》，《现代语文》（语言研究版）2011 年第 5 期。

吕文华：《对外汉语教材语法项目排序的原则及策略》，《世界汉语教学》2002 年第 4 期。

石定栩：《理论语法与汉语教学——从"是"的句法功能谈起》，《世界汉语教学》2003 年第 2 期。

唐曙霞：《试论结构型语言教学大纲——兼论汉语教学语法体系分级排序问题》，《世界汉语教学》2004 年第 4 期。

王鸿滨：《〈国际中文教育中文水平等级标准〉中语法等级大纲的研制路径及语法分级资源库的开发》，《国际汉语教学研究》2021 年第 3 期。

武和平、王晶：《"基于用法"的语言观及语法教学中的三对关系》，《语言教学与研究》2016 年第 3 期。

杨德峰：《初级汉语教材语法点确定、编排中存在的问题——兼议语法点确定、编排的原则》，《世界汉语教学》2001年第2期。

杨德峰编著：《汉语作为第二语言的语法和语法教学研究》，北京大学出版社2020年版。

杨德峰：《上世纪80年代以来的对外汉语语法教材的"得"与"失"》，《汉语学习》2012年第2期。

杨德峰：《试论对外汉语教材的规范化》，《语言教学与研究》1997年第3期。

郑艳群、袁萍：《"应然"与"实然"：初级汉语语法教学结构和过程研究》，《语言教学与研究》2019年第1期。

周健：《试论汉语语感培养教学模式的确立》，《华文教学与研究》2016年第1期。

朱德熙：《语法问答》，商务印书馆1985年版。

［美］蜜妮安·福格蒂：《语法女王：无痛升级学习法》，潘昱均译，中国传媒大学出版社2010年版。

Larsen-Freeman, D., *Teaching Language: From Grammar to Grammaring*, Boston: Heinle, 2003.

莫桑比克初级汉语学习者学习需求研究

鲍 蕊 张 颖

摘要：本研究基于 Hutchinson 和 Waters 需求分析理论，通过问卷调查和访谈，考察了莫桑比克蒙德拉内大学孔子学院（蒙大孔院）初级汉语学习者学习需求以及如何更好地满足学习者需求。研究发现，学习者希望班级人数不宜过多，配有多媒体教学设备，学习时间和教学频次有充分保证，重视汉语口头表达能力训练，期待孔子学院提供更多汉语课本、辅助学习资源及课后阅读材料，并希望提供多样化的中国文化课程和实用性强的实践课程。访谈数据分析显示，蒙大孔院需营造良好的课内外学习环境、强化语言知识训练、丰富课堂活动、完善教材内容、提高教师教学技能和增加文化体验活动，以更好地满足学习者多样化、个性化学习需求，进而提高学习效果，推进孔子学院提质增效，实现可持续发展。

关键词：莫桑比克；初级汉语学习者；学习需求

一 引言

随着中国经济的快速发展和国际地位的不断提高，世界不同国家及地区对汉语的需求与日俱增。为满足这一时代需求，孔子学院应运而生，致力于为所在国民众提供汉语学习和文化交流服务。然而，如何更好地满足各国汉语学习者需求是当前孔子学院融入本土、实现可持续发展面临的重

[基金项目] 本研究为国家社科基金一般项目"非洲孔子学院本土化模式及路径研究"（19BYY038）的阶段性成果。

鲍蕊：浙江师范大学国际文化与社会发展学院；张颖：浙江师范大学国际文化与社会发展学院。

要课题。因此，考察汉语学习者的学习需求就显得尤为重要。本研究聚焦莫桑比克孔子学院初级汉语学习者学习需求，主要探索以下研究问题：

（一）莫桑比克蒙德拉内大学孔子学院初级汉语学习者学习需求现状如何？

（二）如何更好地满足初级汉语学习者需求？

二 研究设计

（一）研究对象

本研究对象来自蒙大孔院本部 HSK1 和 HSK2 两个班，HSK1 班 69 人，HSK2 班 34 人，共计 103 人，男生 67 人，女生 36 人。他们的年龄从 21 岁到 50 岁，平均年龄 29 岁。其中，21—30 岁有 62 人，20 岁及以下的学生共 32 人，年龄在 31—40 岁的学生 5 人，41—50 岁的学生共为 4 人。他们分别来自不同行业，包括教师 1 人，公司职员 9 人，公务员 4 人，商务工作者 10 人，其余均为学生。

（二）数据收集

本研究采用问卷调查和访谈两种方法收集数据。问卷主要基于 Hutchinson 和 Waters（1987）外语需求分析框架中的学习需求，结合蒙大孔院课程、学生特点、学习环境进行题目设计。问卷有两部分：第一部分是个人基本信息，主要包括性别、年龄、学历、职业、班级、汉语水平、学习汉语时间、学习汉语目的；第二部分是学习需求，聚焦教学时间与环境（n=11）、教学方法（n=10）、教学内容与教材（n=6）三个方面，共 27 道李克特题。按照五级量表，每个题目有 5 个选项，从"完全符合"到"完全不符合"，采用五点计分法，即"1=完全不符合"，"5=完全符合"，得分越高，符合度越强。鉴于初级汉语学习者汉语水平有限，问卷由蒙达拉内大学孔子学院翻译课本土教师与专业四年级的学生共同翻译成葡萄牙语。

为保证问卷信效度，正式发放之前进行了两次试测。第一次试测对象是即将升入 HSK3 班级的汉语学习者；第二次试测对象是 HSK1 级学习者。根据两次试测的结果，删减、增设了一些题目，并对试测数据进行信效度分析，Cronbach' Alpha 系数为 0.925，球形度 KMO 和 Bartlett 值为 0.933，表明问卷内部一致性和效度较高。随后，正式发放问卷 103 份，回收 103 份，有效问卷 103 份，有效回收率为 100%。

此外，为进一步探索孔子学院如何更好地满足学习者学习需求，笔者对 8 名汉语学习者进行了一对一半结构化访谈，主要围绕学习者对教学时间与环境、教学方法、教学内容与教材三个方面的态度与看法展开。每个访谈大约 30 分钟，由作者转写成文本用来分析。受访者具体信息见表 1。

表 1　　　　　　　　　　受访者基本信息

类别	性别	HSK	学习汉语时间
学生	男生（n=5）	HSK1（n=5）	≤0.5 年（n=4）
（n=8）	女生（n=3）	HSK2（n=3）	0.6—1 年（n=2）　≥1 年（n=2）

（三）数据分析

对于问卷数据，笔者采用 SPSS 22.0 进行描述性分析，深描初级汉语学习者具体学习需求情况。访谈数据借助质性归纳分析方法。首先，通过反复阅读转写文本，利用开放式编码就汉语学习者的学习诉求与期待进行编码；其次，利用主轴式编码对同类编码进行整合归纳；最后，提炼成为不同主题。本研究质性数据和量化数据相互印证，以提升本研究结论的信效度。

三　研究发现

（一）初级汉语学习者学习需求

1. 教学时间与环境

问卷数据结果显示，在教学时间安排上，绝大多数初级汉语学习者（n=91）希望每周有 3—4 次的汉语课，占总人数的 88.34%，其中，倾向于"4 次以上"的学习者占 38.83%，而极少数学习者（n=12）选择了 1—3 次汉语课。在汉语课时长上，差不多一半学习者（n=48）倾向于"60—90 分钟"课程，还有部分学习者（n=36）选择"90—120 分钟"课程，而选择"60 分钟以下"和"120 分钟以上"的学习者人数较少

（n=21），不到总人数的20%。因此可以说，初级汉语学习者既不希望汉语课太短，也不希望太长。在上课时间段需求上，初级汉语学习者选择上"上午"（n=39）、"下午"（n=31）、"晚上"（n=33）三个时间段的人数基本均衡，说明学习者有不同时间段的上课需求。

教学环境需求主要聚焦班级人数、教室桌椅摆放、教学设备和教学语言四方面。调查结果显示，在班级人数上，绝大多数学习者（64.08%）希望人数在"10—20人"比较合适，一部分学习者（29.13%）认为"20—30人"比较合适，而极少数学习者希望班级人数在"10人以下"（n=5）和"30人以上"（n=2），说明初级汉语学习者不希望班级人数过多或过少，10—20人是最合适的。在教室座位安排上，大概一半学习者（n=54）对座位需求"无所谓"，对"U型"和"横排型"座位需求的学习者各占总人数的20.39%，而仅有少数学习者（n=10）选择了"小组型"座位安排，由此可以看出，初级汉语学习者对座位安排需求不强烈，但不太倾向于小组型座位。在教学设备需求上，绝大多数学习者（n=88）选择了"电脑和投影仪"，而部分学习者还选择了"录音设备"（n=43）和"音响"（n=61），这说明初级汉语学习者希望拥有现代化教学设备以提高学习效果。最后，在课堂教学语言使用上，大约一半学习者（48.54%）选择了"汉语、英语和葡萄牙语"，选择"汉语和英语"以及"汉语和葡萄牙语"的学习者比例差不多，前者占总人数的24.24%，后者占19.42%，而极少数（n=7）学习者选择了"汉语"作为课堂教学语言。这说明，初级汉语学习者因为目的语水平所限，希望课堂上有母语或英语作为媒介语，以更好地理解课堂所学知识。

2. 课外活动

孔子学院课外活动主要有三类：知识竞赛活动、文化体验活动和技能培训活动。调查结果显示，在竞赛类活动方面，初级汉语学习者需求较强，选择各类竞赛人数均在一半及以上，其中，有70.87%的学习者倾向于汉语朗诵比赛，62.14%的学习者选择汉字书写比赛，48.54%的学习者喜欢中华文化知识比赛，这说明学习者对汉语学习相关竞赛需求较强。就体验类活动而言，绝大多数学习者（n=80）选择了中国美食品尝会，同时，还有相当数量的学习者倾向于"孔院开放日"（61.17%）和"中文电影周"（57.28%）。在培训类活动上，绝大多数学习者倾向于与中资企业招聘相关的活动，其中选择"中资企业面试培训"和"中企招聘会"的学习者分别占总人数的 76.6% 和 70.87%，还有超过一半的学习者（54.37%）选择了"跨文化交际技巧培训"，而只有小部分学习者（n=31）聚焦语言技能活动"汉语角"。此外，少数学习者（n=12）还提到需要提供一些就业类活动以帮助年轻人用汉语找到心仪的工作。

3. 课堂教学

课堂教学聚焦学习者对听、说、读、写教学方法需求。调查结果显示，在语音教学方法上，绝大部分学习者希望"讲解发音方法"（n=81）和"学生有发音问题，老师立即纠正"（n=80），还有大概半数学习者（n=61）希望有"模仿练习"和"辨音练习"（n=51），这些说明学习者对准确掌握汉语发音的需求较强。此外，有一小部分学习者（n=40）倾向于"跟着录音读"。7个学习者希望能"观看发音视频，直观学习到如何移动舌头、嘴唇"。在词汇学习方法上，绝大多数学习者倾向于"动作或手势讲解"（62.14%）、"讲解跟词汇有关的同义词、近义词"（62.14%）和"图片或实物展示"（64.08%），还有一小部分学习者希望有"直接翻译"（47.57%）。此外，极少数学习者（n=6）希望进行词汇用法讲解。在语法教学方法上，绝大多数学习者（n=84）倾向于"讲解语法规则"，还有超过一半学习者希望"交际中掌握语法规则"（67.96%）和"通过例句自主归纳语法结构"（56.31%）。此外，不到一半学习者分别选择了"模仿造句练习"（40.78%）和"记忆固定搭配"（36.89%）。仅有两位学习者还提到希望有"判断对错练习"和"与母语对比"。在汉字教学方法上，学习者对"认读汉字"和"讲解汉字每个部件的意义"的需求较强，分别占总人数的 71.84% 和 70.87%，大概一半学习者分别倾向于"抄写练习"（52.43%）和"听写练习"（48.54%），而小部分学习者需要"讲解笔顺，教师一笔一画演示"（34.95%）。个别学习者（n=7）还希望"一周有一节写字课"和"有汉字的测试"。

此外，就教学活动需求来说，绝大多数汉语学习者青睐"角色扮演""看图说话"和"辩论讨论"，分别占总人数 74.76%、57.28% 和 56.31%，还有部分学习者喜欢"歌曲"活动（42.72%）和"复述课文"（38.83%）。然而，只有小部分学习者（29.13%）倾向于"听写"活动，这说明学习者倾向那些学生可以主动参与的教学活动。

4. 教学技巧

教学技巧需求关注纠错方式、练习方式、讲评方式和复习方式四个方面。在纠错方式上，绝大多数初级汉语学习者（71.84%）希望"直接纠正错误"。超过半数学习者（66.02%）期待"不直接否认，引导学习者思考说出正确答案"，而不足半数学习者（40.78%）选择"让其他同学纠正"，只有少数（28.16%）希望"课后提醒学习者"，说明初级汉语学习者倾向于依赖教师来纠错。在练习方式上，差不多所有学习者（89.32%）都倾向于"口头操练"，一半以上学习者（n=70）对"造句练习"也比较期待，而小部分学习者希望还有"抄写生词课文"和"改错练习"，分别占总人数的44.66%和38.83%，这说明初级汉语学习者重视口语表达能力。在讲评方式上，大部分学习者希望"教师挑重点讲评"和"教师逐题讲评"，分别占总人数的61.17%和50.49%，只有小部分学习者（n=33）期待教师"直接给出答案"。在复习形式上，绝大多数学习者（n=90）希望"做练习"，部分学习者（45.64%）倾向于"翻译"，还有一小部分学习者期待以"听写"和"问答形式"进行复习，分别占总人数的35.92%和26.21%。在测评方式上，大多数学习者希望"笔试和口试相结合"，占总人数的75.73%，少数学习者（n=13）期待"以课堂表现为主"。另外，个别学习者倾向于"口试"（n=9）或"笔试"（n=3）。

5. 课程资源

课程资源需求主要包括学习辅助资源和教材两个方面。就学习辅助资源来说，调查结果显示，绝大多数学习者（85.44%）希望有"HSK辅导资料"，学习者对"中文书籍"和"课本"也有较强的需求，分别占总人数的65.05%和59.22%，还有一半左右的学习者希望有"中国电影"（51.46%）和"中文音乐"（46.6%），只有个别学习者（n=7）还希望有"字典""小说"等学习资源，这说明保证基本学习资料是学习者最大的需求。

在教材形式上，调查结果显示，超过半数以上学习者期待教材形式上"增加口头练习"和"增加莫桑比克当地元素"，均占总人数57.28%，小部分学习者（36.89%）倾向于"增加葡萄牙语注释"，而选择"增加笔头练习"的学习者较少，仅占总人数的26.21%。在教材文化内容上，学习者对"中国科技"的需求强烈，占总人数的69.90%，大约一半学习者

（n=51）希望了解"中国教育"，部分学习者倾向于"中国文学"（40.78%）、"中国历史、地理"（33.01%）和"中国政治、经济（33.98%）"。此外，个别学习者（n=9）还提到希望教材里增加关于中国对外贸易、中国企业发展等相关内容。在教材语言和文化知识比例需求上，绝大多数学习者倾向于语言和文化各占一半，占总人数的58.25%。然而，还有小部分学习者（n=38）倾向于"汉语知识多文化知识少"，而个别学习者（n=4）希望教材里"汉语知识少文化知识多"。

6. 课程设置

鉴于汉语课是孔子学院开设的常规课程，这里课程设置需求主要针对中华文化才艺课和专门用途汉语课。调查结果显示，就中华文化才艺课而言，超过半数以上学习者希望有"中国武术""书法""烹饪"课程，分别占总人数的57.28、59.22%和59.22%，小部分学习者（n=38）对"中国歌曲"期待较高，只有个别学习者对"剪纸"（16.5%）和"中国结"（11.65%）有兴趣。在专门用途汉语课程需求上，学习者的需求比较均衡。其中，选择"商务汉语课"和"中医汉语课"的学习者均占总人数的35%左右，选择"农业汉语课"学习者相对较少，占总人数的22.33%，此外，还有35%左右的学习者提到希望开设科技类和经济类相关课程。

（二）孔子学院如何更好地满足学习者需求？

访谈文本分析结果发现，孔子学院应从以下方面改进以更好地满足学习者学习需求：营造良好的课内外学习环境、强化语言知识训练、丰富教学活动、完善教材内容、提高教师教学技能、增加文化体验活动。

1. 营造良好的课内外学习环境

就营造良好的课内外学习环境来说，8位受访者都从不同角度反映了孔子学院教室在空间、布置等方面存在的问题，其中一位受访者说：

"孔子学院位于蒙大孔院文学院教学楼的二楼，有两个汉语专用教室，教室内配有黑板、课桌椅以外，还有中国结和书法作品这样的简单布置，其他还堆放了一些孔院杂物。"

教室里还缺少一些硬件教学设备，影响课堂学习效果，如：

"我希望孔子学院教室有音响。因为有时候老师放录音，我听不清。"

此外，3位受访者认为，孔子学院还需要为学习者提供课后学习和练习汉语的机会和场所，其中一位受访者评论：

"我希望孔子学院有图书馆，因为我想借一些中文书看，更好地提高我的汉语水平。"

2. 强化语言知识训练

在强化语言知识训练方面，所有受访者都提出老师需要提供更多时间帮助学生练习汉字，正如一位受访者所说：

"我觉得学汉字的时间比较少，我的汉字写得很差，而且我写字很慢，是不是可以给我们一点时间练习。"

此外，6位受访者都希望老师多布置课后作业，且形式要丰富多元，既有书写作业，也有口头作业。如：

"我觉得老师布置的作业对学习有很大的帮助，因为可以让学生记一记已经学过的题目或者内容，我对现在的作业形式很喜欢，建议老师多给我们作业。"

还有5位受访者强调老师课堂上一定要直接、马上纠正他们的错误，以帮助他们更好地提高汉语水平，正如一位受访者所说：

"我更希望老师能够在课堂上直接告诉我错误，怎么改正，下课之后我其实有时候也会忘记刚才错在哪里。"

3. 丰富教学活动

在丰富教学活动方面，5位受访者强调老师应该提供更多丰富多样的教学活动，如：

"我觉得老师的活动都很有趣，但是经常是角色扮演、歌曲，如果有更多这样有趣的活动就更好了。"

此外，2位受访者还强调课堂教学活动应该以学生为中心，让学生多参与，有更多表达机会，比如：

"我喜欢把学的话说出来，表演出来，这样我可以记得更清楚。"

4. 完善教材内容

就完善教材内容来说，7位受访者认为教材里应该增加中国文化方面的内容，其中一位受访者谈道：

"我对现在使用汉语的教材很满意，但我建议增加跟文化有关的内容会更好，因为学生会更加有兴趣。"

还有3位受访者希望增添莫桑比克当地文化的内容，使汉语学习更贴近他们，如：

"我还是比较满意的，但是希望增加一点莫桑比克的内容，这样与我们的生活更近。"

5. 提高教师教学技能

就提高教师教学技能来说，所有受访者希望老师应该对学生有耐心，而且6位受访者还希望老师性格方面要活泼、正能量、有爱心，正如其中一位所说：

"我希望老师能跟学生经常谈一谈，学生在学习的过程中遇到困难老师想尽办法为了帮助学生解决困难，学生有不明白的地方老师耐心地教一教才明白这个地方。"

另外，2位受访者希望老师具有较好的英语或葡萄牙语水平，以便课堂上的解释与沟通，提高教学效果，如：

"我希望老师懂葡萄牙语，这样我有些很难理解的问题就可以问他了。"

另一位学生评论道：

"我对现在汉语老师非常满意，我觉得用英语解释这方面还需要提高。"

6. 增强文化体验活动

最后，对增强文化体验活动来说，6位受访者提到孔子学院需提供更多中国文化相关课程，如：

"除了汉语教学，我希望孔子学院可以给我提供书法、中国艺术和中国文化的教学。"

此外，2位受访者还希望孔子学院能够提供一些与商务有关的文化活动，比如其中一位受访者说：

"希望孔子学院能帮助学生们在当地中国公司实习。让学生学习中国商务文化。"

四 讨论

本研究结果显示，绝大多数初级汉语学习者对汉语学习需求强烈，动机较大，倾向小班学习，希望教室有多媒体教学设备，这与张珍华、张亚男、李枫（2019）的研究结果一致，说明非洲一些国家课堂教学设备设施亟待改善。在教学媒介语上，可能因学习者汉语水平的不同，绝大多数初级汉语学习者倾向于使用汉语、英语和葡萄牙语，这从另一方面也表明学习者学习需求受语言水平影响。

在课堂教学方面，初级汉语学习者特别期待老师讲解发音方法，并能及时进行纠正，这说明学习者非常重视掌握汉语发音及发音准确性。在词汇教学上，学习者期待呈现多样化的教学方法，如动作或手势、辨析近义词、图片或实物展示等。对语法教学而言，他们强调语法规则讲解和语法使用；在课堂活动安排上，学习者对"角色扮演"的需求十分强烈，其次，对"看图说话"和"辩论讨论"也有强烈的需求，这表明学习者一方面注重掌握汉语基础知识；另一方面，也注重汉语交际应用能力，这与陈欣悦（2017）的研究结果一致，也为非洲汉语学习者有较好的汉语发音和口头表达能力提供了一个较好的解释。

在课程资源上，绝大多数学生对 HSK 辅导材料有强烈需求。此外，对"课本"和"中文书籍"的需求也比较强烈，这说明非洲学习者教材及辅助学习资源比较匮乏。对教材需求而言，绝大多数学习者希望在教材里增加"口头练习"和"莫桑比克当地元素"。此外，学习者对"中国科技"方面的需求也比较强烈，同时，希望语言知识和文化内容的比例均衡，这说明未来的教材编写应突出交际性训练及融入文化元素，特别是当地文化。

对课外活动需求来说，研究结果显示，学习者对技能培训类活动的需求十分强烈，这些技能都与他们未来工作有关，这再次说明非洲学习者学习汉语的工具型动机很强，目的是寻求更好的谋生之路（黄雅琳、沈博文，2020；徐永亮、徐丽华、包亮，2021）。此外，学习者对文化体验类活动，特别是美食品尝，以及语言文化竞赛类活动如朗诵、书写、中华文化知识大赛等方面也有强烈的需求，这从另一方面也反映出非洲学习者对汉语和中华文化兴趣浓、热情高。在课程设置方面，大多数学习者对"中国书法""中国武术"和"烹饪"等方面的需求比较强烈，而对"剪纸""中国结""中国歌曲"等方面的需求较弱。这说明非洲汉语学习者更加关注学习内容的实用性（张珍华、张亚男、李枫，2019）。这些研究结果对孔子学院提高语言教学和文化活动具有较好的启示与借鉴。

五　结论

本研究基于 Hutchinson 和 Waters 需求分析理论，通过问卷调查和访谈，考察了莫桑比克蒙德拉内大学孔子学院初级汉语学习者的学习需求，研究发现，初级汉语学习者希望班级人数不宜过多，配有多媒体教学设备，在学习时间和教学频次有充分保证，重视汉语口头表达能力的训练，并期待孔子学院提供更多汉语课本、辅助学习资源及课后阅读材料。就课程设置来说，学习者希望提供多样化的中国文化课程和实用性强的实践课程。访谈数据分析显示，蒙大孔院应营造良好的课内外学习环境、强化语言知识训练、丰富课堂活动、完善教材内容、提高教师教学技能和增加文化体验活动，以更好地满足学习者多样化、个性化的学习需求。这些研究发现对提高孔子学院服务质量，增强办学效益具有较好的启示与借鉴。

本研究还存在一些不足之处。第一，因受疫情影响，所收集到的学习者样本数量较少，这在一定程度上会影响研究结果的普适性和推广性；第二，在问卷题目设计上，虽然研究者十分注意在措辞表达方面的清晰、简洁、易懂，并进行了信效度检验，但仍无法保证参与者对这些题目的理解与设计者意图一致；第三，因疫情影响，不能对学习者进行面对面访谈，微信语音访谈过程中可能限制了受访者充分表达自己的观点或见解，这在一定程度上也会影响本研究结果的可靠性。因为，未来相关研究需进一步深入，通过多渠道数据收集方法，以更全面地了解学习者学习需求，进而为完善和提高孔子学院语言和文化服务提供更有针对性的参考与启示。

参考文献

陈欣悦：《摩洛哥哈桑二世大学孔子学院初级汉语学习者课堂学习需求分析》，硕士学位论文，上海外国语大学，2017年。

黄雅琳、沈博文：《喀麦隆汉语学习者需求分析》，《国际汉语教育》（中英文）2020年第1期。

徐永亮、徐丽华、包亮：《非洲孔子学院发展现状、问题与趋势》，《现代交际》2021年第2期。

张珍华、张亚男、李枫：《环印度洋非洲岛国科摩罗汉语学习者汉语需求分析》，《北极光》2019年第5期。

Hutchinson, T. & Waters, *English for Specific Purposes*, Cambridge: Cambridge University Press, 1987.

探究社区理论框架下的
语言教学微课互动设计

胡秀梅　张梓芮

摘要：互动和即时反馈是语言教学中十分重要的需求和方法，为了尽可能减少微课视频单向输出和一对一使用场景的特点对学习者学习体验和学习效果的影响，可以根据探究社区理论框架模型进行互动设计。从学习体验和学习需求入手，结合社会存在感、认知存在感和教学存在感以及情感因素，利用网络平台和技术创设互动交流渠道、在线游戏活动、人机交互式应答测试等可获得即时反馈的互动。在此基础上巧用教学用语激发学习者的学习积极性，以一对一的对话模式增强学习者的代入感，通过明确的指令性用语引导学习者参与互动，以饱满的教学热情带动学习者的情感投入。

关键词：探究社区理论；微课；互动设计；情感存在感

引言

随着信息时代和互联网教育的发展，特别是慕课和混合式教学模式的发展，微课这一教学形式应运而生并受到了一定程度的关注。微课精练短小，内容集中，适用于多种教学模式。尤其当前线上教学与线下教学并存的形势下，微课在各学科中广泛运用。但微课单向输出的特性与教学互动需求之间存在的矛盾无疑会影响学习体验和教学效果，特别是在语言教学中，互动和反馈极其重要，语言教学微课该如何设计以最大化满足互动需

胡秀梅：北京师范大学国际中文教育学院；张梓芮：深圳市福田区荔园小学（荔园教育集团）百花校区。

求、达成教学目标呢？

一 探究社区理论框架下的微课

微课的使用场景基本上可以分为两种：相对独立的自主学习和翻转课堂中的自学环节。相对独立的自主学习指的是学习者在课堂之外的自发学习，与教师的教学活动无直接关系，比如学习者在慕课平台或其他平台自学。翻转课堂的自学环节则是教师教学计划的一部分，是教学流程中的一个环节。这两种学习场景大多是在线学习状态，微课是学习者的学习资料，是教学内容的承载者。在线学习与课堂学习环境不同，学习者的学习需求和学习体验与多方面因素关联，好的微课应该是能满足在线学习需求和匹配在线学习特性的。

对于在线学习和混合式学习的研究，探究社区理论框架（Community of Inquiry Framework，简称 CoI framework）给研究者提供了独特的视角、方法和工具。2000 年兰迪·加里森（Randy Garrison）、特里·安德森（Terry Anderson）和沃尔特·阿切尔（Walter Archer）三位学者共同提出了探究社区理论框架，对在线学习体验和效果的相关影响因素进行了分析，提出了社会存在感（Social Presence）、教学存在感（Teaching Presence）和认知存在感（Cognitive Presence）三个构成要素[①]，三要素交叉，描述了一种有价值的学习体验过程。该理论框架被认为是近二十年来在线学习领域最成功、最具影响力的理论框架之一。[②]

存在感是通过人际社区产生的一种存在或身份的感知（兰迪·加里森，2011）。简单地说，社会存在感是指学习者在网络学习中与他人联系、互动、情感交流；教学存在感是指教师进行设计和引导，帮助学习者达成学习目标；认知存在感是指学习者在学习探究过程中不断进行自我反思以构建和获得更有意义和深入的学习。2012 年，兰迪·加里森在模型中加入了一个新的要素：情感存在感（Emotional Presence），并进行了实证研究。他认为"社会存在感包含了情感反应，但情感存在感又具有个体独立性。个体和学习社区中个体之间情感的外在表达，与学习技术、课

[①] 有研究者将"存在感"翻译为"临场感"，本文统一使用"存在感"。
[②] 转引自万力勇、[美] 大卫·斯坦、谢魁《探究社区理论框架研究二十年：回顾与展望》，《开放教育研究》2020 年第 6 期。

程内容、学生和教师相关并具有相互作用"。①

探究社区理论框架被广泛用于指导混合式教学的设计和实施,也为微课的设计和实施提供了参照。研究者们对情感因素与学习效果之间关联性的探讨,提示我们需要以学习者的需求为中心,更多关注学习者的学习体验。因此,作为在线教学的重要构成元素,微课的设计与使用必须从学习者学习体验和学习需求入手,结合社会存在感、认知存在感和教学存在感三个维度进行设计,而贯穿在整个框架中的情感因素对学习效果的影响也是教学设计必须着重考虑的因素,也是设计的出发点。

二 语言教学微课的互动需求

微课通常是单向输出的录播视频,也有一些具有简单交互热点功能、可通过响应式的交互界面实现一些人机互动的网页版课件和适用于移动设备的 H5 格式微课。以单向录播形式存在的微课虽然满足了学习者自主学习和翻转教学的基本需求,但其最大的不足就是缺乏面对面教学中的实时互动和反馈,而互动在语言教学中却是十分重要的。语言教学微课需要互动设计吗?如何在微课单向输出的形式中体现互动呢?如果进行微课中的互动设计,什么样的互动形式能够有助于教学,并能吸引学习者,激发和提升学习者的参与感和积极性,最终最大化地实现教学目标呢?

我们结合语言教学的特殊性和微课的学习体验来分析教与学中的互动需求。

(一)语言教学的互动需求

关于互动对教学效果的促进作用毋庸置疑,研究者们已就互动方式、互动维度、互动策略等多方面进行了实践与分析。特别是课堂教学中的互动,不仅可以活跃气氛、激发学生的学习积极性、创造良好学习氛围,还可以有效提升教学效果,促进学习者对知识的掌握与吸收。对于语言学习来说,互动更是至关重要。

语言教学与其他学科教学有很大的不同,核心目标是培养学生听说读

---

① 李文昊、陈冬敏、李琪等:《在线学习情感临场感的内部特征与关系模型》,《现代远程教育研究》2021 年第 4 期。

写的技能，让学习者能够通过口头表达和书面表达进行交际，课堂教学中的互动与反馈能够让教师及时发现问题并解决问题，是实施有效教学的根本保证。对于学习者来说，听说表达与教师的即时纠错反馈是确保学习效果的关键与需求。因此，互动环节是语言教学的重要组成部分。

语言教学微课的教学目标同样是听说读写技能的培养，要想更好地实现这些目标，也就不能忽视教学中的互动环节，就需要在微课中进行一定的互动设计。

（二）情感存在感的需求

在微课的两种使用场景中，相对独立的自学内容与课堂教学和教师的要求并无直接关系，是学习者自己补充或者延伸的学习。而作为翻转课堂的自学环节出现的微课，与学习者的课堂教学密切相关，不管是微课内容还是学习要求，都是教师教学计划的一部分，与教师其他教学活动关联。但不管是哪种使用场景，均需要学习者自己观看视频学习。这就使得学习者处于相对孤独的一对一教学场景中，当然也很难有线下课堂的互动参与体验。从教师的角度看，微课中的教学讲解是纯粹的单向输出，即使可以呈现线下课堂教学的完整流程，包括互动类型的师生问答环节，但实际是无法真正与学习者实时互动的。就已有的微课看，教师多以自问自答的形式呈现互动，但这种缺乏互动的教学模式对语言学习者来说是什么样的体验呢？

为了了解学习者的真实学习体验，我们跟踪调查了 6 位学习动机强、有自主学习习惯的成人汉语学习者的微课自主学习体验。在调查和访谈中，学习者表示：学习存在感和情感存在感很低，不容易获得成就感，不能长时间坚持学习；一些互动和反馈方式不太有效，反而降低了学习者与教师的关联度。但同时也肯定了微课中教师的一些提问反馈语、停顿、语调和肢体动作等能在一定程度上给学生互动感，一些合适的教学设计带来了较好的代入感，教师的教学热情也能引发学习者的参与感。

学习者谈到的这些问题正与探究社区理论框架中的社会存在感、认知存在感、教学存在感和情感存在感密切相关，特别是情感因素对学习体验和效果的影响。同样，其他研究者也指出：研究者和实践者应当从教师、教学内容、教学活动组织等方面挖掘可行的方案，建立饱满立体的在线情感层。通过教师的情感支持有效改善学生的在线学习倦怠，减少学生在线学习中的孤独情绪（赵呈领等，2018）。通过加入互动性更强的教学内容，缓解学生学习过程中的疲惫感，激发学习兴趣；通过设计合适的学习活动，营造促进在线交互行为的良好氛围，形成虚拟社区中情感临场感的流动中介网络，为学习者提供足够的情感反馈和情感支持，克服在线学习社区中的沉默现象（Cotterall, 2013）①。

李文昊等（2021）认为，"在线学习组织者应重视教学资源的建设，关注学习者对教学资源的情感反馈，形成教学因素发力、情感鼓励引导的良性循环"。同时，他们分析了在线学习中情感因素的重要性后指出："情感存在感区域之间存在多向流动关系，表现为在线学习情感存在感三大区域，即教学相关情感区、社会相关情感区、独立情感区。"

互动促进情感交流，激发学习动机，提升学习效果。不管是从学习体验的改善还是学习效果的提升，学习者对于互动和情感反馈的需求都是迫切和必需的。特别是语言教学微课更是要求设计者充分考虑这几个维度，有效设计和组织符合学习者认知能力、创设和激发学习者情感投入并获得良好学习体验的氛围以获得最优教学效果。

三 语言教学微课互动设计

在探究社区理论模型中，社会存在感、教学存在感、认知存在感和情感存在感直接影响学习者学习体验和效果，其中教学存在感主要与教师的教学设计相关。教师创设社会存在感和教学存在感，学习者依赖认知存在感参与学习和体验社会存在感，而教师的情感投入也影响到学习者的情感存在感。

（一）基于教学存在感的设计

教学存在感是指教师进行设计和引导，帮助学习者达成学习目标，好的教学设计是达成教学目标的根本，能让学习者在学习过程中清晰地感受到教师的教学设计并理解和掌握教学的重点。微课最根本的作用是知识的传授，教师必须能够简明扼要清晰地展示教学目标、内容、环节，并通过

---

① 转引自李文昊、陈冬敏、李琪等《在线学习情感临场感的内部特征与关系模型》，《现代远程教育研究》2021年第4期。

有效的教学方法讲练以便学习者理解掌握。微课的教学设计主要包括教学环节设计、教师讲解设计、课件制作设计，而互动设计与呈现则与这三个方面都相关。

1. 设计合理的互动环节和活动

一般来说，课堂教学中的互动，从参与对象看，主要包括师生互动和生生互动，通过言语和非言语的方式进行。言语互动通常以问答或对话方式进行，在教学的各个环节以多种多样的练习或活动方式实现，如跟读与朗读、问答与对话、复述与叙述、各种游戏等。非言语互动则通过表情、身体姿势、手势、目光交流、触摸、互动时的空间距离来实现。

在语言教学中，不同的课型承担着不同的技能训练任务，但教学内容都是围绕语音、词汇、语法三大要素进行的，中文则还有汉字教学。教学中的互动方式因教学内容而各有侧重，比如与语音教学相关的跟读与朗读、与语法和词汇教学相关的问答、对话、复述、叙述等。若从教学流程或环节看，也可以是导入环节的问答互动、讲练环节的问答互动、游戏时的指令性互动、反馈时的夸赞式互动等。微课中也需要尽量呈现这些互动。但微课学习者多是一对一的独自学习模式，学习过程中没有同伴，常规的师生互动、生生互动、二人以上的小组活动都不适合微课教学，因此需要将这些常规的互动以其他形式呈现出来。除了通常的教师自问自答，还可利用二维码、弹幕、交互式课件、在线教学平台等呈现互动设计和理念，模拟或实现互动。比如：

（1）跟读类互动：以画外音或虚拟人物动画方式呈现跟读句子，课件上可提供二维码，链接至指定平台或教师可提供反馈的微信群、邮箱等互动区域，以便学生上传语音，可一定程度上促进师生、生生互动。此类方式可使用在教学讲练环节，也可在课后作业环节。

（2）讲解问答类互动：讲解环节中需要学习者互动时，可同样使用画外音或视频、动画模拟学生参与对话或回答问题，同时辅以弹幕方式呈现更多句子，提供多种参考答案。

（3）检测练习类互动：特定时间点的人机交互测试题。利用课件制作软件（如 Camtasia）进行交互式判断、选择、填空等多种练习的设计，学习者完成练习测试后方可继续观看后面的内容。

（4）动手参与类互动：教学过程中，插入在线游戏平台的教学小游戏，鼓励学习者参与，汉字教学则可设计跟随动态笔顺演示书写汉字的练习。

  微课中的互动除了师生互动、生生互动，还有师生与教学课件、教学系统的互动。微课教学过程中，最容易被忽视的互动是教师与课件的互动。微课以 PPT 课件为主要呈现方式，教师出镜讲解拍摄或旁白配音，录制成为视频。但不管教师是否出镜，都应配合讲解节奏通过屏幕光标指引、笔迹圈画、手势等对相应的内容进行适当引导，以便学习者跟随教师的授课节奏、抓住重点。

  2. 巧用话语激发互动参与

  互动环节和活动设计之后，更重要的是需要教师在授课过程中激发学习者参与互动。在调查中，学习者肯定了教师的一些提问语、反馈语、停顿、语调等能在一定程度上给学生互动感，也对教师的互动用语提出了一些意见和建议。因此，教师应有意识地使用能够激发学习者参与热情和积极性的提示语。

  （1）使用清晰明确的互动指令。如："请跟读、请暂停、请回答、请做练习、请用手写……"在线学习的学习者与教师之间彼此不熟悉，还没有形成默契，对于教师的手势或体态语可能无法准确领会，清晰的指令能够给学生最直接的引导和提示，要求学习者参与到互动中，以此打破相对沉寂的学习氛围。

  （2）使用"你"和"我"对话模式加强学习者参与和代入感。多用"如果你说/回答……"互动，避免过多称说假设存在的学生。面对面课堂的点名互动方式不适合微课，教师称呼他人名字不但不能增强学生的互动感，还会让学习者产生距离感和无关感，导致参与热情和学习积极性降低。

  （3）正面反馈用语和纠错提示性用语搭配使用。问答类互动过程中，适当使用夸赞式反馈能够加强学习者的成就感。但与实时互动不同，教师只能预设或假设学习者的对错。因此在互动反馈时，建议使用"如果你这么说，那你太棒了！"也可以结合预设的错误情况，提示学习者"如果你也说错了，那请你再……"在一些互动练习环节教师用"您做完了吗？""您做对了吗？"来表示教师对学习进度和学习效果的关注。这有助于激发学生的学习动机，让学生有意愿参与到互动练习当中。

  3. 利用网络和技术设计互动活动

  技术辅助教学，利用电脑的可操作性和网络平台，设计学习者能够切实参与的互动活动。

（1）带人机交互功能的网页版微课。一些专业的课件制作软件（如Camtasia）可以设计制作交互式测试环节，有判断、选择、填空等多种练习形式，在特定时间点插入人机交互测试题，学习者必须完成练习测试后方可继续观看后面的内容。另外，慕课形式的微课，依托慕课平台的交互功能，同样能够实现此类互动。

（2）在线游戏互动。利用Kahoot、Quizlet、Educandy等在线互动教学游戏平台设计多种教学游戏，通过二维码或链接分享方式提供给学生。

（3）可即时反馈的在线测试或调查。利用问卷星类应用设计各类测试或调查，在微课中通过二维码分享给学生。扫码进入答题，预设常见错误，提供参考答案和解析。或参与调查，体验参与感和社会存在感，间接与他人交流。

（二）增强社会存在感的互动设计

尽管微课的设计者和教师有意识地结合语言教学和在线教学的特点进行了教学设计，但要想改善和提升学习者的学习体验和学习效果，还需要考虑学习者的社会存在感。社会存在感是指学习者在网络学习中与他人联系、互动、情感交流。这也是微课学习中最缺乏的元素。教师需要让学习者感受到他不是孤独的存在，可以从以下几个方面去设计。

1. 提供互动平台：用于翻转课堂中的微课因为有线下课堂环节，不需要过多考虑这一因素。但自主学习模式的学习者多是独自一人，学习过程中没有同伴，缺少与他人交流、相互促进和鼓励的学习氛围，不容易获得成就感和荣誉感，导致学习动机不足，不能坚持学习。因此，在教学设计中需要给学习者建设一个交流平台或互动社区，比如慕课平台的交流互动区，可以让学习者获得归属感。若是非慕课平台的微课，就需要教师自己提供互动渠道，如微信群、脸书群、微博群、公邮等。教师需要在微课视频中，分享和提供平台信息或链接，同时尽可能保持互动交流平台的定期维护和参与。

2. 给予一对一关注感：教学中始终以一对一的关注方式讲授，使用"你"和"我"建立教师和学习者的对话模式，凸显对学习者个体的关注，创设一种师生相伴的感觉，增强社会存在感，加强学习者的参与和代入感，减少学生在线学习中的孤独情绪。

3. 以多角色情景短视频增强学生代入感：语言输出是语言教学最终

极的目标，设计真实情境由真人角色扮演，在阐释语用情境的同时，创设一种与他人共同学习的氛围。多角色的短剧也给学习者提供了多种情境和多种身份的体验感，有利于学习者更准确地理解和表达。

（三）提升认知存在感的互动设计

认知存在感是指学习者在学习探究过程中不断进行自我反思以构建和获得更有意义和深入的学习。学习者在学习过程中通过教学检测或练习，判断自己是否理解与领悟了所学知识，了解自己的学习情况并自我调整学习状态。这一维度也可以通过一些策略加入互动感。

1. 可即时反馈的互动测试：在教学过程中给学习者设计测试环节并提示学习者进行检测和调整。因缺少教师的实时反馈，所以最好设计可即时反馈的互动测试，并提供解析。如交互式的选择或判断题，扫码答题，预设常见错误，提供参考答案和解析，设置继续学习或者重新学习的提示。学习者可以根据测试结果和反馈提示调整学习进度和状态，自我把控学习节奏，同时获得成就感或者及时纠错。

2. 适当的停顿或计时：考虑到学习者的学习能力和精力，在一些互动练习环节设计停顿或计时，能够创设一种节奏感，也能够让学习者根据学习效果自查和调整。如跟读和问答环节教师适当停顿，给学习者留出思考的时间，或提示学生可以暂停视频思考答案；或设置计时器，给学习者一点压力和紧迫感，计时结束后，教师用"您做完了吗？"来表示教师对学习进度的关注。公布答案后，教师则用"您做对了吗？"来表示教师对学习效果的关注。学习者通过自查和节奏调整，找到最适合自己的学习状态。

（四）增强情感存在感的互动设计

情感因素与社会、认知和教学存在感三个方面相关，教学过程中，教师和学习者的情感因素都会直接影响教学效果和学习体验。因此，除了上文提到的设计原则，教师还需要充分投入情感，保持饱满的教学热情。

有激情和活力的课堂能够使学习者集中精力，微课缺乏面对面的互动感和真实感，学习者容易走神，无法保持良好的学习状态。因此教师更应该用饱满的热情增强微课的感染力，带动学习者的学习热情，拉近与学生的心理距离。除了充满感情和活力的言语互动，还要充分利用非言语互动增强学习者的情感体验。比如穿着与教学内容相关的服饰、保持微笑的面容、自然的肢体语言等等，都能营造良好氛围，形成无形的情感流动，为学习者提供足够的情感反馈和情感支持，带动学习者的情感投入，增强学生的情感存在感，提升学习体验和效果。不过，由于文化差异，不同文化的学习者对教师的肢体语言有不同的解读和看法，因此国别化的微课教师应有跨文化交际意识，避免引发学习者的负面情绪。

综上，微课中互动设计需要充分考虑影响学习者学习体验的社会存在感、认知存在感、教学存在感和情感存在感，设计能够有效参与的互动环节和活动，运用能够激发互动参与的教学策略和饱满的热情，帮助学习者理解内容、提高参与感、激发学习动机、保持学习节奏、增强学习体验与学习效果。

参考文献

孔智瑶：《基于探究社区理论模型的混合式教学模式设计研究》，硕士学位论文，东北师范大学，2022 年。

兰国帅：《探究社区理论模型：在线学习和混合学习研究范式》，《开放教育研究》2018 年第 1 期。

李文昊、陈冬敏、李琪、刘洋：《在线学习情感临场感的内部特征与关系模型》，《现代远程教育研究》2021 年第 4 期。

万力勇、［美］大卫·斯坦、谢魁：《探究社区理论框架研究二十年：回顾与展望》，《开放教育研究》2020 年第 6 期。

杨洁、白雪梅、马红亮：《探究社区研究述评与展望》，《电化教育研究》2016 年第 7 期。

赵呈领、赵文君、蒋志辉：《面向 STEM 教育的 5E 探究式教学模式设计》，《现代教育技术》2018 年第 3 期。

乌兹别克斯坦职业汉语需求调查研究

杨寻止　王暄婷　魏少丽　黄　旭　罗　莲

摘要：中国与乌兹别克斯坦市场规模和资源禀赋优势各异，合作潜力巨大。"一带一路"，语言铺路，满足学习者的汉语学习需求才能获得好的教学效果。然而，目前鲜有文献从需求角度来探讨该国汉语教学发展问题，因此我们对该国职业汉语需求的了解有待加深。故本研究通过多方检证的研究方法，主要对该国职业汉语的利益相关者进行半结构化访谈及对乌权威招聘网站进行检索分析，对该国的中资企业用工情况、职业汉语需求的深度广度、解决需求面临的困难挑战进行了分析。研究结果显示，该国对职业汉语的需求较大，主要集中在商务汉语和技术相关汉语，需求较为复杂，而该国的职业汉语教育体系当前处于萌芽阶段，尚难以满足该国的职业汉语需求。

关键词：乌兹别克斯坦；职业汉语；需求分析

一　引言

在"一带一路"沿线的中亚五国中，乌兹别克斯坦（以下简称乌兹或乌方）积极响应并高度评价习近平主席提出的"一带一路"倡议，如今已成为共建"一带一路"的重要参与者和建设者。根据商务部国际贸易经济合作研究院、中国驻乌兹别克斯坦使馆经济商务处、商务部对外投资和经济合作司联合发布的《对外投资合作国别（地区）指南：乌兹别

杨寻止，中央民族大学国际教育学院；王暄婷，中央民族大学国际教育学院；魏少丽，中央民族大学国际教育学院；黄旭，中央民族大学国际教育学院；罗莲，中央民族大学国际教育学院，通讯作者。

克斯坦（2020年）》①（以下简称《投资指南》），中国对乌兹别克斯坦累计投融资超过90亿美元，截至2020年5月1日，在乌中企达1701家。中乌市场规模和资源禀赋优势各异，发展前景广阔，产业互补性强，合作潜力巨大。平等互利的中乌务实合作已成为"一带一路"倡议的新亮点。随着中乌两国贸易来往的增多，人文交流的深入，乌方对职业汉语的需求也随之递增。

"需求"一词具有广泛的含义。在语言教育领域，需求可以指学生当前的学习要求及对未来工作的要求②。当今中文教育提倡"以学习者为中心"，那么便要从学习者的需求出发进行教学。正如李宇明教授所言，"满足学习者当下汉语学习的需求和未来职业发展的需求，才能获取较好的中文教学效果"。然而，目前鲜有研究专门深入探究乌兹别克斯坦职业汉语的需求，我们对该国职业汉语需求的了解有待加深。

因此，本研究基于 Dudley Evans 与 St. Johnson 的语言需求分析理论，采用多方检证的研究方法，主要通过对不同利益相关者的访谈，针对乌兹别克斯坦职业汉语需求进行调查。结合多方资料及访谈分析，得到乌兹别克斯坦职业汉语需求调查的初步结论，以期为乌兹别克斯坦职业汉语教育提供参考。

二 相关研究

（一）需求的定义

学者们出于各自的视角，对"需求"有不同的定义。Hutchinson 和 Waters③将需求分为目标需求和学习需求两类。目标需求包括必学知识、欠缺知识和想学知识，学习需求包括学习环境条件、学习者知识、学习者技能和学习动机等。Berwick 则将需求分为觉察需求（教育者角度）和意

---

① Richard Berwick, "Needs Assessment in Language Programming: From Theory to Practice", *The Second Language Curriculum*, 1989, pp. 48-62.

② 商务部国际贸易经济合作研究院、中国驻乌兹别克斯坦大使馆经济商务处、商务部对外投资和经济合作司：《对外投资合作国别（地区）指南：乌兹别克斯坦》2020年版。

③ 陈冰冰、王欢：《国内外语需求分析研究述评》，《外语与外语教学》2009年第7期。

识需求(学习者角度)。Brindley①另辟蹊径,从主观和客观角度对需求进行分类,主观需求指学习者的认知情感和学习认知度,客观需求指学习者现阶段已有的一些知识水平、教育及生活背景等。在此基础上,Brindley还进一步将需求分为目标情景需求、学习需求、产品导向需求和过程导向需求。目标情景/产品导向需求是学习者未来的工作情景对学习者的要求,学习需求/过程导向需求是学习者在学习过程中对这种情景的态度。

(二) 需求分析理论及专门用途语言需求分析理论

1978年,Munby②首次提出了基于目标情景分析(TSA)的理论框架,揭示了目标情景分析的研究内容,并系统地分析了学习者需求、目标情景特点等问题。他在交际分析法中,提出要对语言使用的目标情景和学习者的目的进行分析,后将成果用以设计和指导外语教学大纲、确定课程设置、确定教学内容和方法等。Hutchinson Tom与Alan Waters③提出,在设计英语课程前应该提出这样一个问题:"学习者为什么需要学习英语?"并运用外语需求分析对专门用途英语(English for Specific Purpose, ESP)进行研究,提出了学习需求分析和目标需求分析的理论框架,将目标需求的构成式归纳为必备、所想和所缺三个方面。

Dudley Evans与St Johnson④对需求分析进行了较为全面的归纳,将需求分析分成目标情景分析(Target situation Analysis, TSA)、目前情景分析(Present Situation Analysis, PSA)和学习情景分析(Learning Situation Analysis, LSA)三个维度,将目标情景需求分为专业需求、交际需求和学习者需求,从学生作为自然人、语言的使用者和语言学习者等三个视角,对语言本体、学习者个体和语言学习环境进行重点分析。在前人的基

---

① Brindley Geoffrey, "The Role of Needs Analysis in Adult ESL Programme Design", *The Second Language Curriculum*, Vol. 63, 1989, p. 78.

② John Munby, "Communicative Syllabus Design: A Sociolinguistic Model for Designing the Content of Purpose-Specific Language Programmes", *Journal of Women's Health*, 1978.

③ Hutchinson Tom and Alan Waters, *English for Specific Purposes: A Learning-centered Approach*, Cambridge: Cambridge University Press, 1987.

④ Dudley-Evans, Tony, Maggie Jo St John, and Maggie Jo Saint John, *Developments in English for Specific Purposes: A Multi-disciplinary Approach*, Cambridge University Press, 1998.

础上，Michael H Long① 又将其进一步完善，将任务作为分析和大纲设计的单位进行需求分析（如：Long & Crookes，1992；Long & Norris，2000；Long，2005），但提倡因地制宜，尚无固定的需求分析模型。

近年来，国内针对外语学习需求分析研究的热度也逐步上升。但国内的外语需求分析研究大多集中在实证研究方面，且其中绝大部分属于专门用途语言需求分析研究。王海啸②从社会、学生、教师和教学管理者的角度，提出了个性化大学英语教学大纲设计的需求分析理论框架。束定芳认为③，在外语教学领域，需求分析是语言课程设计和实施不可或缺的启动步骤，进行需求分析要兼顾社会需求（社会和用人单位对有关人员外语能力的需求）和个人需求（学生目前的实际水平及其希望达到的水平之间的差距）。夏纪梅和孔宪辉④等从总体情况分析、学习需求分析、社会需求分析的三维角度建立了需求分析模型。倪传斌和刘治⑤对外语需求的特性进行了细致分析，进一步丰富完善了需求理论分析，并在国外研究成果的基础上，总结绘制了外语需求分析整体框架构成图，又将需求分析分为"强式""弱式""综合式"三大类。

（三）乌兹别克斯坦职业汉语需求分析研究

当前有关乌兹别克斯坦中文教育的国别化研究，主要集中在乌兹别克斯坦的汉语教学现状、中文教育发展、教材本土化研究及乌兹学生的教学方面。其中有些研究虽涉及对乌兹学生的需求调查分析，但汉语需求并非那些研究的重点，故需求方面的内容较为单薄，无理论依凭，不成系统。综上所述，目前尚无根据专门用途语言需求理论对乌兹别克斯坦职业汉语需求的系统研究。本研究将通过多方检证的研究方法，以 Dudley Evans 及 St Johnson 的专业语言需求分析理论为依据，对乌兹比克斯坦的职业汉语需求进行较为全面深入的分析。

---

① Long Michael H.，ed.，*Second Language Needs Analysis*，Cambridge University Press，2005.

② 王海啸：《个性化大学英语教学大纲设计中的需求与条件分析》，《中国外语》2004 年第 1 期。

③ 束定芳：《外语教学改革：问题与对策》，上海外语教育出版社 2004 年版。

④ 夏纪梅、孔宪辉：《外语课程设计的科学初探》，《外语界》1999 年第 1 期。

⑤ 倪传斌、刘治：《外语需求的特性分析》，《外语与外语教学》2006 年第 2 期。

三 研究方法

（一）研究问题

本研究调查的主要问题如下：

与中国有贸易往来的乌方企业以及在乌中企目前招聘员工的状况具体是怎样的？

这些企业是否有针对职业汉语的需求？

这种需求的广度、深度如何？

要精准满足这些需求，当前有什么样的解决办法，又需要面对什么样的困难和挑战？

（二）参与者

本研究主要采用质性研究方法，根据利益相关者地图筛选受访对象。抽样遵循最大差异化原则，即受访者在身份、年龄、专业等存在差异。

利益相关者分析：Freeman[①]对利益相关者的定义为，"能够影响一个组织目标的实现，或者受到一个组织实现其目标过程影响的所有个体和群体"。对乌兹职业汉语体系建设的利益相关者进行分析后，所得关系最密切者为企业及乌兹别克斯坦的汉语学习者，其次为乌兹汉语教学机构（如孔院或设立了汉语专业的乌兹学校）、民办的汉语教学机构。本研究将对以上四方利益相关者代表进行调查、访谈及研究。

本次接受访谈的对象有六位，其中一位是乌兹本土某集团在职员工，曾在乌兹别克斯坦的孔子学院学过四年汉语，后在中国读本科，现在该集团担任进口经理助理的工作，汉语水平 HSK4 级。一位是某中乌合资企业在职员工，在塔什干中华民族文化中心学习三个月基础汉语后前往中国留学，在中国就读国际汉语教育专业四年，汉语水平为 HSK6 级，口语流利地道。两位为来自乌兹的留学生，如今分别在中国攻读国际中文教育本科学位和经济学本科学位。一位是乌兹别克斯坦的本土教师，曾在塔什干孔

---

① Freeman R. Edward, *Strategic Management*：*A Stakeholder Approach*，Cambridge ： Cambridge University Press，2010.

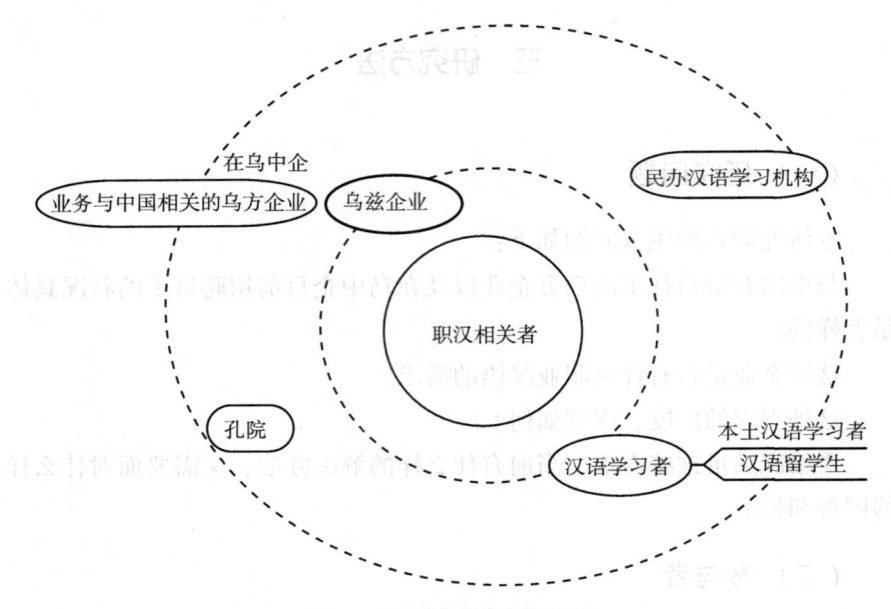

图 1　利益相关者分析地图

子学院教汉语五年、如今在中国某高校担任乌兹语外教。一位是中国某科技职业学院教师，曾前往乌兹、参与该科技职业学院（塔什干）鲁班学院筹备工作，并负责当地职业学院汉语培训工作。

塔什干孔子学院开设于 2004 年，位于乌兹首都塔什干，是中亚五国最早开设的孔子学院，较为具有代表性，故选择塔什干孔子学院为孔院利益相关者代表。

表 1　　　　　　　　　　访谈对象基本情况

编号	职位	性别	年龄（岁）	汉语水平	其他信息	利益相关方
A	集团在职员工	男	27	HSK5	担任经理助理工作	企业
B	合资企业员工	男	26	HSK6	负责翻译、商务谈判、对外接洽	
C	来华留学生	男	22	HSK4	国际中文教育专业	学习者
D	来华留学生	男	24	HSK5	经济学专业，半工半读	
E	塔什干孔院汉语教师	女	38	HSK6	在中国留学多年（硕博），曾在塔什干孔子学院任职 5 年	孔院
F	鲁班学院教师	女	52	无	曾前往乌兹参与鲁班学院合办工作，并负责汉语培训工作	民办汉语机构

（三）理论框架

本次对乌兹的职业汉语需求研究采用了多方检证的研究方法，对来自不同背景的人员进行了访谈，并从多个渠道收集其他类型的信息进行佐证。

1. 访谈

访谈形式为半结构化访谈，即预先设计访谈大纲、给出访谈要求，访谈时根据现场情况进行调整和追问。访谈内容以 Dudley Evans 与 St Johnson 的专门用途外语需求分析模型为框架进行设计。该需求分析模型可分为三个维度：目标情景分析、目前情景分析和学习情景分析，具体又可分为八个方面。

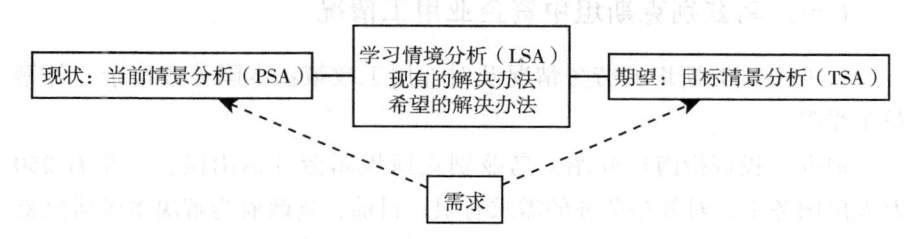

图2 Dudley Evans 专门用途语言需求分析框架三个维度

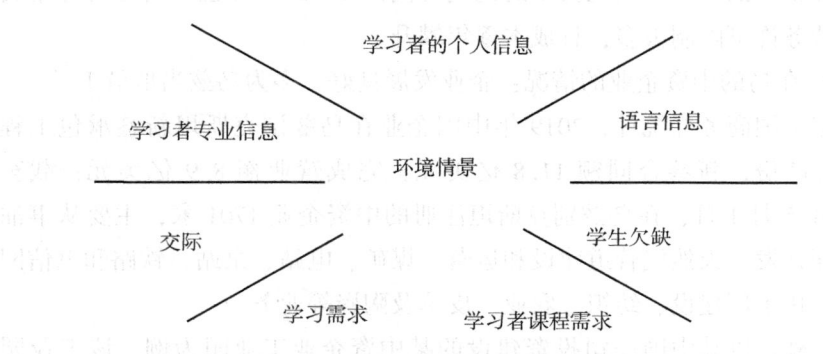

图3 Dudley Evans 专门用途语言需求分析框架八个方面

本研究中，访谈的初始问题是根据以上八个方面进行设计，但访谈过程中也会根据受访者的具体情况而略作调整并进行追问，但不会超出目标情景分析、目前情景分析和学习情景分析三个维度。故为避免信息过于庞杂，下文中会按照以上三个维度对访谈内容及其他资料进行归纳和分析。

2. 其他资料

本文除访谈外，重点参考的其他资料为：（1）乌兹两大权威招聘网站上发布的汉语人才招聘广告。（2）"中国—带—路网"及"中华人民共和国驻乌兹别克斯坦共和国大使馆经济商务处官方网站"公布的相关数据及文件（如《投资指南》等）；本文从"Ishkop.uz"及"Headhunter.uz"两大招聘网站上用俄语（乌兹别克斯坦通用语言）输入"中文""汉语"后，共检索到34个与汉语有关的职位。下文会对具体职位情况进行详细描述和分析，此不赘述。

四 研究结果

（一）乌兹别克斯坦中资企业用工情况

1. 乌兹别克斯坦的劳务情况及对外用工政策：本国劳务富余，外籍员工受限

根据《投资指南》介绍，乌兹别克斯坦属劳务输出国，每年有250万人出国务工，对外籍劳务的需求有限。目前，乌政府为解决本国居民就业，对外企用工比例要求较高，虽然建设期项目不受用工比例限制，但经营期外企外国员工和当地员工的比例可高达1∶20。并且，乌方对外籍员工的劳务许可限制极多，且成本逐年攀升。

2. 在乌的中资企业的情况：企业发展良好，多为乌兹当地员工

据中国商务部统计，2019年中国企业在乌兹别克斯坦新签承包工程合同237份，新签合同额11.8亿美元，完成营业额8.9亿美元；截至2020年5月1日，在乌兹别克斯坦注册的中资企业1701家，主要从事油气勘探开发、天然气管道建设和运营、煤矿、电站、泵站、铁路和电信网改造、化工厂建设、纺织、农业、皮革及陶瓷等业务。

另外，以某中国公司投资建设的某中资企业工业园为例，该工业园2013年被列入乌兹别克斯坦吉扎克工业特区锡尔河分区，享受乌政府提供的优惠政策，2016年8月被评为中国国家级境外经贸合作区。截至2019年年底，该工业园累计投资1.3亿美元，有12家中企在园区内落户，涉及陶瓷、阀门、肠衣、皮革、农业等领域，员工总数1500多人，85%为当地员工。

（二）对职业汉语的需求情况

1. 职业汉语需求的目标情景分析

乌兹别克斯坦对职业汉语的需求较大，主要需求为商务汉语和与科技（或技术）相关汉语，需要汉语的任务清晰明确。

（1）乌兹招聘广告分析

本研究选择的是乌兹较为权威的两个招聘网站，分别为"Ishkop.uz"及"Headhunter.uz"。其中，截至2022年5月30日，在Ishkop与176家公司进行合作，发布岗位数量约8万；在Headhunter网站上注册的公司数量为11524个，求职简历为33万份左右。截至2022年5月28日，在两个招聘网站的岗位检索栏中以俄语输入"中文"后，Ishkop网站上检索出20个职位空缺，Headhunter网站上检索出26个职位空缺。将两个网站的广告进行比对排重后，剩余34个职位。其中27%的岗位对汉语水平要求较高；12%的岗位提到会中文的员工可提高工资待遇，比其他同岗位员工高出30%—50%；6%的岗位要求应聘者掌握基础汉语；55%的岗位表示对掌握中文的应聘者十分欢迎，会优先录用。

表2　　　　　　　　招聘广告对应聘者汉语水平的要求

对汉语水平的要求	岗位数量（个）	百分比（%）
HSK5级/中等/B2以上/良好的口语写作能力	9	27
会中文2倍薪水/涨薪	4	12
汉语水平A2	2	6
优势/欢迎	19	55

经过对这些广告的梳理，本研究发现需要汉语人才的岗位主要为"外贸相关岗位、办公室管理、汉语教师、专业翻译"四大类；涉及的任务大致如表3所示：

表3　　　　　　　　需要汉语的职位数量及具体任务

职位	数量（个）	任务
外贸	24	维护客户，商务接待，对外接洽，寻找供应商，货物选择，组织投标，商务谈判，撰写合同，跟进项目进度，维护对外公司形象、塑造品牌

续表

职位	数量（个）	任务
办公室管理	3	文书工作，客户登记及咨询处理
翻译	3	随行翻译，工厂说明书、订单等材料翻译，文书翻译
服务员	1	服务态度良好
教师	2	雅思、汉语考试等教学，面向公司技术团队的教学
法律	1	法律相关业务

（2）访谈分析

本研究利益相关者核心位置上的公司方代表，认为当前公司中文人才不足，工作任务繁重。受访者 A，即在乌兹某集团担任经理助理工作的员工表示："当前工作的主要任务就是保持公司与其他国家的进出口可以顺利进行，并更好地发展双方关系……需要每天与中国的商户进行邮件、微信、电话沟通；虽然当前薪资水平不错，但由于工作量较大，且随着我工作经验增加，目前正在计划跳槽。"受访者 B，即合资企业员工表示，"公司大约 300 人，但只有四人会汉语，汉语水平为 HSK4 级至 HSK6 级，主要任务包括：商务谈判、物流、合同、海关、文件等；由于汉语人才数量过少，四个人都认为工作量太大；公司也正在努力招募更多汉语人才，但由于疫情问题，很多汉语学习者放弃汉语学习，汉语水平无法达标，故公司也无法招募到更多的汉语人才。"

利益相关者核心位置上的汉语学习者代表 C 和 D，即两位来华留学生，皆因认为中文发展潜力大、对中华文化感兴趣而选择留学中国，并表示未来要在中国合作开办外贸公司。

受访者 E，即曾在孔院任教的乌兹别克斯坦教师认为，乌兹当地人对职业汉语的需求主要集中在商务汉语，学习汉语的目标主要为"帮助父母的生意、辅助就业、到中国留学"，孔院学生学习汉语的原因包括："对中国文化和中文感兴趣、认为汉语有利于就业、想去中国留学、认为中国未来具有发展潜力等等。"

利益相关者民办汉语教学机构代表、受访者 F，即中国某职业技术学院的教师认为乌兹当地对职业汉语培训的需求较大，但需求多样，故需要针对当地需求、提供更精细灵活的汉语教学服务。例如，受访者 E 回忆其在乌兹时的情况为："曾与当地的劳动就业中心及职业技术学校合作，对当地的技术学员进行汉语培训，培训目的包括：辅助再就业、帮助部分学员通过 HSK5 级考试以获得中国的留学资格……并且曾有当地的中资企业与我们沟通，表示希望能为企业提供定制化的汉语培训服务，培训内容包括：从中国进口的仪器的说明书阅读、仪器操作流程学习、最基础的汉语交流等等。"

综上所述，当前乌兹别克斯坦的公司对汉语人才十分欢迎，掌握中文可以获得更多的就业机会和更高的薪酬。但对于要求较高的企业来说，应聘者的汉语水平至少需达到 HSK4 级以上，并且要对中国文化具有一定的了解，要能达到维护与中国客户或供应商之间的关系，甚至进行商业谈判的程度。部分中资企业有对员工进行集中汉语培训的意愿和需求，但大部分公司都是通过入职门槛筛选已具备一定汉语能力的人才。乌兹别克斯坦对职业汉语的需求主要集中在商务汉语及技术类汉语，对汉语有需求的任务也较为清晰明确。

2. 需求的当前情景分析及学习情景分析：乌兹职业汉语教育现状——尚处于初级阶段，几乎无专门职业汉语课程

截至 2020 年 3 月，乌兹别克斯坦共有六所国立大学和两所军事学院开设了汉语课程，此外还有三所中学、一所幼儿园、一个汉语中心、两所孔子学院提供基础的汉语教学。另外，还有一些学校也开设了汉语兴趣课程，主要由本土教师任教，如塔什干第 91 中学、第 309 中学、第 325 中学、东干中学、纺织学院附属中学等①（孙雍，2019）。受访者表示，由于当地教师工资低，故汉语水平较高的人并不愿当汉语教师。部分本土汉语教师自身汉语水平不达标，并不能真正使用汉语进行交际。孔院、中华文化中心等的课程主要按照学习者汉语水平进行分班，多为汉语综合课，无职业汉语课程；课程内容尚处于词汇教学和最基础的汉语口语的初级教学阶段。即使是中乌合建、负责技术教育的鲁班学院，开设的汉语课程也集中在基础汉语教学上，职业汉语课程虽有开设，但较少，且下一步的进展也正处在与各方的初步协商阶段。

---

① 孙雍：《乌兹别克斯坦塔什干孔子学院发展研究》，硕士学位论文，兰州大学，2020 年。

五　讨论

（一）乌兹职业汉语教育发展潜力较大，但尚处萌芽阶段

随着疫情放缓，中乌两国间的贸易逐渐回暖，乌方对与中国的合作态度积极。乌兹作为一个地理位置关键、资源较为丰富、国内环境较为安全平稳的国家，对中资企业具有一定的吸引力。不断加深的中乌贸易合作关系，乌方对外籍员工的限制，以及乌兹本土企业对汉语人才的欢迎，在一定程度上说明了乌职业汉语教育市场的发展潜力。

但乌本土的职业汉语教育尚处于萌芽阶段，孔院尚未开设职业汉语的课程，而专门进行技能培训的鲁班学院所开设的汉语课程也并非职业汉语课程，而是最基础的汉语综合课程。尽管已有企业明确表示了需求，希望定制专门的职业汉语培训课程，但职业汉语教育的建设仍然缓慢。笔者认为，其中原因，第一是因当前国际中文教育对于需求和市场的理解尚处于起步阶段；第二是职业汉语教育（或专门用途汉语）比起普遍汉语教育更为复杂，对需求分析的要求更高。

（二）需求庞杂，课程定制复杂度高，职业汉语教育建设需要新思路

笔者认为，职业汉语教育不可与普遍汉语教育相提并论。首先，职业汉语教育的需求灵活多变，学习者由于其身份不同，对于课程内容、课程时长、学习形式的要求也是五花八门。例如，个人学习者和企业培训班，在职员工与期望未来进入商务领域的学习者，他们能够用来学习汉语的时长、每天学习的时间段、学习的内容、听说读写能力的偏向性、对知识点的深入程度都有所不同。

如果要以孔院或学校原有的形式进行职业汉语教育，便有些难以精准对接需求。而面向企业专门定制职业汉语培训班，也有许多因素需要考虑。其一，专门定制的职业汉语课程需要进行先行需求调查，这种需求分析其实较为费时费力，要想成规模提供定制服务，似乎有些不现实。其二，进行需求分析所耗费的各种资源，与所获得的报酬相比，很有可能并不划算，收益不足以支撑起一个职业汉语教育体系的运转。在这种情况

下，职业汉语教育也很难成规模。

若只将资源局限于当前有限的汉语教师师资，那么确实难以满足过于庞杂的需求。如何利用好网络渠道，吸纳更多成本更低的资源进入循环，充分利用线上线下资源，打造一套更高效的资源提供系统以满足多样化的需求，这确实是当前汉语教师们应该思考的问题，也是建设职业汉语教育体系需要解决的问题。

六　结论和展望

本研究基于对乌兹别克斯坦职业汉语需求的调查，确认了乌兹别克斯坦的职业汉语需求确实存在，需求主要集中于商务汉语和技术汉语方面。满足这些需求所面对的困难包括当地职业汉语教育建设尚处于萌芽阶段，且不同对象对职业汉语的需求过于庞杂难以对接，等等。明确这些需求和挑战，可以为进一步建设适应当地实际需要的职业汉语教育体系提供参考。

由于一个地区的职业汉语需求的多层次性和多面性，要对乌兹别克斯坦职业汉语需求的各层次和各方面进行准确描述，还有许多工作要做。比如，应当进一步进行量化研究，加大访谈数量，采用 NViovo 进行更加系统的编码分析，并采用问卷、大数据等方法对乌兹职业汉语需求的具体内容进一步进行分析验证，是十分繁杂的工作，但这些又是可靠结论的基础。如果能再进一步对该地区更多公司、汉语学习者、汉语教学机构、两国官方商务合作部分进行调查，所获结果对乌兹别克斯坦开展符合职业汉语需求的汉语教学也许可以有所助益。

参考文献

陈冰冰、王欢：《国内外语需求分析研究述评》，《外语与外语教学》2009年第7期。

倪传斌、刘治：《外语需求的特性分析》，《外语与外语教学》2006年第2期。

孙雍：《乌兹别克斯坦塔什干孔子学院发展研究》，硕士学位论文，兰州大学，2020年。

束定芳：《外语教学改革：问题与对策》，上海外语教育出版社 2004 年版。

王海啸：《个性化大学英语教学大纲设计中的需求与条件分析》，《中国外语》2004 年第 1 期。

夏纪梅、孔宪辉：《外语课程设计的科学初探》，《外语界》1999 年第 1 期。

Brindley Geoffrey, "The Role of Needs Analysis in Adult ESL Programme Design", *The Second Language Curriculum*, Vol. 63, 1989, p. 78.

Freeman R. Edward, *Strategic Management: A Stakeholder Approach*, Cambridge: Cambridge University Press, 2010.

Hutchinson Tom and Alan Waters, *English for Specific Purposes: A Learning-centered Approach*, Cambridge: Cambridge University Press, 1987.

John Munby, "Communicative Syllabus Design: A Sociolinguistic Model for Designing the Content of Purpose-Specific Language Programmes", *Journal of Women's Health*, 1978.

Long Michael H., ed., *Second Language Needs Analysis*, Cambridge University Press, 2005.

Richard Berwick, "Needs Assessment in Language Programming: From Theory to Practice", *The Second Language Curriculum*, 1989, pp. 48–62.

《国际中文教育中文水平等级标准》与俄罗斯中文高考的对接应用研究

周 洋 霍董卓 王学松

摘要：中文是俄罗斯国家统一考试 ЕГЭ 外语选考科目之一，联邦教育测量研究所（FIPI）官网上公布了 кодификатор、спецификация（俄罗斯中文高考考试内容和要求的编纂与说明，以下简称《考试大纲》）。我们通过对其大纲、真题及相关政策进行了全面考察，发现俄罗斯中文高考与其考试目标不甚相符，存在题目难度不一、语法考查题型单一等问题。测试是教学过程的一种反映，俄罗斯中文高考设置影响当地中文教学的效度。为了将《国际中文教育中文水平等级标准》与俄罗斯联邦教育科学部的外语教育标准有效对接，本研究认为俄罗斯中文高考试题应在分项测试部分分别设题，丰富题目类型，提高语法项目与话题难度的匹配程度，以达到用中文进行交际并解决实际问题的培养目标。

关键词：国际中文教育；等级标准；俄罗斯中文高考

据我国教育部2018年的统计数据，接受学历教育的来华留学生首次超越语言生数量成为国际中文教育的主体（吴勇毅，2021）。同时，多个国家的教育部门如韩国、日本、英国、法国、西班牙、匈牙利、泰国、俄罗斯、爱尔兰等相继将中文纳入本国的高考体系。无论是在国内还是在国外，社会语言生活已然发生了巨变。《国际中文教育中文水平等级标准》（以下简称《等级标准》）作为汉语母语国制定的、面向全球的语言标

[基金项目] 中国石油大学（北京）科研启动基金：面向国际中文教育的汉语隐喻实证研究及应用（项目号：2X20230112）。

周洋：中国石油大学（北京）外国语学院；霍董卓：中国石油大学（北京）外国语学院；王学松：北京师范大学国际中文教育学院。

准，能够为国内外的中文教育提供参照，必将有利于国际中文教育进一步发展。目前亟须解决的，是如何将《等级标准》与各国语言教育标准对应的问题。我们以俄罗斯为例，对其中文高考的历史沿革、试题类型、大纲修订、语法项目等内容及相关政策进行考察，以期辅助解决《等级标准》在俄罗斯中文测试及教学中的应用问题。

一　俄罗斯中文教育历史沿革

中文教育在俄罗斯的发展历史源远流长。官方调查显示，俄罗斯国内中文教育的历史已有300多年，最早可追溯到彼得一世颁布的一项学习中文的法令（1700年）。① 近十年俄罗斯的中文教育发展迅速：2015年，中文进入俄罗斯国家统一考试科目清单，并于当年10月20日在俄罗斯15个地区面向8—11年级的2600多名学生进行了中文读写考试；2018年，俄罗斯联邦教育部部长奥尔加·瓦西里耶娃在接受采访时对外宣布，次年国家统一考试（Единый Государственный Экзамен，简称 ЕГЭ）将增加中文科目；② 试行之后，中文于2019年正式列入 ЕГЭ 外语选考名单（以下简称中文高考），11年级毕业生可以从英文、德文、法文、西班牙文及中文中任选一门作为 ЕГЭ 外语考试科目。至2022年3月，俄罗斯中文高考已进行了三轮。俄罗斯联邦国家预算科学机构"联邦教学测量研究所"（Федеральный институт педагогических измерений）专门从事教育质量评估研究，负责每年国家统一考试（Единый Государственный Экзамен）所有科目的试题编写，并会在官网（https://fipi.ru/）上公布各个科目历年考试大纲和部分真题，2022年已发布了最新修订版的中文《考试大纲》。

通过解读相关第一手资料与文件，我们发现从俄罗斯中文高考试行考试至最终考纲发布，只花费了短短四年时间，当中进行了2次试考，且教

---

① 莫斯科国立师范大学：《为什么俄罗斯中学生在国家统一考试中要选考中文？》，俄罗斯莫斯科国立师范大学官网：https://www.mgpu.ru/vladimir-kurdyumov-o-vostrebovannosti-kitajskogo-yazyka/，2022年1月15日访问。

② 今日俄罗斯：《中华人民共和国驻圣彼得堡总领事》评论统一国家考试中文的受欢迎程度，今日俄罗斯官网：https://russian.rt.com/russia/news/913297-kitai-rossiya-ege，2021年12月3日访问。

育质量评估机构针对考试反馈对考试大纲进行了 2 次修订，足以证明俄罗斯政府及教育相关部门推行中文教育的决心。

二 俄罗斯中文高考试题分析

在不同的修订版本中，俄罗斯中文高考的试题类型及分布有调整，我们根据联邦教学测量研究所官网最新公布的 2021 年中文高考真题，分析了试题类型、分数占比及时间分配（表1），并根据《考试大纲》中的难度等级进行了试题难度分布考察（表2）。

表 1　　　　　　　　2021 俄罗斯中文高考试题分布

序号	题目	考试形式	试题数量	分值（分）	参考用时	题目类型
1	听力	笔试	9	14	30 分钟	选择题
2	阅读		5	13	35 分钟	
3	分项测试		13	13	40 分钟	
4	写作		2	20	75 分钟	简答题
5	口语	口试	3	20	12 分钟	简答题
总计			32	80	192 分钟	

如表 1 所示，俄罗斯中文高考分为笔试和口试两部分，笔试部分包括听力、阅读、分项测试（包括语法、词汇、汉字部分）、写作，共 4 类题型。其中听力 1—9 题，满分 14 分，分值在试题中占 17.5%；阅读 10—14 题，满分 13 分，占 16.25%；语言项目题，15—27 题，满分 13 分，占 16.25%；作文 28—29 共 2 题，满分 20 分，占 25%。口试部分为口语测试，30—32 题，满分 20 分，占 25%。考生可以根据报考院校规定和自身外语水平自愿选择是否参加口语考试，若考生放弃口语考试，则外语总成绩口试部分分数为零。这样的规定有利于分辨出外语表达能力强的学生，选拔出真正的外语人才。试题共计 32 道，满分为 80 分。试题分值占比见图 1。

在难度方面，俄罗斯中文高考《考试大纲》（спецификация КИМ ЕГЭ 2019г, p7）将题目难度定义为三个等级：基础难度（базовый уровень）、中等难度（повышенный уровень）和高等难度（высокий уровень）。俄罗斯联邦鞑靼共和国教育质量监督中心发布的

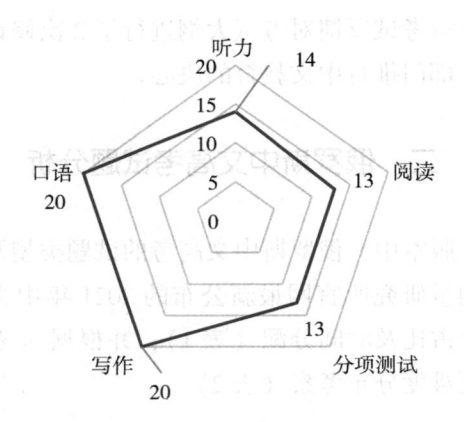

听力 14
20
15
10
口语 5 阅读
20 0 13

13
写作 分项测试
20

图 1　试题分值占比

《Статистико-аналитический отчет о результатах единого государственного экзамена в 2020 году в Республике Татарстан по КИТАЙСКОМУ ЯЗЫКУ》（鞑靼共和国 2020 高考中文成绩统计分析，第 6 页）文件①显示，"Базовый, повышенный и высокий уровни сложности заданий ЕГЭ соотносятся с уровнями владения иностранными языками, определенными в документах Совета Европы следующим образом：Базовый уровень-A2+；Повышенный уровень-B1；Высокий уровень-B2"。[俄罗斯高考外语试题难度分级为基础难度、中等难度、高等难度，与欧洲语言共同参考框架（CEFR）相比较为：基础水平—A2+，中等水平—B1，高等水平—B2] 欧洲语言共同参考框架将学习者的语言能力分为"三等六级"，分别为 A1 入门级、A2 初级、B1 中级、B2 中高级、C1 高级、C2 精通级。可见俄罗斯将中文列入整体性的"外语"，借用欧框的等级对其进行了水平评定，而非根据《等级标准》。俄罗斯中文高考试题的基础难度见笔试部分第 1、10、15—28 小题和口试部分第 1 题，共计 17 题，38 分，占比达到 47.5%；中等难度见笔试部分第 2—9、11—14 小题和口试部分第 2 题，共计 13 题，22 分，占 27.5%；高等难度见笔试部分第 29 小题和口试部分第 3 题，共计 2 题，20 分，占 25%。俄罗斯中文高考题目难度分布见表 2，不同难度等级内容的题目分值占比见图 2。从中可见，

---

① 俄罗斯联邦鞑靼共和国教育质量监督中心：《鞑靼共和国 2020 高考中文成绩统计分析》，俄罗斯联邦鞑靼共和国教育质量监督中心官网：https：//rcmko.ru/wp-content/uploads/2020/10/RT_Statistiko-analiticheskij-otchet_Kitajskij-yazyk_2020.pdf，2021 年 12 月 3 日访问。

基础难度部分仍是俄罗斯中文高考的主要内容，占据几乎一半数量的题目、分值及时长，而中等难度与高等难度部分内容数量与分值占比则大致相当。

表 2　　　　　　　　　2021 俄罗斯中文高考题目难度分布

难度等级	题目数量	分值（分）
基础难度	17	38
中等难度	13	22
高等难度	2	20
总计	32	80

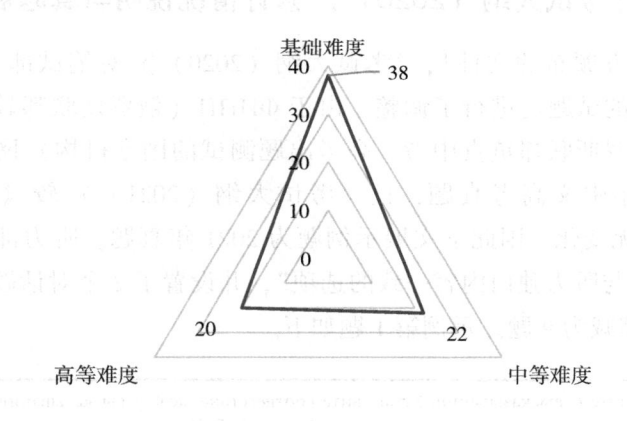

图 2　不同难度分值占比

除此之外，写作和口语部分考查内容共计 50%，分值与用时占据一半及以上，由此可见中文高考在题型设计上以输出为主，这与俄罗斯教育部第 413 号令《俄罗斯联邦中学生教育标准》第 9.3 条"外语方面"中"考查学生的中文交际能力和应用能力"一条是相符的，也印证了《考试大纲》中的"培养用中文解决实际问题的人才"的培养目标。①

---

① 俄罗斯教育部：《关于批准俄罗斯联邦中等普通教育标准的第 413 号令》，俄罗斯联邦教育部文件库：https://docs.edu.gov.ru/document/bf0ceabdc94110049a583890956abbfa/？ysclid = laujsxigl1726291341，2022 年 1 月 7 日访问。

三 中文高考《考试大纲》修订

2019年俄罗斯首次将中文正式纳入高考外语选考科目后，制定了第一版考试大纲［下文称为《考试大纲（2019）》］，之后分别于2020年与2022年进行了两次修订［下文称为《考试大纲（2020）》与《考试大纲（2022）》］。三版大纲对题目数量和题目类型都做出了明确规定，我们从试题类型和难度分析《考试大纲（2020）》的修订情况，以其为参考，进行历次俄罗斯中文高考大纲的对比。

（一）《考试大纲（2020）》修订情况说明与真题展示

根据官方颁布的文件①，《考试大纲（2020）》对笔试部分的听力、阅读及写作的试题均进行了调整。由于ФИПП（俄罗斯联邦教育测量研究所，即俄罗斯联邦负责中考、高考出题测试的国家机构）网站上没有公布2020年中文高考真题，且《考试大纲（2021）》较《考试大纲（2020）》无变化，因此下文展示例题为2021年真题。听力部分第1题改为"选择与听力独白内容一致的选项"，并设置了2个对话题，题目数量由14题缩减为9题。示例第1题如下。

> Вы услышите 6 высказываний. Установите соответствие между высказываниями каждого говорящего A–F и утверждениями, данными в списке 1–7. Используйте каждое утверждение, обозначенное соответствующей цифрой, только один раз. В задании есть одно лишнее утверждение. Вы услышите запись дважды. Занесите свои ответы в таблицу.
> 　　您将听到A—F共6段独白，请从1—7中选出与独白内容一致的选项，每个选项仅用一次，其中有一个多余选项。每段独白播放两次，听完后请将答案写在下面表格里。

1. 玩儿电脑是我的课余爱好。
2. 她从小就喜欢音乐。
3. 我对短跑感兴趣。
4. 中国的老手艺就是剪纸。
5. 踢足球是世界第一运动。

---

①　俄罗斯联邦教育测量研究所：《2020年国家统一考试真题调整说明》，俄罗斯联邦教育测量研究所官网：https://doc.fipi.ru/ege/demoversii‑specifikacii‑kodifikatory/2020/izmeneniya_v_kim_ege_2020.pdf，2020年12月26日访问。

6. 下课后我在游泳池游泳。

7. 我特别喜欢看书。

阅读部分题目数量由 13 题缩减为 5 题，阅读材料的篇幅虽然仍然较长，但题目难度不大，以选择题为主，示例第 1 题如下。

> Установите соответствие между текстами A–F и рубриками 1–7. Занесите свои ответы в таблицу. Используйте каждую цифру только один раз. В задании одна рубрика лишняя.
>
> 下面有 A—F 共 6 个小段，请从 1—7 中选出与小段内容一致的选项，每个选项仅用一次，其中有一个多余选项。请将答案写在下面表格里。

1. 交通　2. 经济　3. 旅游　4. 历史　5. 文化　6. 建筑　7. 地理

圣彼得堡是俄罗斯第二大交通中心，多条铁路干线都位于圣彼得堡，拥有俄罗斯最大的海港，也是重要的国际航空港。圣彼得堡一共有三个机场。圣彼得堡有 5 条地铁线，地铁站一般都设在商店的低层或十字街头的地下人行道里，有的就直接与火车站的地下通道相连，而且每个地铁出口都设有各种公交车站。

（略）

分项测试部分的后 7 道题，即试卷第 21—27 题难度由中等难度降为基础难度，语法大纲中的考查点未发生变化，只是对标准的难度级别做出了调整，示例第 1 题如下。

> Укажите, какое служебное слово пропущено в данном предложении.
>
> 请选出合适的虚词。
>
> 我们会给小猫安排一个舒服＿＿＿＿家。
>
> 1) 的　2) 地　3) 得

写作部分的内容由"写一封信"调整为"写一封回信，并回答来信中的问题"，字数要求为 130—160 字，要求符合中文信件的规范，示例如下。

> 你收到了中国笔友李群的来信，她在信里写道：
> ……上个月我们班去听京剧了。有时候他们唱的话我听不懂。你喜欢听京剧还是听歌剧？你去剧院还是在电视上观看表演？你听过京剧没有？
> ……还有，下个星期我们城市里将举办中国国画展。

给她写回信。信里要：

1. 回答她的问题；
2. 问她三个和中国国画展览会有关的问题。

（二）《考试大纲（2022）》修订情况说明与真题展示

相较于第一次修订，《考试大纲（2022）》主要修订了写作和口语部分的内容与题型，稍微增加了难度，并修改了不符合时代特征的内容。① 第 28 题由"写一封回信并回答来信中的问题"调整为"给国外的朋友回复一封电子邮件，并回答来信中的问题"，且作文字数要求由 130—160 字提高至 150—190 字，示例如下。

你收到了中国笔友妙珍的电子来信：

发件人：miaozhen@qq.com
收件人：Russian_friend@ege.ru
主题：家务
……中国青少年不太喜欢做家务。你家里谁安排做家务？你常帮助父母做家务吗？你最不喜欢的家务是什么？……上个星期六我们全家人参观了北京美术馆。

给她写回信。信里要：
1. 回答她的问题；
2. 问她三个和去北京美术馆有关的问题。

口语部分第 3 题由"描述所给的两幅图片内容，并选择其中一张发表自己的观点"调整为"给你的朋友发送一条语言消息，描述所给的两幅图片内容，并选择其中一张发表自己的观点"，考生有 3 分钟的准备时间，考试的时长由原来的 12 分钟增加到了 14 分钟，示例如下：

3. Вы выполняете вместе с другом проектную работу на тему «Подготовка к экзаменам». Вы нашли фотографии для иллюстрации проекта и решили поделиться этой информацией с другом. Оставьте ему голосовое сообщение. Через 3 минуты будьте готовы：

您和您的朋友一起完成话题为《备考》的作业，您找到了插图照片

---

① 俄罗斯联邦教育测量研究所：《2022 年国家统一考试真题调整说明》，俄罗斯联邦教育测量研究所官网：https：//doc.fipi.ru/ege/demoversii - specifikacii - kodifikatory/2022/izm_ege_2022.pdf，2021 年 1 月 15 日访问。

并与朋友们分享这一信息。请您给朋友发一条语音消息，您有 3 分钟的时间准备。

- дать краткое описание каждой фотографии, объясняя выбор фотографий для проектной работы;

简要描述每一张照片，并解释为什么做这样的图片选择。

通过对 3 版《考试大纲》及其两次修订进行全面具体的考察，我们认为俄罗斯中文教育将汉语与其他欧洲语言划分在统一框架内，借用欧框的语言水平评定标准对其本国中文高考进行设计。由于语言标准与实践之间"水土不服"，测试结果反馈出中文高考有难度偏高、话题应用性不强、与人才培养标准不匹配等问题。俄罗斯《考试大纲》修订中对以下几点进行了改动：第一，中文高考调整了难度，希望尽量与参与测试的考生水平，即中文教育的水平相匹配；第二，听力、阅读、写作等部分的题目说明与任务表述较修订前更为具体、明确，且根据社会情况对题干或所给材料进行了调整更新，体现了时代特征；第三，中文高考的试题内容与大纲中给出的话题任务"人际交往""兴趣爱好""科技发展"等相吻合，体现出对应用能力的考查，但试题难度与实际应用不太匹配；第四，作文字数和口语表述时长的增加体现出输出要求和任务量的增加。我们以表 3 对修订内容进行较为直观的呈现。

表 3　　　　　　　　《考试大纲》2 次修订内容总结

	《考试大纲（2019）》	《考试大纲（2020）》	《考试大纲（2022）》
听力题目要求	选择符合对话内容的选项	选择符合独白内容的选项	选择符合独白内容的选项
听力材料	对话	独白+对话	独白+对话
题目数量	14	9	9
阅读题目数量	13	5	5
选择题难度等级	中等难度	基础难度	基础难度
写作题目要求	写一封信	写一封回信，并回答来信中的问题	回复一封电子邮件，并回答邮件中的问题
写作字数要求	130—160	130—160	150—190
口语题目表述	描述图片，表达观点	描述图片，表达观点	发送语音消息，描述图片，表达观点
口语考试时长	12 分钟	12 分钟	14 分钟

从《考试大纲》的 2 次修订与我们研读文件后对俄罗斯中文教育的

了解，我们认为俄罗斯中文教育存在教学效度不明确、教育标准不适配等问题，中文高考体现出的问题，实际上是需要利用《等级标准》对俄罗斯中文教育进行对接应用的问题。下文以语法项目为例进行说明。

四 从语法项目看中文高考的设计与实施

我们仔细研读了相关的文件与新闻，根据文件内容与媒体调查结果可以看出，由于中文与考生母语的差异较大，"对参加 2019 年俄罗斯中文高考的考生来说，中文的语法是最大的挑战"①。据联邦教学测量研究所的考察与统计，考生在中文语序、声调、介词、副词、结果补语等方面都存在问题。可以看出，汉语语法对考生来说是最复杂、最困难的部分。2020 年俄罗斯联邦鞑靼共和国教育质量监督中心发布的名为《Статистико-аналитический отчет о результатах единого государственного экзамена в 2020 году в Республике Татарстан по КИТАЙСКОМУ ЯЗЫКУ》（鞑靼共和国 2020 高考中文成绩统计分析，第 11 页）的文件提到"Традиционно наибольшие трудности для участников представляет лексико грамматический блок в разделах《Грамматика，лексика и иероглифика》и《Говорение》"（一直以来，对考生来说，分项测试部分的词汇语法和口语部分最难，前者基础难度的题目学生完成得很好，中等难度的题目则相对较难）"。

事实上，或许是由于调查显示语法内容难度大，俄罗斯中文高考的语法考查理念虽贯穿始终，但在题目上则集中于分项测试的选择题部分，分值仅为 13 分，占比最少（如图 1 所示）。且题型均为单项选择题，考生需从给出的 3—5 个选项中选出唯一正确的答案，降低了考试难度。我们根据大纲及真题，将语法题目与考查点分布列入表 4。

表 4　　　　　　2022 年中文高考真题分项测试语法部分考查点

语法点	例题
拼音	眼镜 1）3-1 2）2-3 3）3-4 4）2-1 5）2-4

---

① 莫斯科城市新闻通讯社：《俄罗斯联邦教育测量研究所：2019 年国家统一考试的中文考生在语法方面是最难得分的》，莫斯科城市新闻通讯社官网：https://www.mskagency.ru/materials/2939509，2020 年 11 月 26 日访问。

续表

语法点	例题
量词	九月一日他给老师送了一_____玫瑰花。 1）匹 2）束 3）颗 4）条 5）张
词组	找出多余的一项 1）榴莲 2）苹果 3）葡萄 4）芒果 5）如果
介词或介词结构	弟弟_____茶碗打破了，就怕妈妈会生气。 1）从 2）把 3）离 4）于 5）为
序数词或者大数	八千零八十三万两千七百四十六 1）80 832 746　　2）80 302 746 3）80 382 746　　4）88 032 746
动态助词	你看，桌子上摆_____很多书，没想到他真是一个知识分子。 1）过 2）了 3）着
结构助词	跑步以后他们都渴了，就不停_____喝水。 1）的 2）地 3）得
副词	听完老师解释这个语法后_____知道这个句子是什么意思。 1）才 2）刚 3）又 4）总 5）再
结果意义动词	这本英文书很有意思，我看_____后还给你，好吗？ 1）定 2）上 3）住 4）完 5）到
可能补语	小王的生日是什么时候，我都想_____。 1）得下去 2）不起来 3）得好 4）不出来
趋向补语	一想起昨天的事情，我就忍不住笑_____。 1）下来 2）出去 3）下去 4）起来
单句和复合句	选择语法正确的一项 1）昨天我用汉语跟老师谈话了一个上午。 2）昨天我跟老师谈话了一个上午用汉语。 3）昨天我用汉语跟老师谈了一个上午的话。 4）昨天我跟老师用汉语谈话了一个上午。
关联词语	_____你说什么、做什么，你父母_____会一直支持你。 1）虽然……，但是…… 2）无论……，都…… 3）要是……，就…… 4）先……，然后……

我们对三版考试大纲的分项（语法、词汇、汉字）考查项目进行了对比，发现语法考查点并未修改，只在难度方面将最后 7 道题难度等级由中等难度降为基础难度。为了进一步判断分项考查项目的难度等级，我们将 2021 年真题中的分项考查部分按照《等级标准》进行了排列，列入表 5。

表 5　2022 年中文高考语法部分考查点与《等级标准》语法点级别对比

语法点	题号	《等级标准》级别
选择合适的量词、介词、数词、结构助词、副词	15、16、17、18、19、21、22	一级

续表

语法点	题号	《等级标准》级别
选择正确的动态助词、比较句、关联词	16、19、20、22、23、26、27	二级
找出不同的词类；选择正确的可能补语、趋向补语	16、17、24、25	三级
选择正确的关联词	17、27	四级
选择声调、选择正确的趋向补语引申用法	15、17、25	五级
找出不同的词类	17	高等

由表 5 可以看出，中文高考对语法考查的标准较低，尤其是与口语和写作部分相对照，无论是题型还是内容都相对简单，占比也最低。对应《等级标准》中的初等语法 44 次（其中一级 18 次，二级 19 次，三级 7 次），占 85%；中等语法出现 7 次（四级 2 次，五级 5 次，六级 0 次），占 13%；高等语法仅出现 1 次，占 2%。再对照《考试大纲》，可以看出分项考查部分符合大纲中所确立的难度等级为基础难度，考试内容也基本符合要求。但与《等级标准》相对照时，可以看出中文高考考查的语法项目多属于初等语法，掌握初等语法仅能够理解简单的语言材料，完成有限的话题表达，组织简短的语段，完成简单的交际任务（见图 3、图 4）。

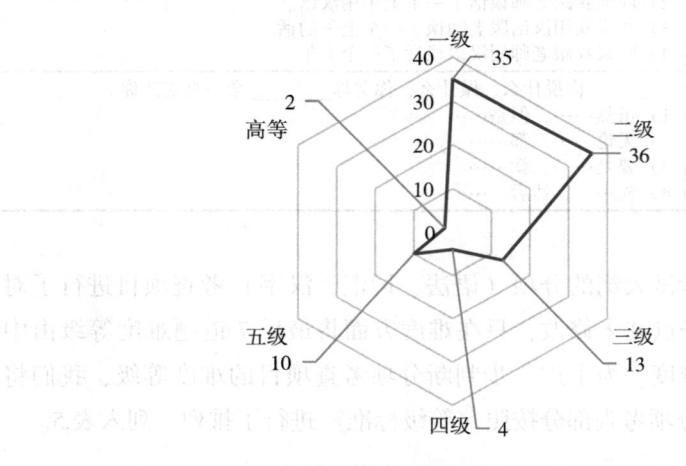

图 3 所涉语法在《等级标准》"九级"中占比

综上，就俄罗斯中文高考语法项目的难度与范围而言，无法体现俄罗斯语言教育培养目标中的"口头和书面形式与所学外语的母语人士进行

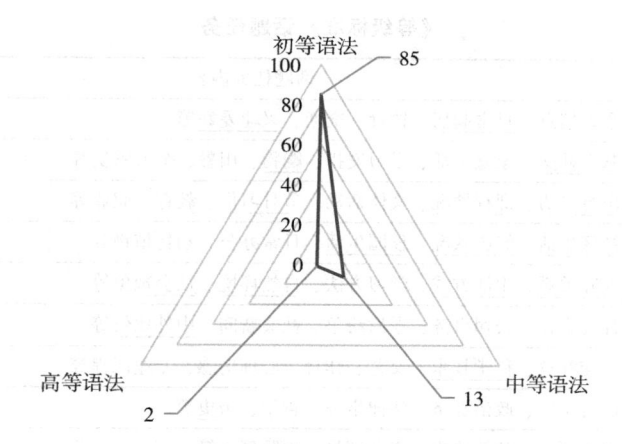

图 4　所涉语法在《等级标准》"三等"中的占比

交流；使用外语获取信息，并用于教育和自学；具备外语交际能力"，甚至可以说相去甚远。下节我们再以话题任务为例进行考察。

五　从话题任务看中文高考的设计与实施

根据《关于批准俄罗斯联邦中等普通教育标准的第 413 号令》第 9.3 条，11 年级毕业生的外语标准基础水平需达到以下要求：1) 具备一定的外语沟通能力，能进行跨文化交际；2) 掌握本国和目的语国家的社会文化特征；3) 能以口头或书面形式与其他国家代表交流；4) 能够把外语作为获取信息的手段。由俄罗斯中文高考分项考查的内容与等级标准的难度对比、中文高考大纲与教育标准的培养目标来看，俄罗斯中文高考的语法项目编排难度偏低，题型简单，与其他考查项目的内容与题型相较落差较大，有断层感。语法项目的编排，最终要为交际服务，交际任务则由话题体现。将《等级标准》和《考试大纲》列举的话题任务并列来看（见表 6、表 7），《等级标准》明确规定了各个等级的话题任务内容，从一级到九级难度由个人信息、日常起居等到学术研究、政策法规等逐级递增，与每一等级的交际能力、语言量化指标相匹配，层次分明，目标明确。而中文高考大纲虽然也明确了 19 个话题，但整体来看不具备层级性，与分项考查中涉及的语法点也不甚匹配，有"眼高手低"之感。对比如下（下划线为《等级标准》和《考试大纲》中类似或相同的话题）。

表 6　《等级标准》话题任务

水平等级	话题任务内容
一级	个人信息、日常起居、饮食、交通、兴趣爱好等
二级	基本社交、家庭生活、学习安排、购物、用餐、个人感受等
三级	出行经历、课程情况、文体活动、节日习俗、教育、职业等
四级	社区生活、健康状况、校园生活、日常办公、动物植物等
五级	人际关系、生活方式、学习方法、自然环境、社会现象等
六级	社会交往、公司事务、矛盾纠纷、社会新闻、中外比较等
七级	社交礼仪、科学技术、文艺、体育、心理情感、专业课程等
八级	语言文字、政治经济、法律事务、哲学、历史等
九级	学术研究、政策法规、商业贸易、国际事务等

表 7　中文高考话题任务

序号	话题任务内容
1	日常生活、家庭任务分配、购物
2	城市和农村生活、城市和农村问题
3	学校和家庭中的交际、家庭传统、朋友和熟人之间的人际交往
4	健康和担忧、描述自身感觉、医疗服务、健康的生活方式
5	当代社会年轻人的作用、年轻人的兴趣爱好
6	年轻人的空闲时间，如：团体内部来往、参加运动协会、兴趣俱乐部；来往通信
7	祖国和目的语国家的地理位置、气候、城市和农村情况、人口、名胜古迹
8	境内旅游、参观名胜古迹
9	自然生态和生态问题
10	祖国和目的语国家历史文化特征
11	祖国和目的语国家在科技发展和世界文化发展上所做的贡献
12	当代职业、劳动力市场
13	高中之后继续接受高等教育的机会
14	未来的计划、职业规划问题
15	当今世界掌握外语的重要性
16	学校教育、学习科目、对待这些学习科目的态度、假期
17	科学技术发展、发展前景及结果
18	新信息技术
19	世界各国的节日和重要日期

从话题表述上来看，《等级标准》的话题表述四字一句，整齐划一，符合中文与汉字的特点。从话题内容来看，《等级标准》与《考试大纲》都涉及一般日常生活中经常出现的兴趣爱好、家庭生活、购物、出行、教育、职业、健康、人际交往、生态环境等话题，符合一般中文教学的规律。

从系统性来看，《等级标准》的主题按类分设，由具体到抽象层层递进，《考试大纲》的标准能够体现俄罗斯联邦教育科学部的外语教育标准，但是未按等级排列，当中也没有明显的联系，其最大的问题是编写者难以将语法项目与话题任务相对应，导致二者无法衔接，语法项目不足以支撑话题表述。前文中提到，从文件与媒体调查来看，《考试大纲》的第1次修订主要是因为考生普遍反映语法部分试题偏难，两次修订都未能促使语法项目与话题任务相对应。最新修订的版本中，语法点的考查仍然与话题任务不相匹配，难度较低。

从学习者的范围来看，《等级标准》的话题面向不同年龄段、不同专业、不同国家的学习者，五级之后的话题任务更是逐渐要求中文学习者能够表达个人态度并在某一领域具备一定的专业性，体现出培养高水平中文人才的目标；而《考试大纲》更多关注青年的学习生活方式，帮助他们认识社会（城市农村生活、城市农村问题、历史文化信息对比等）、关注未来（职业规划、科学技术发展前景等），话题内容围绕高中阶段学习者所熟悉的社会生活与科技发展等，这与俄罗斯在培养青年综合素质方面侧重关注智力、精神道德、创造力、身体素质和职业能力分不开。在符合信息社会和创新精神的要求下，俄罗斯致力于培养具有公民精神的、尊重多民族多元文化的俄罗斯公民。但对比话题任务与语法项目的难度可知，考生是否能够在此大纲的指导下，顺利完成话题任务，仍然是个问题，需要进一步的调查。

六 结语

俄罗斯中文高考主要考查考生的中文交际能力和应用能力，考试的目的主要是培养与选拔能用中文进行交际并解决实际问题的人才。但将《考试大纲》的具体内容与中文高考的题目进行分析后，我们发现中文高考的实际实施与设计初衷有一定的差距，当中存在题型单一、考查项目难度不一、话题任务不成体系等多种问题。尤其是比较了《等级标准》的话题任务与语言量化指标的配合度之后，我们认为俄罗斯中文教育目前存在"眼高手低"的情况：一方面，推行中文教育的决心与对中文教育的了解不匹配；另一方面，《考试大纲》的设计与中文高考的实施不匹配。由此，为了更好地辅助海外中文教育应用《等级标准》，我们针对俄罗斯中文高考的情况提出以下建议。

首先，俄罗斯中文高考《考试大纲》在一定程度上延续了其他外语标准的设置与模式，在《等级标准》之前未能按照中文的教学规律进行调整。《考试大纲》可对照《等级标准》调整语言量化指标，从听、说、读、写几个方面进行分项设置，细化标准。这要求俄罗斯中文教育不光在考试中，同时在中小学中文教育中根据考生的学习时长、语言项目学习量、话题设置、教学目标等，分年级从《等级标准》中选取符合学情与考情的考查项目，再根据《教育标准》的培养目标进行调整。

其次，俄罗斯中文高考目前的语法词汇汉字部分将分项测试的语言项目合并出题，测试目的不明确，题型简单缺乏变化，测试效果有限。从俄罗斯的媒体调查来看，该部分内容对考生来说难度较高。综合资料我们可以猜测，考生认为，该部分内容过难可能有两方面的原因，一方面，在中文教学中，对语言项目的训练可能不足，使用的教学方法较为单一，无法达到良好的教学效果；另一方面，在中文高考的设置上，测试题型单一，选择项目干扰性过强，考生无法判断考查的具体内容。目前的测试目标是语法、词汇、汉字三部分，如果能将三部分分别设题，且丰富题型，可以在尽量不改变难度的情况下提高测试效果，达到测试的目的。

最后，为了使中文教育达成使学生具备中文沟通能力的最终目标，在话题任务的设置方面，应该充分考虑不同年级学生的兴趣目标，循序渐进，提高语法项目与话题难度的匹配程度，以达到培养用中文进行交际并解决实际问题的培养目标。俄罗斯中文高考与《考试大纲》中体现出的这一系列亟待解决的问题，只是表象，最终问题的解决还是要落实到《等级标准》在海外中文教育的教学过程与测试过程中去。未来配合进一步的俄罗斯中文教育教学的考查，相信应用《等级标准》的手段会更为明确，问题的解决会更加水到渠成。

参考文献

陈琪：《新加坡中小学华文课程标准与〈国际中文教育中文水平等级标准〉对比的意义与构想》，《国际汉语教学研究》2021年第1期。

俄罗斯联邦鞑靼共和国教育质量监督中心：《鞑靼共和国2020高考中文成绩统计分析》，俄罗斯联邦鞑靼共和国教育质量监督中心官网：https://rcmko.ru/wp-content/uploads/2020/10/RT_Statistiko-analiticheskij-otchet_Kitajskij-yazyk_2020.pdf，2021年12月3日访问。

俄罗斯教育部：《关于批准俄罗斯联邦中等普通教育标准的第413号令》，俄罗斯联邦教育部文件库：https://docs.edu.gov.ru/document/bf0ceabdc94110049a583890956abbfa/?ysclid=laujsxigl1726291341，2022年1月7日访问。

俄罗斯联邦教育测量研究所：《2020年国家统一考试真题调整说明》，俄罗斯联邦教育测量研究所官网：https://doc.fipi.ru/ege/demoversii-specifikacii-kodifikatory/2020/izmeneniya_v_kim_ege_2020.pdf，2020年12月26日访问。

俄罗斯联邦教育测量研究所：《2022年国家统一考试真题调整说明》，俄罗斯联邦教育测量研究所官网：https://doc.fipi.ru/ege/demoversii-specifikacii-kodifikatory/2022/izm_ege_2022.pdf，2021年1月15日访问。

郭锐：《〈国际中文教育中文水平等级标准·语法等级大纲〉的后续工作》，《国际汉语教学研究》2021年第1期。

和学新、高飞：《新世纪以来俄罗斯基础教育课程改革及其启示》，《当代教育与文化》2014年第1期。

金海月、应晨锦：《中文水平等级标准的语法等级大纲研制原则》，《国际汉语教学研究》2021年第3期。

雷蕾：《当代俄罗斯国家青年政策的建设与发展》，《比较教育研究》2017年第11期。

刘乐宁：《美国外语教学委员会外语教学标准与〈国际中文教育中文水平等级标准〉的互鉴和互补》，《国际汉语教学研究》2021年第1期。

刘英林：《〈国际中文教育中文水平等级标准〉语法等级大纲研制及应用的若干问题——〈国际中文教育中文水平等级标准·语法学习手册〉

前言》，《国际汉语教学研究》2022 年第 1 期。

李亚男、白冰冰、王学松：《〈国际中文教育中文水平等级标准〉音节表的构建原则及意义》，《国际汉语教学研究》2021 年第 3 期。

李亚男：《〈国际中文教育中文水平等级标准〉解读》，《国际汉语教学研究》2021 年第 1 期。

李行健：《一部全新的立足汉语特点的国家等级标准——谈〈国际中文教育中文水平等级标准〉的研制与应用》，《国际汉语教学研究》2021 年第 1 期。

莫斯科国立师范大学：《为什么俄罗斯中学生在国家统一考试中要选考中文?》，俄罗斯莫斯科国立师范大学官网：https：//www.mgpu.ru/vladimir-kurdyumov-o-vostrebovannosti-kitajskogo-yazyka/，2022 年 1 月 15 日访问。

莫斯科城市新闻通讯社：《俄罗斯联邦教育测量研究所：2019 年国家统一考试的中文考生在语法方面是最难得分的》，莫斯科城市新闻通讯社官网：https：//www.mskagency.ru/materials/2939509，2020 年 11 月 26 日访问。

孟令霞：《影响俄罗斯高等教育发展的几个问题及对我国的启示》，《教育探索》2009 年第 4 期。

王鸿滨：《〈国际中文教育中文水平等级标准〉中语法等级大纲的研制路径及语法分级资源库的开发》，《国际汉语教学研究》2021 年第 3 期。

王森：《俄罗斯基础教育改革中的社区学校模式研究》，《比较教育研究》2018 年第 2 期。

吴勇毅：《汉语母语国的担当和责任——〈国际中文教育中文水平等级标准〉制定的意义》，《国际汉语教学研究》2021 年第 1 期。

肖甦、朱佳悦：《俄罗斯持续性国家统一考试改革：追求教育公平》，《比较教育研究》2019 年第 11 期。

邹申、张文星、孔菊芳：《〈欧洲语言共同参考框架〉在中国：研究现状与应用展望》，《中国外语》2015 年第 3 期。

张丽：《西班牙中文教育与国际中文水平等级标准》，《国际汉语教学研究》2021 年第 1 期。

新时代海外中文教育的
低龄化趋势与应对策略

吴成年

摘要：随着新时代中国综合国力的快速提升，中文国际地位正在大幅上升，国际中文教育正获得空前的发展机遇，海外中小学中文教学正成为国际中文教育的重心与重要的"增长极"。随之而来的巨大挑战是海外中小学需要大批量合格的中文教师。目前国内汉语国际教育专业硕士的培养与海外中小学中文教师的需求存在不小的差距，其中一个重要的原因是国内各培养单位导师队伍普遍缺乏海外中小学一线中文教学实践经验。今后国内汉语国际教育专业硕士培养单位理想的导师队伍结构应注重吸纳具有海外中小学中文教学经历的新型师资。优秀的汉语教师志愿者通过获得博士学位或海外教师资格证书，将大大拓宽在海内外高校或海外中小学的就业渠道，从而有效纾解当前国际中文教育的"三教"难题。

关键词：国际中文教育；海外中小学中文教学；汉语国际教育专业硕士；新型师资

有关新时代汉语国际传播研究，胡范铸等、贾益民、崔希亮、李宇明等的相关论文①，从不同的视角探讨了新时代汉语国际传播的形势、路径、规划、低龄化等，很有意义，但对今后国际中文教育的一些核心问题

［基金项目］教育部语合中心 2021 年国际中文教育研究课题重点项目（21YH22B）。

吴成年，北京师范大学国际中文教育学院。

① 见胡范铸、陈佳璇、张虹倩《目标设定、路径选择、队伍建设：新时代汉语国际教育的重新认识》，《世界汉语教学》2018 年第 1 期；贾益民《新时代世界华文教育发展理念探讨》，《世界汉语教学》2018 年第 2 期；崔希亮《汉语国际教育的若干问题》，《语言教学与研究》2018 年第 1 期；李宇明《海外汉语学习者低龄化的思考》，《世界汉语教学》2018 年第 3 期。

（像如何应对国际中文教育重心下移及海外中小学汉语教师紧缺等）仍涉及不多，值得进一步探讨。今后的国际中文教育，我们既要有全局观念，也要避免平均主义，在人力物力资源有限的情况下，应集中精力优先抓住国际中文教育的重要问题和突出矛盾来解决。本文将根据新时代海外中文教育低龄化的趋势来探讨当前国际中文教育的重要问题和矛盾，发挥现有国际中文教育实践积累的优势，"不忘本来，走向未来"，希冀引起学界同人的共同关注与探讨，推动今后国际中文教育的大发展。

一 新时代海外中文教育低龄化的趋势

（一）中文的国际地位正进一步空前提高

随着中国综合国力的不断提升，汉语的国际地位也在快速上升。早在2007年，郭熙就指出，汉语在未来可能成为仅次于英语的强势语言。[1] 法国著名汉学家白乐桑日前指出，汉语"正在成为国际性语言"。白乐桑先生的判断，有现实的数字依据："目前已经有60多个国家通过颁布法令政令等方式将汉语教学纳入国民教育体系。美国、日本、韩国、泰国、印度尼西亚、蒙古国、澳大利亚、新西兰等国的汉语教学均由第三外语上升为第二外语。"[2] 根据李宇明教授的分析，当下汉语传播的主要动因是经济[3]。如果李宇明教授的判断成立的话，那么中国今后经济发展仍将是继续提升汉语国际地位的重要推动力，中国经济未来阶段性的发展地位也有可能意味着汉语国际地位的标志性突破。

目前，全球中外多位专家及智库预测中国GDP将在2030年之前超过美国，将成为全球最大经济体[4]。到2050年，中国的经济规模很可能达

---

[1] 郭熙：《汉语的国际地位与国际传播》，《渤海大学学报》（哲学社会科学版）2007年第1期。
[2] 赵晓霞：《汉语正成为"国际性语言"》，《人民日报》（海外版）2017年9月23日。
[3] 李宇明：《中国语言规划三论》，商务印书馆2015年版，第296页。
[4] 见剑辉《中国有望早于2030年成为第一大经济体》，《中国经济时报》2017年6月9日；冯迪凡《英智库预测中国将在2030年成全球最大经济体》，《社会科学文摘》2018年第2期；林毅夫《改革开放创40年经济增长奇迹》，《中国中小企业》2018年第6期。

到美国的1.5倍以上①。根据中国经济发展阶段，汉语的国际地位在将来可能发生前所未有的巨大变化，这种变化很可能类似于英语取代法语的过程。英语发展成为全球国际性语言的轨迹可以参考，第一次世界大战后，英语取得了与法语平起平坐的地位；第二次世界大战后，英语超过了法语，成为国际性通用语②。汉语成为有影响的国际性语言很有可能将经历三个阶段：第一阶段，汉语将逐渐成为全球仅次于英语的第二大国际性语言；第二阶段，汉语将有希望成为与英语同等地位的并列第一大国际性语言；第三阶段，汉语或许有希望超越英语成为全球第一大国际性语言，英语将成为第二大国际性语言。这三个阶段能否实现，以及实现的具体时间节点，要取决于中国与以美国为首的英语国家综合实力的对比，目前的大趋势对中国和汉语传播非常有利。汉语成为全球国际性语言也是"中国梦"的重要组成部分，汉语国际教育工作者应敢于怀揣梦想，砥砺前行。

自2004年全球建立首家孔子学院以来，汉语国际教育的规模已发生重大变化，2004年中国的GDP由世界的第6位上升到2010年的第2位；今后的30年，特别是中国有可能在2030年前后成为全球第一大经济体，2050年中国领先于美国的差距将进一步拉大，汉语与英语的地位也有可能随之经历由跟跑到并跑到领跑的历程，这是汉语的国际地位不断提升的大趋势，汉语国际教育的规模将会发生前所未有的巨变。国际汉语教育界要提前预判、适应汉语国际地位不断提升的大趋势，未雨绸缪，做好相应的准备。

（二）海外中文教育的重心正进一步下移

进入21世纪以来，许多国家汉语学习需求呈现"井喷式"增长。2016年法国有150余所大学，700多所中小学开设汉语课程，汉语学习者总数约10万人，是2004年的500多倍，超过半数、约5.2万名中小学生在学汉语，汉语被作为正规的科目纳入了法国国民教育体系。意大利注册汉语学员逾3万人，开设汉语课的中小学过百。西班牙学习汉语人数已突破4万人，参加汉语水平考试人数多年来保持欧洲第一。俄罗斯近十年来

---

① 林毅夫：《改革开放创40年经济增长奇迹》，《中国中小企业》2018年第6期。
② 周有光：《汉语的国际地位》，《语言教学与研究》1989年第2期。

学习汉语的人数增加了两倍多，在 2017 年已达到 5.6 万人。澳大利亚目前学习中文的小学生人数已达 17.3 万人，占入学总人数的 4.7%。新西兰 2010 年仅有 1 万名中小学生学习汉语，2015 年达到 4 万人，汉语成为学习者增长最快的一门外语。据韩国首尔孔子学院理事长李充阳介绍，韩国是目前全世界汉语教学规模最大、市场最发达的国家。据不完全统计，韩国全国 5000 万人口中，有 1060 多万人在学习汉语及汉字，数量居全球首位；每年参加汉语水平考试（HSK）、中小学生汉语考试（YCT）等各类汉语考试人数达 17 万人次。"汉语教学正在由过去少数人的兴趣变成学校、家庭广泛参与的事情，年轻一代学习汉语的人越来越多。调研显示，目前全球开设汉语课程的中小学校是高等教育机构的 8 倍。美国、英国、法国、泰国、韩国等众多国家汉语教学从大学迅速向中小学延伸，K-12（从幼儿园到高中）成为汉语教学最重要的'增长极'。"①

在爱尔兰、法国、俄罗斯等欧洲国家，汉语正进入这些国家的中考、高考系统。法国著名汉学家白乐桑先生认为，汉语在欧洲的未来不是大学，而是像西班牙语、意大利语一样，获得在欧洲基础教育体系中的地位②。英国文化教育协会公布了一项对上千名英国家长的问卷调查结果：中文被英国家长选为"未来最有用"的语言，51% 的家长表示希望自己的孩子能学习中文。英国前任首相特雷莎·梅、卡梅伦都曾提倡中文学习。卡梅伦在任时甚至表示，孩子们就别啃法语和德语了，把注意力放在中文上吧。

欧美国家不少政要与精英注重自己的孩子从小就开始学习中文。2017 年，时任美国总统特朗普外孙女阿拉贝拉凭借中文演唱《茉莉花》的视频走红网络，频繁登上中外各大媒体的头条，引发了一阵中文热潮。特朗普的女儿伊万卡家学中文的孩子不只阿拉贝拉一个，阿拉贝拉和弟弟约瑟夫都在 1 岁左右开始学习中文。英国乔治小王子 2017 年 4 岁刚刚开始上学，中文已经被列入"必修课程"之列。西班牙国王费利佩六世有两个女儿——莱昂诺尔公主和索菲娅公主，两人都学习汉语。荷兰国王的长公

---

① 本段数据参见赵晓霞《汉语正成为"国际性语言"》，《人民日报》（海外版）2017 年 9 月 23 日；柴如瑾、王忠耀《汉语有多火？全球学习使用汉语人数已超 1 亿》，《光明日报》2017 年 10 月 29 日。

② 《纳入中考仍不够 汉学家呼欧洲人学汉语应从娃娃抓起》，中国侨网，2018 年 3 月 30 日，http://news.fznews.com.cn/dsxw/20180330/5abdf83a8ee07.shtml。

主阿马利娅对中文学习充满热情,很喜欢中国话。作为比利时未来的王室接班人,伊丽莎白公主不仅要掌握法语与荷兰语,从 10 岁就开始学习中文。除了上述的王室贵族、政界领袖的孩子在积极学习中文,像亚马逊创始人杰夫·贝佐斯的 4 个孩子以及脸谱网创始人马克·扎克伯格的女儿也都在学说中文[1]。美国金融大亨罗杰斯在女儿出生后,就聘请了中国的家庭教师,让女儿从小开始学中文;他为了让女儿更好地学习中文、了解亚洲,更是举家迁到新加坡,并认为"我这辈子最好的投资就是让女儿学中文"[2]。

上述的数据调查和李宇明等专家的研究,国际权威汉学家白乐桑先生的判断以及欧美多国政要与精英重视汉语学习从娃娃抓起,这些都显示 K-12(从幼儿园到高中)成为汉语教学重要的"增长极",成为中文教学的趋势,应成为国际中文教育的重中之重。

二 海外中文教育的师资新需求与当前应对之策的不足

新时代国际中文教育的趋势是海外中文教学的重心下移,即面向海外中小学的中文教学,国际中文教育正迎来空前大发展的良好机遇。随之而来的巨大挑战是海外中小学需要大批量合格的汉语教师。我们目前解决海外中小学汉语教师紧缺的问题,主要采用两种途径:一是大量外派汉语教师志愿者,汉语教师志愿者主要从各高校在读的汉语国际教育专业硕士研究生中选拔;二是培养培训海外中小学本土汉语师资。尽管第二种途径被视为解决海外中小学汉语教师的长远之策,但受制于海外很多国家地区汉语人才的紧缺,以及汉语师资培养周期的限制,一时"远水解不了近渴"。目前两种途径并行,但当下解决海外中小学汉语师资紧缺的矛盾还主要靠第一种,即每年国家汉办(现为教育部语合中心)要大批量派遣汉语教师志愿者以解决海外汉语教师紧缺的燃眉之急。根据国家汉办/孔子学院总部的年度报告,2015 年孔子学院总部向 118 个国家派出了汉语

---

[1] 《外国名人集体拜年秀中文 其实这些人都在学说中国话!》,中国日报网,2018 年 2 月 16 日,http://world.chinadaily.com.cn/2018-02/16/content_35707871.htm。

[2] 《罗杰斯的女儿汉语逆天刷屏了!原来西方这些官 N 代、富 N 代们都在努力学中文》,《参考消息》2018 年 1 月 29 日。

教师志愿者5562人[①]；2016年向130个国家派出了汉语教师志愿者6071人[②]。截至2023年年底，中国已向150多个国家和地区派出国际中文教育志愿者累计6.9万余人次，目前有近4000名志愿者在岗任教。[③]。今后很长一段时间内，语合中心还会继续大批量地派出汉语教师志愿者，以支持海外中小学汉语教学。目前这种汉语教师志愿者培养与派出模式与海外中小学汉语教学的需求仍存在多方面的差距。

一是目前国内众多高校的汉语国际教育专业硕士的培养质量与海外中小学汉语教师的需求存在不小的差距。国内各培养单位的质量参差不齐，课程设置缺乏针对性[④]；现有高校师资大部分缺乏海外中小学一线教学的经验。李东伟[⑤]调查了全国63家已有四届毕业生的汉语国际教育专业硕士培养单位，发现汉教硕士导师师资队伍呈现高学位、高职称现象，但具有两年及两年以上海外教学经验的导师数量较少。而在现有汉教硕士导师师资队伍中，具有海外中小学教学实践经验的更是奇缺，以国内汉语国际教育专业硕士培养重镇的北京师范大学国际中文学院为例，现有专职教师中绝大部分都有海外任教的经历，但全院具有海外中小学任教经历的教师不到10%，绝大部分教师的海外教学经历是面向海外大学、成人的教学，而不是直接面向海外中小学。由于国内众多高校的师资熟悉与拥有的主要是国内对外汉语教学的经验[⑥]，要培养出符合海外中小学汉语教学需求的汉语国际教育专业硕士，自然比较困难。下面是国内一所顶尖高校培养的汉语国际教育专业硕士通过当时国家汉办的选拔与培训、公派在美国的小

---

① 国家汉办/孔子学院总部：《孔子学院2015年度发展报告》，国家汉办官网，http://www.hanban.edu.cn/report/2015.pdf。

② 国家汉办/孔子学院总部：《孔子学院2016年度发展报告》，国家汉办官网，http://www.hanban.edu.cn/report/2016.pdf。

③ 田艳：《国际中文教育志愿者：以中文推进交流互鉴》，《人民日报》（海外版）2024年1月12日。

④ 见吴应辉《汉语国际教育学科建设亟待解决的主要问题》，《国际汉语教学研究》2014年第1期；施家炜《汉语国际教育专业人才培养的现状、问题和发展方向》，《国际汉语教育》（中英文）2016年第1期。

⑤ 李东伟、吴应辉：《我国汉语国际教育硕士培养模式现状与优化策略》，《中国高教研究》2017年第10期。

⑥ 见郭熙《汉语热该如何延续》，《光明日报》2017年6月18日；李宇明《海外汉语学习者低龄化的思考》，《世界汉语教学》2018年第3期。

学教学实习半年后与笔者分享的工作感受：

"在我这一学期教学的收获中，我觉得最重要的就是观念的改变，或者说是思维模式的改变。之前我并没有丰富的对外汉语教学经验，我在国内所认识到的汉语教学法往往都是针对来华成人留学生的，而这些教学法往往都强调语法结构，而来美国之后，我意识到这些传统的教学模式并不适应美国本地的小学生，我需要做的是寻找一种适合我自己学生的教学模式，让他们能够在轻松的状态下学到尽可能多的知识，我需要让学生觉得学汉语有用而且有趣。而要完成这些的第一步就是我要改变自己的思维模式，从以往的模式中跳出来，并且根据实际情况做出相应的调整和改变。"

造成目前汉语国际教育专业硕士培养质量难以满足海外需求的一个重要原因，是国内各培养单位大部分教师拥有国内对外汉语面向成人留学生的经验，缺乏海外中小学一线教学经验。这也是汉语国际教育专业硕士教指委对国内高校汉语国际教育专业硕士培养质量进行检查时，发现不少培养单位还是按照对外汉语教学（语言学及应用语言学）专业的模式来培养汉语国际教育专业硕士，两类硕士培养的区别度不大，其中一些名校的汉语国际教育专业硕士培养单位受到警告。时至今日，还有些培养单位和教师对这两类硕士的培养区别不甚了了，自然培养出来的汉语国际教育专业硕士只是对外汉语教学（语言学及应用语言学）专业的翻版，无法切合海外中小学汉语教学的需求。在笔者看来，这两类硕士培养的一项重要区别在于两类硕士所要面对的教学目标人群不同，对外汉语教学（语言学及应用语言学）专业主要面对的是来华留学生，以成人为主；汉语国际教育专业硕士主要面对的是海外的汉语学习者，重点是海外中小学汉语学习者。两类硕士培养的是两类有区别的汉语师资，应该说，汉语国际教育专业硕士教指委和国家汉办对这两类专业硕士的培养定位很清楚，否则就没有必要在对外汉语教学（语言学及应用语言学）专业硕士以外，新增汉语国际教育专业硕士。但各培养单位的现有师资主要熟悉面向来华成人留学生的教学，要这些师资培养出面向海外中小学、满足海外中小学汉语教学需求的汉语国际教育专业硕士，目前的培养工作还有待完善。

二是语合中心目前公派的汉语教师志愿者任期短影响着海外中小学汉语教学的质量。目前的汉语教师志愿者任期较短，一般只有一年的实习期就要回国，少数可以延续一年。也就是说，等志愿者刚刚度过了"磨合期",对海外的教学环境逐渐适应、熟悉之后,正是教学能力可以进一步提升的关键期,志愿者不得不因面临毕业、找工作、签证等因素而按期回国。而下一任接替工作的志愿者又差不多开始从头熟悉新的教学环境,尽管上一任志愿者会按要求留下一些教学资料与经验总结,但他人的经验提示无法代替新到任志愿者本人的实际教学经验的积累。于是海外接收汉语教师志愿者的中小学如果没有本土汉语教师的支撑,就不得不面临着不断更换新手型汉语教师、教学质量起伏不定的可能状态。

三是海外中小学越来越需要有经验的汉语教师,但积累了宝贵教学经验的汉语教师志愿者回国后绝大部分不再从事汉语国际教育事业。那些积累了教学经验的汉语教师志愿者回国后只有很少的一部分人才能继续从事对外汉语教学或作为储备师资将继续派往海外,绝大部分人毕业后无法进入高校,只得从事其他工作。由于国内绝大多数高校的对外汉语教学机构进人必须有博士学位,这些只有硕士学位的汉语教师志愿者就难以留在高校工作,绝大部分从事国内中小学语文教师等工作。这样,一批批汉语教师志愿者毕业后大量"流失"于汉语国际教育事业,应该说是比较大的遗憾。一方面,我们培养单位和语合中心在这些汉语国际教育专业硕士上倾注了大量的心血与精力,特别是他们当中的佼佼者本应成为我们汉语国际教育事业的理想人才梯队;另一方面,这些汉语国际教育专业硕士作为汉语教师志愿者积累了海外中小学汉语教学的宝贵经验,毕业后从事其他行业,无法进一步回馈于蒸蒸日上的国际中文教育事业。这些最熟悉海外中小学一线教学情况并有实践经验的汉语国际教育专业硕士,理应成为国际中文教育事业最理想的后备师资和人力资源,但他们毕业后不能从事国际中文教育事业,既是他们自身的遗憾,更是我们国际中文教育事业的重大损失。假如能让那些拥有丰富海外实习经验的优秀汉语国际教育专业硕士通过取得海外教师资格证、提升学历等方式充实到海外的中小学汉语教学一线和国内的汉语国际教育专业硕士培养单位,海外的中小学将获得有经验、有能力的优秀师资,国内培养汉语国际教育专业硕士的导师队伍将会补上当前的师资短板。

三 国内汉语国际教育专业硕士培养单位导师队伍结构有待完善

通过上述分析,我们看到,目前国内众多高校的汉语国际教育专业硕士的培养质量与海外中小学汉语教师的需求存在不小的差距，而汉语国际教育专业硕士培养质量堪忧的原因固然与生源质量等因素有关，但更是与国内培养汉语国际教育专业硕士导师队伍的质量密切相关。如果现有的汉语国际教育专业硕士导师队伍结构再不进行完善，补上缺乏海外中小学汉语教学经历的短板，汉语国际教育专业硕士的培养质量将会继续滞后于汉语国际教育发展的趋势。

国内汉语国际教育专业硕士导师队伍结构完善的有效途径有两种：一是鼓励国内汉语国际教育专业硕士培养单位的年轻汉语教师作为语合中心公派教师优先主动承担海外中小学的汉语教学，而不只是面向海外大学与成人的汉语教学，这样积累海外中小学教学经验，弥补现有国内汉语国际教育专业硕士导师队伍这一方面的短板。二是鼓励优秀的汉语教师志愿者取得发达国家的外语教师资格证，攻读海内外大学的博士学位，将来进入国内高校成为专业汉语教师，培养更适合海外中小学需求的汉语国际教育专业硕士。

这两种途径应以后者为主，共同实现国内汉语国际教育专业硕士培养单位师资结构的完善。目前国内对外汉语教学机构汉语国际教育专业硕士的招生规模已远远超过传统对外汉语教学（语言学及应用语言学）专业硕士的招生规模，今后国内对外汉语教学机构理想的师资结构也应该补充具有海外中小学汉语教学经历的师资，而目前的以只有面向成人对外汉语教学经历的师资为主的局面应逐渐得以调整和改善。

目前国内开设汉语国际教育专业博士点的培养单位不多[①]，具有语言学及应用语言学专业博士点的数量远远超过汉语国际教育专业博士点的数量。这种格局在汉语国际教育发展的新形势下有待调整，目前国内培养单位招收汉语国际教育专业硕士的数量远远超过语言学及应用语言学专业硕士的数量，培养单位更迫切需要能培养汉语国际教育专业硕士的高水平导师队伍。有条件的培养单位增设汉语国际教育博士点、增加汉语国际教育博士的招生数量迫在眉睫。当全国培养单位汉语国际教育博士点达到合理的数量，就能招收足够多有海外中小学教学经验的优秀汉语国际教育专业硕士，这样既解决了优秀汉语国际教育专业硕士的出路问题与学历升级的

---

① 施家炜：《汉语国际教育专业人才培养的现状、问题和发展方向》，《国际汉语教育》（中英文）2016年第1期。

问题，也为国内众多汉语国际教育专业硕士培养单位输送更多的、急需的、能胜任汉语国际教育专业硕士培养任务的师资人才，有效改善现有汉语国际教育专业硕士的导师队伍结构。

当我们国内高校汉语国际教育专业硕士培养的师资队伍结构得以完善，汉语国际教育硕士的培养质量自然得到进一步提升与优化，各培养单位因为拥有合理结构的师资，自然能开出针对性强、实践性强的专业课程，能够对汉语国际教育专业的海外实习与毕业论文写作提供及时到位的指导。"宰相必起于州部，猛将必发于卒伍"，国内高校汉语国际教育专业部分硕士导师队伍也必将源于有海外中小学教学实践经验的优秀汉语国际教育硕士，汉语教师志愿者中的优秀者通过获得博士学位或海外教师资格证书，就可以在海内外的高校或海外的中小学获得广泛的就业渠道。这样，"汉语国际教育专业硕士针对性培养—汉语国际教育专业硕士海外实习—汉语国际教育专业硕士获得海外教师证书与学历提升—汉语国际教育业内就业"，形成了人才培养与就业的良性循环，打破了目前"汉语国际教育专业硕士培养针对性不足—汉语国际教育专业硕士海外实习—汉语国际教育专业硕士毕业后绝大部分在汉语国际教育行业外就业"的怪圈。如果我们不能帮助优秀的汉语国际教育专业硕士提供顺畅的职业发展通道，让他们有机会继续从事汉语国际教育事业，长此以往，国际中文教育的后备人才堪忧，无法适应国际中文教育的大趋势。

四　合理师资队伍结构有效破解当前国际中文教育的"三教"难题

崔希亮[①]指出教师、教材、教学法这三个问题是汉语国际教育的基本问题，而在这"三教"问题中，最核心的问题是教师问题，"因为好的教材是好的教师编写出来的，教学法也要靠教师来实践。换言之，没有合格的教师，就不会有优秀的教材和教学法。即使有了好的教材和教学法，一个没有经过训练的教师也可能会把学生吓跑"。诚哉斯言！但如何破解"三教"特别是教师问题，学术界目前还没有意识到可以挖掘汉语教师志

---

① 崔希亮：《汉语国际教育"三教"问题的核心与基础》，《世界汉语教学》2010 年第 1 期。

愿者这一庞大的现有教师资源群的优势。既然海外的中小学汉语教学已成为汉语国际教育的重心，我们国内高校汉语国际教育专业硕士导师队伍建设应该优先考虑有海外中小学汉语教学宝贵经历的优秀汉语教师志愿者，引导他们实现学历升级、达到进入高校门槛的基本要求，成为高校培养汉语国际教育专业硕士的重要师资力量。

这些新型师资将是破解汉语国际教育教师难题的希望所在。他们有海外中小学汉语教学实习的一线宝贵经历，又有攻读博士期间的理论积累，是海外中小学汉语教学实践与理论最佳结合的理想师资。当这些优秀的师资成为国内汉语国际教育专业硕士培养单位的重要师资力量时，汉语国际教育专业硕士的培养质量将会得到有效提升，因为培养这些汉语国际教育专业硕士的导师们有着海外中小学教学实践的切身体验，无论是针对汉语国际教育专业硕士培养的课程设置、课程教学、实习指导、硕士学位论文指导等诸多重要环节，这些教师都能够以自身的实践优势与理论优势，使汉语国际教育专业硕士的培养紧密契合海外中小学汉语教学的需求。当国内众多高校的汉语国际教育专业硕士的培养质量切合海外中小学汉语教学的需求时，语合中心针对汉语教师志愿者的选拔与出国前培训的工作压力将会大大缓解；作为汉语教师志愿者派往海外中小学实习的汉语国际教育专业硕士更容易适应海外的教学环境与教学需求，海外中小学中文教学的质量得到稳定提升。由于高校培养汉语国际教育专业硕士的新型导师队伍拥有海外中小学中文教学经历，他们就可以根据海外工作的需要与变化，作为语合中心公派教师直接承担中小学汉语教学的任务，大大拓宽国内高校汉语教师对海外中文教学的适应性，改变现有国内高校中文教师往往只适应海外大学或成人中文教学的局限。因此，破解汉语国际教育中的教师难题，就是引导优秀的汉语教师志愿者在取得汉语国际教育专业硕士学位后，继续攻读博士学位，从而顺利进入高校，实现高校现有师资结构的合理优化。

由于新型师资有出国当过汉语教师志愿者的经历并取得良好的教学效果，他们对海外中小学汉语教学法有着自己独特的经历和感受，他们可以结合硕士、博士期间所学的理论，对海外中小学汉语教学不断进行研究，探索出多种适合海外中小学汉语教学的教学法、教学理论，这些带有他们切身工作体会的研究成果也更具有现实的针对性与实用价值。当前对外汉语教学界的专家们普遍缺乏海外中小学汉语教学经验，对海外中小学的汉语教学法的研究难有大的突破。由于每年有数以千计（未来有可能扩大到数以万计）的汉语教师志愿者奔赴海外众多国家的中小学任教，这些丰富多样的教学实践本身就有孕育新的汉语教学法的无限可能，一旦汉语教师志愿者中的佼佼者最终提升为高校专职汉语教师能进行理论探索，适合海外的多种教学法将迎来重要的实践突破和理论创新，届时国际中文教育界不排除能研创出类似英语教学界的 TPRS、文化体验法、任务型教学法等原创的中文教学法。现状是国内高校大批对外汉语教学专家虽然有良好的研究能力与理论素养，但由于不太熟悉海外中小学汉语教学、缺乏中小学汉语教学实践经验，难以研创出适合海外中小学中文教学的好方法。而数以万计的一批批汉语教师志愿者有着丰富多样的海外中小学中文教学实践，但因受自身研究能力与理论素养的限制，对海外中小学丰富的中文教学实践难以深入发掘，难以形成理论化、体系化、实用化的教学法。要避免这两类师资的缺陷，就要融合这两类师资的优势，国内高校的对外汉语专家熟悉、体验海外中小学的中文教学，让汉语教师志愿者通过学历提升、理论研究能力的提升，发展成为国内高校汉语教学专家。如北京语言大学崔永华教授基于 3 个多月内对美国三个州十余所实施汉语沉浸式教学学校的实地考察、课堂观察、对十多位教师和教学管理者的访谈，以及录制的 20 多小时的课堂教学录像资料等，写出了近些年美国小学汉语沉浸式教学很有分量的论文①。像崔永华教授这样注重到海外中小学一线进行深入调研的精神很值得学习。

当前适合海外中小学的高质量中文教材还是较少，国际中文教育仍然存在教材问题。尽管语合中心和全球众多孔子学院已大力研发了多套多国别的中小学中文教材，但现有教材仍然难以满足海外中小学的多种需求。国内研发的中小学中文教材的优势是科学、规范，缺陷是不够生动有趣、在地化；国外一些中小学中文教师编写的教材亮点是接地气、在地化，缺陷是不够规范、系统。这两类教材研发队伍各有优缺点，最优秀的教材研发专家应该是兼具这两类队伍的优点，而国内高校新型师资恰恰具有传统的两类教材编写队伍的优势，既有海外中小学汉语教学的经验、比较了解海外的汉语教学情况，经过硕士博士阶段的深造又具有系统的专业理论素

---

① 崔永华：《美国小学汉语沉浸式教学的发展、特点和问题》，《世界汉语教学》2017 年第 1 期。

养，更容易推出适合海外中小学需求的高质量汉语教材。事实上，众多的汉语教师志愿者在海外实习时常常面临无教材可用，或无合适教材可用的现实，自己动手编写适合本班学生的教学材料，已经在实践中不知不觉地磨炼出一定的教材编写能力。假以时日，那些优秀的汉语教师志愿者通过学历提升成为高校汉语教学专家，即新型师资，自然比当前缺乏海外中小学汉语教学经验的专家们更容易编出适合海外中小学中文教学的教材。届时，国际中文教育的教材问题自然得到更好的解决。

总之，随着新时代中国综合国力的快速提升，中文的国际地位正在大幅上升，国际中文教育正获得空前的发展机遇，国际中文教育的重心进一步落在海外中小学中文教学上。目前国内培养的不少汉语国际教育专业硕士难以切合海外中小学中文教学的需求；而通过语合中心选拔和培训、完成海外实习的汉语教师志愿者获得汉语国际教育专业硕士学位后绝大部分离开了国际中文教育事业，这种现状与格局将越来越难以满足海外中小学中文教学迅猛发展的巨大需求。当前，我们应大破大立，改变思路，突破现有的惯性思维，引导目前国内最熟悉海外中小学中文教学实践的优秀汉语教师志愿者通过攻读博士学位、提升理论研究素养，顺利进入国内高校，成为国内培养汉语国际教育专业硕士的新型师资。当国内高校既有海外中小学中文教学实践，又有理论研究能力的新型师资越来越多，成为国际中文教育界师资的重要组成部分时，汉语国际教育专业硕士的培养质量将会稳定地提升，国际中文教育的"三教"问题将得以合理地纾解，将会进一步切合海外广大中小学中文教学的实际需求，能很好地应对国际中文教育大发展所带来的巨大挑战。当务之急，国内更多有条件的高校应重视设立汉语国际教育专业博士点，吸引有海外中小学任教经验的优秀汉语教师志愿者在获得硕士学位后继续攻读汉语国际教育专业博士学位，从而使他们顺利地进入高校，发展成为培养汉语国际教育专业硕士的新型导师队伍和中坚力量。

基于 CiteSpace 的国际中文教育研究热点与趋势分析

亓 华 李楚翘

摘要：本研究以中国知网（CNKI）数据库 2004—2022 年收录的 8023 篇以及 Web of Science 核心合集 1991—2021 年 3 月收录的 957 篇与国际中文教育相关的期刊论文为研究对象，运用信息可视化软件 CiteSpace，以时空知识图谱及内容知识图谱分析为主要研究方法，揭示了国内外国际中文教育领域的研究热点及发展趋势：从时间上看，21 世纪以来，国际中文教育的相关研究一直处于上升阶段，近十年增长速度变化尤为明显，数量在曲折上升；从内容上看，中文的研究热点有"汉语教学""对外汉语"等，外文的研究热点有"English""language"等共 20 个。本研究给出进一步的分析和思考，以期为国际中文教育的深入研究、实践探索和教学发展提供参考。

关键词：国际中文教育；热点；趋势；CiteSpace

学科名称先后有三个：对外汉语教学（Teaching of Chinese as a Second Language）、汉语国际教育（Teaching Chinese to Speakers of Other Language）和国际中文教育（International Chinese Language Education）。本研究采用"国际中文教育"学科名称，文献搜索包含所有学科名称。

[基金项目] 本研究是亓华主持教育部中外语言交流合作中心《国际中文教育中文水平等级标准》教学资源建设重点项目"国际中文教育文化类智能数字化双/多语教材开发与资源建设"（编号 YHJC21ZD-021）成果之一。

亓华，北京师范大学国际中文教育学院；李楚翘，北京师范大学国际中文教育学院。

一 研究方案

（一）研究工具

CiteSpace 是美国德雷赛尔大学陈超美教授研发的一款专门用于学术文献分析的信息可视化工具，可以通过多元、分时、动态的复杂网络分析，探测出某一学科领域的热点主题及其时间演进，目前已经被很多学科应用于探测、分析自身研究前沿的变化趋势以及研究前沿与知识基础之间、不同研究前沿之间的相互关系。该软件的功能按键主要有关键词、作者被引、期刊被引、文献被引等。关键词作为学术论文的重要组成部分和精髓，其关键词共现聚类功能能够直接、具体地呈现出某一学科领域的研究热点和前沿，极具参考价值。CiteSpace 分析国际中文教育研究的具体步骤如下：以 CiteSpace 自带数据格式转换工具，将 CNKI 中导出为 Refworks 格式的文献转化为 CiteSpace 可识别的数据格式，将时间跨度设置为 2004—2022 年，间隔为 1 年；在 Web of Science 中导出为纯文本格式的文献则可以直接分析，将时间跨度设置为 1991—2020 年，间隔为 1 年，采用聚类静态（Cluster View - static）和展示整个网络（Show Merged Network）的可视化方式呈现最终分析图谱。

（二）数据来源

本研究以 CNKI 学术的全部中文文献以及 Web of Science 核心合集的全部期刊为检索数据库，因为 CNKI 和 Web of Science 相较于其他数据库，文献数量较多，覆盖面较全。在 CNKI 中选择"主题"检索，检索条件为"汉语国际教育""国际汉语教育""国际中文教育"，截至 2022 年 12 月 31 日，分别检索出 5334 篇、2867 篇和 406 篇相关文献，通过手工剔除会议通知、征稿启事、卷首语等，分别得到 4996 篇、2634 篇和 393 篇有效文献，共 8023 篇有效文献，包括作者、标题、摘要、关键词、作者单位等字段。经过调查，外文文献中关于国际中文教育的常用译名有"Teaching Chinese as a Foreign Language"（TCFL）、"Teaching Chinese as a Second Language"（TCSL）、"Teaching Chinese to Speakers of Other Language"（TCSOL）、"Teaching Chinese as an International Language"

（TCIL）、"Teaching Chinese as an Additional Language"（TCAL）和"Worldwide Chinese Teaching"（WCLT）6种，同理，通过在Web of Science核心合集以该六个译名为关键词，分别检索到482篇、302篇、48篇、80篇、18篇和27篇有效文献，共957篇有效文献。

二 时空知识图谱及其分析

（一）国际中文教育研究的时间分布图谱

本研究对国内2004—2022年发表的相关文献的发表数量进行了统计（见图1）。由图1可见，"汉语国际教育"在文献中出现的时间比"国际中文教育"早两年，后期在文献中的使用频率虽也有增长，但增长速度不如"国际中文教育"，近两年学者们在文献中都主要使用"国际中文教育"这一名称。总体来说，2010年前后相关文献的增长速度有了明显的提高，2019年达到峰值以后文献数量稍有下降，直到2022年才开始有回升的趋势。另外据笔者统计，国外最早对"国际中文教育"（"对外汉语"）使用的译名为"TCFL"，早在1991年就开始进行了相关研究，至今该译名的使用频率都领先于其他译名，文献数量也在曲折增长，其次"TCSL"的使用频率也比较高。从国外相关文献的总量来看，2007年以

图1 国际中文教育中文文献时间分布

前，文献数量几乎持平，2007年前后文献增长速度才开始明显提高，近十年文献数量虽稍有波动，但总体仍然处于曲折上升的状态。

2004年，全球第一家孔子学院在韩国首尔创办，标志着汉语教学从"请进来"的"对外汉语教学"向"走出去"的"国际中文教育"发展，促使关于国际中文教育的相关研究开始崭露头角，关注度逐年增加。截至2022年5月，全球已有155个国家（地区）设立了487所孔子学院和1129个孔子课堂，国内外相关文献的增长，与孔子学院在世界各地的设立有一定的关系。如图2所示，2004年开始，国外国际中文教育相关文献的增长与孔子学院数量的增长曲线几乎一致，呈正相关，说明孔子学院（课堂）的不断转型发展，带动了国际中文教育事业的海外发展，对国际中文教育的发展起到了积极的促进作用。

另外，国际中文教育研究在国际上的发展，不仅与世界各地孔子学院的壮大有关，也得益于各地有关国际中文教育的研讨会数量的增加，近些年在美国、加拿大、英国等国家都组织了不少关于汉语教学的研究会，如欧洲汉语教学协会、全美中文学校协会、加拿大中文教学学会[①]等。伴随着汉语在世界各地的传播，越来越多的海外学者开始加入到国际中文教育的研究中来，这对国际中文教育研究的发展有着很大的推动作用。

然而，从2014年开始孔子学院增长速度放缓，国际中文教育文献数量，尤其是国内的文献数量，开始进入曲折上升的阶段。不可否认，孔子学院增长速度减缓在一定程度上对国际中文教育文献的增长有了影响，使得相关文献数量在2014年、2016年和2018年以后出现下滑，这说明文献数量的增长与国际中文教育事业的发展有着密切联系。

由图2可见，国际中文教育中文文献的增长曲线与孔子学院数量的增长曲线相关性没有外文文献强，虽然2009年以前频率几乎一致，但是从2010年前后开始，增长速率高于孔子学院增长速率。说明孔子学院数量在海外的增长，只是影响国内国际中文教育研究增加的因素之一。2007年是我国正式首批招收国际中文教育专业硕士，2010年正好是国际中文教育硕士毕业论文产出期，随着国内国际中文教育硕士招收人数的逐年增加，国内在该领域的研究成果自然也在逐年增长。因此，

---

① 欧洲汉语教学协会官网：http：//www.ouhanhui.eu/zh/elementor-1330/。全美中文学校协会官网：http：//www.csaus.org/FHFRONT/。加拿大中文教学学会官网：http：//www.canadiantcslassociation.ca/。

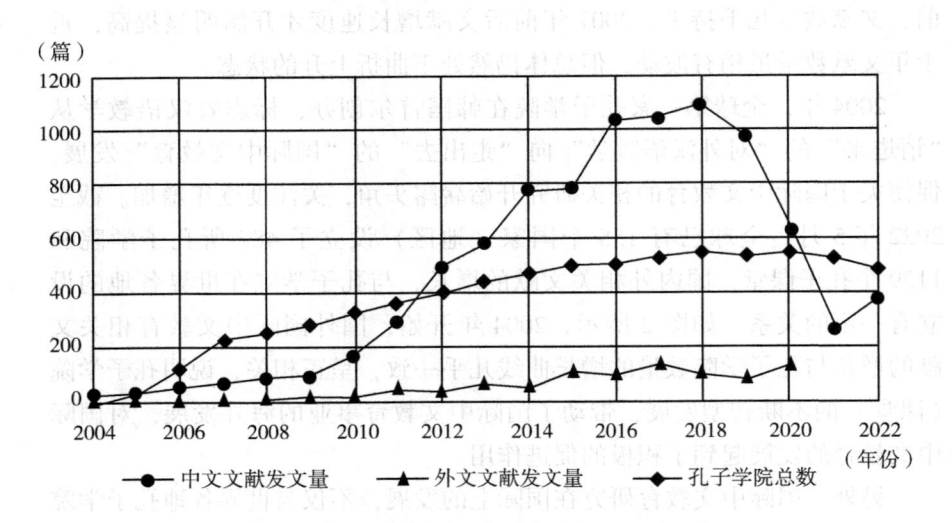

图 2　2004—2022 年国际中文教育研究发文量与孔院数对比

国内国际中文教育硕士学位的设立与招生，也是刺激国内国际中文教育研究的重要因素。

（二）国际中文教育研究的空间分布图谱

通过 Web of Science 自带的数据分析，在数据库中检索出来的 929 篇外文文献中，不同的译名在不同地区的使用频率也不同。其中 TCFL 是中国大陆（含港、澳）、中国台湾地区和英美地区采用的主要译名，使用的总频率也比较高；澳大利亚倾向于使用 TCSL；加拿大、苏格兰、南非、新加坡、罗马尼亚和西班牙更多使用 TCAL；马来西亚一般使用 WCLT 这个译名。从文献总量来看，70%以上的外文文献都来自中国大陆（含港、澳）地区，经确认，在 Web of Science 中检索出来的文献均有外文全文，而非有外文摘要。可见中国大陆（含港、澳）地区，尤其是香港地区，仍然是国际中文教育外文发文的中坚力量，其次在美国、英国和中国台湾地区也有一定的研究产出。

为找出国际中文教育研究的核心团体和机构，本研究统计了各研究单位在该领域发表的论文（见表 1）。表 1 显示，香港大学、台湾师范大学和渤海大学以较大优势占据外文文献发文量的前三名；中央民族大学国际教育学院、北京师范大学汉语文化学院和北京语言大学占据中文文献发文量的前四名，表明这些机构在国际中文教育研究方面具有较强的研究潜力。同时，北京师范大学汉语文化学院和北京语言大学在中外文文献高产机构前十名都有一席之地，可见这两个机构在中外文的国际中文教育研究中都发挥着很大的作用。从发文总量来看，我国国内国际中文教育的研究实力比国外强大，各机构在该领域的发文潜力也比较相当，显示我国国际中文教育研究一直受到多部门、多机构的广泛关注。

表1　　　　　　　　国际中文教育研究中外文文献高产机构

序号	数量	中心性	年份	外文文献高产机构	序号	数量	中心性	年份	中文文献高产机构
1	22	0.02	2010	香港大学	1	93	0.01	2004	中央民族大学国际教育学院
2	17	0	2012	台湾师范大学	2	83	0.01	2009	北京师范大学汉语文化学院
3	14	0	2014	渤海大学	3	77	0.01	2004	北京语言大学
4	11	0.01	2014	北京师范大学	4	59	0	2004	华侨大学华文学院
5	10	0.02	2009	香港中文大学	5	57	0	2004	华侨大学华文教育研究院
6	9	0	2013	广东外语外贸大学	6	56	0	2004	重庆师范大学文学院
7	9	0	2011	北京语言大学	7	52	0.01	2008	北京大学对外汉语教育学院
8	7	0	2017	西安大学	8	51	0.01	2004	中国人民大学文学院
9	7	0	2006	厦门大学	9	40	0	2004	西北师范大学国际文化交流学院
10	7	0	2017	乌拉尔联邦大学	10	35	0	2004	华南师范大学教育国际化研究中心

为考察不同机构间的合作情况，本研究利用CiteSpace生成了国际中文教育的机构合作图谱（见图3、图4）。其中，机构名称大小代表合作发文量，名称位置代表研究机构的中心度，机构名称密度代表合作密度。图3显示外文机构合作网络中共有69个节点，连线23条，网络整体密度为0.0097；图4显示中文机构合作网络中共有223个节点，连线76条，

网络整体密度为 0.0031。其实中外文的研究机构合作密度相差不大，机构之间的合作都不够紧密，但是都形成了有一定凝聚力的科研群体，外文文献主要有香港大学、台湾师范大学、渤海大学、北京师范大学和香港中文大学等，中文文献则有以北京师范大学汉语文化学院、北京外国语大学中文学院、北京语言大学、中央民族大学国际教育学院、北京大学对外汉语教育学院、华侨大学华文教育研究院和新疆师范大学国际交流学院等为核心的研究群体。从研究核心的节点大小来看，中文文献的研究核心群体凝聚力和影响力比外文文献的更大一些。

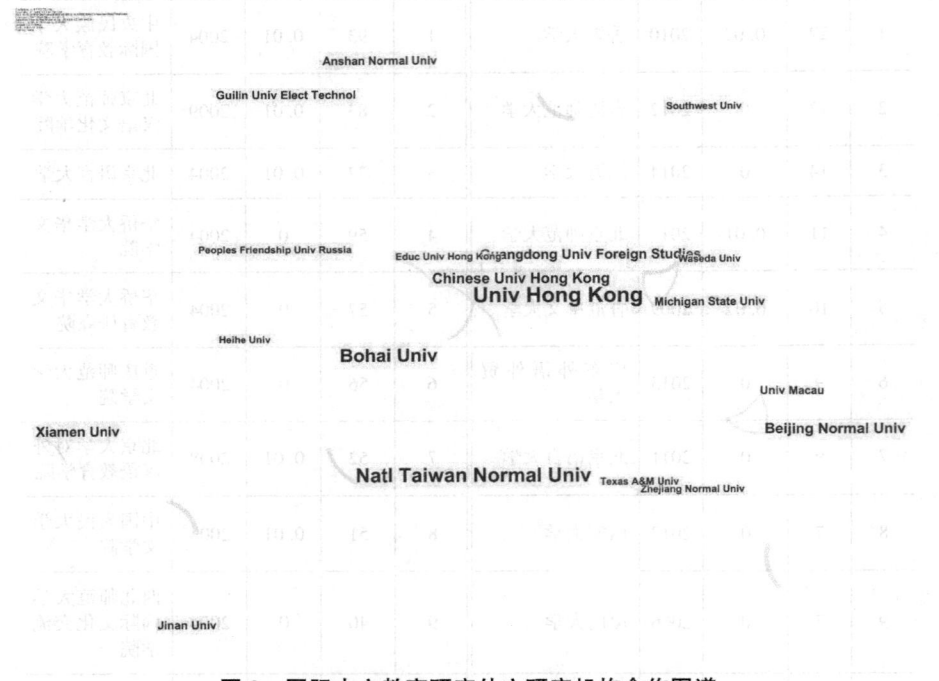

图 3　国际中文教育研究外文研究机构合作图谱

从中外文的作者合作图谱（见图 5、图 6）来看，中文文献作者之间的合作网络明显比外文作者要紧密得多，形成了以吴应辉、崔希亮、陆俭明、吴勇毅等学者为核心的合作网络，发表了一系列国际中文教育相关的研究成果。相对来说，外文文献的作者合作网络则比较分散，虽然形成了若干个小的合作组，但是还没有发展出像中文文献那样已具有核心影响力的学者。

为考察不同机构在不同时间内国际中文教育的研究情况，本文利用

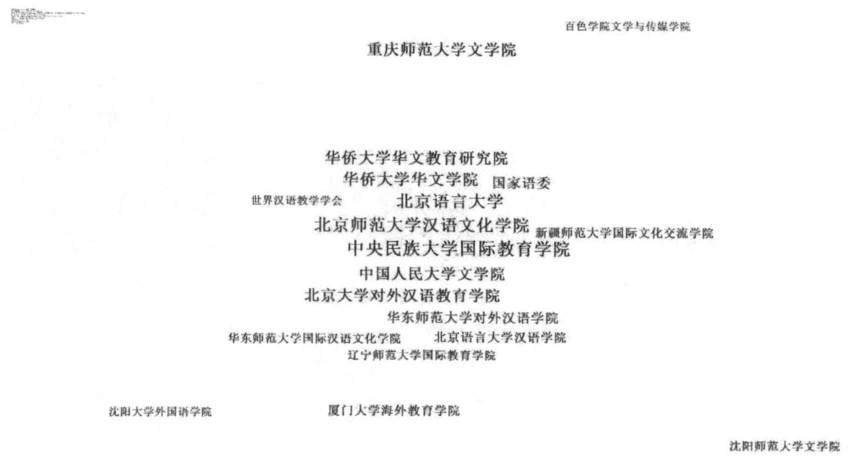

百色学院文学与传媒学院

重庆师范大学文学院

华侨大学华文教育研究院
华侨大学华文学院　国家语委
世界汉语教学学会　北京语言大学
北京师范大学汉语文化学院　新疆师范大学国际文化交流学院
中央民族大学国际教育学院
中国人民大学文学院
北京大学对外汉语教育学院
华东师范大学对外汉语学院
华东师范大学国际汉语文化学院　　北京语言大学汉语学院
辽宁师范大学国际教育学院

沈阳大学外国语学院　　厦门大学海外教育学院

沈阳师范大学文学院

图 4　国际中文教育研究中文研究机构合作图谱①

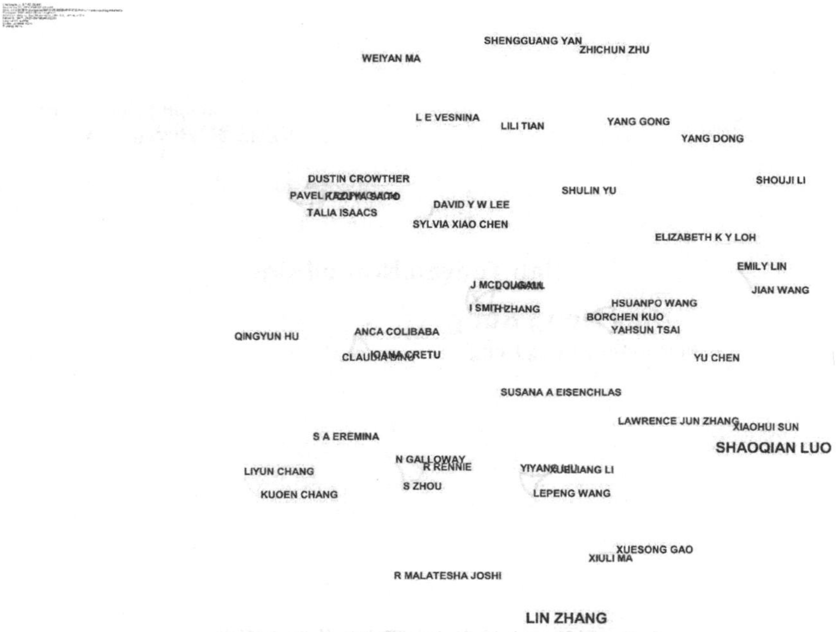

WEIYAN MA　　SHENGGUANG YAN
　　　　　　　　　ZHICHUN ZHU

L E VESNINA　LILI TIAN　YANG GONG
　　　　　　　　　　　　　　YANG DONG

DUSTIN CROWTHER
PAVEL KAZNYA SATO　　　　　　SHULIN YU　　　SHOUJI LI
TALIA ISAACS　DAVID Y W LEE
　　　　SYLVIA XIAO CHEN
　　　　　　　　　　　　　　　ELIZABETH K Y LOH
　　　　　　　　　　　　　　　　　　EMILY LIN
　　　　　J MCDOUGALL　HSUANPO WANG　JIAN WANG
　　　　　I SMITH ZHANG　BORCHEN KUO
QINGYUN HU　ANCA COLIBABA　YAHSUN TSAI
　　　　CLAUDIA CRETU
　　　　　　　　　　　　　　　　YU CHEN

SUSANA A EISENCHLAS
　　　　　　　　　LAWRENCE JUN ZHANG　XIAOHUI SUN
S A EREMINA　　　　　　　　　　　　SHAOQIAN LUO
LIYUN CHANG　N GALLOWAY　R RENNIE
　　　　　　　　　　　　YIYANG LIUUANG LI
KUOEN CHANG　S ZHOU　LEPENG WANG

XUESONG GAO
R MALATESHA JOSHI　XIULI MA

LIN ZHANG

图 5　国际中文教育研究外文作者合作图谱

---

① 本文中的图谱由软件生成，清晰度有限，敬请读者谅解。

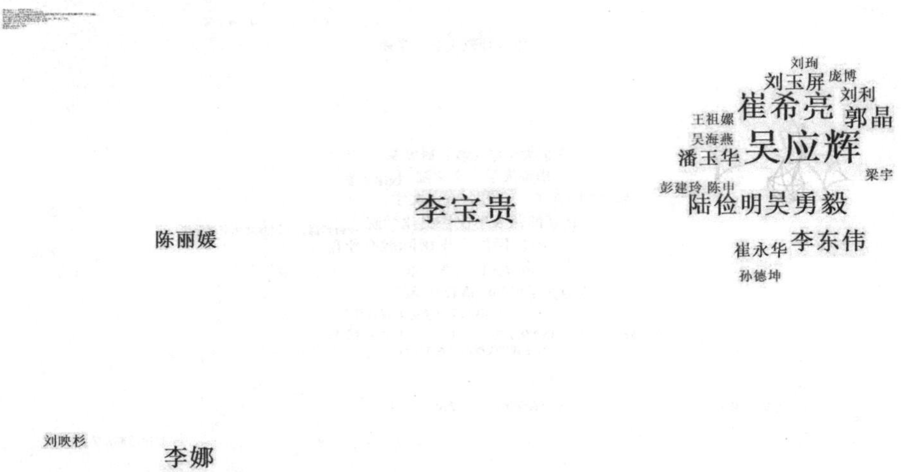

刘珂
刘玉屏 庞博
崔希亮 刘利
王祖嫘 郭晶
吴海燕 吴应辉
潘玉华
彭建玲 陈申 梁宇
李宝贵 陆俭明 吴勇毅
陈丽媛
崔永华 李东伟
孙德坤

刘映杉 李娜

图 6　国际中文教育研究中文作者合作图谱

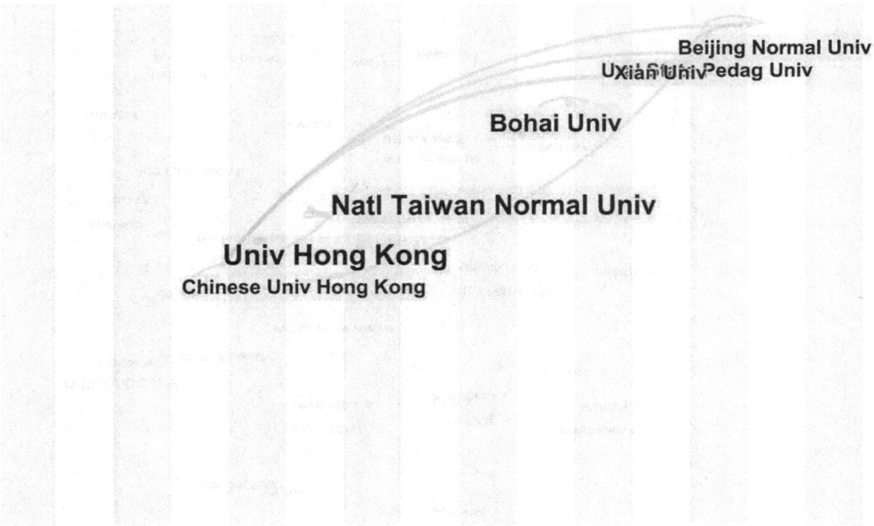

Beijing Normal Univ
UXi'an UnivPedag Univ
Bohai Univ
Natl Taiwan Normal Univ
Univ Hong Kong
Chinese Univ Hong Kong

图 7　国际中文教育外文研究机构时序图谱

CiteSpace 生成了机构研究时序图谱。图 7 显示，国际中文教育外文相关研究的核心群体主要分为四个阶段：2010 年以前，外文文献研究在该领域并没有形成有影响力的研究群体；2010 年前后，香港中文大学和香港大学开始在国际中文教育领域产生影响力,并且至今依然发挥着重要的领导作用,稳定性较大;台湾师范大学和渤海大学则分别在2012年和2015年开始介入国际中文教育领域的研究,并产生一定影响力,但是后期影响力下降,稳定性不足,说明这两个研究机构近几年对国际中文教育研究的关注度下降;2017年和2018年,俄罗斯南乌拉尔国立大学和北京师范大学成为在该领域外文研究的核心,开始发挥影响力,虽然目前影响力不及前几年的核心机构,但是仍然具有强大的研究潜力。图10显示,国际中文教育中文文献研究核心群体的发展主要分为两大阶段:研究初期,国家语委、华南师范大学教育国际化研究中心、西北师范大学国际文化交流学院、华侨大学华文教育研究院、北京语言大学和重庆师范大学文学院成为核心群体,影响力旗鼓相当,呈现出百花齐放的景象;2010年前后,北京师范大学汉语文化学院、北京大学对外汉语教育学院和华东师范大学对外汉语学院开始形成新一批研究核心群体,发挥一定的影响力,其中北京师范大学汉语文化学院在该领域的影响力相较于其他机构要大一些,而早期的核心群体们至今依旧发挥着重要作用,稳定性较大。

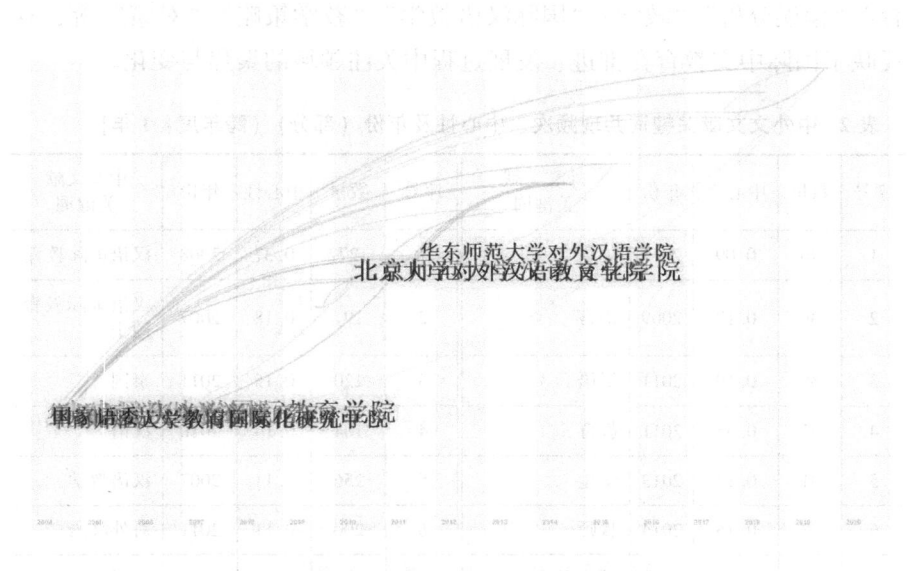

图8 国际中文教育中文研究机构时序图谱

三 内容知识图谱及其分析

(一) 国际中文教育研究热点

从知识理论的角度看,中心度和频次高的关键词代表着一段时间内研究者共同关注的问题,即研究热点。关键词的共现频次越高,点中心性越高,说明节点在该领域越重要。如表2所示,外文研究文献中出现频次较高的关键词有"English""language""Chinese""education""student""teacher""learner""teaching Chinese as a foreign language""foreign language""Chinese as a foreign language""China""belief""culture""strategy""pedagogy""Chinese student""instruction""knowledge""perception""second language"等;中文研究文献则主要聚焦在"汉语国际教育""对外汉语教学""汉语教学""对外汉语""汉语国际教育硕士""孔子学院""课程设置""汉语国际教育专业""泰国""汉语国际推广""留学生""汉语""教学设计""国际汉语教师""国际汉语教育""偏误分析""教学""国际汉语教学""教学策略""对策"等,这反映了国际中文教育在推进、发展过程中关注领域的聚焦与变化。

表2 中外文文献关键词共现频次、中心性及年份 (部分)(跨年度:1年)

序号	数量	中心性	年份	外文文献关键词	序号	数量	中心性	年份	中文文献关键词
1	40	0.09	2011	英语	1	1272	0.37	2008	汉语国际教育
2	39	0.17	2009	语言	2	197	0.18	2007	汉语国际教育硕士
3	38	0.19	2011	汉语	3	120	0.15	2011	泰国
4	37	0.35	2011	教育	4	104	0.14	2010	汉语
5	31	0.13	2013	学生	5	256	0.11	2007	汉语教学
6	27	0.15	2014	教师	6	200	0.11	2011	对外汉语
7	26	0.19	2012	学习者	7	114	0.11	2007	汉语国际推广
8	22	0.01	2011	国际中文教育	8	93	0.09	2010	国际汉语教育
9	22	0.11	2010	外语	9	55	0.09	2013	建议

续表

序号	数量	中心性	年份	外文文献关键词	序号	数量	中心性	年份	中文文献关键词
10	18	0.02	2015	中文作为外语	10	295	0.08	2007	对外汉语教学
11	18	0.15	2009	中国	11	143	0.08	2009	课程设置
12	15	0.08	2012	信仰	12	137	0.08	2008	汉语国际教育专业
13	15	0.12	2012	文化	13	108	0.08	2011	留学生
14	15	0.09	2011	策略	14	157	0.06	2009	孔子学院
15	14	0.15	2009	教学法	15	66	0.06	2010	教材
16	14	0.04	2010	中国学生	16	65	0.06	2012	现状
17	13	0.02	2013	教学	17	27	0.06	2010	培养
18	12	0.06	2015	知识	18	75	0.05	2008	国际汉语教学
19	10	0.03	2014	感知	19	70	0.05	2012	对策
20	10	0.04	2015	二语	20	102	0.04	2011	教学设计

CiteSpace 的关键词聚类功能可以明确某研究领域的热点和发展趋势。在知识图谱中，节点名称表示关键词，关键词越大，说明对应主题的中心度越高，关键词位置越集中，表示其出现的频次越高。将 CNKI 和 Web of Science 下载的跨文化适应相关文献数据进行处理，切分年代为 1 年，聚类词来源选择标题、摘要、作者信息、关键词、节点类型等，进而得到国内外跨文化适应关键词聚类图谱。图9、图10（跨度均为1年）显示，中外文研究中心性较高的关键词之间，差别并不是很大，可见国内外国际中文教育研究领域的内容丰富，视野广泛。其中，外文"education"（0.35）、"Chinese"（0.19）、"learner"（0.19）和"language"（0.17）中心性最高，说明国外中文教育研究主要集中于汉语教学与学生教育、语言学习的关系；而中文"汉语国际教育"（0.37）、"汉语国际教育硕士"（0.18）、"泰国"（0.15）和"汉语"（0.14）的中心性比较高，说明国内该领域的研究侧重于国际中文教育事业的发展。

从关键词出现频次来看，国外出现频次最高的关键词为"English"，其次是"language""Chinese""education"等；国内出现频次最高的关键

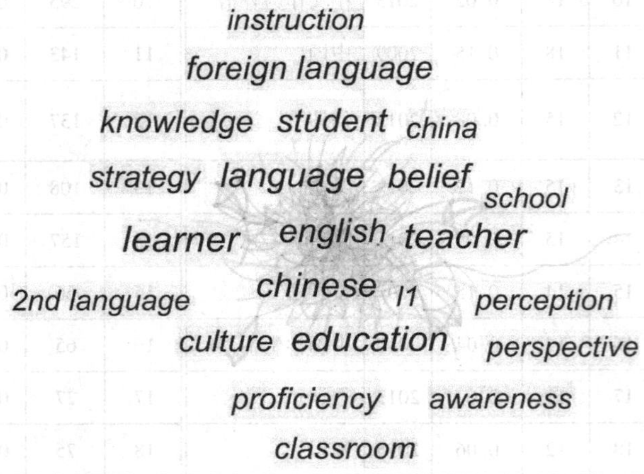

instruction
foreign language
knowledge student china
strategy language belief
school
learner english teacher
chinese l1
2nd language perception
culture education perspective
proficiency awareness
classroom

图 9　外文文献关键词共现频次聚类图谱

汉语国际教育专业
汉语国际推广孔子学院
汉语 对外汉语 留学生
课程设置 汉语教学 泰国
建议 汉语国际教育
对外汉语教学
汉语国际教育硕士
国际汉语教育

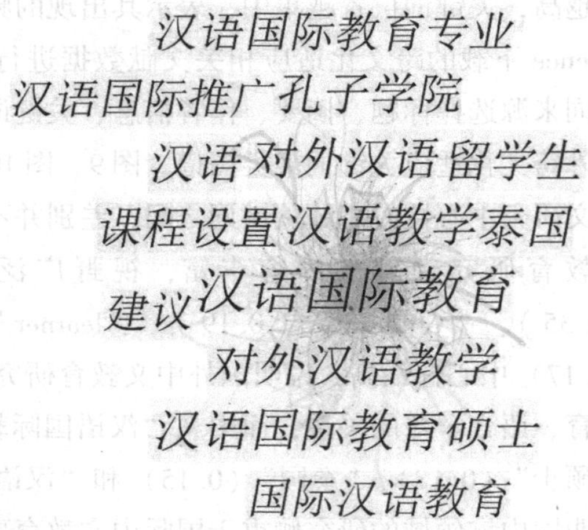

图 10　中文文献关键词共现频次聚类图谱

词为"汉语国际教育",其次是"对外汉语教学""汉语教学""对外汉语"等,说明国内国际中文教育领域的研究还是以对外汉语教学为主,两者的研究内容没有进行很好的区分。

图9、图10显示,外文国际中文教育研究关键词共现网络中共有197个节点,连线758条,网络整体密度为0.0393;而中文国际中文教育研究关键词共现网络中共有230个节点,连线1354条,网络整体密度为0.0514,相对于机构合作网络,关键词共现网络的结构形态和性能已有较大的优化和提升,结构比较集中,凝聚性强,研究主题上保持着足够的专注度。

(二)国际中文教育研究趋势

本研究在聚类图基础上,按时间片段统计了国际中文教育前沿关键词时序图谱(见图11、图12)。图11显示,国外国际中文教育的发展脉络比较连贯,研究热点之间联系紧密,大致可以分为"language""foreign language""education""student""teacher"五个阶段,可以看出随着时间的推移,外文的研究逐渐从对语言的研究转移到对汉语教学的研究,甚至细化到对于教学主体"老师"和"学生"的研究,可以看出其对于国际中文教育内容从宏观到微观的变化。但是外文研究的关键节点比较分散、多样,可见海外的国际中文教育研究正处于繁荣发展阶段,主题丰富、视角多样,预示着未来汉语国际教育的海外研究还会继续发展。同时,早期的研究热点在后续的研究中依然有着重要的影响。但是,汉语国际教育的外文研究目前缺乏一个核心主题,容易导致研究分散,从而使得研究浅尝辄止,这不利于汉语国际教育研究的发展,因此,确定新时期汉语国际教育研究的核心主题十分重要。

图12显示,国内的汉语国际教育研究则比较集中,前期涌现的"汉语国际教育""国际中文教育硕士""课程设置"等一大批核心关键词至今依然影响广泛,且后期虽然出现了"泰国""对外汉语"等新的核心节点,但是影响力相比较弱,且后期也没有出现新的核心节点,说明国内该领域的研究仍然集中于国际中文教育事业的发展和专业培养,短期内没有新的研究热点。若想要促进国内相关研究的进一步发展,需要国内学者关注新问题,扩大研究范围,挖掘新的研究主题和热点。

总的来说,中文和外文文献关于汉语国际教育研究的侧重点一直都不

teacher
student
learner
chinese
education
foreign language
language

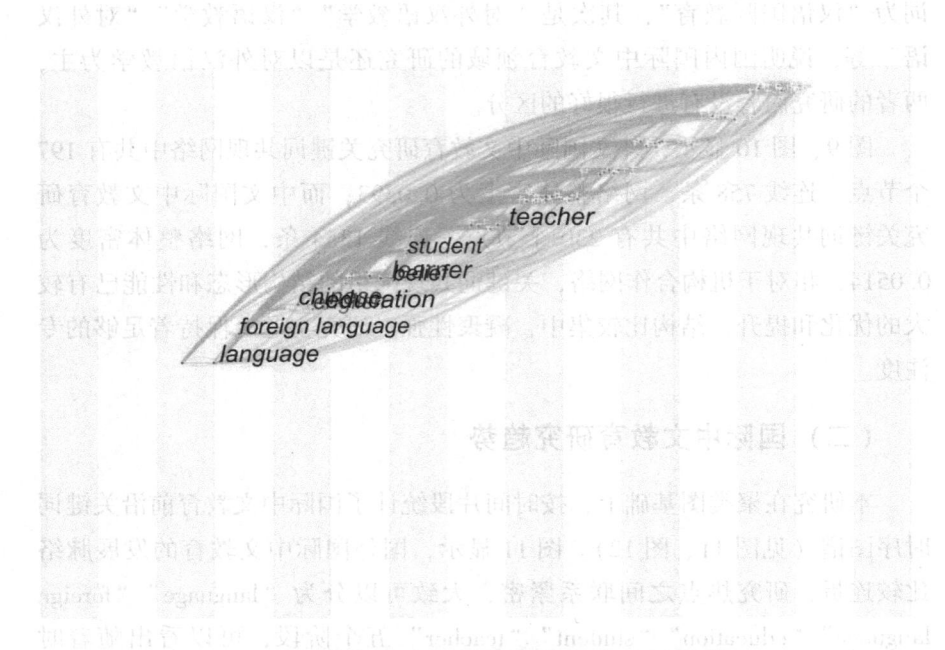

图 11　国外中文教育研究前沿关键词时序图谱

泰国汉语
汉语国际教育
对外汉语
汉语国际教育硕士

图 12　国内国际中文教育研究前沿关键词时序图谱

太一样，外文文献研究主要关注汉语教学的课堂效果、教学对象、教学方法和策略等等，研究有逐渐细化和具体化的趋势，而中文的研究文献则更集中于国际中文教育事业的发展问题，虽然对于汉语教学有一定的关注度，但是程度还不够高。在国际中文教育发展的过程中，随着教学对象、教学环境和教学目标的变化，教师需要调整教学策略和教学方法，因材施教，从而适应教学需求。因此关于教学策略和教学方法的研究在该领域的每个阶段都应是研究重点。

（三）汉语国际教育研究热点内容分析

为了更好地理解国际中文教育研究领域的热点主题，本节对国际中文教育中外文文献的重点关键词进行了分析。以出现频率和关键词中心性进行综合考虑，除去检索关键词，本节选择了"国际中文教育硕士""汉语教学""Education"这三个热点主题来进行分析。

1. 汉语国际教育硕士[①]

国内汉教领域关于国际中文教育硕士的研究，已经有了十几年的时间。通过对相关文献的二次检索发现，与"汉语国际教育硕士"关联度最强的节点有"汉语国际教育专业硕士""对外汉语教学"和"课程设置"等等。2010 年国家将国际中文教育学术型硕士和专业型硕士分开招生，从培养方式、培养目标、培养限时和招生人数等方面，都进行了区分与细化。专业学位相对于学术型学位而言，更侧重于教学对象应用型能力的培养，以专业实践为导向，重视实操。国际中文教育专业硕士的培养，对于发展我国的国际中文教育事业有着重要意义，因此，近 20 年来，关于国际中文教育专业硕士培养研究成为重点和热点。

国际中文教育学术型硕士与专业型硕士不同，更加注重理论研究，关注的是汉语本体以及"三教"问题。该方向的硕士学位论文，主题一般围绕对外汉语教学过程中遇到的语言本体问题、教学问题以及教学对象的偏误类型等方面来展开研究。他们的研究可以为海外的汉语推广工作者提供一定的参考和借鉴，帮助他们更好地了解自己的教学对象、使用恰当的教学方法，以及更好地解释相关的语言问题。语言本体研究是语言教学的重要基础，从这个角度来说，在国际中文教育发展的过程中，对外汉语教学的相关内容会一直是国际中文教育学术型硕士的研究重点之一。

---

① 自 2020 年之后，重新命名为"国际中文教育硕士"，故本文除了引用检索及可视化分析出来的关键词之外，其余名称皆替换为"国际中文教育硕士"。

关于国际中文教育学科专业归属问题也是长期争论的一大热点问题，除了归属教育学还是语言学及应用语言学外，还有学者认为应直接成为一级学科。学科归属问题直接影响到专业课程设置和偏重的不同，因此也成为国内学者热议的问题。同时，国际中文教育本科专业与硕士专业，在课程设置上多有重复，因此统一国际中文教育硕士的学科归属与课程设置，也是已有研究文献中提出需重点解决的问题，2021年11月随着"国际中文教育"学科名称的确立，学科名称的争论尘埃落定；2022年9月国际中文教育（0453）研究生教育学科专业目录的公布终于解决了国际中文教育学科专业归属问题，国际中文教育专业硕士博士的招生培养师出有名、顺理成章。

2. 汉语教学

汉语教学是国际中文教育事业发展的核心与基础，只有提高教师的汉语教学水平，增强汉语教学的效果，才能更好地实现汉语教育的国际传播。通过对相关文献的二次检索，与"汉语教学"关联度最强的节点有"孔子学院""汉语国际推广""泰国""现状""汉语教师"等。当前，世界各地的汉语学习者数量已近2亿，汉语教学的类型也越发多样化。孔子学院成立并在十多年里遍布全球，一是抓住了经济全球化的发展机遇迅速布局，二是快速培养出了能满足世界各地不同学习需求、适应力很强的国际中文教育本硕人才。因此，如何适应不同国家的教学环境、教学对象和学习需求，提升国际中文教育的质量和效果，吸引更多的国外学生学习汉语，必然成为国际中文教育研究的重点内容。而根据世界不同孔子学院和课堂的学生需求，设计定制教学内容大纲，选用适宜的教学方法展开汉语文化教学就成为汉语志愿者教师教学实习和毕业论文的重要选题，因而产出了一大批硕士学位论文，成为国际中文教育研究的主力军。中国正在走向世界，成为世界格局中的重要有生力量，这成为推动汉语走向世界的大趋势，国际中文教育学科的汉语教学教材的国别化本土化研究、新的教育教学思想和新方法的实践应用研究，以及借助多媒体的网络视频教学研究都成为热点。总之，关于汉语教学的研究仍然会是个重要的主题。其中以对泰国的汉语教学研究数量最多。根据国家汉办的统计，截至2022年，泰国已有16所孔子学院，成为孔院数量前10名的国家中唯一的发展中国家，位列第7。每年我国派往泰国的国际中文教师志愿者数量最多，累计已派出17000名志愿者教师，很多当地的汉语机构也在同步进行汉语教学。① 因此，国内关于泰国汉语教学的研究，相较于其他国家数量最多，长期来看也依然会是国内的研究热点。

3. Education

海外孔子学院一般都隶属于某海外高校，在中小学也会分设教学点，开设孔子课堂，因此汉语国际教育与海外学校的教育有一定的联系。通过对相关文献的二次检索，与"education"相关性最强的节点有"higher education""student""China""Chinese""perception""university"，等等。汉语国际教育外文文献的发展脉络大致可分为"language""foreign language""education""student""teacher"五个阶段，逐渐从关注语言本身转移到对汉语教学的关注，有一个逐渐细化的过程。而中文文献的阶段性则没有那么明显，早期涌现的一大批研究热点至今依然是该领域的学者们研究的主题。汉语高等教育研究有了长足的发展，随着孔子学院在海外的不断发展与壮大，基础教育逐渐成为汉语国际教育的重要领域，除了历史上的日本、韩国、越南等东亚国家外，东南亚、阿拉伯、非洲各国和大多数欧洲国家，全球已有70多个国家开始将汉语教学纳入基础教育体系，因此，针对各国基础教育教学的区域国别化研究会成为一大亮点。

四 结语

本研究通过CiteSpace软件，对CNKI及Web of Science数据库中1991—2022年有关汉语国际教育的中外文文献生成的时空图谱、关键词共现图谱及相关数据进行了多层面可视化分析，由时间和空间分布图谱表明：汉语国际教育领域研究的中坚力量仍然在国内，其中北京大学、北京师范大学、华东师范大学都在中外文研究中都发挥着重要作用，研究机构方面，中外文研究都形成了各自有聚合团体，而中文的研究团体相对更有凝聚力，作者合作也更为紧密。中外文文献的研究重点稍有不同，外文研究更关注汉语教学本身，而中文研究更关注汉语国际教育事业的发展与人才培养。总体来说，中外文文献关键词共现网络的结构形态和性能，都比机构合作网络稍微优化和提升，研究主题上保持着足够的专注度。

---

① 信息出自 https：//baijiahao.baidu.com/s? id=1636736779656927669&wfr=spider&for=pc。

国际中文教育研究领域已有十几年的发展历史，研究成果丰富，但是外文相关研究与中文相比仍显不足，加之种种客观因素的干扰和阻挠，诸如孔子学院遭遇美国的强行抵制关停，新冠疫情阻隔了国际中文教师志愿者的派出等，国际汉语教育事业发展出现一定程度的放缓，但是，令人欣喜的是，随着国家对中国文化教育和海外传播力的重视与加强，网络汉语课程的兴起，汉语国际教育学科迎来了更大的发展机遇，不仅新的学科名称"国际中文教育"一锤定音，一级学科的同等地位和归属也迅速确立，而且依托腾讯和 Zoom 线上会议平台而兴起的国内外中文教育教学学术讨论会三年来增速惊人，由每周末一两场发展到十几场，累计已达二百多场，可以预见的是国际中文教育与传播研究必将借助国家政治、经济、文化全面振兴，迎来更大更强的发展、挑战和机遇。

参考文献

安亚伦、段世飞：《"一带一路"倡议下的汉语国际教育：现状问题及对策》，《湖南师范大学教育科学学报》2018 年第 6 期。

崔希亮：《汉语国际教育的若干问题》，《语言教学与研究》2018 年第 1 期。

丁安琪：《汉语国际教育硕士：专业发展十一年》，《国际汉语教育》（中英文）2018 年第 4 期。

教育部：《汉语国际教育基础考试大纲》，http：//www.zwky.org/article-29.html。

李杰：《CiteSpace 中文版指南》，http：//blog.sciencenet.cn/u/jettycueb。

曾小燕、吴应辉、袁萍、郭晶、梁宇：《汉语国际教育发展报告（2015—2016）》，《辽宁师范大学学报》（社会科学版）2019 年第 3 期。

张新生、李明芳：《汉语国际教育理念与汉语国际教学实践》，《国际汉语教学研究》2018 年第 4 期。

在新形势下提升国际中文教育市场供给能力的可行方向

申东月

摘要：本文尝试从需求与供给的角度分析新形势下国际中文教育已经取得的成绩、存在的问题，并从各级各类多元市场主体提供教育服务产品的角度，提出了新形势下国际中文教育供给能力提升的五个方向，分别是：（1）进一步明确国际中文教育的市场化、产业化定位；（2）进一步精准化国际中文教育需求分析；（3）进一步构建开放包容的，供给主体多元化、多层次的，供给方式市场化、标准化、智能化的现代国际中文教育体系；（4）进一步加强国际中文教育企业的培育。在此基础上，最终形成以语合中心为管理平台，国际中文教育院校、国际中文教育企业运作为主，公益性的孔子学院为辅的国际中文教育产业格局。

关键词：新形势；国际中文教育；产业化；市场化；供给能力

一　基本概念

首先，本文中的"新形势"特指国际中文教育在学科理念、管理机制方面做出的战略性调整和组织变革。

其次，在国际中文教育这一概念语境下，惠天罡指出，"基于供给主体的不同职能，国际中文教育供给模式可分为上游、中游和下游供给。国际中文教育供给侧优化应以用户需求为导向，定位供给主体的不同职能，

本文是笔者结合近年国际中文教学理念的变革及自己在美国从事4年国际中文教学的切身感受，对提升国际中文教育能力的一些思考。

申东月，北京师范大学国际中文教育学院。

既注重社会效益，也重视产业效益，实现可持续发展。"① 但是惠天罡没有探讨国际中文教育市场不同市场主体的需求与供应关系，没有对需求侧进行系统分析。本文尝试从需求与供给角度分析新形势下国际中文教育已经取得的成绩以及存在的问题，并从各级各类多元市场主体提供教育服务产品的角度，探讨新形势下国际中文教育供给能力提升的可行方向。

二　国际中文教育在供给侧已经取得的成绩

截至2023年1月，"在中外共同努力下，目前全球有180多个国家和地区开展中文教学，81个国家将中文纳入国民教育体系，开设中文课程的各类学校及培训机构8万多所，正在学习中文的人超过3000万"②。

与此同时，2020年以来，国家主管部门对国际中文教育的理念和运作模式做出了战略性调整，对供给侧进行了重大的结构性改革。首先，将前"对外汉语教学"或"汉语国际教育"这一学科变更为"国际中文教育"③，确立了国际中文教育的新概念，使国际中文教育进入全新阶段。其次，对国际中文教育管理机构进行了较大幅度的变革。主管部门"国家汉办"被取消，并分置为隶属于教育部的"中外语言交流合作中心"（以下简称"语合中心"）和隶属于民政部的"中国国际中文教育基金会"④。语合中心定位为国际中文教育的行业管理机构，主要职责是制定并组织实施国际中文教育总体战略和系列国家标准；建设、管理国际中文教育资源体系；运行开展"除孔子学院运营和管理之外的其他国际中文教育项目，并深化中国与世界各国的语言教育交流合作"⑤。同时，特设了隶属于民政部的"中国国际中文教育基金会"，全面负责运行全球孔子学院品牌。孔子学院在隶属关系上进一步明确为慈善机构管理的公益组织，其宗旨是"通过支持世界范围内的国际中文教育项目，促进人文交

---

① 惠天罡：《国际中文教育供给侧优化的理论依据与发展路径》，《首都师范大学学报》（社会科学版）2022年第1期。
② 马箭飞：《推动新时代新征程国际中文教育高质量发展》，《神州学人》2023年第1期。
③ 邵滨、刘帅奇：《说说"国际中文教育"》，《语言文字报》2020年12月2日第2版。
④ 刘晗：《中国参与国际中文教育治理的挑战与应对》，《世界教育信息》2021年第7期。
⑤ 新华社：《适应国际中文教育事业发展》，教育部设立中外语言交流合作中心，新华网，http://www.xinhuanet.com/world/2020-07/05/c_1126198982.htm，2022年6月23日访问。

流，增进国际理解，为推动世界多元文明交流互鉴、构建人类命运共同体贡献力量"①。

对于国际中文教育的外部环境变化，本文认为，虽然目前全球格局被信仰全球化、去全球化或再全球化的各种国际力量搅动，并因为疫情、俄乌冲突等影响，在一定程度上表现为动荡不安，给国际中文教育带来一定程度的负面影响和不确定性，但是中国崛起、全球合作、和平发展在一段时间内仍然是国际环境的主基调。因此，本文认为，国际中文教育目前有着良好的内外部环境，而且国际中文教育的理念更新及运行机制变革，进一步促成了国际中文教育在供给端的良好局面，因此我们坚持长期看好、整体看好国际中文教育市场的潜在增长。

三 新形势下，国际中文教育供给侧管理存在的问题

虽然成绩斐然，前景看好，但是国际中文教育在初始阶段，甚至在目前阶段仍是一个主要由孔子学院及各高校国际中文教育院系等公益事业单位实施的公益性事业。但是从更长远的发展方向、发展潜力和供给能力来看，目前的国际中文教育还不能更充分、高质量地满足国际中文教育的服务需求，特别是在供给理念、需求分析、供给能力体系建设方面还存在提升空间。

（一）前瞻性的产业化供给理念尚未建立

从发展历史来看，国际中文教育经历了完全的公益事业阶段，公益事业和教育产业并重平衡的阶段。目前正在向由市场驱动，以国际中文教育院校及企业为主体，面向全球中文教育市场的资本、技术、人才密集型教育服务产业发展。因应趋势发展，国际中文教育急需确立前瞻性的产业化供给理念。

（二）国际中文教育的需求分析需进一步完善

第一，全方位、多层次的需求分析体系尚未建立起来。全方位、多层

---

① 新华社：《适应国际中文教育事业发展》，教育部设立中外语言交流合作中心，新华网，http://www.xinhuanet.com/world/2020-07/05/c_1126198982.htm，2022年6月23日访问。

次的需求指政府间以及中外高校之间国际中文教育合作的需求,国际中文教育产业机构的需求,国际中文教育师资队伍的需求,国际中文教育终端目标客户群的需求等,这些都需要做出前瞻、主动、专业化的市场分析及动态评估,而不只是静态的政策性、程序性的中介服务。

第二,国际中文教育重点领域的需求分析尚需完善。特别是已经将中文教育纳入国民教育体系的国家,其中文教育师资队伍的本土化程度不高,对这些国家的各层级中文教育师资队伍的培养需求需要做重点分析。

第三,国际中文教育重点年龄段的学员需求分析尚需完善。特别是在国际中文教育需求出现低龄化趋势时,没有重点关注3—18岁学员的需求分析并提供必要的高质量的有针对性的服务产品。

第四,国际中文教育市场重点区域的需求分析尚需完善。对国际中文教育的成熟市场、成长型市场和潜在市场,或者同文化市场、近文化市场和异质文化市场等,国际中文教育管理机构应当应用多种市场分析、需求分析工具进行系统分析,提升有效的教育服务产品供给能力,持续优化国际中文教育全球布局。特别是孔子学院,大部分建于2013年之前,与"一带一路"倡议缺乏有效的协同对接。

第五,国际中文教育潜在地区的需求分析尚需完善。对于尚未开发或开发不充分国家和地区,应通过需求分析实施必要的预判和有针对性的国际中文教育市场开发。

(三)国际中文教育供给能力有待进一步完善

第一,客户导向的市场化管理理念有待进一步发展。从国际中文教育发展历史看,过去没有实施市场化运作,没有以客户为关注焦点,而是更多采用公益性的政府主导型的汉语推广策略,因此,在提供国际中文教育服务时,教师、教材、教法没有很好地与当地文化习俗匹配,与当地实际需求存在一定程度的脱节,针对性不强,招致负面评价,甚至是"排斥",效果并不理想。

第二,国际中文教育能力体系建设需要加强。国际中文教育有多元化、多层次的需求,而国际中文教育的供给能力远不能满足需要。特别是从国际中文幼教到国际中文高等教育的全链条教师队伍建设,全链条教材体系研发建设,数字化、智能化教学资源平台建设,均需要加强。

第三，国际中文教育标准化体系尚需优化。特别是国际中文教育机构资质认证，教师资格认证，中文等级认证等标准体系建设需要加强。

第四，国际中文教育产业尚需培育。特别是国际中文教育的市场化运作模式尚待形成，国际中文教育企业需要培育。

四 新形势下，国际中文教育供给能力提升的方向

因此，国际中文教育管理应进一步明确国际中文教育的市场化、产业化定位；进一步精准化国际中文教育需求分析；进一步提升国际中文教育供给能力；进一步加强国际中文教育企业的培育，设置必要的产业培育协调机制。

（一）进一步明确国际中文教育的市场化、产业化定位

教育源于需求，源于个体、家庭、社会组织、国家、文化语言联合体，甚至包括联合国，为了提升个体、组织或全人类的福祉、能力素质，提高生存质量、发展水平，获得更好利益而开展的教育启迪活动[①]。国际中文教育需求源于全球各地热爱中文或者看好中文教育带来的经济社会价值的个体和各级各类组织。市场的需求需要按照市场的运作模式来解决，就是按照需求与供给关系来平衡解决问题。这就需要将国际中文教育看作一个市场、一个语言教育产业，并应用市场原则、市场机制来培育市场、发展产业。

（二）进一步精准化国际中文教育需求分析

根据不同国家、地域、文化背景下的机构或学员中文教育培训需求，国际中文教育机构需做精准分析，如此，才能够针对具体不同层级、不同面向的本土化需求，与需求方的教育体系、运行模式有效衔接，提供有针对性的、高标准、高质量、实用、适行的教育培训解决方案。具体而言，语合中心、孔子学院、国际中文教育企业三个国际中文教育主体在精细化需求分析方面可改进的方向，有以下几点：

---

① 教育的概念：https://en.wikipedia.org/wiki/Education，2022年6月23日访问。

语合中心作为国际中文教育的行业管理平台机构，在实施战略规划、颁布政策、制定标准体系和管理项目的平台服务时，进一步落实国际中文教育的市场化导向，健全市场管理机制，重点满足各国中文教育机构、教育者及学员的需求，"积极配合各国中小学开展中文教学，创新支持中外高校合作设立中文专业，合理布局中文学习测试中心、网络中文课堂，积极将华文教育、国际学校等纳入支持框架，构建开放包容和多主体、多模式、多层次的现代国际中文教育体系"①。另外，以需求为导向，积极拓展孔子学院之外的国际中文教育新领域。

孔子学院作为国际中文教育公益机构，主要为满足所在国、所在院校的中文教育需求，具体的孔子学院教育需求分析及管理主要由所在外方院校负责并纳入其学科教学计划，中方机构和教师并没有实施需求分析的客观需要和主观意愿，较为被动。但仍可以加强中文教育需求分析的调查研究工作，从需求导向出发，准确把握各国对孔子学院中文教学的需求情况。合作加强孔子学院中文教育向中小学及社区提供服务和帮助，合作加强本土中文教师的培养。"与此同时，坚持孔子学院中文教学的公益性，从可持续发展的角度创造孔子学院公益服务的价值。"②

国际中文教育企业作为市场的潜在的最大供应主体，应当在充分竞争的市场环境下，坚持以客户为导向，以学员为中心，实施在细分市场有的放矢的需求分析，包括教材需求、师资人才需求、技术需求、教育服务品质需求等，提供高质量的机制灵活、有针对性的中文教育培训服务。"当前国际中文教育学习者需求具有五个特征：整体学习需求持续增强；低龄学习者成为重要需求增长极；学习者需求区域差异明显；经济驱动和共同体构建深度激发了学习者需求的可持续性；学习者需求呈现多层次、立体化趋势。"③ 这些需求特点，为国际中文教育企业的供给开发提供了思考方向。

---

① 教育部：《关于政协第十三届全国委员会第四次会议第 2624 号（教育类 091 号）提案答复的函》，http://www.moe.gov.cn/jyb_xxgk/xxgk_jyta/yuhe/202111/t20211104_577702.html，2022 年 6 月 20 日访问。

② 詹宏毅：《全球公共产品视角下孔子学院汉语教学的供给需求模型》，孔子学院全球学术资讯网，http://www.ccis.sdu.edu.cn/info/1010/4690.htm，2022 年 6 月 20 日访问。

③ 陈莉、张吟：《国际中文教育的学习者需求特征分析》，《扬州大学学报》（人文社会科学版）2021 年第 6 期。

综上所述，为了更好地提升需求分析与供给能力，需要强化国际中文教育行业分析、产业研究。因此，作为国际中文教育平台管理机构，语合中心需要完善国际中文教育需求供给分析管理执行联动机制。在具体落实层面，可以由语合中心牵头，启动由多主体（语合中心、各高校国际中文教育院系、孔子学院、国际中文教育产业集团、各国各区域本土中文教育管理机构及实施机构等，都是需求分析的主体）参与研究并定期发布国际中文教育市场分析报告的管理机制。国际中文教育市场分析报告应当是一个分区域、分国别、分行业、分阶层的具有针对性的详尽报告，为国际中文教育市场各类主体进行决策提供有针对性的信息指导，使国际中文教育供给端各类主体在考虑成本效益的前提下，"在体系化构建、精准化供给、差异化发展、智能化支持"① 等方面有的放矢，动态实施需求供给评估管理，引领国际中文教育的市场化运作，推动市场化的产业形态逐步走向成熟。

（三）进一步提升国际中文教育供给能力

在国际中文教育理念更新和组织变革的基础上，进一步提升国际中文教育供给能力，构建开放包容的供给主体多元化、多层次以及供给方式市场化、标准化、智能化的现代国际中文教育体系。

第一，供给主体多元化。针对不同客户需求，构建以语合中心、孔子学院、国际中文教育院系、国际中文教育企业等组成的多元供应主体，提供相匹配的教育培训服务，做到投入产出最优化。

第二，供给主体层级化。以国际中文教育市场需求为导向，实施订单式供给管理，在职业中学、职业师范院校、高等院校分别设置针对国际中文教育的幼教、小学教育、中学教育、大学教育、研究生教育、国际汉学研究等不同级别的师资力量。

第三，供给运作市场化。针对特色需求，以招标竞标或者项目申请的方式，市场化运作，择优提供合格国际中文教育供应商。

第四，供给评估标准化。建立完整、先进的国际中文教育供应商评价体系，并有效组织实施。

---

① 宁继鸣：《国际中文教育：一个具有历史积淀和时代命题的概念》，孔子学院全球学术资讯网，http://www.ccis.sdu.edu.cn/info/1010/5361.htm，2022 年 6 月 20 日访问。

第五，供给方式智能化。紧密结合教师、教材、教法能力体系建设及最新教育教学理论方法，充分使用现代在线教育、人工智能、虚拟现实、大数据、多媒体情景教育等科学技术，使教师队伍人数增加、质量优化、年龄结构年轻化、来源构成多元化，使国际中文教育打破时间、空间限制，提供具有科技感和良好学习体验的教育培训服务。

（四）进一步加强国际中文教育企业的培育

在国家层面，教育部在答复《关于应对国际中文教育面临的挑战和风险的提案》中指出，"鼓励国内职业教育机构、中资企业参与国际中文教育"[①]。这一提案的答复，反映了主管部门对市场、资本、技术的力量和国际中文教育各市场主体的创新创造力的期盼。面对国际中文教育面临的挑战和风险，有市场就有机遇，以市场的方式解决市场的问题，从长远看，就可以市场的方式创造市场竞争优势。具体而言，就是以市场规模为基本面，以标准化、规范化管理为保障，以市场运作为突破口，以资本和技术为驱动，大力培育发展多元的富有活力和创造力的国际中文教育培训机构，构建实施覆盖各层级全链条的国际中文教育服务体系，以市场化方式满足全球各类中文教育市场需求，提升国际中文教育产业核心竞争力。

坚持政府搭台、企业唱戏的原则，使国际中文教育服务主体从政府主导主办逐步向多元主体过渡。坚持以客户需求为中心，以服务为抓手，最终使国际中文教育成为由市场驱动的产业集群。具体而言，以语合中心为标准制定、资质认证、协调管理的平台，以经过授权认证的教育服务企业、教师为多元多层次市场主体参与的运营服务平台，形成充满活力、创造力的资本、技术、人才密集型的国际中文教育产业集群，达到需求与供给的市场化动态平衡，形成投入与产出多赢的局面。

国际中文教育市场已经受到国际资本的深度关注。"多鲸资本合伙人葛文伟在接受北京商报记者采访时表示，国际中文教育是个庞大且极度分散的市场。在过去传统的 PC 时代和纸媒时代，很难通过长尾效应把用户需求聚合起来，但现在由于互联网的发展和线上学习方式的兴起，新一轮

---

① 教育部：《关于政协第十三届全国委员会第四次会议第 2624 号（教育类 091 号）提案答复的函》，2021 年 10 月 15 日。

创业机会出现,已经开始有机构瞄准,做全球汉语的市场化运营和服务。"① "海外中文教育似乎正在迎来风口,顺为资本、红杉资本、德迅投资、青松基金、连尚网络、零一创投、蓝象资本等明星机构都已入局。"②

目前在全球有影响力的国际中文教育机构有 VIPKID Blingo LingoAce(国际中文在线教育公司)、专注于 3—18 岁海外儿童的中文在线教育专家——悟空中文,另外还有中语集团、枫叶教育集团、新航道国际教育集团、Super Chinese 等。同时,"以新东方、卓越教育为首的 K12 教育公司,和以伴鱼、火花思维等为代表的在线教育科技公司"③ 正在积极布局国际中文教育服务,目标客户也定位在 5—18 岁人群。

尤其值得关注的是,国际中文教育企业在低龄化(3—18 岁)的青少年网络教育、在线教育细分市场做得风生水起。例如悟空中文 "针对目标用户中文基础水平分别开设启蒙中文、国际中文、进阶中文和基础汉语四套课程"。④

目前,智能教育成为后疫情时代的国际中文教育新业态。比较成熟和成规模的在线学习平台或者 App 有 "中文联盟" 云服务平台、中文联盟 App、全球中文学习平台及其国际版 App、汉语桥俱乐部、HSK 汉语水平考试、汉语宝、译学中文、知学中文、SPK 中文、快乐汉语、汉语流利说等。

五 结论

从教育部答复《关于应对国际中文教育面临的挑战和风险的提案》可以看到,在提升国际中文教育供给能力方面,加快培育国际中文教育产业是一个大有作为、很有潜力的方向。随着中国国力和文化影响力的持续

---

① 程铭劼、赵博宇:《中文国际教育的千亿市场如何打开》,《北京商报》2021 年 4 月 13 日,https://finance.sina.cn/tech/2021 - 04 - 13/detail - ikmxzfmk6450889.d.html? fromtech = 1,2022 年 6 月 23 日访问。

② 赵晓晓:《教一亿人学中文是个好生意吗?》,微信公众号:"创业邦",2022 年 1 月 5 日。

③ 陈琼烨:《仍是一片蓝海的海外中文教育,会是 K12 教培机构转型的下一站吗?》,《K12 教育说》,界面新闻,https://m.jiemian.com/article/6866595.html,2022 年 7 月 20 日访问。

④ 陈琼烨:《仍是一片蓝海的海外中文教育,会是 K12 教培机构转型的下一站吗?》,《K12 教育说》,界面新闻,https://m.jiemian.com/article/6866595.html,2022 年 7 月 20 日访问。

提升，随着国际中文教育培训需求的持续增长，随着国际资本和技术的持续投入，国际中文教育产业将不断成长，业态将不断成熟。若干在国际中文教育细分市场的领军企业已崭露头角，国际中文教育产业未来可期。国际中文教育领域将逐步形成若干类似新东方教育这样的教育产业高科技上市公司，并最终形成以语合中心为管理平台，国际中文教育院校、国际中文教育企业运作为主，公益性的孔子学院为辅的国际中文教育产业格局。

参考文献

陈莉、张吟：《国际中文教育的学习者需求特征分析》，《扬州大学学报》（人文社会科学版）2021年第6期。

陈琼烨：《仍是一片蓝海的海外中文教育，会是K12教培机构转型的下一站吗?》，《K12教育说》，界面新闻，https：//m.jiemian.com/article/6866595.html，2022年7月20日访问。

惠天罡：《国际中文教育供给侧优化的理论依据与发展路径》，《首都师范大学学报》（社会科学版）2022年第1期。

刘晗：《中国参与国际中文教育治理的挑战与应对》，《世界教育信息》2021年第7期。

马箭飞：《推动新时代新征程国际中文教育高质量发展》，《神州学人》2023年第1期。

宁继鸣：《国际中文教育：一个具有历史积淀和时代命题的概念》，孔子学院全球学术资讯网，http：//www.ccis.sdu.edu.cn/info/1010/5361.htm，2022年6月20日访问。

邵滨、刘帅奇：《说说"国际中文教育"》，《语言文字报》2020年12月2日第2版。

线上语伴交流活动效果调查及其制约因素分析

路欣怡　张连跃

摘要：新冠疫情背景下，线上语言教学成为常态。面对语言环境缺失，线上语伴交流活动为增加学习者语言交流机会提供了可能。为有效开展线上语伴交流活动，本文就中英两所大学为期八周的线上语伴交流活动展开调查，同时结合交流日记和非正式访谈找出制约本次活动效果的因素，即语言水平、网络与交流平台、讨论话题和时差，并提出了相应的建议。

关键词：线上教学；线上语伴交流；制约因素

一　引言

新冠疫情在全球范围内蔓延，给世界汉语教学带来巨大挑战，远程线上教学已经从应急之举成为教学常态。线上教育瓦解了大学的"知识围墙"，拓展了学生学习的无限虚拟空间[①]，然而，语言学习离不开依附于真实语言环境的交际活动，因此，线上教学存在一个无法避免的客观问题——因语言环境的缺失而导致交流减少，而线上语伴交流活动恰好可以对这一缺憾进行些许弥补。

语伴交流活动并非全新事物，1968年语伴交流活动作为法德青年交流

[基金项目] 本文为教育部人文社会科学研究青年基金项目（18YJC740144）的成果之一。全文在《世界华文教育》2022年第3期发表。

路欣怡，青岛大学国际教育学院；张连跃，青岛大学国际教育学院。

① 史金生、王璐菲：《新冠疫情背景下高校留学生线上汉语教学调查研究》，《语言教学与研究》2021年第4期。

计划的组成部分首次在欧洲出现,最初指的是面对面的语伴交流①。随着电脑技术的不断发展,逐渐出现了电子邮件、视频会议等形式。20 世纪 90 年代,视频会议工具的出现为语言学习者提供了随时随地进行口语练习的机会②。Cziko 将 E-Tandem(电子交换学习)描述为 21 世纪第二语言学习的重要方法,它给学生提供了课外口语练习的机会,为学生营造了一种沉浸式的环境,在互动的过程中,每个成员轮流扮演学习者和专家的角色,这种双重作用使语言学习格外丰富,激发学生在真实交际中使用语言。相比于国外,语伴模式在国内的运用主要是在外语学界,对外汉语学界对于语伴交流活动的研究起步较晚,20 世纪 90 年代"语伴学习模式"这一学习模式才被应用于汉语国际教育中③,涉及范围也相对有限,主要围绕汉语学习中语伴交流活动的现状④、在华留学生的文化适应情况⑤以及语伴交流模式在对外汉语教学领域的运用⑥三个方面。

以往对汉语学习者语伴活动的研究多以面对面的交流形式为主,然而在当前的新形势下,如何更有效地进行以视频为媒介的线上语伴交流活动将有更大的实践意义。本文将以青岛大学和英国华威大学的线上语伴交流

---

① Fondo M., Erdocia I., "Exploring Foreign Language Anxiety and Self-disclosure Relationships in Task Design for E-tandem Speaking Practice", Future-proof CALL: language learning as exploration and encounters-short papers from EUROCALL, 2018.

② 吴美云:《来疆中亚留学生和中国学生对语伴活动的需求调查分析——以新疆师范大学为例》,硕士学位论文,新疆师范大学,2019 年。

③ 吴美云:《来疆中亚留学生和中国学生对语伴活动的需求调查分析——以新疆师范大学为例》,硕士学位论文,新疆师范大学,2019 年。

④ 孙乐岑、冯江平等:《在华外国留学生的文化适应现状调查及建议》,《语言教学与研究》2009 年第 1 期。马梦真:《汉语国际教育语伴合作模式创新及意义研究》,《现代语文》(学术综合版)2017 年第 9 期。任贺军:《留学生与中国学生对语伴活动的需求调查研究》,硕士学位论文,上海外国语大学,2017 年。陆逸飞:《来华留学生语伴交际情况调查及启示》,《现代交际》2019 年第 11 期。

⑤ 王敏:《在京东南亚留学生文化适应性调查研究》,硕士学位论文,北京外国语大学,2015 年。陈小明、欧青、王祖嫘:《在京留学生生活适应性调查与分析》,《国际汉语教育》2015 年第 1 期。代迪欧、魏羽彤等:《论汉教语伴对象对留学生汉语学习的影响——以大连高校为例》,《文教资料》2017 年第 16 期。

⑥ 王佳:《"语伴模式"在对外汉语修辞教学中的应用研究》,硕士学位论文,曲阜师范大学,2013 年。陈倩:《对外汉语语伴合作模式小组讨论研究——以江苏大学为例》,《现代交际》2020 年第 12 期。

项目为例，通过调查问卷的方式了解交流活动效果，并结合活动参与者交流日记和非正式访谈进行研究，分析本次交流活动效果的制约因素并提出相关建议，以期为日后的线上语伴交流活动顺利开展提供些许参考。

二 线上语伴交流活动调查

青岛大学和英国华威大学的线上语伴交流项目从 2021 年 10 月 8 日到 2021 年 12 月 1 日，共持续八周时间，旨在提高中英双方学生的外语能力并加深对彼此文化的了解。

项目流程大致如下：

前两周为前期准备时间，中方负责老师收集中国学生的邮箱地址，并编辑成共享表格，再由英国学生将自己的邮箱地址填写在表格中进行配对，配对成功后，中英双方学生自行通过邮件介绍自己的基本情况以及兴趣爱好等，然后英国负责老师将 Teams 的安装链接通过邮件发送给各位活动参与者，并通过统一线上会议的形式介绍语伴交流活动进行过程中的注意事项以及最后汇报的具体要求。

中间五周为正式交流时间，各个语伴小组通过 Teams 平台进行一对一视频交流。在本次活动中要求各个语伴小组每周至少见面一次并交流一小时，具体的交流频率、交流时长和交流内容均由各语伴小组自行商定，在每次交流后参与者需要将交流内容以交流日记的形式发送给中英双方负责老师。

最后一周中英双方负责老师和全体语伴交流活动的参与者通过线上会议展示并分享交流成果，每个语伴小组围绕一个确定的主题，选择播放录像或实时汇报的形式进行五分钟以内的报告，中国学生使用英语，英国学生使用汉语（根据英国学生的汉语水平，部分小组借助拼音）进行汇报。

为了解交流活动实施情况与效果，我们在汇报完成后对中英双方学生进行问卷调查。通过问卷星和 Qualtrics 分别对中国学生和英国学生从个人情况、交流情况、汇报内容等方面展开问卷调查，共发放 44 份问卷，回收 43 份，有效率为 97.72%。

（一）中英双方学生的背景信息

本次线上语伴交流活动共有 22 名青岛大学汉语国际教育专业的中国

学生和 22 名华威大学辅修汉语专业的英国学生参与。中英学生在外语学习过程中具有不同的特点，因此我们采用不同方式对中英学生的外语水平进行统计：中国学生学习英语的平均时长为 9 年，所以我们通过调查他们的英语听说能力和读写能力来评估其英语水平；而英国学生学习汉语的时长差距较大，从三个月到八年不等，对英国学生的汉语听说读写能力进行比较有失公平，因此我们通过调查他们学习汉语的时间来评估其汉语水平，统计结果如表 1 所示：

表 1 中国学生和英国学生外语水平统计

中国学生				英国学生	
听说能力	比例（%）	读写能力	比例（%）	学习时长	比例（%）
需借助翻译软件和求助同学进行交流	15	需借助翻译软件写邮件发信息	55	三个月左右	40.9
听懂一半内容	60	查阅少量单词写邮件发信息	40	半年左右	31.8
听懂一半以上内容	25	熟练地书写邮件发信息	5	三年以上	27.3

从表 1 可以看出，大多数中国学生无法完全使用英语进行口头和书面的交流，这可能是因为大部分中国学生缺乏使用英语来讲解汉语知识和中国文化的训练，并且在大学期间的英语学习中缺乏练习口语和听力的环境，部分同学也会受到小语种学习的干扰，超半数以上的中国学生无法脱离翻译软件独立完成交流任务。英国学生来自不同的专业，只是在华威大学的语言班辅修汉语，超过半数的英国学生学习汉语的时间在半年左右，因学习汉语的时间有限，汉语水平仍然较低，无法实现使用汉语进行交流。

（二）话题选择

在交流过程中，除了交流时长和交流频率外，交流话题和汇报主题也是由各个语伴小组自行确定的。我们对交流话题和汇报主题的选择方式进行调查，调查结果显示：61.5%的语伴小组是从双方共同的兴趣出发选择交流话题和汇报主题，38.5%的语伴小组从英国学生的兴趣或者需要出发选择交流话题和汇报主题，各组的交流话题和汇报主题如表 2 所示：

表 2　　　　　　交流过程中交流话题和汇报主题选择统计

交流话题	比例（%）	汇报主题	比例（%）
美食	22.7	美食	23.5
旅游	18.1	家乡	23.5
电影、电视、音乐	18.1	电影、音乐	11.8
兴趣爱好	13.6	历史文化	11.8
节日风俗	9.0	节日风俗	11.1
历史文化	9.0	采访	5.9
新闻经济	4.5	大学生活	5.9
运动	4.5	全球化	5.9

注：因为计算过程中，采取四舍五入的方法，故各分项百分比之和有时不等于100%。全书同。

表 2 数据表明，中英学生平时线上交流话题主要集中于美食、旅游、影音以及休闲等，最终汇报主题也大多围绕美食、电影、音乐等展开。与平时交流不同的是，家乡这一主题在最终汇报时占比较高（23.5%），为较多学生所选择。此外，我们还对交流过程中双方不感兴趣或者不容易交流的话题进行调查，问卷调查结果显示：不容易交流的话题主要集中在文学及哲学（30.8%）、历史文化类（23%）、敏感话题（15.4%）、个人隐私（15.4%）。

（三）交流过程中出现的问题

问卷中我们也统计了中英双方学生在交流过程中遇到的困难，调查结果表3：

表 3　　　中国学生和英国学生在交流过程中遇到的困难关键词统计

	障碍	比例（%）		障碍	比例（%）
中国学生	语言障碍	59.1	英国学生	网络连接Teams 的使用	47.6
	网络连接Teams 的使用	31.8		语言障碍	33.3
	找不到交流的话题	13.6		时差	23.9

由表 3 可知，在交流过程中中英双方学生遇到的问题主要集中在网络连接和软件操作、语言、时差、话题方面，英国学生认为在交流过程中最大的困难是网络连接和 Teams 的使用，而中国学生认为在交流过程中遇到最大的困难是语言障碍。此外，也有部分同学提出在交流过程中存在时差和找不到交流话题等问题。

（四）线上语伴交流活动的评价

在线上语伴交流活动结束后，我们采用主观题的方式让中英双方学生对本次活动进行总体评价，我们对问卷中的回答进行了归纳，总结了主要观点。总体来说，中英双方学生对本次语伴交流活动较为满意，是一次非常愉快的体验。这也可以从中英双方学生描述的各自语伴在本次语伴交流活动中的表现得到印证。调查结果见图 1：

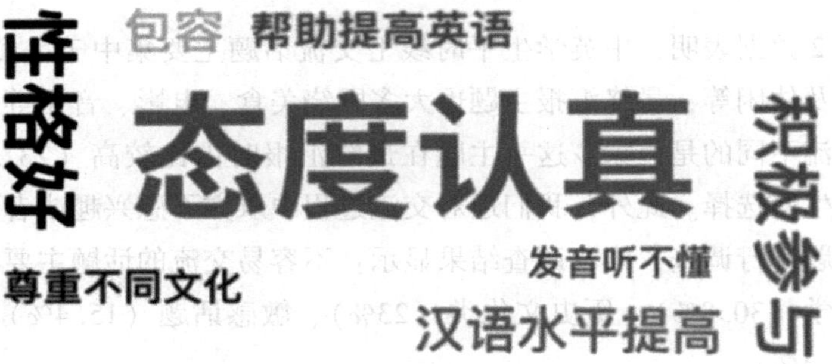

图 1　中国学生对语伴描述的词云图

从词云图可以看出，中英双方学生在对语伴进行描述时，除了发音听不懂、尴尬、缺乏自信等消极词汇外，绝大多数均为积极的、正面的词语，由此可见，中英双方学生对本次语伴交流活动都较为满意。

三　线上语伴交流活动效果的制约因素分析

为进一步了解线上语伴交流活动中存在的问题，我们主要结合活动参与者的交流日记以及非正式访谈信息进行考察。其中交流日记是每周交流后各位参与者将交流内容、遇到的困难以日记的形式记录下来，共计 76 份，约 8.4 万字，通过阅读各位参与者上交的交流日记，找出交流过程中

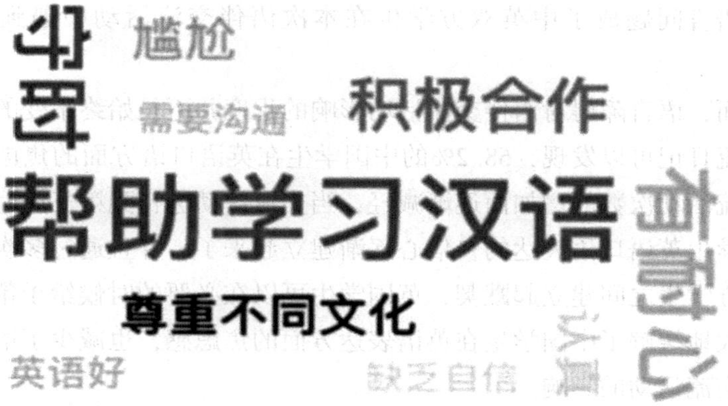

图 2　英国学生对语伴描述的词云图

各个阶段存在的共同问题，并且观察到每位参与者在本次活动中的进步和变化。同时，我们还根据交流效果选取三个有代表性的语伴小组进行非正式访谈，分别是：交流过程中基本无障碍、交流过程中存在明显障碍以及交流提前终止的小组。我们分别与 6 位参与者进行了半小时的非正式访谈，共计 3 小时 16 分钟，将非正式访谈的内容整理成文本，共计 3.8 万字，从中进一步了解他们在语伴交流活动中遇到的问题以及双方采取的解决措施。综合两部分材料的信息，下文从语言水平、网络与交流平台、话题讨论和时差问题四个方面归纳出制约本次线上语伴交流活动的因素，并提出相应的改进建议。

（一）语言水平

语言障碍是中国学生在语伴交流活动中遇到的最大问题，其在英国学生提出的语伴交流活动问题汇总表中排名第二，因此中英双方的学生都认为语言障碍是制约语伴交流活动的重要因素。有研究表明，与以目标语为母语的人进行对话对于大多数学生来说可能是一种令人畏缩的经历，特别是在他们已经学过该语言的时候①。因此，在交流过程中出现的语言障碍

---

① Litzler, Mary Frances, Marimar Huguet-Jérez and Margarita Bakieva, "Prior Experience and Student Satisfaction with E-Tandem Language Learning of Spanish and English", *International Journal of Interactive Mobile Technologies*, Vol. 12, Apr. 2018.

不仅来自自身的语言能力，还来自心理因素的影响。正因受到双重因素的影响，语言问题成了中英双方学生在本次语伴交流活动中遇到的主要问题。

然而，语言障碍对语伴交流活动影响的程度并不是始终不变的，通过研究交流日记可以发现，68.2%的中国学生在英语口语方面的焦虑感随着语伴交流活动次数的增加而逐渐减轻，当交流活动进行到第三周时，大多数中国学生英语口语表达的自信心逐渐建立起来了，并且通过多次的交流中英双方学生之间建立起默契，英国学生可以在必要的时候给予帮助，这些都极大地缓解了中国学生在英语表达方面的焦虑感，也减少了语言水平对语伴交流活动的影响。

相比于中国学生，英国学生对于自身语言水平的焦虑感较低，当交流过程中出现语言障碍时，他们会通过用简单词汇解释词语以及求助中国学生的方法克服语言水平对语伴交流活动的制约作用，例如：

S2 英：我发现说汉语很难。如果我不确定一个中文单词或短语，我会用我知道的词来描述那些我不知道的词。

S3 英：我在用中文交流方面有一些困难，但我的语伴帮助了我。

我们参考了交流效果较好的五个语伴小组的交流日记和非正式访谈发现：当语伴小组中有一方的语言水平能够达到正常交流水平，语言水平不会影响语伴交流活动的效果；当语伴小组双方的语言水平都无法达到正常交流水平时，语伴交流活动的效果则会受到语言水平的影响，可见语言水平是制约语伴交流活动效果的重要因素。对此，我们认为在今后的交流活动中，可以分不同情况处理：如果中国学生因缺乏练习而导致英语水平不高，可以在语伴交流活动开始前，先组织中国学生内部进行英语语伴交流，通过1—3周的练习后，树立英语口语表达的自信心，养成英语表达的习惯，能够有效克服在语伴交流活动中的语言障碍；如果中国学生的英语口语能力较弱，而英国学生具有一定的汉语基础时可以采取的方法是：在视频会议的过程中，中国学生先用中文向英国学生表达，英国学生听懂之后再用英语说一遍，中国学生进行模仿，这样既节省了翻译的时间，也锻炼了英国学生的听力能力和中国学生的英语口语。

（二）网络与交流平台

本次线上语伴交流活动主要使用 Teams 平台进行交流，尽管在活动开始前英国老师通过邮件对 Teams 软件安装进行指导，但是仍有 31.8%的中国学生和 47.6%的英国学生认为在交流过程中遇到的最大障碍是网络连接和 Teams 的使用，因此我们就这个话题对三个语伴小组进行非正式访谈，得到如下回答：

S1 英：最初，我和我的伙伴发现使用 Teams 很难，而且经常在视频或连接方面存在问题，我们在交流的时候经常被打断。

S2 中：我想给我的语伴分享视频，可是 Teams 共享屏幕时没有声音，我就举着 iPad 给他看视频，除了画质受损之外，图像也是镜像的，所以我觉得效果非常不好。

S3 中：我的语伴在交流开始时就开启 Teams 的录制功能，可是交流结束后我仍然无法打开回放。后来老师说，需要英国同学将录像下载下来，然后再上传到文件夹里，我觉得这太复杂了，而且我的语伴经常忘记，所以我没办法看到回放。

从访谈记录可以得知中英学生在 Teams 软件的操作上都存在问题，出现这种情况的原因有三：一是 Teams 平台自身可能在网络连接的稳定性、基础功能的设置上存在一些问题；二是线上语伴交流活动的参与者对 Teams 平台的使用较为陌生，无法自如操作此平台；三是双方负责老师在交流过程中没有过多地关注网络和交流平台的问题，未能及时帮助学生解决出现的问题。

因此，在组织线上语伴交流活动时要注意选择交流双方都合适的交流平台，可以采用 Zoom、Skype、腾讯会议等双方使用率都较高的平台；在交流活动开始前，负责老师还要对双方进行简单的培训，例如文件上传、会议录制、共享屏幕等线上交流软件的基本操作进行培训；在条件允许的情况下，可以设置专门的工作人员负责处理各个语伴小组出现的软件操作问题。

（三）话题讨论

在交流过程中，中英双方负责教师赋予活动参与者极大的自主性，每周的交流话题和最后汇报的主题均由中英双方学生自行协商决定，虽然各个语伴小组都可以就双方感兴趣的话题进行交流，但我们通过交流日记发现，在交流初期彼此还比较陌生的时候，很多组经常会出现找不到话题的情况，此外，也有部分语伴小组涉及双方共同感兴趣的话题时，受到语言水平的影响，交流也不顺畅。例如：

（S1 中的第一外语是德语，英语听说能力较弱）"这是我们第二次的交流，我感觉今天的状态不太好，很多没听懂的英语单词，其实有的单词看着拼写我是认识的，但是还需要我的语伴打字发给我，他只给我介绍了两个英国的景点，旅游这个话题我本来很感兴趣，但是因为很多地点和名词我都听不太懂，所以这个话题很快就结束了。"

经过分析总结，我们找到了出现这种情况的原因：由于疫情的阻挡和个人情况的限制，中英双方学生缺乏在对方国家生活的经历，对彼此的生活缺乏真实的体验，同时双方学生对彼此文化的关注度不够，因此本次语伴交流活动的参与者并不了解彼此的生活，造成了部分语伴小组缺乏共同话题的情况。

交流活动开始于一个双方都熟悉的话题，是一个从旧信息到新信息、从已知到未知的过程。因此，为了帮助参与者更好地开展交流，线上语伴交流活动的组织者可以为参与者提供常见话题及交流内容示例，引导他们从双方都能接受并感兴趣的话题出发，在此基础上展开讨论，并且逐渐深入地开展交流活动。

四 结语

后疫情时代，随着线上语言教学的不断推广，线上语伴交流活动在创设交际情境、加强语言运用等方面起到了不可替代的作用，可以说线上语伴交流活动是线上语言教学的补充与拓展。然而，相比于对线上语言教学的深入研究，对线上语伴交流活动的研究还处于萌芽阶段，如何组织好线上语伴交流活动，如何让线上语伴交流活动取得更好的效果，需要我们不断地在实践中进行探索。

本文基于青岛大学和英国华威大学为期八周的线上语伴交流项目，运用了调查问卷、非正式访谈等方法，从语言水平、网络与交流平台、话题讨论等方面考察了线上语伴交流活动的活动效果及制约因素。除此以外，也总结出一些值得借鉴的经验。首先，在本次活动中双方负责老师在交流频率、交流时长和交流内容等方面赋予参与者极大的自主性，同时通过问卷调查和回收反思报告的形式对各个语伴小组的交流活动进行有效监控，并在交流结束的汇报中对每位参与者进行适当的鼓励，这样不仅能让学生们根据双方的情况自由选择适合的交流模式，同时教师的适度监控也可以确保语伴交流活动的正常进行；其次，语伴交流活动的参与者在交流过程中，态度认真，有耐心地帮助语伴学习外语，尊重不同的文化，并根据彼此的具体情况及时调整交流策略，不断提高自己在口语表达、软件操作等方面的能力，进而在本次线上语伴交流活动中能够有所收获。正是由于管理者和参与者双方共同的努力，才推动了本次线上语伴交流活动的圆满完成，希望本次线上语伴交流活动能够起到抛砖引玉的作用，为日后线上语伴交流活动在汉语教学领域的不断完善提供一定的参考。

参考文献

陈倩：《对外汉语语伴合作模式小组讨论研究——以江苏大学为例》，《现代交际》2020 年第 12 期。

陈小明、欧青、王祖嫘：《在京留学生生活适应性调查与分析》，《国际汉语教育》2015 年第 1 期。

代迪欧、魏羽彤等：《论汉教语伴对象对留学生汉语学习的影响——以大连高校为例》，《文教资料》2017 年第 16 期。

刘华：《面向对外汉语教学的话题聚类研究》，《外语研究》2008 年第 5 期。

陆逸飞：《来华留学生语伴交际情况调查及启示》，《现代交际》2019 年第 11 期。

马梦真：《汉语国际教育语伴合作模式创新及意义研究》，《现代语文》（学术综合版）2017 年第 9 期。

任贺军：《留学生与中国学生对语伴活动的需求调查研究》，硕士学位论文，上海外国语大学，2017 年。

史金生、王璐菲：《新冠疫情背景下高校留学生线上汉语教学调查研究》，《语言教学与研究》2021 年第 4 期。

孙乐岑、冯江平等：《在华外国留学生的文化适应现状调查及建议》，《语言教学与研究》2009 年第 1 期。

王佳：《"语伴模式"在对外汉语修辞教学中的应用研究》，硕士学位论文，曲阜师范大学，2013 年。

王敏：《在京东南亚留学生文化适应性调查研究》，硕士学位论文，北京外国语大学，2015 年。

Gary A. Cziko, "Electronic Tandem Language Learning (e-Tandem): A Third Approach to Second Language Learning for the 21st Century", *CALICO Journal*, Vol. 22, Jan 2004.

Fondo M., Erdocia I., "Exploring Foreign Language Anxiety and Self-disclosure Relationships in Task Design for E-tandem Speaking Practic", *Future-proof CALL: Language Learning as Exploration and Encounters - short Papers from EUROCALL*, 2018.

Litzler, Mary Frances, Marimar Huguet-Jérez and Margarita Bakieva, "Prior Experience and Student Satisfaction with E-Tandem Language Learning of Spanish and English", *International Journal of Interactive Mobile Technologies*, Vol. 12, Apr 2018.

基于 ELAN 的线上汉字多模态教学研究
——以 Lingo bus 儿童初级汉语课为例

巨晨苗 杨 泉

摘要：本研究将线上汉字教学过程作为分析领域，以海外儿童为研究对象，以多模态话语分析、交互式教学理论为依托，利用 ELAN 软件对线上汉字教学中不同模态的使用情况及特点进行分析，并结合具体的教学环节，在模态配合关系以及模态选用方面提出切实可行的教学建议，以丰富和补充多模态理论在汉字教学方面的研究。

关键词：海外儿童；线上汉字教学；多模态话语分析；模态配合关系

一 引言

近年来随着汉语教学的蓬勃发展，越来越多的研究者将目光投向线上教学领域。在线上汉语教学中，国际汉语教师更愿意运用多种教学模态来吸引学生注意力，以取得更好的教学效果。

顾曰国（2007）结合计算机领域中关于人机互动的理论，深入研究后认为模态一般指的是人们通过感官与外部环境的互动方式，用一个感官互动的叫单模态，两个感官互动的是双模态，三个感官及以上互动的则称为多模态。模态的存在是人们根据人体感官以及对符号系统的划分来定义的。当然，我们根据前人对于模态的概念定义也可以知道，单模态话语指的是运用一种模态形式表达，双模态话语指的是运用两种模态形式表达，

[基金项目] 本研究是北京师范大学国际中文教育学院 2022 年科研项目（No. 22GJZW1213）阶段性研究成果。

巨晨苗，北京师范大学国际中文教育学院；杨泉，北京师范大学国际中文教育学院。

多模态话语指的是运用三种及三种以上的模态形式表达。虽然模态可以以多样化的形式存在于教学话语中，这几种模态之间甚至可以相互配合，实现良性互动，但是在互动的过程中，模态之间仍然存在主次之分，如果有一种模态是用来表达主要信息的，那么这种模态我们就称为"主模态"，其他辅助该模态表达信息的我们就称为"次模态"。

多模态话语是指运用听觉、视觉、触觉等多种感觉，通过语言、图像、声音、动作等多种手段和符号资源进行交际的现象。[①] 人类主要通过视觉、听觉、嗅觉、味觉和触觉这五种感官通道来获取外界信息，我们称之为"模态类型"。当多种模态形式同时激活多种感官通道，就形成了多模态。王祖嫘（2016）从意义构建框架的重要性上，把美国中文沉浸式课堂的话语模态分为视觉、听觉、触觉和空间四种模态。田晋华（2019）从视觉、听觉、嗅觉、触觉、味觉、言语和空间感模态六种模态类型研究初级汉语听力课中多模态形式调用及协同关系。

本文对于多模态话语概念的界定是指包含三种及三种以上模态类型的表达，如听觉、视觉、触觉、动觉等即为多模态话语。本研究将结合前人对多模态概念的界定，从听觉模态、视觉模态、动觉模态和空间模态四种模态类型探究线上汉字教学中模态的使用以及模态之间的配合情况。

二　研究设计

（一）视频案例介绍

随着海外汉语学习者朝着低龄化趋势发展，近几年专注于儿童线上汉语教学的网络互动平台开始涌现并蓬勃发展。L平台很好地把握住了海外儿童市场的风向标，在线上汉语教学方面取得了一些成就。此外，笔者曾在L汉语教学平台有过一定的教学实习经历，并且收集到了大量的教学视频实例，这也为线上汉语教学方面的深入研究提供了丰富素材。因此，鉴于L平台的专业性以及研究案例的可取得性，本研究选择了该平台作为研究对象。

L线上汉语教学平台中的汉字教学因为其科学性和趣味性受到了学生以及家长的高度好评。本研究认为该平台的汉字教学模式具有典型性和特

---

① 张德禄：《多模态话语分析综合理论框架探索》，《中国外语》2009年第1期。

色性，有可参考价值。因此选取了 L 平台的优秀示范展示课作为本文的研究案例。

线上汉字教学过程主要包括组织教学、复习检查、讲解生字、操练生字和课堂总结五个环节。现将视频教学案例中具体的教学内容、教学过程、教学方法介绍如下。

表 1 选自汉语初级阶段课程《狐假虎威》片段，该节课总时长为 30 分钟，其中汉字教学片段有 16 分钟左右。该案例中，教师大量使用道具、汉字卡片、游戏奖励、肢体动作、拟声等形式带领学生学习汉字，书写汉字，完成汉字教学目标。其中目标汉字有四个，分别为王、怕、狐、狸。

表 1 《狐假虎威》汉字教学片段

	教学时长	教学内容	教学过程	教学方法
组织教学	1 分钟	课堂问好，火柴拼字小游戏	教师引导学生任意变换火柴位置，拼出汉字	互动教学法
复习检查	2 分钟	复习"音""乐""唱""听"	教师展示生字卡片	直接展示法
讲解生字	8 分钟	学习汉字"王""怕""狐""狸"	看 PPT（图片、汉字）认读汉字 教师圈画汉字帮助学生建立图片与汉字之间的意义联系 教师在小白板上示范目标汉字的笔顺笔画，引导学生正确书写 教师通过讲解汉字意思进行组词造句，帮助学生理解相关汉字的用法	直接展示法；问答法；全身反应法；扩展法
操练生字	4 分钟	生字认读小练习	1. 汉字和图片匹配练习 2. 读词解救小动物练习 3. 找一找说一说练习 4. 匹配偏旁部首练习	互动教学法；直观展示法；问答法
课堂总结	1 分钟	复习汉字"王""怕""狐""狸"	学生自主认读学过的目标汉字	直观展示法；听说法

（二）研究基础

1. ELAN 软件及特点

本研究选择了较为实用且操作较为简单的多模态话语分析软件 ELAN，用于分析线上汉字教学片段中模态的使用类型和具体表现形式。

ELAN 软件的全称是 EUDICO Linguistic Annotator，它是由荷兰的马克斯·普朗克心理语言学研究所研究设计的一款针对多模态话语分析的专业软件，它的主要作用是标注与统计视频中的模态符号。王立非（2008）主要介绍了 ELAN 软件的主要特点。其优点是：1）视频播放精确到 0.01 秒，便于用户精确定位，循环播放；2）标注与文本、声音、图像同步进行；3）标注编码表由用户自行定义标注层数具有无限性；4）标注与标注之间能彼此链接，便于纵横对比；5）标注结果输出格式多样化，适应不同研究需求。

本研究为了研究线上汉语教师在汉字教学中的模态使用情况，精选了线上汉字教学示范课，同时借助 ELAN 6.3 版本的多模态话语分析软件对视频进行了标注，借此来探讨线上汉语教师在汉字教学片段中模态的使用情况。

2. 制作模态编码表

视觉模态、听觉模态、动觉模态、空间模态这四种模态的交互使用形成了多模态。以下是本研究根据教学视频中出现的模态进行归类划分的结果，见表 2。

表 2　　　　　　　　　模态类型以及对应的具体表现

模态类型	线上教学中的具体表现
视觉模态	文字、图片、教具（实物、奖励物、白板）
听觉模态	教师话语、学生话语
动觉模态	手势、身势、面部表情
空间模态	空间距离、背景墙

本研究根据线上汉字教学视频中出现的模态类型具体表现形式再细分，并借此设计出了相应的模态标注编码表，见表 3。

表 3　　　　　　　　　模态标注编码表

模态类型	模态符号		编码
视觉模态 V	文字		Vwz
	图片		Vtp
	教具	实物	Vsw
		奖励物	Vjl
		白板	Vbb

续表

模态类型	模态符号		编码
听觉模态 A	教师话语	增大	Atzd
		减小	Atjx
		正常	Atzc
	学生话语		As
	拟声		Atns
动觉模态 B	手势	手势动作	Bdz
		写字	Bxz
		人机互动	Bhd
	身势	摇头	Byt
		点头	Bdt
		身体摇摆	Byb
	面容表情	微笑	Bwx
		欢喜	Bhx
		疑问	Byw
		遗憾	Byh
空间模态 E	空间距离	缩短	Esd
	背景墙		Ebjq

3. 模态之间的配合关系

本研究中的模态配合研究内容主要从模态类型和模态之间的关系两方面进行研究。前文已经详细介绍了模态类型，接下来本研究将主要介绍各模态之间的关系。如表4所示：

表4　　　　　　　　模态的配合关系①

关系	互补	强化	突出
			主次
			扩充
		非强化	交叉
			联合
			协调
	非互补	交叠	冗余
			排斥
			抵消
		语境交互	独立
			依赖

---

① 张德禄：《多模态话语分析综合理论框架探索》，《中国外语》2009年第1期。

模态之间的配合关系可以分为两种：互补关系、非互补关系。在多模态话语中，当其中的一种模态不能充分表达教学话语意义或者仅依靠其模态本身难以完全传达教学话语时需要借助其他模态来帮助其进行表达，我们就把这种关系称为互补关系；如果一种模态真实存在，但是它的存在对于另一种模态的话语意义表达没有什么帮助，我们就把这种关系称为非互补关系。互补关系可以分为强化关系和非强化关系；非互补关系可以分为交叠关系和语境交互关系。

三 线上汉字教学中的多模态话语分析

上一节本研究主要介绍了 ELAN 标注工具并且对线上汉字教学视频案例进行了标注及复核。接下来本节主要通过得出的多模态研究数据对线上汉字教学课进行话语分析，旨在探讨线上汉字教学中模态的分布情况及具体表现。

（一）不同模态类型的整体使用情况

如图 1 所示，从各模态在线上汉字教学中总体的标注数量（539 个）占比看，听觉模态（40%）和动觉模态（40%）标注数量最多，视觉模态（15%）标注数量其次，空间模态（5%）标注数量最少。

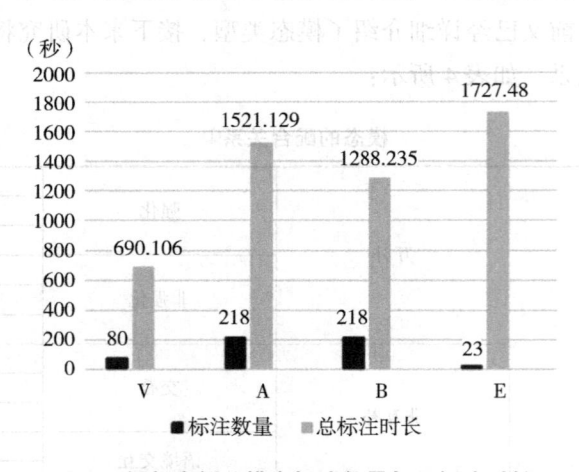

图 1 视频案例总模态标注数量与总标注时长

从各模态在线上汉字教学中总体的标注时长（1727.48 秒）占比看，

空间模态（100%）占比最高，说明从课程开始到课程结束，空间模态始终贯穿课堂始终。听觉模态（88%）占比次之，说明在汉字教学课堂，教师和学生话语交流频繁，课堂沉默时间占比仅为12%，该沉默时间主要用于汉字书写以及学生思考。动觉模态（75%）占据汉字教学课堂的四分之三，说明在汉字教学过程中教师的手势、身势以及面部表情都在不断变化，辅助教学话语表达的同时吸引学生注意力。视觉模态（40%）占比较小，说明在汉字教学中学生视觉停留在图片和汉字上的时间小于停留在教师肢体动作的时间，教师的动作以及肢体语言更具有引导带动作用。

可见，线上汉字教学过程中听觉模态和动觉模态是使用最多的两大模态，为主模态起主导作用，但是在具体教学案例中，听觉模态和动觉模态所占比例有所不同，需要教师根据不同的汉字教学目标个性化协调和处理。视觉模态、空间模态作为辅助模态对主模态进行补充和强化，多种模态之间互相协作，共同服务于线上汉字教学。

（二）不同教学阶段模态使用情况及配合关系

教学任务的不同以及教学过程存在阶段性的特点，本研究将线上汉字教学课分为五个环节，具体的教学环节是组织教学、复习检查、讲解生字、操练生字和课堂总结。接下来本研究将从这五个教学环节对模态的配合做具体的介绍。

1. 组织教学中的模态配合

在组织教学环节，视频案例中的教师使用了课前打招呼，自我介绍以及游戏互动的方式开展汉语教学，均使用了听觉模态与动觉模态。其中教师说"你好"以及教师的自我介绍属于听觉模态，教师招手的动作以及教师的微笑表情属于动觉模态。这两种模态间的关系是：教师上课使用听觉模态意在向学生传达将要上课的信息，师生之间的自我介绍话语实现了人际互动。这个过程中，听觉模态是主模态，教师的微笑表情以及招手动作是动觉模态，即次要模态，次要模态辅助主要模态的话语信息表达，起到了强化作用。

其次，在该组织环节，教师引导学生用鼠标拖曳的方式完成课前小游戏的互动练习。其中，教师采用"火柴拼字"的互动游戏，让学生首先用鼠标拖曳给出的三根火柴棒任意拼字，完成拼字后还可以继续拖拽多余的火柴棒进行笔顺的添加与增减。在这个互动游戏中，教师让学生根据自己的思考进行汉字重组，充分调动了学生的积极性和参与度，让学生体会到了汉字课的趣味性。在该游戏互动中，学生的手势动作较多，动觉模态处于主要地位。同时，在学生互动的过程中，还需要使用听觉模态进行答案的输出，方便教师根据学生回答进行纠正和反馈，因此听觉模态处于次要地位。动觉模态和听觉模态一主一次的配合，缓解了学生的课前紧张状态，为更好地融入汉语课堂打下了良好的基础。

根据上述分析可以看出，教师的组织教学环节十分简短且都为听觉模态和动觉模态，两种模态互相配合又互相补充，共同服务于组织教学环节，既传达了教师上课的指令，又用课前小游戏的形式吸引了学生注意力，调动了学生学习兴趣，拉近了师生之间的距离，实现了模态之间的高效配合。

2. 复习检查中的模态配合

在复习检查环节，视频案例中的教师使用的模态类型由听觉模态、视觉模态和动觉模态组成。教师通过在镜头前展示生字卡片，引导学生正确读出上节课学过的汉字，教师根据学生的回答进行纠错或鼓励。在该环节，学生的回答即听觉模态是主模态，教师所展示的汉字卡片为视觉模态，起到辅助作用。同时，为了引导学生正确读出汉字，教师也采用了面部表情和手势动作等动觉模态进行补充。各模态间的关系为：教师通过引导学生回答来推进教学中的复习进度，这是主模态；同时教师又借助实物卡片作为教具，为学生提供了完整的复习内容，因此听觉模态和视觉模态在该环节呈现出主次互补关系，而动觉模态则为听觉模态的输出提供了形式和意义上的辅助。

例如在该案例中，学生话语是听觉模态，汉字卡片为视觉模态，当学生看到"唱"字，误将"唱"字读成"听"字时，教师采用手势动作将手放在嘴边示意学生这是"嘴巴唱"，同时又将手放在耳朵边示意学生这是"耳朵听"。在学生正确说出"唱"字时，教师微笑示意并且竖起大拇指表示鼓励，这个过程中教师所做出的手势动作以及面部表情是动觉模态。这几种模态间的关系是：教师通过展示汉字实物卡片让学生辨认并读出汉字，汉字卡片为学生的话语输出提供了必要信息，两者是一种互补强化关系；教师运用"唱"的手势动作和"听"的手势动作，强调这两个字的区别以及不同，起到了辅助强化作用，加深了学生对汉字的理解。

根据分析可以看出，在复习检查环节，教师使用了汉字卡片、口语、手势等模态，教师主要展示汉字卡片提供信息，控制课堂进程，学生的话语为主模态，但抽象的汉字仅通过单一的图片展示难以在短时间充分调动学生的记忆，需要教师借助一定的手势动作为汉字卡片提供补充信息，强化学生对汉字的理解和记忆。因此这三种模态的配合均是为了让信息表达更清晰，重点更突出。

3. 讲解生字中的模态配合

在讲解生字环节，案例中的教师所用到的模态类型为听觉模态、视觉模态和动觉模态。比如在案例中，教师在讲解汉字"王""怕""狐""狸"时均采取图片和文字展示的形式，用视觉模态直观呈现两者的联系，帮助学生更快速地识记目标汉字。同时，针对学生在"狐狸"二字上的发音失误，教师也进一步借助手势动作来演示汉语拼音声调的升降起伏，比如学生总是将"狐狸"中的"狸"读成上声，教师为了让学生了解语流音变的知识，借助手势动作帮助学生纠音。在汉字书写教学环节，为了让学生更加直观地看清汉字书写的笔顺笔画，教师在镜头前用小白板进行演示，学生也跟着教师在屏幕前用鼠标拖曳书写，这个环节主要用到了人机互动的动觉模态以及师生话语的听觉模态。

各模态间的关系为：教师同时展示汉字和图片，借助图片和汉字之间的特征联系进行讲解说明，同一视觉模态下的不同模态表现形式表达同一个话语意义，它们之间形成了联合关系；面对学生的语音错误，教师运用手势动作帮助其纠正，这一动觉模态帮助学生更好地理解和记忆，此时动觉模态与听觉模态之间呈现出主次强化关系；为了帮助学生掌握汉字的书写，教师一边运用动觉模态一边使用听觉模态，这两种模态互为补充形成交叉关系。这一环节中，教师充分调动了图片、汉字卡片教具以及手势动作等多种模态表现形式，为学生还原了真实的汉语课堂环境，使得学生在线上互动课堂中获得的汉字语境知识更加具体，也提高了学生学习汉字的效率；再如教师在讲解"怕"这个字时，用双手环抱前胸并且抖动身体，形象地借助身势动作展示了"怕"字的具体含义，这种动觉模态的辅助表达也使得教师的表意更加突出。

从以上分析可以看出，在讲解生字环节，教师主要采用听觉模态、视觉模态、动觉模态三者相结合的方式进行汉语教学。这三种模态的作用和地位各不相同，其中以图片和文字为学生大声认读目标汉字，学生读出正确的读音后可以用鼠标点击该汉字，后台会借助动画的形式使汉字自动脱落从而呈现出小动物的图片，该环节主要以学生话语这一听觉模态为主，图片的呈现这一视觉模态主要服务于听觉模态。因此案例中各模态间的关系为：学生鼠标拖拽的动觉模态与学生认读的听觉模态形成互补强化关系，共同服务于汉字的操练活动。

鉴于线上汉语教学的时空性特征，学生在听讲过程中偶尔会出现走神的情况，为了提高学生的专注度，激发学生学习热情，案例中的教师采用了实物磁贴进行奖励的形式。教师借助背景墙有效设置奖励互动小游戏，充分运用了空间模态。因此，在操练生字环节四种模态的配合使得汉字的巩固练习变得生动有趣，也更有利于学生在轻松快乐的课堂氛围中学习与巩固汉字。

4. 课堂总结中的模态配合

在课堂总结环节中，视频案例中的教师运用了听觉模态和视觉模态。学生的认读为听觉模态，PPT展示汉字为视觉模态，听觉模态和视觉模态均服务于课堂总结的认读目标，两者之间呈现主次互补强化关系，共同实现话语意义。同时，汉语教师在课堂小结展示过程中，使用了颜色较为突出，对比较为明显的字体呈现了本节课的目标汉字，目的是引起学生注意，触发学生大脑反应，让学生读出该汉字，其中视觉模态的存在是为了凸显听觉模态，因此两种模态之间是突出关系；教师不仅在PPT上展示了重点汉字，还通过口头引导学生总结归纳，进一步巩固强化了课件上的知识内容，这两种模态形式的配合使用，促进了学生对于整节课知识的理解和吸收。

所以在课堂总结环节，教师没有选择复杂、多变的模态形式，而是突出重点，以听觉作为主要模态，以视觉作为次要模态，以简洁、清晰的形式再现目标汉字，让学生认读来检验本节课的教学效果，这也是对课堂知识的再一次输出。

四 多模态视野下的海外儿童汉字教学建议

（一）海外儿童汉字教学模态的建议

理想的互补关系中，各模态之间不存在抵消或排斥关系，它们可以协同作用，共同表现出完整的话语内容，从而更好地服务于汉字教学。但是在模态的现实使用中，只有一些模态是相辅相成，形成互补关系的，而另一些模态则无法互相配合。为了解决这一问题，充分发挥模态配合关系的价值，应该做到以下两点：精选模态表现形式突出重点，根据教学阶段选择模态关系。鉴于此，本研究总结了如下几点经验：

（1）视觉模态中，颜色对比鲜明、加粗的字体能较好地凸显教学中的重点和难点，增加视觉冲击，激发海外儿童的兴趣；同时视觉模态中配合汉字展示的图片，提供了较为精细具体的内容，给海外儿童创设了情境实物感。

（2）听觉模态中，教师说话的音量大小以及语速快慢也可以反映教师在教学中的态度变化。

（3）动觉模态中，教师的身体姿态和手势都能对事物进行模仿，对汉字进行较为形象的诠释，从而使得汉字的教学过程更具有趣味性。此外，当学生心不在焉时，教师的手势动作能够吸引学生注意力，教师的笑容也能缓解学生在课堂上的紧张情绪，促进师生间的良性互动。

（4）空间模态中，教师利用背景墙设计奖励小游戏的方法，可以为师生间的高效互动助力，因此对于这一模态的利用价值还可以进一步挖掘。

总而言之，在线上汉字教学过程中，教师可以充分调动多种模态将其运用于汉语课堂教学中，为学生学习新的汉字知识营造轻松快乐有趣的氛围。与此同时，这也对线上汉语教师提出了更高的要求，需要教师课前充分备课，根据教学的重点难点知识进行精心设计，充分发挥多模态的协同配合作用。

（二）线上汉字教学环节的模态配合建议

在不同的教学环节中，对应的模态类型以及模态之间的配合关系也存在着差异。同时，本研究也发现越是到重点教学环节，该阶段的模态表现形式就越复杂多样。因此，教师要根据教学环节的特点，有针对性地进行模态选择和搭配。

在组织教学环节，教师要善于运用各种模态之间的协同互补强化关系，以达到调动学生注意力、提高学习兴趣的目的。同时，教师要利用好课前互动小游戏，既要用互动小游戏来调动学生积极性，也要让课前互动游戏服务于后面的教学内容。

在复习检查环节，教师需要根据复习内容精选模态。复习检查环节所用时间较短，要求教师要将复习内容放在教学的重难点上。复习检查环节位于一节课的前半部分，相对来说这个环节的学生课堂注意力比较集中，教师如果利用得当将会起到事半功倍的效果。

讲解生字环节是线上汉字教学的重中之重，也是难度最大、最复杂的环节，需要教师充分利用多种模态表现形式解释和书写汉字。动觉模态、视觉模态和听觉模态的运用和有效配合在汉字讲解环节尤为重要，教师需要控制好模态形式和讲解时间，突出主要信息。

操练生字环节，为了避免学生出现注意力不集中、走神的现象，教师可以多采用人机互动的动觉模态，将操练的主动权交给学生，让学生自主完成汉字的匹配练习和认读。教师也可以大胆且富有创意地去设计操练小游戏，利用好听觉、视觉、动觉、空间四种模态。

课堂总结是为了再现本节课的重点知识，检测学生掌握程度。如果运用得当，将极大地提高学生的学习效果。鉴于课堂总结的时间要短，模态的选取和配合要尽量简化。同时，教师应尽量引导学生输出，以学生话语这一听觉模态为主。

五 结语

基于以上研究，本研究得出两点结论：第一，在模态配合关系方面，模态之间配合关系的好坏影响了线上汉字教学的效果，也影响了学生对汉语知识的吸收和理解。模态之间如果是互相强化、互相补充的，汉语课堂的教学就清晰直观、重点分明、易于学生理解；模态之间如果是彼此抵消、排斥的，汉语课堂的教学就不够清晰、内容矛盾、难以让学生理解。第二，在具体教学环节模态选用方面，随着教学环节的变化，各阶段的模态选择和模态配合也有所区别，越是到重点教学环节，该阶段的模态表现形式就越复杂多样。

因此，在模态配合关系方面，教师要构建有效的互补关系，精选模态表现形式突出重点，根据教学阶段选择模态关系；在教学环节方面，根据教学环节的不同，相应的模态使用情况和模态配合情况也有所区别，教师要学会利用不同模态间的互补强化关系组织汉语教学，提高学生汉语学习兴趣。

参考文献

丁韬、杨永林：《多模态理论框架下的在线课程研发》，《外语电化教学》2019年第4期。

胡壮麟：《社会符号学研究中的多模态化》，《语言教学与研究》2007年第1期。

李雅：《多模态话语分析理论对国际汉语教学的启示》，《民族教育研究》2018年第5期。

李战子：《多模式话语的社会符号学分析》，《外语研究》2003年第5期。

廖凯：《对外汉语线上汉字教学的问题与对策》，《文学教育》（下）2021年第5期。

欧阳国泰：《华裔学生的汉字教学》，《海外华文教育》2001年第1期。

宋丽苹：《应用语言学研究的多模态分析方法》，《黑龙江生态工程职业学院学报》2016年第1期。

孙雨桐：《在线汉语教学中的多模态话语分析》，《国际汉语学报》2017年第1期。

田晋华：《初级汉语听力课中多模态形式调用及协同关系》，《国际汉语教学研究》2019年第3期。

王立非、文艳：《应用语言学研究的多模态分析方法》，《外语电化教学》2008年第3期。

王添淼：《对外汉语教学中教师体态语的运用》，《汉语学习》2010年第6期。

王祖嫘：《论美国中文沉浸式教学的多模态话语》，《民族教育研究》2016年第4期。

岳琳：《多模态教学模式在初级对外汉语教学中的应用研究——以初级对外汉语读写课为例》，《科教文汇》（下旬刊）2018年第36期。

张德禄：《多模态话语分析综合理论框架探索》，《中国外语》2009年第1期。

张德禄：《多模态话语理论与媒体技术在外语教学中的应用》，《外语教学》2009 年第 4 期。

张德禄：《多模态外语教学的设计与模态调用初探》，《中国外语》2010 年第 3 期。

张立新：《基于 ELAN 的多模态话语研究——以大学英语教师课堂话语为例》，《现代教育技术》2012 年第 7 期。

章广硕：《多模态对外汉语教学研究综述》，《现代语文》2019 年第 6 期。

朱永生：《多模态话语分析的理论基础与研究方法》，《外语学刊》2007 年第 5 期。

视频作品测试法在美高中汉语教学应用研究
——以密苏里州哥伦比亚市公立高中汉语课为例

李竺霖

摘要：视频作品测试法是一种用于测试学生汉语课程学习质量的测试方法。本研究以建构主义学习理论、形成性教学评价理论为理论基础，运用问卷调查法、课堂观察法、访谈法和文献分析法，以密苏里州公立高中汉语二级（Chinese 2）学生为研究对象。针对视频作品测试法应用的各个环节进行研究总结，分析影响视频作品测试法实施的因素，提炼概括出视频作品测试法的技术步骤、功能作用、普遍性原理和行为规范。研究证实，学生的动机和年龄、水平和基础、小组合作的能力与视频拍摄、剪辑和上传能力是影响视频作品测试法实施及效果的重要因素。

关键词：视频作品测试法；课程测试；美国高中汉语教学

一 引言

在美国的基础教育（K-12）中，汉语的重要性已从选修非学分课程逐渐变为选修学分课程。根据美国应用语言学中心对美国开展汉语课的学校数量的调查，2008 年，美国提供汉语课程的中学的数量紧随提供西班牙语、法语、德语和拉丁语课程的学校之后，排名第五。面对这一发展，对美国高中的汉语教学和课程测试的研究尤为重要。笔者于 2018 年 8 月前往美国密苏里大学孔子学院进行为期一年的实习。在密苏里州哥伦比亚

李竺霖：北京师范大学国际中文教育学院。

市公立高中（希克曼高中和石桥高中）教授中文二级（Chinese 2）课程。可以为视频作品测试的研究提供很多便利。

本研究中涉及的视频作品测试法具体是指在密苏里州哥伦比亚市的两所公立高中（希克曼高中和石桥高中）汉语中级（Chinese 2）课堂中使用的一种用于检测学生汉语课程学习质量的测试方法。其结果为学生运用学过的汉语知识，配合适当的情境设计台词，最后通过多媒体手段以视频的形式呈现出来的视频作品。是一种以建构主义学习理论和形成性教学评价为理论基础的、对传统测试进行辅助的、针对听、说、读、写等语言能力进行一定程度上革新的综合测试方法。

具体测试分为四部分：第一部分是学生根据学过的语法和词汇，针对老师布置的任务，设计具体的情境和台词，并且每个人的台词数量和语法分配都要相当；第二部分是教师进行纠错，即教师指出错误的句子而不具体说出错误的地方让学生自行修改，然后在教师面前进行模拟演练，确保发音的准确；第三部分是学生运用多媒体手段和道具完成对自己设计台词的视频作品的拍摄和剪辑；第四部分是学生通过看其他同学的视频进行评分和反思，并针对其他同学的视频作品进行评价，然后教师进行总结和反馈。这种测试方法脱离了传统的纸质考试的考查方式，通过学生自己创造语境并进行拍摄的方式，一定程度地弥补了在非目的语环境中学习语言缺乏语境的不足。另外，该测试对于听、说、读、写四项能力都有不同程度的考查，考查的内容较为全面。本研究将展开对这种视频作品测试法的理论和应用研究，总结该测试方法的影响因素、作用和效果等。

二　密苏里州哥伦比亚公立高中汉语教学中视频作品测试法的应用状况研究

（一）视频作品测试法的实施步骤与方法

本研究中涉及的视频作品测试法具体是指在密苏里州哥伦比亚市公立学校系统公立高中汉语二级（Chinese 2）课堂中使用的一种用于检测学生汉语课程学习质量的测试方法。图 1 为视频作品测试法的实施步骤。

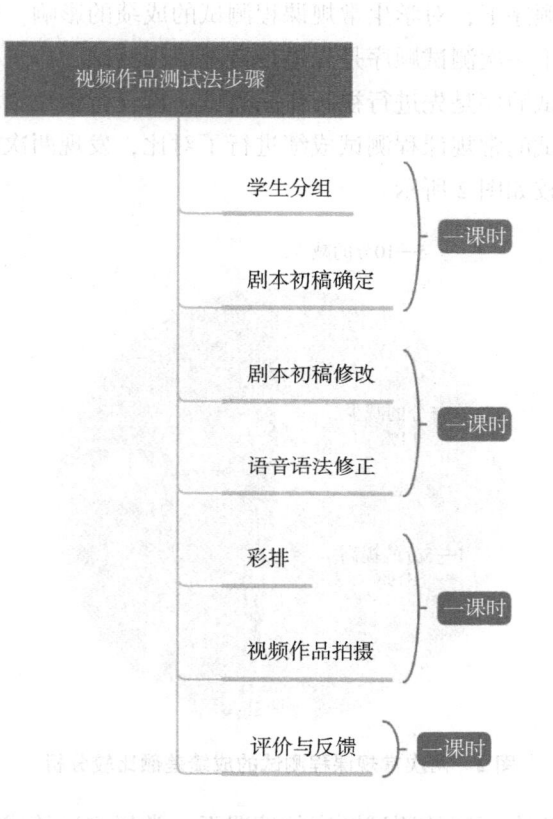

```
┌─────────────────────┐
│   视频作品测试法步骤    │
└─────────────────────┘
         │
         ├── 学生分组       ┐
         │                  ├ 一课时
         ├── 剧本初稿确定    ┘
         │
         ├── 剧本初稿修改    ┐
         │                  ├ 一课时
         ├── 语音语法修正    ┘
         │
         ├── 彩排           ┐
         │                  ├ 一课时
         ├── 视频作品拍摄    ┘
         │
         └── 评价与反馈      } 一课时
```

图 1　视频作品测试法步骤

（二）视频作品测试法的作用与效果

　　本研究针对视频作品测试法的不同使用对象所认为的测试的作用和效果进行调查，对学生进行了问卷分析调查，对教师进行了访谈调查。由于该测试法主要是一种辅助测试的方法，因此在实际操作中存在常规课程笔试和视频作品测试两个测试先后顺序不同的情况。所以可以根据不同顺序下学生的常规课程测试成绩对比来检验视频作品测试法的效果。

　　1. 视频作品测试法与常规课程测试的成绩对比分析

　　根据对测试方法的介绍，视频作品测试法作为一种辅助常规课程测试的测试方法，二者测试顺序的不同会对常规课程测试成绩有影响。另外，根据教学大纲和教学内容，每一单元的常规课程测试内容的体量是相近的，题型也是类似的，这使得对该测试法的效果的评估成为可能。下面将分析不同测试顺序下,对学生常规课程测试的成绩的影响。研究中两次测试的顺序为,第一次测试顺序是先进行常规课程测试,再进行视频作品测试;第二次测试顺序是先进行视频作品测试,再进行常规课程测试。笔者将前后两次测试的常规课程测试成绩进行了对比,发现两次常规课程测试的成绩差额比较如图2所示。

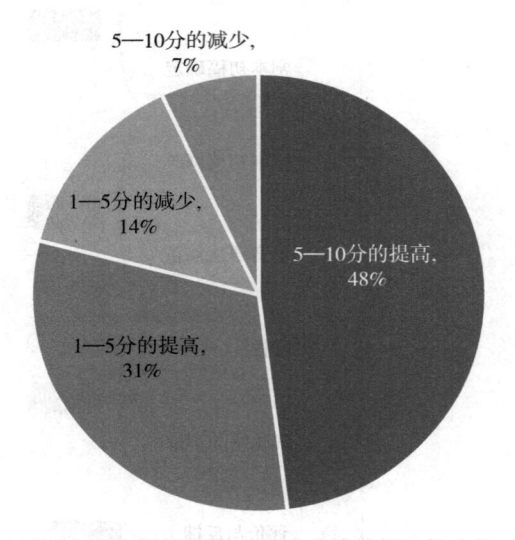

图2 两次常规课程测试的成绩差额比较分析

大部分学生在不同的测试顺序的情况下,常规测试的成绩差额出现了如图2所示的四种情况。其中比例最大的是分数的提高,共有79%的学生的常规课程测试在视频作品测试之后进行时,成绩有所提高。可见先进行视频作品测试再进行常规课程测试,对于常规课程测试成绩的影响是正向的。

2. 频作品测试法的效果分析

笔者对学生使用视频作品测试法后的感受进行了问卷调查。探究学生对于这一测试方法对于提高汉语能力的作用和效果的认可度。通过矩阵单选问题设置了五个答案:很有效果,有效果,一般,没有效果,完全没有效果。根据统计学生们的问卷结果数据如图3所示。

从问卷结果可以看出,有六成的学生认为,视频作品测试法对于提高汉语能力很有效果。视频作品测试法在交互性测试的特点下,测试流程本身包括与同学和老师合作中运用语言的练习与巩固,可以进一步提高汉语能力。视频作品测试法是需要同学之间高效合作的测试方法,根据问卷调

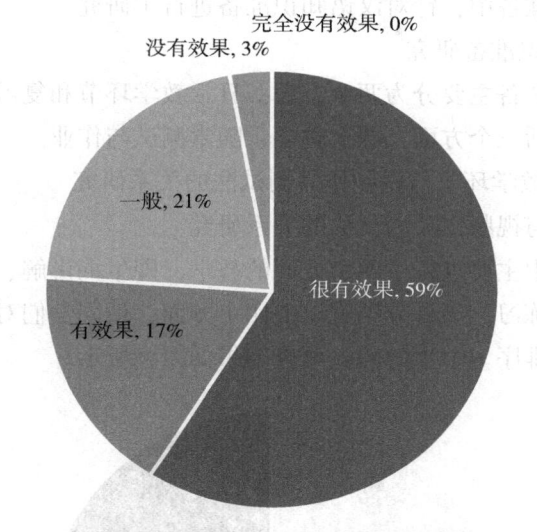

图 3　学生认为视频作品测试法对于提高汉语能力的效果

查结果和学生成绩构成与课堂观察的对比可以看出，学生合作程度对于视频作品测试法提高汉语能力的效果起到重要作用。

三　密苏里州哥伦比亚公立高中汉语教学中视频作品测试法应用的调查分析研究

笔者针对密苏里州哥伦比亚公立高中汉语二级教学中视频作品测试法的应用对学生进行了问卷调查。问卷调查包括四个方面，分别是测试准备、测试过程、测试评分与反馈的相关调查。同时笔者也对两名使用了视频作品测试法的教师进行了访谈，分别是教师 J 和教师 Z。下面笔者通过问卷调查的方法，结合教师的访谈，对视频作品测试法的测试准备、测试过程和测试评分与反馈进行研究。

（一）视频作品测试法测试准备研究

吴京洇对课堂测试的准备分成了四个步骤：决定测试的目的；制定测试的详细内容；选择恰当的测试形式；考虑测试的相关条件。[①] 在视频作

---

①　吴京洇：《对外汉语教学课堂测试的准备工作》，《世界汉语教学》1994 年第 2 期。

品测试的测试准备中，针对汉语知识准备进行了研究。

1. 汉语知识准备研究

汉语知识准备主要分为两个方面，日常教学环节和复习环节。其中日常教学环节包括三个方面：课上教学、随堂测试与作业。

（1）日常教学环节与视频作品测试法的关系研究

课上教学与视频作品测试法的关系研究

课上教学中主要进行了四个方面的教学，即生词讲解、课文讲解、语法讲解和交际练习。笔者分别就以上四个方面，请同学们对于视频作品测试重要性进行排序。学生的问卷调查结果如图4所示。

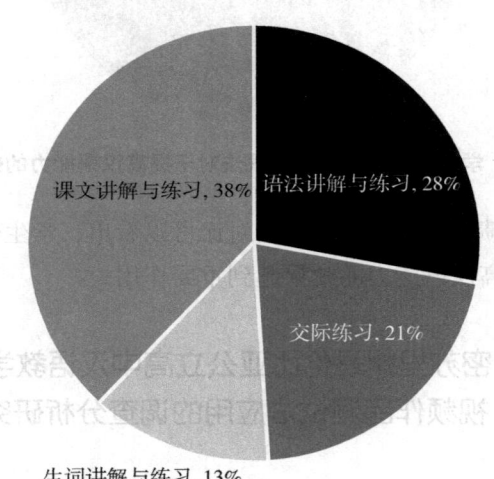

图4　汉语知识准备环节重要程度占比情况

课文讲解与练习，38%
语法讲解与练习，28%
交际练习，21%
生词讲解与练习，13%

而实际上课平均所用的时间所占的比例与学生认为重要程度的比例有一些不同。针对这两组数据，笔者进行了比对，如图5所示。

对于这种现象，笔者在对教师的访谈中对这一现象的原因做了探讨。教师J认为，出现这种情况的原因是，学生对于教学大纲的熟悉程度没有教师高，学生没有意识到教学大纲要求的对于汉语的理解大于输出，会有语言输出需求大于语言理解需求的感受，从而认为交际练习这类语言输出类教学内容比生词讲解和练习类教学内容更重要。教师Z认为，在做完测试的情况下，学生们会想到的最重要的是测试中最有帮助的语言材料而非最基础的语言材料。而教师深知词汇对于语言教学的重要性，并且词汇的讲解与练习是语法和课文的讲解与练习的基础。从数据的分析和与教师

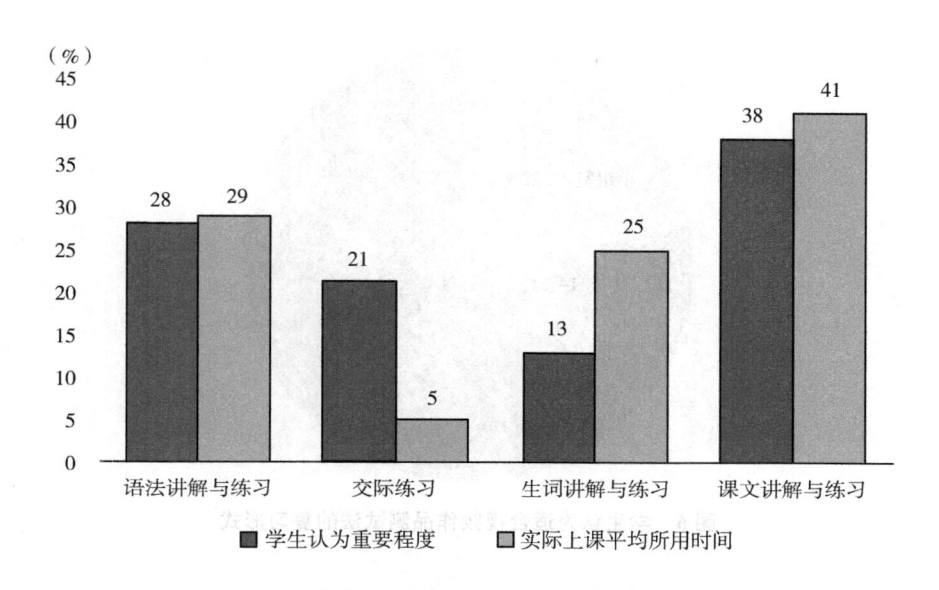

图中数据：
- 语法讲解与练习：学生认为重要程度 28，实际上课平均所用时间 29
- 交际练习：21，5
- 生词讲解与练习：13，25
- 课文讲解与练习：38，41

图5 学生认为教学环节重要程度与实际上课所用时间对比

的访谈中可以看出，教师和学生对于汉语知识的出发点不同对测试的准备具有影响。

（2）复习与视频作品测试法研究

语言测试前的复习是必要的，刘颂浩曾在《口语测试的组织与实施探索》中提到汉语成绩测试应给学生提供"复习清单"[①]，所以本测试在测试前也会给学生提供复习清单。只是怎样的复习时间、复习形式更适合视频作品测试，还需要进行调查研究。因此，笔者对这两个问题进行了问卷调查。

在复习形式方面，学生的看法如图6所示。

笔者通过比对学生的成绩和所选择的复习形式发现，希望自行复习的同学的成绩在班级的10%左右的位置，剩下的同学则因学习习惯和方法的不同而有不同的选择。由此可见，复习形式的选择和学生的汉语能力的自我认知有很大关系，认为自己成绩越靠前的学生越会选择自主复习的形式。而大部分学生认为教师带领复习是更为合适的复习方式，但还有不少的同学希望灵活改变复习的方式。

---

① 刘颂浩：《口语测试的组织与实施探索》，《华文教学与研究》2001年第3期。

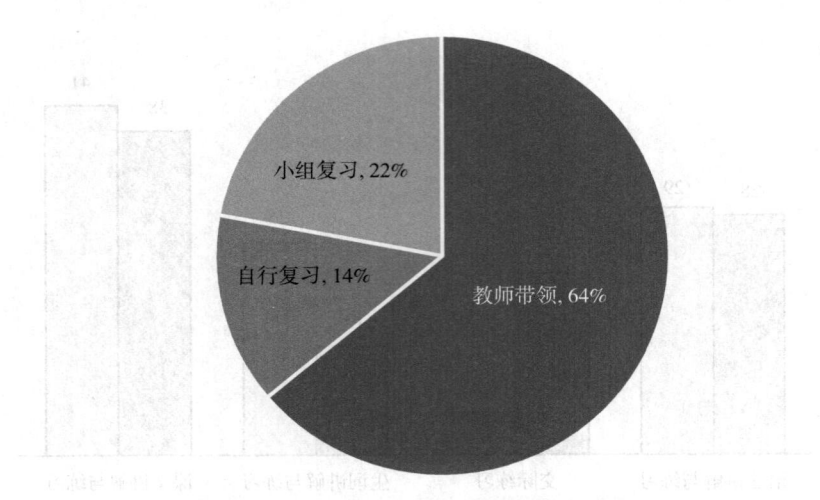

图 6　学生认为适合视频作品测试法的复习形式

（二）视频作品测试法测试过程研究

1. 学生分组与剧本初稿主题确定研究

（1）学生分组与视频作品测试法研究

关于学生分组在汉语教学中的应用，刘潇等人曾提出，对小组成员进行分组时应按照以下几个维度进行分配：小组成员数量、小组成员学习能力、小组成员性格特征、小组成员性别、地域等。① 结合本视频作品测试法中的调查对象，笔者针对学生喜欢的不同形式的分组方式进行了调查。

与实际的操作不同的是，学生更希望能通过自行分组（61%）来进行视频作品测试。因为学生们在进行小组测试的时候更倾向于和自己熟悉的人一起完成。剩下的同学希望能进行现场抽签分组，因为这样随机性更大，相对于每个人来说都更为公平。在实际的操作中，遵循上文所提到的 5 个维度进行教师引导的小组分配是一种理想状态下的分配方法，所以现场抽签决定的分组保证了学生参与测试的公平性和测试的信度。

（2）语音改正与视频作品测试法研究

针对语音修正情况，笔者通过对课堂的观察发现有三种修正语音的方式，分别是：与同伴反复确认、查字典确认读音和通过谷歌翻译软件确认

---

① 刘潇、戴航、王玉春、崔涛、王晓丽：《Tbl 教学法下对外汉语教学分组方案探索》，《汉字文化》2018 年第 9 期。

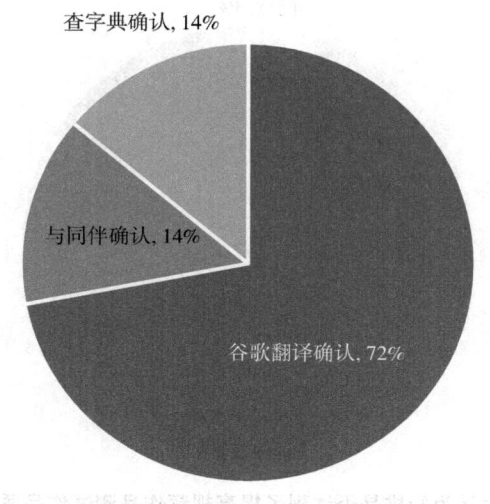

读音。下面对于这三种不同的方式学生的偏好调查，结果如图 7 所示。

图 7　学生偏好的语音修正方法

　　从以上的调查结果可以看出，学生采用的语音修正的方法主要是通过谷歌翻译确认（72%）。利用翻译软件修正语音是一种高效且正确率很高的修正语音的方法。因为语音材料都是曾经学过的，学生们对于语音比较熟悉，和同伴探讨的同时不仅能修正自己的读音也能修正同伴的读音，所以也是一部分同学的选择（14%）。另外，教室配有字典，学生可以选择通过查字典来确认正确的读音（14%）。

2. 彩排与视频作品拍摄研究

（1）彩排与视频作品测试法研究

　　在戏剧教学法中，学生的彩排被视为学生锻炼语言能力的很重要的机会。在视频作品测试中彩排同样是一个关键的步骤。在实际的彩排中是否达到了提高视频作品测试作品质量的目的，调查结果如图 8 所示。

　　从图 8 中可以看出，共 68%（"很同意"和"同意"的同学）的学生认为彩排能达到提高视频作品测试的作品质量的目的，通过彩排能够进行场景的模拟并熟悉剧本台词，进而达到提高视频作品测试作品质量的目的。另外在实际彩排过程中仍然需要细化流程，尽量避免出现彩排效率低的情况。

（三）视频作品测试法测试评分与反馈研究

　　吴京汨针对汉语课程测试曾说："尽管测试按单元和学期进行，但测

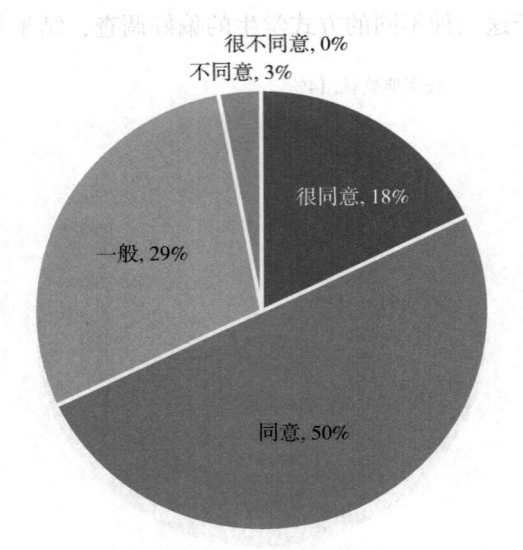

图 8 学生认为彩排是否达到了提高视频作品测试作品质量的目的

试的目多半只是为了给学生一个分数。"① 为了避免课程测试只是为了给学生一个分数的现象,需要对测试的评分和反馈足够的重视,提高学生通过测试进行反思的学习策略。下面将针对视频作品测试法中的测试评分标准和测试反馈过程进行研究。

1. 测试评分标准研究

视频作品测试法的评分标准以分解评分法和任务分项评分法为基础。分解评分法重点在于学生的口语表达能力,任务分项评分法重点在于学生能否完成考试要求交代的话题任务。另外,还涉及评分标准,分别是剧本设计是否合理和是否有所创新。所以,对于本测试的评分标准,笔者进行了问卷调查,问卷中笔者列出了以下几个选项:语音语调准确,词汇使用正确,语法使用正确,句式复杂丰富,表达流利,逻辑清晰,表情、体态自然,剧本合理有创意。统计数据结果如图 9 所示。

在分解评分标准类别中,学生们认为词汇使用是否正确没有语音、语法、句式等分解评分标准更重要。在任务分享评分标准中,学生们认为表情体态没有其他几项任务分享评分标准更重要。可见学生们认为在视频作品中,词汇的使用并不是影响视频作品质量的最关键的因素,表情体态也

---

① 吴京沺:《对外汉语教学课堂测试的准备工作》,《世界汉语教学》1994 年第 2 期。

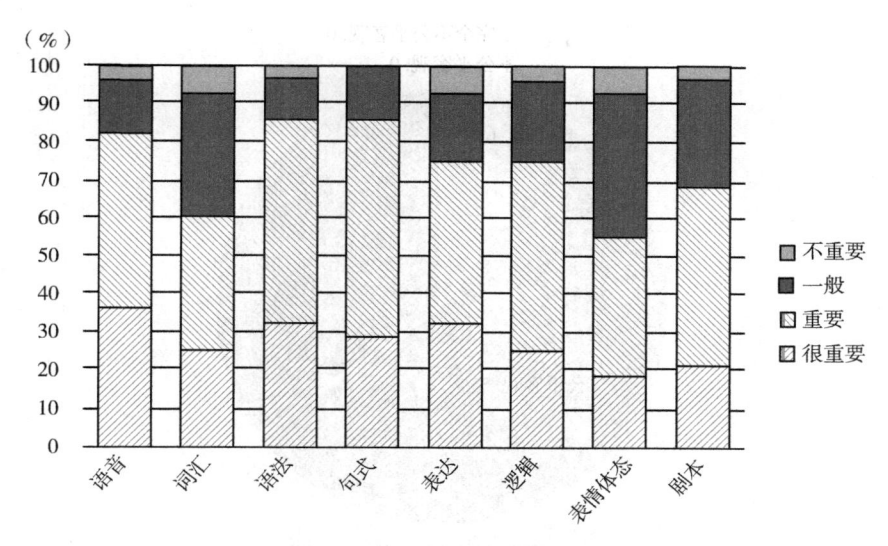

图 9　评分标准重要性研究

不是视频作品测试应该特别侧重的评分标准。可见学生们对于词汇的重视程度不够，这一点可以在日后的教学中进一步改善。在评分标准中可见对语言表现的评分要多于表演表现的评分。

另外，笔者对学生针对视频作品测试的评分结果的看法进行了研究。学生在知晓评分标准和评分方式的情况下，笔者采用了矩阵单选问题的形式进行了调查。针对视频作品测试评分结果的看法如图10所示。

如图10所示，没有学生认为视频作品测试的评分结果是不公平客观的或完全不公平客观的。共有90%的学生认为评分结果是公平客观的。在以形成性评估为理论基础的评估方式下，视频作品测试可对学生的语言能力进行全面而客观的评估。最后结果的评估中，两位教师分别评分后再进行综合评分的方式，保证了最后评分结果的客观性。

2. 测试反馈过程研究

测试不仅是评价学生的一种方式，同样是教师反思教学的途径和学生提升自己的方式。所以对于测试反馈，学生的满意程度尤为重要。笔者同样运用矩阵单选问题对学生进行了调查，调查结果如图11所示。

由此数据可见，大部分学生可以从测试反馈中得到提升，但仍然需要进一步完善测试反馈的步骤。

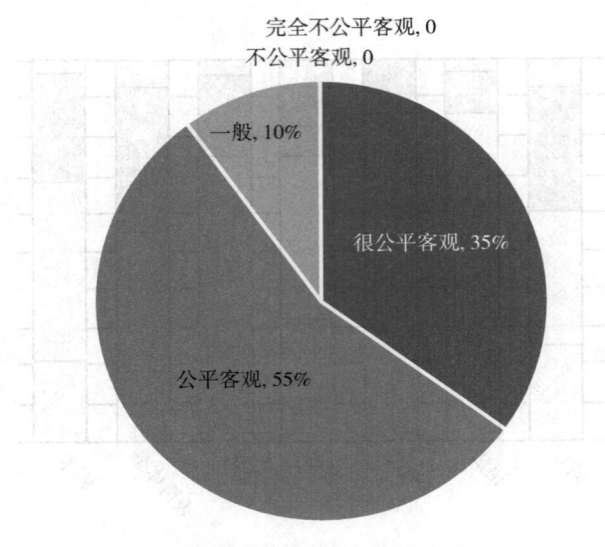

完全不公平客观, 0
不公平客观, 0
一般, 10%
很公平客观, 35%
公平客观, 55%

图 10　评分结果是否公平客观

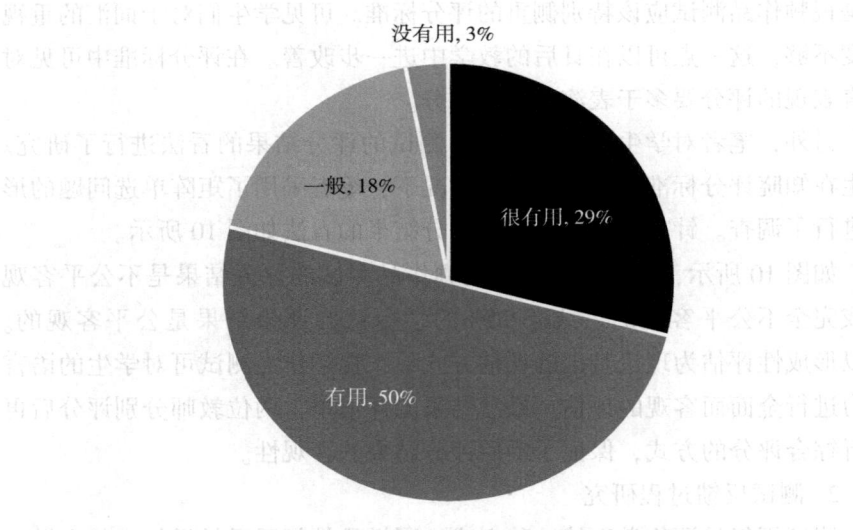

没有用, 3%
一般, 18%
很有用, 29%
有用, 50%

图 11　测试反馈对于提高汉语能力的效果

四　视频作品测试法实施的影响因素分析

视频作品测试法在实际操作中会受诸多因素影响。在这里笔者按照对象分为三个方面的影响因素进行分析。

（一）学生的影响因素分析

1. 学生学习动机和年龄

本研究中的视频作品测试是在年龄15—17岁的美国公立高中生中进行的。学生普遍具有"感兴趣""有基础"和"为了修得大学学分"等强学习动机更能提升效果，所以，视频作品测试法适合在青少年或年龄更大的学生中进行。由于青少年的学习和成长特点，这种程序复杂的测试方式可能会激起学生的逆反心理，这对于学生的测试结果会产生负面的情绪影响。在升学压力下，学生会为了得分而忽略了自己语言能力的提高。另外，由于视频作品测试法应用的学生年龄跨度较大，所以视频作品测试法也可推广到各个年龄段的汉语教学中。所以在实际操作中应抓住学生的年龄和动机特点，在进行视频作品测试时进行适当的环节调整。

2. 学生水平和基础

本研究中的学生普遍学过1—2年的汉语。所以，学生具有一定的汉语基础是视频作品测试法的必要条件。本测试法对于零基础的学生的要求略为严格，所以在决定是否采用视频作品测试法的时候需要充分调查和考虑学生的水平和基础。当然也可以通过适当调整测试要求以适应学生的汉语水平。

3. 学生小组合作的能力

视频作品测试是在小组合作的基础上进行的，学生具有合作能力，能够进行高效的小组复习可以锻炼学生的自主学习能力；在确定剧本的过程中和小组成员集思广益能带来更多的可能；语音语法修正的过程中学生能发现并改正自己和他人的语音语法错误；视频拍摄过程中能够通过高效协作完成视频拍摄。但若不具备小组合作能力，可能拒绝和自己不熟悉的同学组队进行测试，而视频作品测试为保证测试结果的公正性必须保持抽签方式让学生们进行队员的选择，所以，打破班内小团体，明确班级纪律的扣分规则是提升学生小组合作能力的很重要的方法。

4. 学生的视频拍摄、剪辑和上传能力

视频作品测试最终是以视频作品作为测试结果的，所以学生必须具备基础的视频拍摄、剪辑和上传能力以完善视频作品。手机应用可以降低这一任务的难度，并且有的学生在学校选修了电影剪辑课程。拍摄时学生能

灵活应用各类摄影器材，让器材辅助解决小组内分工不明确的问题；每个学生都具有剪辑视频的能力，因此能剪辑出高质量的摄影作品；上传时可能因为文件过大而需要选择其他的上传方式，学生需要在上传文件方面有灵活应对的能力。总体而言，是否具有以上能力对视频作品测试的完成具有重要影响。

（二）教师的影响因素分析

教师在视频作品测试中起到的作用主要是测试准备阶段的汉语知识的教学，测试过程中的课堂纪律控制能力和测试评价中的公正客观评分与反馈能力。

1. 测试准备阶段的汉语知识的教学

教师在测试准备阶段的汉语知识教学和复习中，活动设置、作业布置和复习方式选择方面需要特别注意。由于视频作品测试属于任务型测试，所以能否在日常教学环境中增加交际性活动和作业的布置显得尤为重要。另外，为了锻炼同学们的小组合作能力，复习的方式也应多变。能做到教学方法灵活多变，增强偏向交际性的活动和讲解。布置作业时能跳脱知识重复这一囹圄，尽可能地布置交际性的练习，方便学生更容易地掌握课文和语法知识。

2. 测试过程中的课堂纪律控制

在测试过程中，很多环节出现的问题都与课堂纪律有关。如视频拍摄过程中有学生闲谈，学生不满分组情况而产生情绪影响测试进行等。教师本人能否根据情况选择合适的课堂纪律调整的方式是很重要的。学生们进行分组，确定和修改初稿，语音和语法修正，彩排和视频作品拍摄，这些都是在课上进行的。所以，在学生处于混乱或心不在焉状态下能够通过合适的方法如计入成绩，谈话或批评等进行及时解决是尤为重要的能力。

3. 测试评价中的公正客观评分与反馈

哥伦比亚公立高中的汉语教学的教师配备是每个班一名本土语言教师和一名汉语教师志愿者。这种配备让熟悉本土教学环境的本土语言教师和熟悉汉语教学的汉语教师志愿者进行合作，各自发挥所长，对于控制这样的一场时间长、学生多的测试来说很重要。更为重要的是，为了保证测试结果的公平性，能由两位老师进行打分，最后取平均分作为学生的最终成绩。这种合作教学模式对于视频作品测试而言是符合对测试人员人数的要求的，因此能够保证测试评价中的公正客观评分与反馈。另外，该测试在测试结束后应重视反馈阶段的总结与评价，并让学生参与到互相评价的过程中，站在另一个角度巩固汉语交际能力的提高。

（三）教学环境的影响因素分析

教学环境包括很多方面，本研究选择与视频作品测试息息相关的三个方面进行分析，即教学用具、学校和家长。

1. 硬件设施的影响因素分析

上面分析过对于学生视频作品拍摄、剪辑和上传能力的需求，在这方面完善的硬件设施也是很有必要的。学生人手一台电子设备，教室有能够进行视频播放的设备，能为学生提供学生视频拍摄过程中需要的道具等硬件设备。所以，在视频作品测试法的实施过程中应重视硬件设施的影响，提前准备预案，为学生的视频作品创作提供适合的条件。

2. 学校和家长的影响因素分析

视频作品测试作为一种适用范围较窄的测试形式，需要学校和家长的理解和配合才能实施。学校汉语学习制度是否有足够的时间给学生练习？学校其他课程是否具有实践经验？学校语言教学大纲是否允许这种测试方式的出现？以上种种都是视频作品测试在推行过程中可能遇到的阻力和障碍。另外，家长是否理解这种测试形式并鼓励学生参与其中也是很重要的因素。所以，视频作品测试法在推行过程中，应充分调查学校和家长的建议，并了解当前教学环境对视频作品测试的成绩以一定比例计入最终成绩的接受度是否达到允许测试实施的程度。

五 研究结论

本研究以视频作品测试法为研究主题，以密苏里州哥伦比亚市公立高中汉语二级的学生作为研究对象，通过文献分析法、问卷调查法、访谈法和课堂观察法等研究方法进行研究。在汉语作为第二语言的教学中，视频作品测试法能够提高学生语言应用和交际应变能力，但它也只能主要作为笔试和口语测试的辅助手段，不能替代标准化语言测试。在视频作品测试法应用效果与作用的研究中，通过对视频作品测试和常规课程测试在不同测试顺序下的常规课程测试成绩的分差进行对比分析其效果。结果显示，进行视频作品测试后，常规课程测试的成绩会普遍提高。另外，通过展示学生优秀视频作品的剧本充分说明视频作品测试法的效果，让学生能够创作出富有创意的汉语视频作品。在测试实施过程中，学生和教师都能通过视频作品测试进行反思和提高也是其作用之一。

　　研究针对视频作品测试的各个环节进行了问卷调查和访谈，以对其应用效果作调查分析研究。针对视频作品测试法的各个环节进行了调查研究。在测试准备研究中，分析了课上教学、随堂测试和作业、复习三种测试准备的过程与视频作品测试法的关系。另外，对测试中的具体要求与通知准备也进行了调查分析。在测试过程的研究中，笔者分析了学生分组、剧本初稿确定、初稿修改和语音修正、彩排与拍摄在测试过程中的应用效果。最后对测试评价和反馈的应用也进行了调查分析，针对视频作品测试法的测试结果的公平性和客观性进行了研究。调查结果显示，总体而言，视频作品测试的各个环节的应用设置较为合理，但仍有需要完善的环节。

　　为增强视频作品测试法的普遍性原则总结，本研究按照对象分为三个方面的影响因素进行分析，分别是学生、教师教学和教学环境，为视频作品测试法的普适性应用作进一步分析，并提出了实施测试过程中的教师和学生的不同要求与行为规范。

　　在建构主义理论的支撑下，以任务型测试为框架的视频作品测试法体现了任务型测试中以语言能力测试为主的宗旨。形成性评价理论贯穿测试的全过程，并同样能应用到记录课程测试和课堂纪律管控的实践中。对于在汉语教学中广泛进行实践的拍视频作品学习汉语的方法而言，本研究在实践的基础上进行了程序的拆解组合与测试每个环节主要问题的分析，不仅构建起了视频作品测试法基本理论框架，也为汉语教师采用视频作品测试提供了操作步骤和思路方法。

参考文献

　　刘颂浩：《口语测试的组织与实施探索》，《暨南大学华文学院学报》2001年第3期。

　　刘潇、戴航、王玉春、崔涛、王晓丽：《Tbl教学法下对外汉语教学分组方案探索》，《汉字文化》2018年第9期。

　　吴京汩：《对外汉语教学课堂测试的准备工作》，《世界汉语教学》1994年第2期。

《三字经》在域外汉字文化圈的传播及在国际中文汉字教学中的价值

康小明

摘要：幼学蒙童典籍《三字经》曾在域外汉字文化圈作为识记汉字的启蒙读物广为流传，但至国际中文教育迅猛发展的今天，其似乎威无所施。本文梳理了《三字经》在朝鲜半岛、日本及越南的传播时限及其影响，并以明刻赵星南版《三字经注》为例，统计了其在《汉语国际教育用分级汉字表》一级、二级及三级汉字的数量与占比和《国际中文教育中文水平等级标准》中初等、中等及高等汉字的数量与占比，进而阐述了《三字经》在国际中文汉字教学中的作用及价值，以期向世界展示汉字魅力，讲好汉字故事。

关键词：三字经；域外汉字文化圈；国际中文汉字教学；价值

一 引言

汉字文化圈，是指以中国大陆为主体，以中南半岛东侧、朝鲜半岛为两翼，日本列岛等地为外缘，以汉字为信息载体的人文地理区域（冯天瑜，2004）。而汉字启蒙教育是"汉字文化圈"存在的重要条件，以"三、百、千、千"为代表的蒙学经典使汉字在汉字文化圈的统一中发挥了巨大作用。其中，被誉为"蒙学之冠""袖里通鉴纲目""千古一奇书""小型百科全书"等（许然、卢莉，2009）的《三字经》为域外汉字文化圈蒙童识记汉字发挥了巨大作用，而在国际中文教育迅猛发展的今天，《三字经》似乎威无所施。因此，梳理《三字经》在古代域外汉字文

康小明，甘肃政法大学文学与新闻传播学院。

化圈的传播及影响，并阐释其在识记汉字方面的作用，挖掘其在当代国际中文汉字教学中的价值，是很有意义的。

二 《三字经》在域外汉字文化圈的传播

（一）《三字经》在朝鲜半岛的传播

朝鲜半岛现存最早的《三字经》，是韩国忠南大学图书馆所藏的《新刊三字经》，该书文末附有"万历岁丁末年冬，玄览堂梓《新刊三字经》终"一行字，"万历岁丁末年"为"万历三十五年"，即 1607 年（钱茂伟，2009）。该时间点离我国首次出现《三字经》记录的正德三年（1508）正好 100 年，又因为有"新刊"二字，所以可以肯定该书并不是《三字经》在朝鲜半岛最早的版本。而崇祯十六年（1643），朝鲜半岛出现了自己抄写并略加删改的《新刊三字经》，此后《三字经注解》《增注三字经》等也相继问世。刘春兰（2011）认为，在"李氏王朝"统治朝鲜半岛时期，地方乡学、民间书院和私学书院大量使用来自中国的童蒙课本。闵庚三（2013）指出：孩童读书也像中国一样，始于《三字经》等汉文启蒙读物，随后研读"四书""五经"等儒家经典。而民间书院和私学书院是 16 世纪以后在国家的奖励下才开始在朝鲜半岛普及，而此时民间书院和私学书院已经使用《三字经》作为汉文启蒙读物，但外来典籍从引介到普及是要经历时间检验的，由此，我们可以推断出《三字经》在朝鲜半岛的流传应在 15 世纪末。

（二）《三字经》在日本列岛的传播

据史料记载，日本进入江户时代（1603—1868）后，有关《三字经》的记载开始出现并增多。大庭修（1984）便在其著作中附有"唐船持渡书籍目录"，并有《三字经》的记录。而在永禄五年（1692）发刊的《广益书籍目录》中，已经列有《三字经》和《三字经注解》（许然、卢莉，2009）。这意味着在江户时代初期，《三字经》便已在日本流传，成为较有影响力的汉字蒙学典籍。江户末期至明治初年，《三字经》在日本进一步传播并涌现出了不少衍生自《三字经》的作品，根据日本教育学家片野英一 2002 年的考证，日本《三字经》仿制本约

20种（片野英一，2002）。其中较为出名的有《本朝三字经》《皇朝三字经》《日本三字经》等作品（鹤岛俊一郎、董明，2004）。值得一提的是，日本教育学家石川谦在其著作《日本教科书大系·往来编（5）》（1967）中指出，日本永和三年（1377）出版的儿童启蒙读物《童子教》中出现了如下文字："苏秦为学文，锥刺股不眠。俊敬为学文，头悬梁不眠。车胤好夜学，聚萤为灯矣。宣士好夜学，积雪为灯矣。此等人者皆，昼夜好学文。"

上述文字很可能是受《三字经》中"头悬梁，锥刺股，彼不教，自勤苦。如囊萤，如映雪，家虽贫，学不辍"等字句影响而成的（谭建川，2010）。如若该推论成立的话，《三字经》在日本的传播将被大大提前，当然该推论还需更多的材料支撑。

（三）《三字经》在越南的传播

《三字经》在越南的传播相较于朝鲜半岛和日本又有所不同，由于秦汉至宋初，越南一直是中国历代封建王朝的行政区划，处于"千年郡县时期"，即使越南实现封建自主后，其历代王朝仍与中国保持着"藩属"关系并维系到1885年中法签订《天津条约》之后（梁永国，2005）。因此，越南对汉字的态度相较于朝鲜和日本更为主动，直至第二次世界大战后，汉字在越南才逐渐罕用。越南现存最早的《三字经》版本是藏于越南汉喃研究院图书馆的《三字经解音演歌》，"该印本，共46页，高26公分，宽15公分"（任晓霏、邓燕玲，2020：151），且封面上写着"明命十七年新镌"，即1836年再版，因此可以肯定地断言，第一版《三字经》要早于1836年。此外，阮俊强（2015）找到的有关《三字经》的最早记载是越南阮朝范望于嗣德六年（1853）在《启童说约自序》写道："余童年，先君子从俗命之，先读《三字经》及三皇诸史，次则读经传，习时举业文字，求合场规，取青紫而已。"

虽然作者范望的生卒年均不详，但根据"河内国家图书馆书号R.562，木刻"可知他于1841年中举。再结合"十年灯火"的固有观念，范望应于1830年开始接受"大学"教育，因此，阮俊强将1830年视为《三字经》传入越南的可信年代（阮俊强，2015）。但事实上，在经历"大学"教育之前，还要经历"小学"的蒙学教育，"八岁左右的'幼童'进入'小学'接受蒙学教育，而十五岁以上的'成童'则进入'大学'接受成童教育"（朱子辉，2016：149）。因此，我们可以将阮俊强的结论再往前至少推七年，即最晚1824年，《三字经》已成为越南蒙学教育的经典。当然本结论仍需大量的历史材料进行佐证。

与日本相仿，越南也出现了大量衍生自《三字经》的作品，如：《女训三字经》《大越三字史记》《蒙学越史三字教科书》，此外，还出现了《三字经》的喃文注本，如《三字经国音哥》《三字经撮要》等，其中制科榜眼武惟清于辛亥年（1851）演音并注解《三字经撮要》，因参考理学、文法简易、义理详明、内容丰富而成为《三字经》喃文注本的代表。

三 《三字经》在国际中文汉字教学中的价值

《三字经》的宋元刻本未见留存，因此无法知其确切字数，但自明代以降《三字经》因版本的不同，字数也略有差异。无论是明末版《三字经》（1122字），还是流传最广的清道光版《三字经》（1140字），均是以现存最早的明刻赵星南版《三字经注》（1086字）为原本增补而来的（陆林，1994）。因此，我们以该版本为准，阐释其识记汉字的作用，强调其在国际中文汉字教学中的价值。

千禧年后，随着汉语热的进一步加剧，国际中文教育事业进入了新阶段，但相比于语音教学、词汇教学及语法教学，汉字教学一直是国际中文教育的短板。所谓国际中文汉字教学是指"以外国人为对象的、以现代汉字为内容的、用外语教学方法进行的、旨在掌握汉字运用技能的教学活动。汉字教学的根本目的是讲清现代汉字的形、音、义，帮助学生读写汉字，学习汉语，掌握汉语的书面语"（卞觉非，1999：3）。换句话说，国际中文汉字教学是让汉语非母语者掌握汉字字形、字音、字义之间的联系，真正做到见字形而知其字音和字义。但对于汉语非母语学习者而言，汉字难读、难认、难记、难写的问题十分严重，汉字是封闭中国文化的长城（柯彼德，2020）。

为了进一步弥补该短板、破解汉字学习难题，教育部、国家语言文字工作委员会分别于2010年和2021年相继发布了《汉语国际教育用音节汉字词汇等级划分》（2010）和《国际中文教育中文水平等级标准》（2021）。《汉语国际教育用音节汉字词汇等级划分》中的《汉语国际教育用分级汉字表》①将国际中文教育用汉字分为"一级""二级"和"三级",分别对应汉语二语水平为"初级""中级"和"高级"的学习者应掌握的汉字,其中"一级""二级"各有900个汉字,"三级"共计1200个汉字,此3000个汉字均为现代汉语常用字。而《国际中文教育中文水平等级标准》②将国际中文教育所教授的汉字分为"初等""中等"和"高等",每等三级,形成了"三等九级"的区分。其中初等、中等,每级300个汉字,每等900个汉字,合计1800个汉字;高等(七至九级)合计1200个汉字,共计3000个汉字,此3000个汉字也均为现代汉语常用字。

为说明《三字经》在汉字学习中的重要性,我们统计了明刻赵星南版《三字经注》的字数,发现其共1086字,其中仅有518个非重复汉字,对比《现代汉语常用字表》(1988)中的汉字,我们发现这518字中共有475个常用汉字,占比高达91.70%。现对这475个常用汉字在《汉字表》和《等级标准》中的占比进行简单介绍。

这475个常用汉字与《汉字表》对照的结果显示:其汉字等级分布及数量分别为一级296个、二级98个、三级81个,占此475字之比分别为62.32%、20.63%、17.05%;占《汉字表》中一级、二级、三级汉字之比分别为32.89%、10.89%、6.75%;占《汉字表》中的总汉字量的15.83%。

这475个常用汉字与《等级标准》对照的结果表明:其汉字等级分布及数量分别为初等281个,其中一级124个、二级82个、三级75个;中等108个,其中,四级43个、五级28个、六级37个;高等86个③。这三等汉字占此475字之比分别为59.16%、22.74%、18.11%;占《等级标准》中初等、中等、高等汉字之比分别为31.22%、12.00%、7.17%;占《等级分布》中的总汉字量的15.83%。

又因为后世各版《三字经》均是在明刻赵星南版《三字经注》的基础上增补而成的,且各版本《三字经》均出现于近代汉语时期,文中某

---

① 为便于行为,后文将《汉语国际教育用分级汉字表》简称为《汉字表》,后文不再赘述。
② 为便于行为,后文将《国际中文教育中文水平等级标准》简称为《等级标准》,后文不再赘述。
③ 因无法确切知道七至九级的汉字分布,因而无法统计出七级、八级及九级汉字的个数。

个汉字的读音、意义及用法和现代汉语中该汉字的差别较小或完全相同。所以说掌握了任何一版《三字经》中的汉字就意味着至少掌握了教育部和国家语言文字工作委员会规定的汉语非母语者应要掌握汉字的 15.83% 的汉字，同时也至少掌握了 32.89% 的一级汉字（31.22% 的初等汉字）、10.89% 的二级汉字（12.00% 的中等汉字）及 6.75% 的三级汉字（7.17% 的高等汉字）。

现代汉语常用字中处于核心地位的是几百个简单的书写符号，正如高本汉（2017：22）所说："只要掌握了这几百个简单的书写符号，即基本材料，那就只是个拼字问题了，'手'和'口'两个成素结合起来就造成了'扣'字等等。"事实上《三字经》中恰恰又包含了大量这种"简单的书写符号"（如"人、手、水、心、火"等）及其变体（如"亻、扌、氵、忄、灬"等），由这些简单的书写符号及其变体，我们可以使汉语二语习得者习得更多复杂的书写符号，即掌握更多复杂的汉字。

根据 2007 年中国语言生活状况报告：基于 10.07 亿汉字的语料，发现 964 个汉字的文本覆盖率高达 90%。此外，现代汉语构词法以复合构词为主，而《三字经》中有大量的成词语素，这些成词语素的形、音、义均稳定，经常用作词根并两两组合构成新词。梁永国（2005：11）指出，"3736 个字可构成四万五千多个词，占现代汉语总词数的 90% 左右，4990 个字则构成了《现代汉语词典》几乎所有的词"。因此，《三字经》中 475 个现代汉语常用字的构词数量也是相当可观的。

值得一提的是，《三字经》韵律和谐、节奏整齐、朗朗上口。如《三字经》开篇的几句：

"人之初，性本善。性相近，习相远。苟不教，性乃迁。教之道，贵以专。昔孟母，择邻处。子不学，断机杼。窦燕山，有义方。教五子，名俱扬。"

《三字经》三字一句，每四句为一韵，韵脚字都落在偶数句的最后一字，韵律和谐，朗朗上口，富含音乐之美，符合汉语是特别注重韵律的语言的事实（戴庆厦，2014）。

综上所述，汉语非母语者如若能够掌握任何版本《三字经》中的现代汉语常用字则意味着至少掌握了教育部和国家语言文字工作委员会规定的汉语非母语者应掌握的 15.83% 的汉字，同时也至少掌握了 32.89% 的一级汉字（31.22% 的初等汉字）、10.89% 的二级汉字（12.00% 的中等汉字）及 6.75%的三级汉字（7.17%的高等汉字）；此外，以《三字经》中的"简单的书写符号"及其变体为"钥匙"可以解锁更多现代汉语常用字，也即会解锁更多的"一级、二级及三级汉字"汉字或"初等、中等及高等汉字"；再次，以《三字经》中的成词语素为媒介，便可掌握更多的复合词。最后，《三字经》韵律和谐，朗朗上口，富含音乐之美，符合汉语是特别注重韵律的语言的事实。由此可见，作为"蒙学之冠""袖里通鉴纲目""千古一奇书""小型百科全书"的《三字经》在当代国际中文汉字教学中仍大有可为。

四 结语

《三字经》作为古代中国蒙学经典，通过在朝鲜半岛、日本列岛及越南的传播及在蒙学教育中的普及，为域外汉字文化圈的形成打下了坚实的基础。而在当今世界，尤其是在国际中文教育持续升温的今天，面对国际中文汉字教学的瓶颈，我们应该重新审视《三字经》在识记汉字方面的作用，深入挖掘其在国际中文汉字教学中的价值，消弭汉字教学的短板，打破西方汉学家眼中汉字是封闭中国文化长城的观点，向世界展示汉字魅力，讲好汉字故事。

参考文献

卞觉非：《汉字教学：教什么？怎么教？》，《语言文字应用》1999 年第 1 期。

戴庆厦：《汉语的特点究竟是什么》，《云南师范大学学报》（哲学社会科学版）2014 年第 5 期。

冯天瑜：《"汉字文化圈"刍议》，《吉首大学学报》（社会科学版）2004 年第 2 期。

国家语言文字工作委员会汉字处编：《现代汉语常用字表》，语文出版社 1988 年版。

［瑞典］高本汉：《汉语的本质和历史》，商务印书馆 2010 年版。

［日］鹤岛俊一郎、董明：《〈三字经〉在日本的流传和日本的〈本朝三字经〉》，《北京师范大学学报》（社会科学版）2004 年第 4 期。

[德] 柯彼德:《汉语国际化的若干问题》,《语言教学与研究》2020年第3期。

梁永国:《现代汉字体系的科学性、简易性》,《现代语文》2005年第8期。

刘春兰:《朝鲜时代汉语教科书研究综述》,《汉语学习》2011年第2期。

陆林辑校:《三字经》辑刊,安徽教育出版社1994年版。

钱茂伟:《韩国藏本〈三字经〉研究》,《文献》2009年第4期。

任晓霏、邓燕玲:《〈三字经〉在越南的传播与影响》,《国际汉学》2020年第2期。

谭建川:《〈三字经〉在日本的流播与衍变》,《西南大学学报》(社会科学版)2010年第1期。

许然、卢莉:《略论〈三字经〉在海内外的传播》,《天中学刊》2009年第3期。

朱子辉:《蒙学传统与百年中国语文教育的反思》,《文艺理论研究》2016年第6期。

近十年国际中文教育案例研究方法述评

邓杉杉

摘要：本研究梳理国际中文教育领域案例研究十年间的发展历程，对国际中文教育案例研究做出范式层面的思考。对比西方应用语言学案例研究，国际中文教育案例研究近十年的研究特点为：案例研究成果大量涌现，案例研究题材变化，研究设计科学性增强，搜集材料手段集中化，在规范性、科学性和有效性方面都有进一步的发展。但在与国际主流方法接轨和与学科产生互动方面，仍有较大发展空间。

关键词：案例研究；国际中文教育；研究范式

一 案例研究文献的筛选和梳理

案例研究属于实证性研究，它要反映当下语言教育中的典型问题，因此具备一定的实时性特征。随着国际中文教育事业的不断推进，国内汉语二语教学领域内的案例研究必然有新的发展。本研究以明确提出"案例研究"或"个案研究"术语，且具备较为规范的案例研究操作方法作为方法论自觉的主要标志，强调案例研究术语的排他性、边界性和规范度。我们以2010—2021年为时间界限，在中国知网中检索篇名、关键词或摘要中包含"案例研究"或"个案研究"的期刊论文，通过阅读摘要和全文对文献进行遴选。排除非实证文章，以及虽然出现"案例/个案分析"术语，但题材、方法等不具备典型性和基本规范度的文章。通过检索、反复阅读和遴选，最后得到样本论文共计45篇。

[基金项目] 本文系国家社科基金青年项目"国际中文教育案例资源研发研究"（17CYY023）阶段性成果。

邓杉杉，湖北大学文学院。

本研究结合量化统计和典型文献描述的方法，对这 45 篇个案文献进行分析与总结，重点关注研究方法的演进，以和 2010 年之前三十年的案例研究形成对比，从而加深对这一时段内案例研究的整体面貌和特征趋势的认识，也将进一步推进对于案例研究方法范式和优势的认识，梳理出汉语二语教学领域内个案研究发展历史的基本脉络。

二 统计结果与对比分析

（一）案例研究成果数目增长

2011—2021 年，案例研究总篇目和前十年相比有较大幅度的增长。见表 1 和表 2。

表 1　　　　　　2000—2010 年案例研究论文篇数　　　　　　单位：篇

年份	2000	2001	2002	2003	2004	2005	2006	2007	2008	2009	2010
篇数	0	0	1	0	0	3	3	3	2	3	4
合计	19										

表 2　　　　　　2011—2021 年案例研究论文篇数　　　　　　单位：篇

年份	2011	2012	2013	2014	2015	2016	2017	2018	2019	2020	2021
篇数	1	0	0	7	5	5	5	6	5	6	5
合计	45										

（二）案例研究题材变化

2000—2010 年，个案研究题材涉及二语习得、教师发展、项目建设、课堂教学和测试评估五个方面，详见表 3。

表 3　　　　　　2000—2010 年案例研究题材

题材	二语习得 （共 12 篇）	教师发展 （共 2 篇）	项目建设 （共 2 篇）	课堂教学 （共 2 篇）	测试评估 （共 1 篇）
具体内容	汉字书写 （3 篇）	教师知识 （1 篇）	孔子学院 （1 篇）	课程设计 （2 篇）	评分信度 （1 篇）
	口语发展 （6 篇）	教师信念 （1 篇）	华文夏令营 （1 篇）		

续表

题材	二语习得 （共 12 篇）	教师发展 （共 2 篇）	项目建设 （共 2 篇）	课堂教学 （共 2 篇）	测试评估 （共 1 篇）
具体内容	二语写作 （1 篇）				
	词汇学习 （1 篇）				
	其他（1 篇）				

其中，二语习得作为个案研究的传统题材，仍然占比最大，具体研究内容包括：汉字习得、口语习得、写作发展、词汇学习等。很多研究聚焦于学习者的口语发展，如施家炜（2002），丁雪欢（2007），吴勇毅（2008），陈默、王建勤（2008）等。此时教师发展领域已经开始使用个案方法，主要考察汉语教师的实践性知识和关于语言习得的理念。这些知识和理念对教学存在着深刻影响，通过个案研究，把教师的实践性知识和理念外显化，有助于深化对这些内隐式因素的认识，从而探究更高效的师资培训路径。项目建设是比较常见的个案研究题材，因为用个案方法能较好搜集各类汉语文化交流项目（如孔子学院、华文夏令营等）的具体信息和丰富细节，总结成功经验或失败教训。此时期涉及课堂教学的案例研究有两篇，主要是描述不同课程的教学模式和具体设计。还有一篇针对HSK 测试员的评分信度研究。

2011—2021 年，案例研究题材发生了一些新的变化，详见表 4。

表 4　　　　　　　　2011—2021 年案例研究题材

题材	二语习得 （共 15 篇）	教师发展 （共 12 篇）	项目建设 （共 4 篇）	网络化教学 （共 5 篇）	跨文化适应 （共 4 篇）	互动 （共 5 篇）
具体内容	口语习得 （2 篇）	实践性知识 （1 篇）	美国大学 中文项目 （2 篇）	慕课课程 （3 篇）	留学生跨 文化适应 （1 篇）	教学互动 （2 篇）
	二语写作 （1 篇）	教师话语 （5 篇）	机构项目 （1 篇）	微课教学 （1 篇）	本土教师跨 文化适应 （1 篇）	母语者和非母语 者的语义互动 （1 篇）
	语音习得 （2 篇）	教师情感 （1 篇）	泰国华校 （1 篇）	远程一 对一教学 （1 篇）	汉语教师 跨文化适应 （2 篇）	社会因素与语言 习得的互动 （2 篇）

续表

题材	二语习得 （共 15 篇）	教师发展 （共 12 篇）	项目建设 （共 4 篇）	网络化教学 （共 5 篇）	跨文化适应 （共 4 篇）	互动 （共 5 篇）
具体内容	阅读学习 （3 篇）	教学方法 （1 篇）				
	语用能力 （1 篇）	非语言行为 （1 篇）				
	学习策略 （1 篇）	教师培训 （1 篇）				
	认同建构 （2 篇）	教师反思 （1 篇）				
	继承语习得 （2 篇）	教师发展 （1 篇）				
	速成个案 （1 篇）					

总体来看，二语习得、教师发展和项目建设仍然是个案研究的关注热点，此外，还出现了一些跟国际中文教育事业现状密切相关的新题材，比如网络化教学等。跨文化适应题材是这一时期的新兴关注热点，不同身份的教师和学习者身上都存在着跨文化适应的困境和挑战，这在不同程度上影响着他们的语言教学和学习。前一时期较少探究社会因素对语言习得的影响，这种忽视在此时期得到修正，出现研究质量较高的成果。

具体来看，二语习得个案的研究范围有了很大的扩展，除了前一时期已有的口语习得、汉字书写、写作发展外，还增加了对更微观的语音音素习得的实验性分析（如张锦玉，2015；王胜，2018），对学习者汉语阅读体验和阅读焦虑的研究（如何一薇，2016；孙晓慧、罗少茜，2015），对学习者整体语用能力发展的考察（如应洁琼，2018）等。除了语言要素和语言技能习得，这一时期还特别关注了学习者在汉语学习过程中自我认同的建构（如范笛，2020）。海外华人群体对民族文化有追根溯源的需求，汉语作为继承语的习得情况也越来越受到关注（如闫姗姗，2020）。优秀的个体学习者则一直是个案关注的对象（如彭宗平，2014）。

2000—2010 年，教师题材的个案研究仅有两篇，2011—2021 年，这一数目猛增到 12 篇。不仅关注传统意义上的新手和熟手教师，还关注个别辅导教师、远程网络化教学教师以及本土教师。除了教师理念和教师知识，这一时期尤其关注教师课堂话语和非言语行为，也开始关注教师情感和文化适应对于教学的影响。教师的反思日记或刺激性访谈成为教师研究的主要材料。

项目建设题材共有 4 篇文章,基本集中在美国和泰国这样的中文教育持续热点地区,较少看到其他区域的个案研究。

网络教学题材的文章包括慕课建设研究、微课研究及远程一对一教学研究,在国际中文教育事业"低龄化、职业化、社会化、网络化"(崔永华,2020)的发展趋势下,会有越来越多反映中文教育潮流的个案研究出现。

(三) 研究设计科学性增强

作为一种独特的社会科学研究方法,个案研究具备规范的程序,其质量取决于研究设计的科学度和研究方法的规范度。

研究设计的科学性主要体现在:有效设置研究问题,各问题之间具有紧密的逻辑关联,具备高度相关的理论支撑,所用方法能够导向合理的结论,表述清晰简明。和前一时期相比,能够明确设置有效问题的案例研究数量增加,且能够对问题做出合理的解释和回答。但也有文章在研究设计的科学性上仍存在不足,主要表现在:研究目的和研究方法不匹配,比如教师的课堂话语,目前来看共性大于个性,所以单用个案方法,而没有一定规模的样本调查,并不足以揭示课堂话语的整体特点,对教学实践的指导意义不大。有的研究仅按自然叙事线索对学习者的策略进行描述,研究问题不明确,且缺乏有效的理论支撑,从而降低了整体研究的科学性。Duff(2008)指出个案研究需要"厚实描写"(thick description),即对个案对象信息做详细介绍,而相当多研究在这一点上存在不足,所以降低了研究的规范度。总体来看,这一时期个案研究在设计的规范度方面有所提升,但仍存在相当比例的不规范的案例研究。有一些不规范的研究,在选材和结论上具备一定的个案价值,如果能强化研究设计的科学度,其个案价值必将更加凸显。

(四) 材料搜集手段集中化

个案研究是实证性研究,其科学性和有效性很大程度上取决于搜集资料方法的规范度。常见的搜集手段有:采集笔记、作文、日记等,访谈(包括结构式访谈、半结构式访谈和自由访谈),测试,观察(包括参与式观察和摄录观察等),问卷调查,自由谈话,实验,刺激式回忆报告等。详见表5。

表5　　　　　　　　　　　　个案研究搜集材料的手段

手段	采集笔记日记等	访谈	测试	观察	问卷调查	自由谈话	实验	刺激式回忆报告
2000—2010年使用次数	3	4	4	5	4	3	2	1
比例（%）	20	26.7	26.7	33.3	26.7	20	13.3	6.7
2011—2021年使用次数	12	22	4	20	5	1	1	5
比例（%）	26.7	48.9	8.9	44.4	11.1	2.2	2.2	11.1

2000—2010年，观察、访谈、测试和问卷调查是个案研究使用最普遍的四种手段，采集笔记、日记和自由谈话法也应用较多，还有少量研究使用了实验方法和刺激式回忆报告方法。

2011—2021年，使用最多的依次是访谈法、观察法和采集笔记日记方法，访谈和观察成为应用最集中的方法。这体现了研究者视角和研究对象视角的相互印证。这一时期的研究将量化的观察分析和质性访谈互相结合，互为补充，同时注重引导被研究者的自我反思，多重证据法的应用已经比较成熟。

研究者往往选择综合使用多种手段搜集材料，较少见到仅用单一数据来源的研究，这说明研究者对于多重证据法的应用已经比较熟悉。注重多种来源的材料相互印证，这正是个案研究范式的突出特征。

虽然个案研究总量增加，但对研究方法范式仍存在一定程度的忽视，因为2010年前后十年间，各有约15%的选文没有使用任何特定的搜集手段，或缺乏对数据采集和分析过程的详细描述，这对研究信度产生了一定的负面影响。

三　分析与展望

近十年，国内汉语二语教学领域内的案例研究呈现出以下特点。

研究策略综合化。个案研究经常跟不同层面界定出来的其他研究方法融合使用，如课堂志、民族志、叙事研究和行动研究等。李水

（2016）对汉语辅导教师的情感发展状态进行跨案例叙事研究，强调情感因素在教学和教师发展中的重要影响。葛茜（2020）用民族志方法，挖掘华人子弟在与复杂环境互动过程中个人的身份建构和语言发展，其结论对于深化华裔子弟母语继承影响因素的认识具有积极意义。综合使用各种研究策略保证了论证过程的科学性、有效性和合理性。

第二，研究题材广泛化。2010年后，个案研究最突出的变化并非方法的演进，而是题材的更新。志愿者教师的返乡文化休克，三语习得视角下的学习者语音偏误，慕课和微课建设，新技术背景下汉语教师的身份建构，家庭语言政策对华人子弟身份建构与语言习得的影响等，都体现出研究者对国际中文教育新趋势、新问题的关注。在相对传统的二语习得题材中，也有一些新的主题出现：过去的汉语二语习得研究比较关注学习者某些语言要素或语言技能的发展，这一时期出现了不少探讨非教学因素对二语习得影响的研究，比如探讨学习者在学习过程中的身份认同、身份建构和文化适应等问题。这跟西方应用语言学案例研究的主题发展有契合之处。传统的教师个案研究聚焦于教师的课堂行为，而这一时期注重研究教师情感、教师的核心教学意象，将教师反思作为洞见教师教学理念的重要窗口，并且用实证的方法研究教学方式对教学效果的影响。孙德坤（2014）认为，教师个人的不同经历对于核心教学意向的形成具有举足轻重的影响，大量的个案研究结论相互补充和印证，必将有助于探索汉语师资培训更好的方式，优化汉语教师的培养方案，有利于汉语师资队伍的建设和汉语教师个人终身持续的专业发展。国际中文事业在不断面临新情况、新机遇和新挑战，可以预见，在未来的案例研究中，网络汉语学习、低龄汉语学习者、职业汉语等都可能成为新的热点题材。另外，成功的语言学习者和成功的汉语教学模式或项目是常见的个案研究对象，而"失败"题材未尝不能成为个案研究的对象。

第三，理论能产性尚不足。国外二语习得的很多理论模型是通过案例研究建构的，案例研究具有理论建构的可能性，这一认识应当被强化，而国内汉语二语教学案例研究的理论能产性还相当不足。目前较多研究未涉及理论建构，有些研究虽然已初步具备理论价值，或已对现有假说提出挑战或做出印证，但还没有新的理论模型出现。如闫珊珊（2020）以"第二语言动机自我系统"为理论框架，对汉语继承语学习动机进行了个案研究，研究结果验证了该理论系统对汉语继承语研究的有效性，并且发现传统的融入型动机正在失去解释力。理论能产性将是个案研究方法进一步发展的目标。

第四，期待更多长期的纵向跟踪研究以及复合式多案例研究。目前所见大多数案例研究是短时的，基于2—4个课堂观察，或对于几位教师及学习者的数次访谈（一般为期两三个月），缺乏长期的跟踪调查研究。长期跟踪对于研究学习者的习得过程乃至教师的职业发展是十分必要的，如能伴随对社会因素的考量，则更可能得出科学性结论。比如王添淼、裴伯杰（2016）对慕课视频进行了为期一年的跟踪观察，王萍丽、李彦霖（2015）对非母语者的汉语自然语言互动做了八个月的跟踪记录，范笛（2020）纵向记录韩语母语者一年内完成的汉语高级写作任务情况，葛茜（2020）对两位华侨子弟的语言习得和身份认同情况做了一年的参与式观察，这些是目前所见观察期较长的研究，期待将来出现更多基于更长期追踪的案例研究。另外，复合式多案例研究相当少见，目前以单案例研究为主，期待借鉴案例研究比较成熟的学科领域，比如经管、医学领域里的经验，有更多高质量的多案例、复合案例研究出现。

四 余论

最近十年的个案研究在规范性、科学性和有效性方面都有进一步的发展。每当国际中文教育事业出现新的趋势之时，都是个案研究相对丰富之时。这说明个案研究具备实时性、敏感性、灵活性和很好的解释力，是认识汉语教学环境的复杂性、解释学习者二语习得、描述教师发展过程和规律的良好工具。但是，在研究方法的多样化选择中，个案研究并不是最受关注的一种，研究者们对于研究范式仍然没有十分重视，仍存在滥用术语、方法不典型、混淆个案研究和"以之为例"等问题。个案研究方法在与国际主流方法接轨和与学科产生互动方面，仍有较长路要走。

严格意义上的个案研究仍是小众，原因可能在于：第一，个案研究结论不具备普遍性，目的并非完全服务教学，关于它所擅长的领域和善于解决问题的类型，学界还没有共识。第二，个案研究有较严格的方法和程序，需要经过严格的学术训练，很多研究者不完全具备条件，也未给予充分重视。个案研究术语被滥用的情况可能还会长期存在，因为其概念外延本就十分广阔，Duff（2008）就将自然科学和社会科学领域中所有以个体为对象的研究都称作案例研究。

参考文献

陈晨：《汉语慕课学习者的自我调节研究》，《国际汉语教学研究》2021 年第 1 期。

崔永华：《试说汉语国际教育的新局面、新课题》，《国际汉语教学研究》2020 年第 4 期。

戴楚洁：《远程一对一汉语教学中教师身份建构的个案研究》，《国际中文教育》（中英文）2021 年第 1 期。

杜艳青：《对外汉语教学课堂教师语言与教师提问个案研究》，《安阳工学院学报》2018 年第 3 期。

范笛：《汉语二语者在高级写作课中身份认同变化——以韩语母语者为例的个案研究》，《内蒙古师范大学学报》（教育科学版）2020 年第 2 期。

葛茜：《闽籍日本新华侨华人子弟的语言习得与身份认同研究——两例民族志研究个案报告》，《海外英语》2020 年第 16 期。

贺莉娜：《语言价值对汉语学习者语言选择的影响——基于两位中亚学习者的个案研究》，《语言教育》2021 年第 3 期。

李钰梅：《汉语志愿者教师返乡文化休克现象个案研究》，《汉字文化》2020 年第 S2 期。

刘富华、张巍：《微变化视角下汉语二语口语发展的个案研究》，《中国海洋大学学报》（社会科学版）2018 年第 4 期。

漆亿、郭璐、谢晨：《新手教师汉语微课教学语言个案研究》，《重庆第二师范学院学报》2021 年第 3 期。

芮旭东、李水：《汉语慕课建课者对教材的使用情况及开发需求——一项基于教育叙事的个案研究》，《国际中文教育》（中英文）2021 年第 1 期。

闫姗姗：《汉语作为继承语的学习动机：两个个案》，《国际汉语教育》（中英文）2020 年第 4 期。

杨同用、任丽园：《泰国清莱府华校汉语教师现状调查分析与对策》，《汉字文化》2020 年第 8 期。

应洁琼：《基于语言社会化理论的留学生汉语语用能力发展研究》，

《语言教学与研究》2018年第5期。

余波：《国际汉语教师职前培训效果研究——基于分层次评估模型的分析》，《集美大学学报》（教育科学版）2018年第1期。

王俊菊、朱耀云：《课堂交际失谐情境下的外语教师学习研究》，《中国外语》2019年第5期。

王胜：《基于三语习得理论的母语负迁移理论之反思——以泰国学生汉语语音习得偏误为例》，《云南师范大学学报》（对外汉语教学与研究版）2018年第2期。

Patricia A. Duff, *Case Study Research in Applied Linguistics*, New York: Lawrence Erlbaum Associates, 2008.

Sun Xiaohui and Luo Shaoqian, "A Case Study on Elementary CSL Learners' Reading Anxiety", *Chinese Journal of Applied Linguistics*, Vol. 41, No. 3, July 2018.

非汉语环境下汉语课堂活动设计中的问题研究

孙红娟　步延新

摘要：本文主要讨论非汉语环境下的汉语课堂教学活动设计中的问题，通过对三类材料的归纳整理，认为教师在海外汉语课堂活动设计中的问题主要可归为三类：一是活动规则的设计及说明；二是活动方式不适合教学对象；三是活动过程未能达到语言技能训练的目的。教师出现这些活动设计问题的原因可归纳为三点，一是对汉语教学的需求调查不深入、不清楚，二是对语言与文化的关系处理不当，三是活动设计流于"形式"，缺乏"内容"。

关键词：非汉语环境；汉语课堂活动；活动设计

一　引言

课堂教学活动在汉语教学过程中占有重要地位，是实现汉语教学目标的中心环节。课堂活动的概念有大小之分，本文所说的课堂活动指以语言理解、获得、表达为核心的活动，即"以意义为中心的课堂活动"，活动的教学目标是培养学生的语言技能，一般表现为两类：一类是课堂语言游戏，如"击鼓传花、拍苍蝇、萝卜蹲"等；另一类是指为了实现语言技能目标而设计的各种语言实践活动，如让学生完成信息调查表、制作海报、采访等。

从语言习得环境来看，汉语课堂活动可以区分为两种类型的课堂活动，第二语言课堂活动和外语课堂活动。前者即我们通常所说的对外汉语

孙红娟，北京师范大学国际中文教育学院；步延新，北京师范大学国际中文教育学院。

课堂，教学对象主要是来华留学生，后者则是非汉语环境下的课堂活动。目前专家学者的研究主要集中在前者，关于后者的研究不但少得多且研究成果多来自曾在海外实习的志愿者教师，大多是教师结合自己的实习情况，根据某个教学法讨论的课堂活动方面的硕士学位论文，少有论文从比较宏观的角度全面阐释分析非汉语环境下汉语课堂活动设计中的问题及其原因。

本文主要讨论非汉语环境下的汉语课堂教学活动设计问题，所列举实例来源有三类：一是即将赴外的志愿者教师的试讲；二是国际汉语教育硕士课程《汉语课程与教学设计》中学生关于课堂活动的发言及作业；三是有海外实习经历的硕士生的汉语教学经验分享。

二 汉语课堂活动设计中的问题

学生在课堂活动设计中出现的问题，可分为以下三类。

（一）教师无法使学生明白活动规则。

1. 活动规则本身过于复杂，难以说明。

如果活动规则冗长复杂，学生会失去倾听规则的耐心，导致课堂活动无法实施。比如，一位教师在教新西兰小学生用"你几岁？我……岁"这个句型练习问答年龄时，采取了"传话筒"的游戏形式。其中的规则是"教师首先对23个学生进行分组，每组又分为游戏者、监督者和计分者三种角色，规定监督者要去对方的队伍听该队伍的学生表达是否正确；计分者全程负责计分，不参与游戏；游戏者需要一问一答进行游戏。A说'你几岁'，B回答后再向C提问，C回答后再向D提问，以此类推，最先完成的队伍得分"。但在实际课堂的操作中，刚开始分组时就无法做到各组组员水平平衡，活动角色设计又复杂，学生根本没有耐心听教师解释规则，课堂纪律崩溃，活动根本无法进行，导致教学失败。①

2. 教师只是用语言来说明规则，未给出具体示范。

对于海外的中小学生，特别是低年级的小学生来说，受汉语水平以及自身认知能力的限制，教师仅用语言即使是学生的母语来解释活动规则也

---

① 案例来自北京师范大学汉语国际教育专业赴新西兰的志愿者教师杨瑶的教案。

是很难让学生明白活动的具体操作步骤的。但在试讲中,很多教师想当然地认为学生能很容易地理解活动规则,因而只对规则做非常简短的说明,不进行任何示范,这就导致学生在活动时因对规则不清楚而不停地向教师或其他同学询问,使活动无法顺利进行甚至失败。

(二) 活动方式不适合教学对象,或未考虑教学环境的实际情况

1. 活动形式与班级规模不符。

课堂的活动形式从主体来说可以分为"师生互动""生生互动",教师应该根据班级规模采取合适的形式。比如泰国中小学的班级规模都比较大,通常一个班级有五六十人,如果教师在上课时主要采取"师生互动"特别是"教师与学生一一互动"的形式,就会导致教师在向某位同学提问时,其他同学都无法集中注意力,开始聊天或做其他的事,教师只好中断课程来进行课堂管理。

2. 活动形式缺乏竞争性。

中小学生一般都活泼好动,喜欢竞争性比较强的活动,特别是开始进入青春期的中小学生,更喜欢彰显自己,因此教师设计的活动不但要有趣味性,也要有竞争性。如:在一次试讲中,教师[①]在给澳大利亚的初级水平的初中生设计练习"S1 和 S2 喜欢一起做什么?"这个句型时,采用的"开火车"的活动方式,活动规则为"让 A 学生提问 B 学生,B 学生回答,然后再向 C 提问"。这样的活动虽然能锻炼学生听说读写能力,但因缺乏竞争性而无法激发学生的学习热情,并且已经完成的 A 学生要等较长的时间才能再次回答问题,就很容易走神。但如果教师对学生分组,设置一个小型比赛,比如,教师提问,然后出示相应内容图片,先回答上来的学生才能得分,这样更能调动学生的学习积极性,使汉语学习更高效。

3. 活动设计未考虑学习者母语国家的文化。

教师设计的活动受本身中国背景文化的影响,造成学生理解困难。比如一位将赴新西兰进行汉语教学的教师在试讲时,为让学生区分"我是刘明"和"我叫刘明"的区别,采用"在中国医院叫号"的情境来设计课堂活动,这对于有在中国就医经历的学生来说非常容易理解,但对于新

[①] 案例来自北京师范大学汉语国际教育专业 2019 级学生孙晓彤的个人教案设计。

西兰学生来说，医院看病属于个人隐私，所以在医院看病不会出现护士叫号、患者站起来说"我是××"的情景。因此这个活动不但不能让学生很好地理解"我是××"与"我叫××"在语用功能上的差别，还可能给学生带来文化上的困惑。但如果将活动情境改成"机场接人"（如图1和图2）的情境，即"当接机者知道对方的名字，但不认识对方"时，被接的人在走到举牌接机人跟前时就适合说"我是××"，而不是"我叫××"。这样的场景世界通用，易于学生理解和接受两个句型的区别。

图1 机场接人

4. 活动形式过于幼稚。

将汉语作为第二语言进行学习的人中，不乏高中生甚至四十岁以上的成人，对于这部分人所设计的语言游戏活动，就不能过于幼稚，否则学习者会觉得自己的智商受到了侮辱。比如，如果教学对象是成年人，教师在让学生练习词语时还采用"萝卜蹲"游戏的话，他们就会感到比较尴尬。成年人的思维能力强，如果教师能够结合教学目标设计一些开放类的比如"假如你是某某，你会怎么做"或"你怎么看待什么问题"的讨论活动可能更适合成年人，更能促使他们积极开口练习汉语。

5. 受教学环境限制，有些活动难以实施。

有些活动需要较大的场地，这就要求教室的桌椅是活动的，方便教师做活动时将桌椅移开，留出足够的场地，特别是一些需要全班参与的有肢体动作的活动，如"大小圈、找朋友"等。有些活动必须有多媒体的辅助才能进行，比如"消失的单词""翻卡片"等活动都需要电脑 PPT 辅助，如果教室里没有多媒体设备，这些活动就难以实施。所以，教师在设计活动时，如果发现教室没有多媒体设施，可以自己准备生字卡、彩纸、实物等教学道具等来辅助活动的实施。

（三）课堂活动未能达到语言技能训练的目的

1. 活动过于注重趣味性和游戏性。

教师为了吸引学生的注意力，激发学生的汉语学习兴趣，在语言练习活动中加进游戏元素，以让活动更有趣味性，这本来无可厚非，但有时教师往往过度注重活动的游戏性而忽视了活动设计的最终目的是提高学生的语言能力。比如一名新西兰志愿者教师在教小学生学习"数字1—10"时，设计了用筷子夹花生米的游戏，游戏规则为"用筷子夹起一粒花生米就说'1'，两粒就说'2'……最先数到'10'的组获胜"。在活动实施过程中，新西兰小学生都很喜欢这个具有挑战性的游戏，踊跃参加，但最终却因为不会用筷子而无法练习说较大的数字，甚至一节课连一粒花生米都没夹起来而导致"1"都没说出口。虽然教师设计的活动既具有趣味性，也融合了中国筷子文化的特点，但却因未考虑到"用筷子"对学生的难度而导致语言练习无法进行，未能实现语言教学目标。

2. 活动形式过于复杂，学生理解活动规则占用了大量时间。

有的教师原本计划用 15 分钟来组织学生活动，却因活动规则复杂，以至于为让学生明白如何进行活动，就占用了 10 分钟，只留了 5 分钟来进行活动实施。就如"传话筒"的案例，课堂上花了大部分时间去讲解或帮助学生理解活动规则，真正用于语言训练的活动时间所剩无几，从而未能达到语言技能训练的目的。

3. 活动过于注重文化因素的导入，加大了活动的难度。

教师为让墨西哥零起点学生学会用"现在几点？现在……点……分"句型询问时点，设计活动时将十二生肖与中国古代的计时法等文化因素融入活动设计中①。

"先将学生分为'熊猫'和'雄鹰'两大组，再给学生每人分发一张

---

① 来自北京师范大学汉语国际教育专业2019级学生冯双艺的课堂活动设计。

动物卡片（见图5），然后拿出十二时辰动物挂图（见图3）、时间转盘（见图4）和奖品。教师告诉学生游戏规则，即教师先拨动转盘，询问'现在几点了？'两组学生看到时间，马上将转盘时间与十二时辰动物相匹配，再看自己手中的动物卡片，如果刚好对应转盘上的时间点，就迅速举起手中的动物卡片，然后用汉语说出转盘上的时间点。最快且正确的组加一分，最后看哪一组分数最高，全员有奖。"

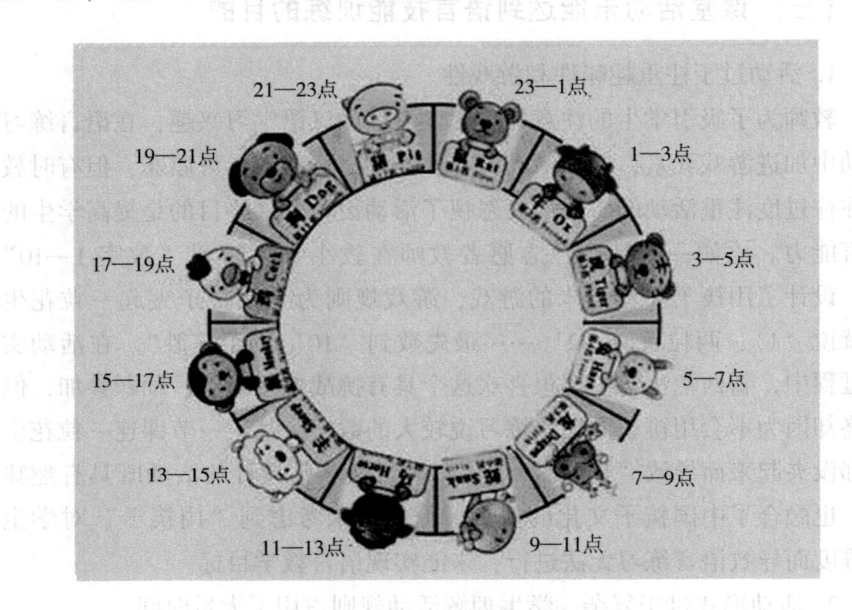

图2 十二时辰动物挂图

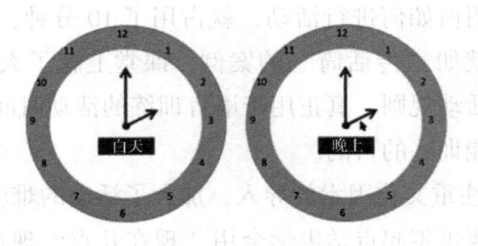

图3 两个可以随意拨动指针的时间表盘（一个用于白天，一个用于晚上）

此活动的目的本来是练习问答时间，结果学生需要先了解中国古代的十二时辰与现代时间的对应关系，且要了解十二生肖文化才能更快更好地回答教师的问题，这就会出现某些学生即使能回答时间，但若无法将手中的动物卡片与"十二时辰动物挂图"中的时辰及时间对应，也无法举手

图 4　十二生肖动物卡片

抢答问题，这就违背了活动目的是"练习时间问答"的初衷。

4. 教师在让学生分组活动前未给学生练习提供"脚手架"。

在一次赴外教师培训的试讲中，教师在讲完连动句"去+地点+动词"后，又用 PPT 出示相关场景图片，让学生练习了"我去图书馆读书、我去商店买东西……"等几个句子后，直接进入分组活动环节，让同学们两人一组进行练习，却未给学生提供任何实际辅助材料（比如对话的场景、语言要求等），也未告诉学生要练习的语言内容（比如句型、词汇等）。这就导致开始时学生面面相觑，因活动目的不明确，学生们的对话内容五花八门，说什么的都有，有的说"你是哪国人？我是中国人"，也有的说"你去哪儿？我去商店"，还有的干脆聊起了天……①

5. 所采用的活动材料无法激发学生的学习兴趣。

教师在设计活动时，应在充分了解学生的文化和喜好的基础上进行。一名泰国志愿者教师在教学生学习五官时，她先选择中国的国宝大熊猫来作为教学材料，让学生给简笔画的熊猫涂色并标出五官的拼音，认为这样可以让学生在练习五官的同时了解中国的文化。但没想到学生对熊猫兴趣寥寥，课堂活动进行得并不顺利。后来，教师才了解到泰国地处热带，自然植被色彩丰富，受自然地理条件的影响，泰国人在生活中也喜欢鲜艳的颜色，因而对黑白色的熊猫提不起兴趣。

---

① 材料来源于"国家汉办 2019 赴泰英的澳大利亚汉语教师志愿者试讲"。

三 课堂教学活动设计出现问题的原因

(一) 对汉语教学的需求调查不深入、不清楚

教师要设计出有效的教学活动，就必须对汉语课程相关的因素——教学对象以及教学对象所在国家以及地区的文化特点进行详细的调查，才能设计出适合教学对象的课堂活动来。比如，从国情文化的角度来说，泰国学生更喜欢手工类的活动，教师上课时可以将绘画、海报制作等融入汉语课堂活动设计中；而新西兰学生更喜欢分组活动。从学生自身的特点来说，年龄小的学生更喜欢 TPR 类的活动，而年龄大的学生更喜欢具有竞争性的活动。从性别来说，新西兰等国家的中小学有男校女校之分，男女生所热衷的课堂活动形式当然不一样。从物质环境角度说，有的教室桌椅是固定的，不适合肢体类的活动；有的教室没有多媒体设备，教师就无法利用音乐、PPT、视频等方式来组织活动。本文第二部分所列举的课堂活动设计中出现问题，很多都属于教师对汉语课程需求调查不够造成的。因此，教师在设计课堂活动时，应当对教学对象的年龄、认知特点及其所在国家地区甚至学校的特点进行深入的调查分析才能设计出适合的课堂教学活动。

(二) 课堂活动设计中对语言和文化的关系处理不当

在"以意义为中心的课堂活动"设计中，一切活动都是为了帮助学生更好地掌握语言技能，培养学生在实际情景中的语言交际能力，这是所有二语教学者的共识。在语言活动中融入适合的文化因素或适当穿插一定的文化活动，既能增加活动的趣味性，激发学生的学习兴趣，又能促进学生更深入地了解中国。但教师如果无法把握好文化因素在活动中所占的比重，就会造成三个问题：一是只注重了活动的文化性和趣味性，而忽视了活动的目的是练习语言技能。比如以"夹豆子"为代表的"有趣而无语言练习"的活动，虽然筷子很吸引学生，却因太难而导致语言练习无法进行；另外一种表现却是"无趣也无语言练习"，教师为引起学生兴趣，将活动设计得过于复杂，学生需用大量的时间理解活动规则而失去了耐心，导致活动根本无法进行。二是所选择的文化因素的难度大过了让学生

掌握的语言知识的难度，造成学生无法开口，如用"十二时辰动物"来练习问答时间的活动。三是所选择的文化因素未考虑教学对象的国情特点而无法引起学生的兴趣，如"大熊猫"的活动，如果教师了解泰国学生喜欢颜色的特点，就不会出现这样的活动设计问题了。

（三）对教学法的理论理解流于表面，导致活动设计流于"形式"，缺乏"内容"

教师对现在二语教学中常用的"翻译法""交际法""情景法""任务型教学法"等教学法（或教学方法）有一定的了解，也力图将其应用到教学中。比如，很多教师在教授某个语言点的时候，都会有意识地在讲解时利用"图片、PPT"等来讲解，练习的时候会先让学生做半开放式的替换练习，然后有意识地让学生分组进行练习。但因为教师本身对教学法一知半解，所以在活动设计中无法给学生提供具体的脚手架，以为"交际法"就是让学生自由聊天，"任务型教学法"就是教师给学生布置一个"会话"的任务就可以了。但其实，如果教师没有给学生提供"交际"的背景，也未给出具体的"语言材料"或"练习范围"，对于非汉语环境下的初级汉语水平学生来说，他们是无法自觉去组织语言材料练习的，最后只能胡乱说一些自己熟悉的汉语句子甚至干脆用自己的母语聊天。

比如上文提到的为学生练习提供"脚手架"的问题，如果教师在让学生分组活动前，先准备"图书馆、食堂、操场、医院、教室"等的图卡和写有"学习、看书、运动、吃饭、看病"等的词语卡片，并请一个学生与老师一起给出示范，教师问"你去哪儿？"并举起"图书馆"的图卡，另一学生从自己的词汇卡片中找出"学习"词汇卡片，回答"我去图书馆学习"。然后教师将卡片分发给学生，再让学生两人一组利用卡片练习问答每天的日常活动，就可以避免上面出现的问题了。

四 建议

"教师要有一桶水"，才能选择其中最合适的一杯水教给学生，设计出合适的活动。要做到这一点，教师就要努力提高教师本身的知识储备，以根据不同的教学情况来设计相应的教学活动。

首先，教师深入学习语言本体知识，深入了解汉语词汇、句型的特点，才能设计出合适的活动。其次，教师要深入了解二语教学法的语言学理论基础及心理学、认知学理论基础、主要操作步骤及已有的研究成果，从而将各种教学法结合学生特点自如运用在课堂活动设计中。这样，就不会出现因活动形式设计过于复杂导致活动失败的问题了。最后，教师要意识到非汉语环境下的汉语教学不同于汉语环境下的汉语教学。在非汉语环境下的汉语课堂活动具有以下特点：第一，学习者要求教师设计充足的汉语课堂活动来练习汉语，因为课堂外基本不具备汉语习得的环境。第二，学习者为同一母语，文化背景基本相同，更利于教师设计学生都能接受的课堂活动，教师可适当使用学生母语解释活动规则。施光亨先生早就指出，不绝对禁止使用外语同操练中不排斥理论指导的作用，是相为表里的。第三，海外学习者更多的是中小学生，受该国基本教育制度的制约，这就要求教师在设计课堂活动时要遵守该国以及该校的教育制度及规则。比如，有的国家认为不能给年龄特别小的孩子设计竞争性强的游戏，汉语课堂活动也要遵守这个原则；同时，在活动的选择上，可以借鉴当地流行的课堂教学手段或技巧。其实，在语言教学活动中，很少有只使用单一的教学法的情况，往往是几种教学法并用，或者是以一种教学法为主，其他方法为辅。第四，汉语在海外往往是当地中小学的语言选修课程之一，鉴于二语教学的共同特点，建议汉语教师加强与其他外语教师的交流，借鉴其他外语的教学方法。

参考文献

高立群、孙慧莉：《对外汉语课堂教学量化工具的设计构想》，《世界汉语教学》2007 年第 4 期。

施光亨：《关于基础汉语教学中的课堂操练》，《语言教学与研究》1981 年第 4 期。

孙德坤：《关于开展课堂教学活动研究的一些设想》，《世界汉语教学》1992 年第 2 期。

王巍：《对外汉语教学中的课堂活动设计》，《教育理论与实践》2012 年第 24 期。

图瓦卢中文教育发展现状研究

肖歆童 邓 华 李琼琼

摘要：近年来，南太平洋地区中文教育发展迅速，对该地区各个国家中文教育状况的调查和研究成为重要课题。图瓦卢作为南太平洋地区的一员，对其中文教育现状及问题的探讨仍为空白。本文通过文献研究法、访谈法，结合笔者三年的国际中文教育实践经验以及调查到的资料为依据，真实客观地反映图瓦卢中文教育现状及问题：首先，中国与图瓦卢之间目前虽暂未建立外交关系，但随着中图之间交流增多，中图关系具有对话可能；其次，图瓦卢本国经济不发达是造成中文教育不发达的主要原因之一；最后，虽图瓦卢国家基本实现初等教育的普及，但其本土高等教育却依赖于南太平洋大学及网络学习，限制了学习者的学习路径与方式。针对以上问题，本文探讨了相关优化路径。

关键词：图瓦卢；太平洋地区；中文教育

一 图瓦卢国家及中文教育简介

图瓦卢（Tuvalu），旧称埃利斯群岛，是位于南太平洋地区的岛国，由九个珊瑚岛群组成。图瓦卢南靠瓦利斯和富图纳（法）及斐济，北临基里巴斯，西与所罗门群岛相望，东近托克劳（新）。图瓦卢当地主要语言为图瓦卢语，官方语言为英语。图瓦卢是世界面积第四小的国家，陆地面积为 26 平方公里。2021 年最新数据显示，目前图瓦卢国民人数约 11000 人，其中波利尼西亚人约占全国总人口的 96%；另约有海外侨民

肖歆童，湘潭理工学院；邓华，湘潭理工学院；李琼琼，湖南文理学院。

7000人，全国人口分布约三分之一居住在富那富提岛。① 由于地势极低，持续上升的气温和海平面严重威胁着图瓦卢，因此已有部分图瓦卢人移民至新西兰等其他国家。

2012年9月6日，由北京邮电大学和南太平洋大学合作建立南太平洋大学孔子学院，这是南太平洋岛国地区首家孔子学院。南太平洋大学由12个南太平洋岛国联合资助，在各资助国均设有校园。借助南太平洋大学分布于含图瓦卢在内的12个岛国分校区，孔子学院可以很好地在整个南太平洋地区发展中文教育和传播中国文化。迄今，瓦努阿图、库克群岛等国家也设立了孔子课堂，今后更多岛国会开设中文教学点。②

图瓦卢的中文教育依托于南太平洋大学的孔子学院，在图瓦卢本土的中文教育发展比较缓慢，甚至无法查到相关的中文教育情况信息。

目前图瓦卢与中国台湾之间存在着诸如人才培育与青年交流项目及先修华文（LEP）等中文项目。

二 图瓦卢中文教育发展的影响因素

（一）中图关系的对话可能为中文教育奠定基础

图瓦卢是英联邦的特殊成员。受国际、国内环境影响，图瓦卢奉行积极的外交政策，不断加强与大国、国际组织的联系。图瓦卢作为联合国的成员国，能够通过与大国、国际组织的合作，表达自己的声音，提升国际影响力和国际政治地位。

中华人民共和国与图瓦卢目前没有正式的外交关系，据《人民日报》1978年的报道，在1978年9月30日，中国国务院总理华国锋致电祝贺图瓦卢独立，并宣布中国政府承认图瓦卢政府。中国在南太地区的影响不断加强，图瓦卢越来越感受到中国的影响力。中国与图瓦卢两国之间也有经济、体育、医疗等方面的交往。1997年3月，图瓦卢遭到飓风灾害，中国红十字会向图瓦卢捐款1万美元。据考证，2008年8月，图瓦卢首次

---

① 中华人民共和国外交部：https://www.mfa.gov.cn/web/gjhdq_676201/gj_676203/dyz_681240/1206_681814/1206x0_681816/。

② 李佳彬：《中国语言文化远播重洋——访南太平洋大学孔子学院中方院长李登贵》，https://www.sohu.com/a/28151573_162758，《光明日报》苏瓦8月18日电。

参加在北京举办的第29届夏季奥林匹克运动会。2010年，图瓦卢参加了在上海举办的世界博览会。2014年，来自图瓦卢的官员及运动员参加了在南京举办的夏季青年奥林匹克运动会，并参访南京外国语学校，他们的到来受到南京外国语学校师生的热烈欢迎，通过和学校师生间的互动，加深了中图之间文化的交流。① 2011年，中国驻比利时使馆工作人员参加亚太妇女联合会（APWA）大型慈善义卖活动，该活动中义卖募集的善款捐给图瓦卢残疾人协会、印度尼西亚孤儿院和比利时慈善事业。② 并且，中国政府在国际组织中的医疗队也为图瓦卢提供医疗援助，既向图瓦卢民众展现大国担当，也增强了当地人对中国文化的认同。中图两国交流的主体、内容、形式不断丰富与发展，交流的水平与质量也不断提高，这都为图瓦卢人接触中国文化、感受中国魅力、学习中文打下了基础，搭建了桥梁，开辟了广阔的前景。

（二）经济不发达限制中文教育的需求和发展

1986年10月，图瓦卢被联合国列为世界最不发达国家之一（余芳东，2014）。图瓦卢土地贫瘠，经济欠发达，没有真正意义的工业与农业。当地人民主要以种植椰子、香蕉等为生，虽然渔业发达，但无力开发。其主要贸易伙伴是新西兰和澳大利亚。在图瓦卢，政府开发援助（Official Development Assistance，简称ODA）占到其GDP的80%以上（David Fielding，2010）。

尽管图瓦卢实行免费医疗和小学免费教育，但其有限的国力限制了政府在社会保障事业上的投入。根据世界银行的统计数据，图瓦卢2018年的人均GDP为3701美元（约合25907元人民币），人均日收入仅有71元。世界货币基金组织公布的2013年世界各国GDP总量排名里，图瓦卢排在第186位（张颖，2019）。贫困率、失业率及新生儿/儿童死亡率居高对发展图瓦卢的中文教育增加了一定的阻碍。同时也给我们另一种启示：深化中图双边合作，为图瓦卢居民增加中文相关就业岗位。例如：结合图瓦卢本国特点发展旅游业，带动图国经济发展，培养本土中文导游；加强中图两国医疗卫生合作，降低新生儿及儿童死亡率，也可鼓励图瓦卢

---

① 南京外国语学校：http://www.nfls.com.cn/_t6/04/d6/c94a1238/page.htm。
② 中华人民共和国外交部：https://www.fmprc.gov.cn/zwbd_673032/gzhd_673042/201106/t20110606_9679848.shtml。

医护人员前往中国学习更加先进的医学知识等。

虽然图瓦卢与我国政府没有建立外交关系，但是，赵少峰（2017）认为，在中国"走向深蓝""海洋强国"战略的影响和带动下，图瓦卢不再把中国政府视为威胁，而是逐渐将中国视为经济发展的合作对象。鲁鹏（2019）认为，在"一带一路"倡议下，中国加强与南太地区各国的合作，有利于促进南太各国对"一个中国"原则的支持，有利于争取尚未同中国建立外交关系的太平洋岛国对中国的认同，从而提升政治上的互信与协作。

（三）图瓦卢本土教育为中文教育奠定基础

图瓦卢非常重视教育，基本实现了初等教育的普及。政府规定 6—15 岁的所有学生应接受免费的义务教育，对不识字的老年人进行非正规教育，提高了全国识字率。2004 年《太平洋地区千年发展目标报告》表明，图瓦卢成人识字率已达到 95%（赵少峰，2016）。

政府在教育制度上设置了初等教育、中等教育、职业教育和高等教育。截至 2014 年，图瓦卢有 13 所幼儿园、13 所公立学校、1 所私立小学和 3 所职业学校。其中 13 所公立学校包括 11 所小学，72 位教师，在校生 1485 人；2 所中学，教师 31 人，在校生 345 人。1 所私立基督教会小学。根据图瓦卢的教育制度，学生在 5 岁上小学，14 岁开始读 5 年高中（赵少峰，2016）。与太平洋地区相比，图瓦卢师生比低于太平洋地区的其他国家，比例为 1∶29。[①] 在图瓦卢普及初等教育后，也为将来的图瓦卢人民学习中文奠定了一定的文化基础。

图瓦卢本土没有高等学校，只有南太平洋大学远程培训中心。学生如果想到海外高校就读，需要凭优秀成绩获取政府资助或海外奖学金资助。自 2004 年以来，南太平洋大学远程培训中心推出 7 年级方案（又称扩大基金会方案），让更多学生在基金的资助下获得继续深造的机会。

图瓦卢虽并未将中文教育纳入本土国民教育教学体系，但是图瓦卢实现了普及初等教育的目标，且目前就受教育机会和奖学金的获取而言，不存在对男、女生的任何歧视。这让图瓦卢人接受了良好的基础教育，为以后学习中文打下了一定的基础。图瓦卢本土没有高等学校，接受高等教育

---

① 图瓦卢的教育：https://www.k12academics.com/Education%20Worldwide/education-tuvalu。

一般依托于海外高校或者是网络教育，实力雄厚的海外高等学校如南太平洋大学以及开放的网络资源能为图瓦卢人接触中文提供一定的机会，还能够让图瓦卢人更为深入地接触中国文化、学习中国先进技术和知识甚至能将图瓦卢人的中文学习推向更高层级。

三 图瓦卢中文教育发展现状

（一）教育阶段

图瓦卢本土没有高等学校，因此居民需要赴海外或者通过网络接受高等教育。据教育部统计的 2018 年来华留学人员数据中，大洋洲学生总数为 6229 人，占 1.27%。[①] 在 2013 年的中国—太平洋岛国经济发展合作论坛上，时任中国国务院副总理汪洋宣布中方进一步支持太平洋岛国经济社会发展的系列措施，其中包括连续 4 年为太平洋岛国提供 2000 个奖学金名额，帮助培训一批专业技术人员。

目前，中国台湾面向外籍学生提供两种奖学金以鼓励其进行华文学习。

台湾省留学生奖学金是台湾专门针对国际学生赴台湾学习的奖学金项目。但学生获得奖学金的第一年需要参加先修华语（LEP）项目，学习并使用华文。[②] 该项目要求，获得奖学金的学生需要在教育部门下设华语文教学机构（简称华语中心）里进行为期一年的华语学习，且需要获得体现其华语文能力的成绩（二级）或证明才能进入下一阶段的学习。

中国台湾省国际高等人力培训外籍生奖学金则要求参与普通话授课项目的学生必须在第一年结束前通过三级听力和阅读考试。对于没有参加华语文能力测试（TOCFL）考试、没有能体现其中文水平证明材料的学生，将取消其剩余课程的资格，并被送回图瓦卢。

在图瓦卢学生赴台读书申请奖学金的要求里，需要学生提供中文水平等级证书，因此，笔者将学生需具备的华语文能力与 HSK 汉语水平能力对照，以此推测申领奖学金的图瓦卢学生的汉语水平对应 HSK 里的等级

[①] 中华人民共和国教育部：http://www.moe.gov.cn/jyb_xwfb/gzdt_gzdt/s5987/201904/t20190412_377692.html。

[②] 图瓦卢政府网：http://www.tuvaluembassyroc.org/just-for-students。

（见表1）及在《欧洲共同语言参考标准》和《美国外语教学协会指标》里的语言对应等级（见表2）。

表1　《华语文能力测验》与《新汉语水平考试》和《欧洲共同语言参考标准》的对应关系①

欧洲共同语言参考标准 CEFR	华语文能力测验 TOCFL		新汉语水平考试 HSK	
	等级	词汇量	等级	词汇量
under A1	—	—	一级	150
	—	—	二级	300
A1	Level 1 入门级	500	三级	600
A2	Level 2 基础级	1000	四级	1200
B1	Level 3 进阶级	2500	五级	2500
B2	Level 4 高阶级	5000	六级	5000 及以上
C1	Level 5 流利级	8000	—	—
C2	Level 6 精通级	8000 以上	—	—

表2　《华语文能力测试》与《欧洲共同语言参考标准》、《美国外语教学协会指标》及《中国台湾华语文能力基准》的对应关系②

欧洲共同语言参考标准	A1.1	A1.2	A2.1	A2.2	B1.1	B1.2	B2.1	B2.2	C1.1	C1.2	C2.1	C2.2
美国外语教学协会指标	新手高阶	中低级	中级	中级—中高级	高等低级	高等中级	高级	高级	流利	流利	精通	精通
中国台湾华语文能力基准	3	3—4	3—4	3—4	4	5	6	6	6	7	7	7
华语文能力测试	准备	入门基础	入门基础	进阶高阶	进阶高阶	进阶高阶	进阶高阶	进阶高阶	流利精通	流利精通	流利精通	流利精通

同时，笔者对联合国教科文组织记录的6所图瓦卢小学，③ 以及在图瓦卢教育部④了解到图瓦卢中小学中文教育情况得知，目前图瓦卢还没有学校开设中文课程。学生若需要学习中文通常是通过网络或前往南太平洋孔院进行学习，抑或作为留学生去中国台湾地区接受华语学习。

---

① 华语文能力测试：https：//tocfl.edu.tw/index.php/test/listening/list/7。
② 华语文能力测试：https：//tocfl.edu.tw/index.php/test/listening/list/7。
③ 联合国教科文组织：https：//aspnet.unesco.org/en-us/Lists/Schools/country_Tuvalu.aspx。
④ 图瓦卢教育部：https：//meys.gov.tv/about-us/education-department。

（二）孔子学院（课堂）

南太平洋大学成立于1968年，是全球仅有的两所区域性大学之一。南太平洋大学由12个南太平洋岛国联合资助，在各资助国均设有校区。该大学由含图瓦卢在内的12个成员国共同所有。因此，2012年9月6日，由北京邮电大学和南太平洋大学合作建设南太平洋大学孔子学院。南太平洋大学孔子学院落户于斐济首都苏瓦，是南太平洋岛国地区首家孔子学院。借助南太平洋大学的优势，其孔子学院对整个南太平洋地区中国文化的推广和汉语教育的推行有着举足轻重的作用。例如，在南太平洋岛国对中文需求越来越强的情况下，瓦努阿图、库克群岛等国家也相继设立了孔子课堂，今后更多岛国会开设中文教学点，为中国在南太平洋地区与该地区教育文化合作提供了新动力。

2017年10月14日，北邮国际合作与交流处处长任春霞女士、梁翠媚老师赴南太平洋大学劳托卡校区访问，表示欢迎斐济等南太岛国学生申请奖学金，赴北邮攻读汉语言专业，争取为南太孔院打造一支优秀的本土教师队伍，确保汉语教学在当地的可持续发展。①

目前，中文课已正式成为苏瓦校区的全校公共选修课，并被纳入学分体系。此外，孔子学院正在大力推动将中文课由学分课程转变为辅修专业。截至2018年，南太平洋孔院已有7位公派教师、5名汉语教师志愿者、1名兼职教师及2名本土中文教师。孔子学院考虑未来还要设立中文师范专业，这样不但解决了部分学生毕业后的就业问题，也能实现中文教育在当地的可持续发展。

南太平洋孔子学院正式挂牌成立前开设了中文学习的社会班，任何在当地生活工作的人只要想学中文，就可以来报名。2012年首次开设的班级里就有70多名学生，到了2013年，社会班学员达到480人。② 直至2017年年末，孔院注册学员达1386人（宋洁丹，2019）。在2017—2018学年里，南太平洋大学孔子学院各校区共有7位公派教师和6名汉语教师志愿者，由于整个南太地区此前都没有正规的中文教育，孔子学院的到来对当地想要培训中文的人来说就是雪中送炭。目前孔院社会班使用的教材

---

① 北京邮电大学国际处：https：//io.bupt.edu.cn/info/1098/1134.htm。
② 李佳彬：《中国语言文化远播重洋——访南太平洋大学孔子学院中方院长李登贵》，https：//www.sohu.com/a/28151573_162758，《光明日报》苏瓦8月18日电。

主要有《体验汉语》（生活篇）和《阶梯汉语》，中小学汉语兴趣班主要使用的教材是《快乐汉语》和《跟我学汉语》，南太平洋大学学分班课程使用的教材是《体验汉语》（基础教程）。除了以上汉语教材，孔院教师们也会参考中外语言合作中心的资料包、网络孔子学院等线上资源，作为教材补充，以弥补教材陈旧、实用性和趣味性不够的不足（宋洁丹，2019）。

目前汉语教学已纳入南太平洋大学学校课程体系，南太平洋大学的汉语学分课，每周2—4课时，多数仅有2个学分。课程考核上，学生除每学期都要参加期中和期末考试外，还会参加单元测验和每周的小测试；课程类型上，一般都是汉语综合课。社会班采取口试、笔试相结合的考评方式。2017—2018年度里，孔院教师团队和南太平洋大学线上学习中心团队一起合作设计、讨论研发，于2018年正式上线南太孔院第一门线上中文学分课。

除了语言教学，孔子学院还经常组织文娱活动，更加直观地向当地民众介绍中国文化，①且多次尝试同当地机构合作举办工作坊、讲座、中国文化体验日，介绍推广涵盖中国元素的书法、国画、茶艺、武术、手工等。

四　图瓦卢中文教育问题分析

（一）图瓦卢中文教育发展存在的问题与分析

图瓦卢本土的中小学教育系统并没有中文教育课程，也无相应的中文教育培训机构，基础教育中缺乏对中文课程的设置，导致图瓦卢人对中文了解不足、接受程度不高。王聪、吉伟伟（2018）指出图瓦卢本地华人华侨数量较少，仅40人。由于华侨华人数量不占优势，加上图瓦卢基础教育阶段未开设中文课程，导致在图瓦卢的华人群体对中文的教育需求无法得到满足，在图华侨华人的后代只能通过家庭中文教育或线上机构学习汉语。而图瓦卢本土居民如要学习中文，可依托的途径目前除自学或线上

---

① 李佳彬：《中国语言文化远播重洋——访南太平洋大学孔子学院中方院长李登贵》，https：//www.sohu.com/a/28151573_162758，《光明日报》苏瓦8月18日电。

机构学习外，大致还有两个方式：一是依托南太平洋大学的孔子学院；二是中国台湾地区为图瓦卢人提供的华文课程和华语文能力测验。

另外，对于服务于南太平洋岛国/地区的南太孔院来说，教材过时；教材实用性、趣味性不足；缺乏针对性教材；缺乏本土教师等原因同样也不利于中文教育更好、更长远地开展。

（二）图瓦卢中文教育发展的建议

由于图瓦卢本国经济欠发达，并且与我国暂无正式外交关系，使图瓦卢中文教育的发展遇到一定的挫折。但图瓦卢和中国同是南太平洋旅游组织、太平洋岛国论坛的成员。在中国"向海图强，走向深蓝"和"海洋强国"战略的影响和带动下，图瓦卢逐渐将中国视为经济发展的合作对象，中方密切关注海洋安全，积极推动海洋事业的发展，这和图瓦卢本国需求相一致，在拉近中图之间距离的同时，也为图瓦卢发展中文教育提供了良好的外部环境，符合图瓦卢人民的实际需求。我们应当积极推动图瓦卢与中国大陆的经济贸易以及其他合作往来，增加图瓦卢本国对中文人才的需求。今后中国可以与图瓦卢政府加强合作，商讨全方位、多领域的中文交流项目，如冬令营、夏令营、中图短期游学项目、交换生项目等，推动当地中文教育的发展，也可根据图瓦卢本土情况，因地制宜开设海洋保护、港口建设、商务汉语（海洋经济相关）等课程，通过中图之间贸易—中文课程的纽带，加深中图之间的合作。积极推进孔子课堂的建立，编写适合图瓦卢本土情况的中文类教材，积极推动南太孔院区域辐射作用，带动图瓦卢当地的中文教育发展，促进与图瓦卢中小学间的合作关系，促进中文纳入图瓦卢国民教育体系。依托强大的信息技术基础设施、成熟的在线教育平台，中国可以帮助图瓦卢建立起汉语教学资源库，集中图瓦卢中文学习者进行线上学习。

作为汉语母语国，我们可以吸收图瓦卢本国优秀毕业生到我国进行本科、硕士、博士生的培养，扩大数量，提高质量，尤其是对未来汉语教师和汉学专家的培养，使他们能够成为优质的教师资源，并助推他们依据各国的标准进入各级各类教育系统，成为中文及相关方面课程的教师。这能为培养中文人才打下良好基础，促进图瓦卢的中文教育的发展。

五 结语

图瓦卢作为南太平洋上的一颗"明珠",其政治的特殊性以及经济的不发达阻碍了中文教育的需求,但如能依托于南太平洋孔子学院感受中国文化,借助于中国"走向深蓝"、实现"海洋强国"的战略拉近与中国的距离,加速中图两国的友好发展,为图瓦卢将来的中文教育发展奠定政治、经济和文化基础。

参考文献

鲁鹏:《"一带一路"背景下中国与南太平洋地区的合作:进程、动力与挑战》,《长江论坛》2019 年第 3 期。

宋洁丹:《斐济南太平洋大学孔子学院汉语教学现状调查研究》,硕士学位论文,厦门大学,2019 年。

王聪、吉伟伟:《南太平洋岛国与华侨华人的互动发展研究》,《八桂侨刊》2018 年第 3 期。

赵少峰:《略论图瓦卢的外交政策与对外关系》,《聊城大学学报》2017 年第 2 期。

赵少峰编著:《图瓦卢》,社会科学文献出版社 2016 年版。

张颖:《试论"一带一路"倡议在南太平洋岛国的实施路径》,《太平洋学报》2019 年第 1 期。

余芳东:《联合国对最不发达国家的统计界定标准》,《调研世界》2014 年第 12 期。

David Fielding, "Aid and Dutch Disease in the South Pacific and in Other Small Island States", *Journal of Development Studies*, Vol. 46, No. 5, 2010.

国际中文教育议论文论证结构阶段性特征研究

周 怡

摘要：本文基于"图尔敏"论证模型，以不同阶段留学生议论文作为研究语料，考察了其论证结构基本成分、深度、广度以及阶段性特点。研究发现，留学生呈现出"说理性弱、广度弱"逐步过渡到"说理性强、广度强"的趋势。硕博年级理由和依据数量有显著提高，论证结构广度高于本科年级，能使用多种理由类型，理由来源于领域规则和个人评价。

关键词：国际中文教育；留学生；议论文；论证结构；阶段性特征

一 引言

《国际中文教育中文水平等级标准》（国家语言文字规范，GF0025-2021，以下简称《等级标准》，北京语言大学出版社2021年版）的发布引起了海内外的广泛关注。为了满足外国中文学习者高等水平测试的需求，依据《等级标准》，中文水平考试HSK（七至九级）应运而生，其中写作部分增加了话题作文，要求学习者根据所给话题发表及论证自己的看法。这对学习者的写作技能提出了更高的要求，他们不仅需要提出观点，还需要对观点进行充分论证。

论证是说服读者的一个重要手段。一篇好的议论文需要提出观点，充分展开观点，提供充足的论据支持并深入分析。这个道理也适用于二语议

周怡，华东师范大学国际汉语文化学院。

论文。

已有汉语二语议论文研究主要是基于修辞结构理论和廖秋忠（1988）的议论文论证结构，对学习者写作宏观篇章结构的构建偏误和习得模式进行探索，少有研究考察留学生写作论证结构的基本成分和发展过程。本文以"图尔敏"论证模型为分析框架，考察不同阶段来华留学生议论文论证结构阶段性特征，以期呈现留学生论证结构的发展过程，补充和完善已有研究。

二 文献回顾

（一）汉语语篇结构发展梳理

中国自古以来就有对文章整体结构的思考与探索，其中文章学作出了巨大的贡献。在文章学中整体结构指的是文章章法，落实到写作模式，就是"起承转合"。文章学虽不等于语篇研究，但具有中文的特色，是中文写作实践经验的总结。汉语早期语篇结构研究承续了文章学"起承转合"的思想。王福祥（1989）认为典型的句段结构应包括起始部分、展题部分和归结部分，但也可以有两个部分，并无定规。吴启主（2000）将语篇宏观类型分为完全结构、不完全结构、扩展结构以及变式结构。总的来说，"起承转合"勾勒出了汉语语篇结构规律，基本上符合写作实际情况。然而落实到操作层面，"起承转合"的分析方法还有完善的空间。比如，通常"承"是相对"起"来说的，但如果语篇中没有"起"，那如何定义"承"？如果出现"双承"现象，该如何进行归类？类似的问题需要更细致的解答。此外，研究应从语义和功能两方面考虑语篇结构。"起承转合"只回答了语篇的功能结构，并不能对语义结构给出有力的解释。目前只有廖秋忠（1988）根据语义结构和功能结构对汉语论证性语篇进行了划分（更侧重于功能结构），其他通用语类（如说明文、叙述文和描写文）的划分还在探索中。

（二）汉语二语议论文语篇结构研究

已有实证研究主要针对汉语学习者议论文宏观篇章结构的构建偏误、习得模式进行了探索分析。吴丽君（2002）在分析留学生汉语偏误时涉及了"篇章结构"偏误。廉爱宁(2011)基于修辞结构理论考察了留学生议论文宏观篇章功能结构。结果表明,留学生存在论点不清晰、论据与论点关联度低等问题。宋璟瑶(2015)基于廖秋忠(1988)的议论文论证结构考察了不同写作水平的汉语学习者议论文篇章功能结构的习得情况。研究结果发现得分较高的篇章论证结构组成部分较完整,但引论长度比例过高;得分较低的写作者未能较好地掌握篇章典型论证结构,顺序错乱。此外,宋文还考察了逻辑语义内容的安排,发现留学生有逻辑矛盾、脱节、混乱等问题。张迎宝(2015,2021)也根据廖秋忠(1988)的议论文论证结构考察了不同国家留学生的篇章宏观功能结构,发现留学生论证语篇宏观信息模式有种类庞杂、变异性高、深层论据信息构建力不足、动态层面由"选择性模式"过渡到"全息性模式"等特征。

总的来看,留学生论证结构习得研究还很薄弱,不仅采用了较为单一的汉语论证结构作为研究框架,侧重于功能结构的考察,在构成因素上细分度不够,汉语学习者论证结构发展过程研究也保留了很大的空间。基于此,本文以不同阶段留学生议论文作为研究语料,通过实证方法探究其论证结构的基本成分、深度、广度及阶段性特点。

三 研究设计

(一)语料来源

本文选择了上海H校2019—2020学年第一学期有写作课或读写课的留学生班级进行语料收集,包括本科一年级、二年级、硕士一年级和博士一年级。H校给本科一年级学生开设了基础汉语读写课程,给本科二年级学生开设了基础汉语写作课程,给硕博一年级学生开设了公共汉语课程,三门课程均为必修课。

语料取自这三个班级的课堂写作同题作文《学习汉语的苦与乐》,研究要求学生使用议论文文体写作,限时30分钟。该题目贴合留学生日常生活,熟悉度高。本文采取了分层抽样和随机抽样相结合的方式抽取了60篇留学生议论文(本科一年级20篇、本科二年级20篇、硕博士20篇)进行分析,共计58949个字符数。

对照《高等学校外国留学生汉语言专业教学大纲》(北京语言文化大

学出版社 2002 年版）和《等级标准》，本科一年级基本相当于《等级标准》中的初等，本科二年级基本相当于中等，硕博一年级基本相当于高等，因此对这三个学历层次的考查可以基本体现留学生发展过程中不同水平阶段的特点。

（二）分析框架

"图尔敏"论证模型（the Toulmin Model）是英国修辞学家图尔敏在专著《论证的使用》（*The Uses of Argument*）中提出的论辩模式，包含了说服他人的必要成分，被称为当代论辩理论的基石。相比于其他论证框架，该论证模型更注重内容而非纯形式，在论证结构的细分上更深入和全面，可以作为修辞结构理论和廖秋忠（1988）议论文论证结构的补充。

"图尔敏"论证模型由六大因素构成，分别是主张（claim）、依据（data）、保证（warrant）、限定词（qualifier）、反驳条件（condition of rebuttal）和支援（backing）。举例来说：

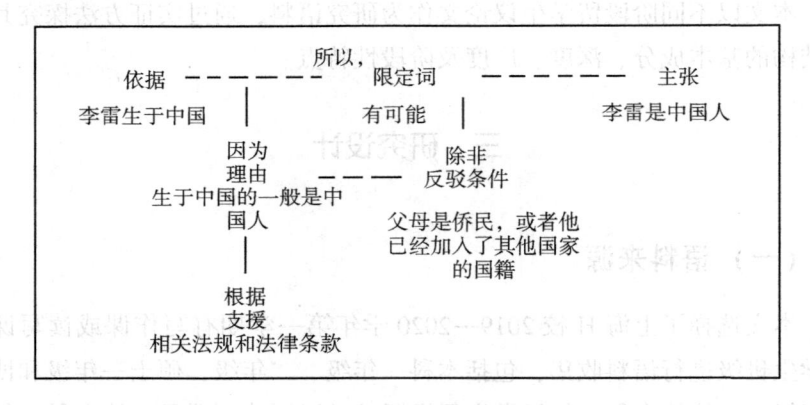

```
                   所以，
依据 ――――――     限定词 ―――――― 主张
李雷生于中国  |     有可能  |      李雷是中国人
         因为         除非
         理由 ―――――― 反驳条件
         生于中国的一般是中
         国人              父母是侨民，或者他
          |              已经加入了其他国家
         根据                 的国籍
         支援
         相关法规和法律条款
```

图 1　图尔敏论证模型

李雷生于中国是依据，因为生于中国的通常是中国人（理由），很有可能李雷也是中国人。这种推测是基于相关法规和法律条款的。但是也有可能有特殊情况，即李雷的父母是侨民或者他自身已经加入了其他国家的国籍，排除了这种可能性之后，就可以得出主张：李雷是中国人。以上是图尔敏模型论证结构的全部环节。

"图尔敏"论证模型的基本成分是"主张""依据"和"理由"（Ferris，1994）。Crammond（1998）对"图尔敏"论证模型进行了细化和重新界定，提出了"次主张"（sub-claim）的概念。本文基于这三个成分和 Crammond（1998）的修订，形成分析框架（如图 2 所示）。

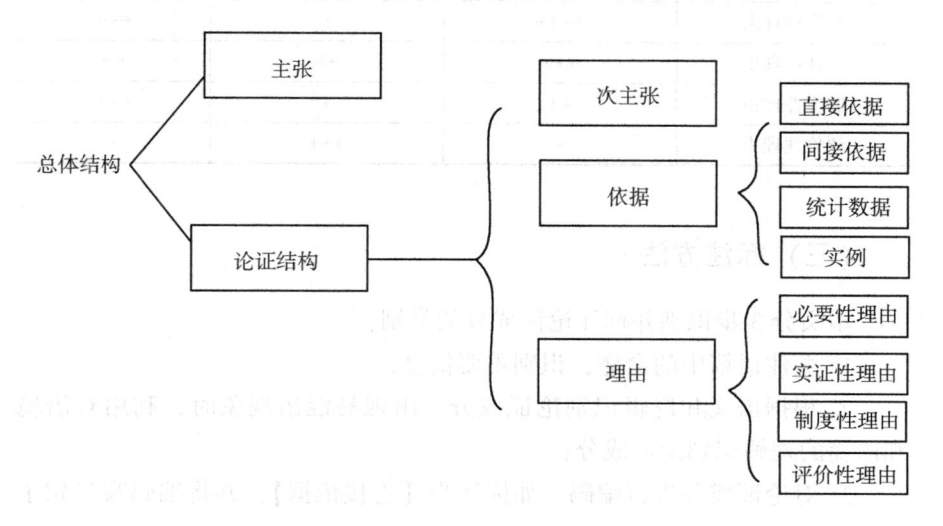

图 2　论证结构分析框架

总体论证结构包括"总主张"和"论证结构"。"论证结构"中分为"次主张""依据"和"理由"。"总主张"指的是作者对有争议问题的观点，即全文的论点句。"次主张"是论证结构中的主张，是分论点句。"依据"指的是支持主张的论据。"理由"是依据和主张的逻辑关系。本文进一步将依据细分为直接依据、间接依据、统计数据、实例。直接依据是指我们作为当事人亲历或目睹了某个事件或者行为的存在或发生。间接依据是指引用的其他的事实依据，如引用他人的话或引用权威机构的话（如新闻、报告）等。统计数据是指通过问卷、访谈等一些科学统计方法产生的数据。实例指的是自己生活中发生的事例，也称举例，常通过叙述手段表达，有故事情节且有时间线，具体且生动（曲卫国，2021）。Freeman（2006）把理由分成必要性理由（priori）、实证性理由（empirical warrant）、制度性理由（institutional warrant）和评价性理由（evaluative warrant）。必要性理由是人类的生活常识，如对自然现象的认识，强调客观性。实证性理由是作者或他人的普遍经验。制度性理由是某个领域的规则、原则、法令等。评价性理由是作者自身的感悟。我们依据适用范围大小、主观性强弱、确定性大小对其进行分类，将不同理由的特点归纳如下：

表 1　　　　　　　　　　　　　理由的分类及特点

	适用范围	主观性	确定性
必要性理由	++++	+	+++
实证性理由	+++	++	++
制度性理由	++	+	+++
评价性理由	+	+++	+

（三）标注方法

本文分 3 步识别并标注论证成分的类别：

1. 关注语篇中的命题，识别重要信息；

2. 根据语义和逻辑识别论证成分。出现易混淆现象时，利用对语境和语篇的理解识别论证成分；

3. 对论证成分进行编码，如标注为【直接依据】，并将编码写于句子结尾。

具体标注例子如表 2 所示。

表 2　　　　　　　　　　　　　论证结构举例

成分		例子
主张		对我来说，在学习汉语方面也有困难和喜悦。
次主张		学习汉语有什么样的难点呢？首先，有声调。
依据	直接依据	我上高中的时候有了很多中国朋友，他们给我的感觉特别好，从那时候开始我就喜欢上中国这个国家和中国人。
	间接依据	根据记录记载，在 19 世纪末，发现了三千多年前的汉字——甲骨文。
	统计数据	一周一次基础汉语课，一个半小时，2 学分。
	实例	有一天我给老师讲话的时候说了《我马马做的饭很好吃》，老师笑死了。
理由	必要性理由	甲骨文是中国最早的成熟文字。
	实证性理由	越南学生的声调偏误主要表现在第一声和第四声。
	制度性理由	每个汉字都有自己的声调。
	评价性理由	越学习汉语，跟中国人沟通的机会就越多了。

注：以上例子均来自学习者议论文文本。

四 分析与讨论

（一）论证结构基本成分分析

本文先对论证结构基本成分进行了测量。

表3　　　　　　　　　　论证结构基本成分统计

词汇指标	最小值	最大值	均值	标准差	标准误差	平均值95%置信区间	
						下限	上限
主张	0.00	1.00	0.17	0.379	0.07	0.03	0.30
次主张	0.00	5.00	2.37	1.033	0.18	2.00	2.73
依据	2.00	6.00	3.27	1.081	0.19	2.90	3.63
理由	0.00	3.00	0.80	0.925	0.16	0.47	1.13

注：N=60。

表3显示，主张个数在0—1，均值是0.17。次主张个数在0—5，均值是2.37。依据个数在2—6，均值最高为3.27，理由个数在0—3，均值是0.8。这说明学习者基本能围绕次主张提供充足的依据。

为了清楚地分析不同阶段的特点，研究采用单因素方差分析（One-Way ANOVA）比较不同年级学习者之间是否存在显著性差异。表4所示，仅本科一年级和硕博一年级在依据、理由成分上有显著性差异，其他年级在主张、次主张、依据、理由上均没有显著性差异。

表4　　　　　　不同年级论证结构基本成分显著性统计表

阶段（I）	阶段（J）	主张	次主张	依据	理由
本科一年级	本科二年级	0.793	0.138	1.000	1.000
本科一年级	硕博一年级	1.000	0.105	0.032*	0.049*
本科二年级	硕博一年级	1.000	0.428	0.067	0.172

注：* $p<0.05$，** $p<0.01$。

我们分别统计了本科一年级和硕博一年级依据成分和理由成分的个数。结果显示，本科一年级依据成分均数是2.8，理由成分均数是0.4。硕博一年级依据成分均数是4.1，理由成分均数是1.7。这个结果说明相较于本科一年级，硕博一年级的学习者使用了更多的依据和理由去论证次主张，说理性进一步增强。

表 5 不同年级基本成分均值、标准差统计

	主张		次主张总数		依据总数		理由总数	
	均值	标准差	均值	标准差	均值	标准差	均值	标准差
本科一年级	0.20	0.40	1.90	0.54	2.80	0.60	0.40	0.66
本科二年级	0.10	0.30	2.60	1.28	3.00	0.77	0.60	0.80
硕博一年级	0.20	0.40	2.80	1.33	4.10	1.14	1.70	1.19

比较这两个年级的质性数据，也可印证这一结果。

1. 我还记得第一次学习汉语的那一天。我看到了好几个汉字，而且每个字都不一样，让人很难过【直接依据】。虽然现在我知道的汉字比以前多，但对我来说汉字还是学习汉语当中最辛苦的一部分【次主张1.1】。然后第二个比较辛苦的部分是时态【次主张1.2】，汉语没有跟英语那样清楚地表示过去时或将来时，有时候很难搞清楚【直接依据】。

但学习汉语的乐趣比辛苦多【次主张2】。特别是背单词的时候很开心，因为很多字跟韩语的单词的意思差不多【实证性理由】，只要知道韩语生词的汉字，就会知道汉语的生词，所以韩国学生学习汉语比别的国家学生容易得多，越学习越有意思【直接依据】。（本科一年级）

2. 我上大学以后才开始学习中文，我班的一些同学比我早一点开始学。所以有时候我觉得我汉语水平那么低，我怎么能赶上他们【直接依据】？因此第一个我遇到的困难是我们知识的差距【次主张1.1】。

过了不久我去中国就遇到第二个问题，就是中国人说话的速度【次主张1.2】。虽然我每天都练习，我的中国老师跟我们常常说中文，但我完全听不懂他们说的话【直接依据】。之所以这样，是因为我们老师的普通话与兰州人的发音有很大的区别【评价性理由】。

最后我想介绍的艰难的一件事是声调问题【次主张1.3】。我一来上海的时候就发现中国人说得那么快我也要这样。但是因为我学中文的时间不太长，所以随着提高说话的速度我开始在声调上犯错误。现在相反中国人有时候听不懂我说的话【直接依据】。

但我觉得无论如何汉语都有很多乐趣【次主张2】。第一，学中文的时候就能让你的视野更加开阔【次主张1.4】。因为除了语言以外你学过的是中国文化、科学、艺术等【评价性理由】。现在我可以毫无顾忌地出国旅行不怕遇到尴尬的事情【直接依据】。第二，现在我有很好的机会在中国工作或者用汉语工作【次主张1.5】。你能当老师或翻译员或跟中国人做生意就赚很多钱【直接依据】。之所以能这样，是因为现在中国成为最强大的有前途的国家，很引人注目，想学汉语的人越来越多【评价性理由】。第三，孤独的摆脱【次主张1.6】。因为学别国家的语言时你一定会交很多朋友【评价性理由】。以前有时候我自己觉得比较孤独，但现在我知道，如果有问题，中国热情的朋友一定帮助我【直接依据】。（硕博一年级）

本科一年级为了论证"学习汉语的苦与乐"这个命题，共出现了3个次主张、3个直接依据及1个实证性理由。学习者用亲身经历的经验来论证学习汉语有快乐也有痛苦。在他的经历中，汉字和时态是令人痛苦的部分，同时他为"韩汉同源"这个语言特点降低了学习词语的难度而感到快乐。

硕博一年级共出现了7个次主张、6个直接依据和4个评价性理由。作者从知识差距、说话速度、声调问题三个方面论述了学习汉语的难处，从开阔的视野、优秀的工作机会、孤独的摆脱三方面论述了学习汉语的乐趣。她用自己的经验来阐述主张，使之生动有趣，易于说服读者。此外，她还凭借自己的主观感悟对"依据"进行分析和讨论，从普通话与兰州话发音的区别、学习中国文化、科学、艺术使人视野开阔、学习语言帮助交友等方面加强论述可信度，使读者信服。

（二）论证结构的深度和广度分析

本科一年级和硕博一年级的差异不仅体现在频数上，还体现在论证的充分性上。我们通过论证结构的层次数量和内嵌结构数量来考察论证结构的深度和广度，论证结构的层次数量指的是"次主张+依据+理由"组成的论证结构可达到的最多的层次数量，内嵌结构数量指的是论证结构的数量。举例来看：

图3中本科一年级学习者有4个论证结构，论证结构的层次数量达到3层。图4中硕博一年级有8个论证结构，层次数量同样也是3层。两个

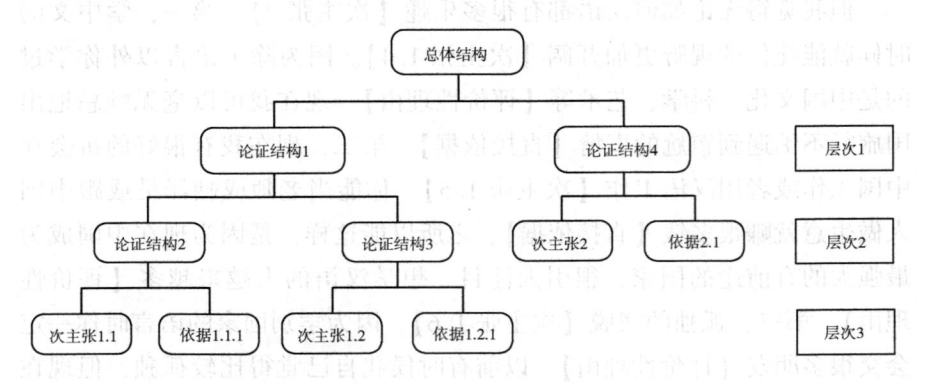

图 3　本科一年级论证结构树形图

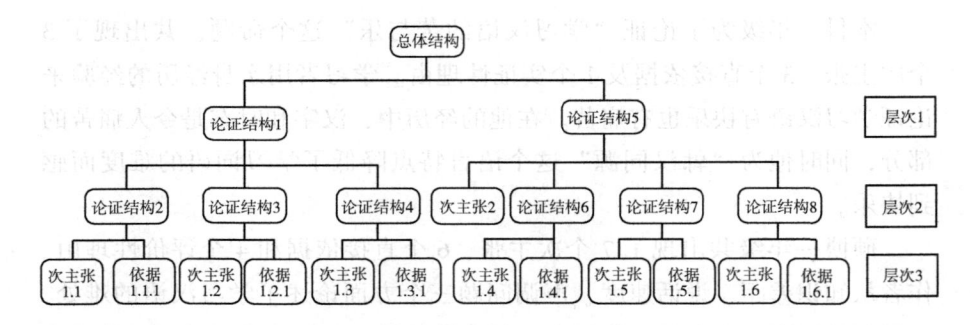

图 4　硕博一年级论证结构树形图

年级论证结构层次数量相同，说明论证结构深度并无差异。但硕博一年级的内嵌结构数量明显高于本科一年级，说明硕博一年级论证结构的广度更强，论证更充分。

值得注意的一点是，议论文写作中定义是十分必要且关键的一步，是厘清概念和思路的基本手段（曲卫国，2021）。据统计，没有学习者在议论文中对自己主张中的核心词进行界定，这导致在阅读过程中读者需要凭借自己的理解根据上下文不断揣摩思考，增加了读者阅读的时间成本，也不利于论证的说明与阐释。这个特点启示教师在指导议论文写作时要着重说明定义的重要性并加强练习。

总的来说，随着学历层次的升高，学习者构建论证结构的能力逐步增强。相比于本科年级，硕博年级用了更多次主张、依据和理由，论证结构的广度更高，表现出"说理性"更强的特点。

（三）依据和理由的分析

为了观察不同年级依据和理由的差异，我们对依据和理由的频数及类型进行了深入考察。

表6　依据和理由的频数及类型

	依据频数	类型（频数）	理由频数	类型（频数）
本科一年级	56	直接（56）	8	实证性（4） 制度性（2） 评价性（2）
本科二年级	60	直接（38） 实例（20） 间接（2）	12	必要性（2） 实证性（4） 制度性（6）
硕博一年级	82	直接（70） 实例（9） 统计（2） 间接（1）	34	必要性（2） 实证性（5） 制度性（12） 评价性（15）

结果表明，本科一年级倾向于使用基于亲身经历的直接依据，本科二年级和硕博一年级描述生活中发生的实例依据数量有所增多，出现了间接依据和统计依据。从理由类型来看，本科一年级使用理由数量较少，主要是实证性理由（4）；本科二年级制度性理由数量有所增多（6），使用了必要性理由（2）；硕博一年级理由数量最多，主要体现在制度性理由（12）和评价性理由（15）上。以上结果说明，随着年级的升高，学习者使用理由的类型偏向于建立在某个领域的规则上，越来越注重阐释和评价。乍一看这两个理由类型似乎是矛盾的，制度性理由适用范围小、主观性弱、确定性强，而评价性理由适用范围小、主观性强、确定性弱。但实际上，学习者能将多种理由类型结合起来使用，既注重客观性，又强调个人评价，恰好反映出他们驾驭不同理由类型能力的提升，印证学习者论证结构水平的提高。

五　结语

本文基于"图尔敏"模型，考察了留学生汉语议论文论证结构的基本成分、深度、广度以及阶段性特点。结果发现，随着学历层次的升高，学习者对论证结构的掌握程度逐步加深。

从本科到硕博，留学生表现出由"说理性弱、广度弱"主导到"说理性强、广度强"主导的趋势。相比于本科年级，硕博年级主张、次主张数量未发生显著改变，理由和依据数量有显著性提高，论证结构的广度更强。总体来看，留学生议论文论证结构中的理由类型以实证性理由和制度性理由为主，依据主要来源于生活经验。本科阶段以直接依据和实证性理由类型为主，硕博阶段倾向于多种理由类型结合使用，更注重阐释和评价。

这些发现给议论文写作教学带来的启示是：写作教学不仅要关心论证结构的形式，还需要重视训练论证结构中的具体成分（如理由和依据）。教师要有意识地引导学习者充分了解论证结构基本成分，加强论证广度、深度及主张定义的练习。写作教材也要针对不同阶段的特点，设置不同类型的理由、依据案例，加强理由、依据与主张、次主张之间联系的练习。

参考文献

陈望道：《陈望道学术著作五种》，复旦大学出版社2005年版。

廉爱宁：《基于修辞结构理论的留学生汉语议论文篇章结构研究》，硕士学位论文，东北师范大学，2011年。

廖秋忠：《篇章中的论证结构》，《语言教学与研究》1988年第1期。

曲卫国编著：《思辨与明理——高中英语议论文写作教学指导》，上海教育出版社2021年版。

宋璟瑶：《汉语议论文篇章习得研究》，《华文教学与研究》2015年第3期。

王福祥：《汉语话语语言学初探》，商务印书馆1989年版。

吴丽君等著：《日本学生汉语习得偏误研究》，中国社会科学出版社2002年版。

吴启主：《汉语构件语法语篇学》，岳麓书社2000年版。

张迎宝：《日本留学生汉语中介语篇的信息结构特征及其篇章教学策略选择》，《现代语文》（语言研究版）2015年第10期。

张迎宝：《CSL学习者篇章宏观信息模式的共时形态与动态嬗变——一项基于韩国留学生论证性语篇的实证分析》，《华文教学与研究》2021年第1期。

Dana R. Ferris, "Rhetorical Strategies in Student Persuasive Writing: Differences between Native and Non-native Speakers", *Research in the Teaching of English*, Vol. 28, No. 1, Feb. 1994.

James B. Freeman, "Systemizing Toulmin's Warrants: An Epistemic Approach", *Argumentation*, Vol. 19, Dec. 2005.

Joanna G. Crammond, "The Uses and Complexity of Argument Structures in Expert and Student Persuasive Writing", *Written Communication*, Vol. 15, No. 2, Apr. 1998.

Stephen Edelston Toulmin, *The Uses of Argument*, Cambridge: Cambridge University Press, 1958.

《世界汉语教学》近十年来教学研究相关文献的可视化分析

梁 诗 李 娜

摘要： 基于CNKI数据库，以国际中文教育领域核心期刊《世界汉语教学》为研究对象，聚焦2010年至2021年以"教学理论与方法"为主题的文章，通过文献计量方法和Citespace可视化软件，分析该领域的研究现状、研究热点和研究趋势。研究发现：1."教学理论与方法"主题文章在该期刊的发文占比呈下降趋势。其中，"教学方法"相关研究受关注最多，而"汉语教师"相关研究较为薄弱。2. 实证研究类文章数量呈增长趋势，而文献研究类文章则明显减少。3."产出导向法"、美国汉语教学以及汉字教学研究是近期研究热点。4. 作者合作网络呈现出"小集中、大分散"的特点，且学术群体内部成员间的同质化程度较高。

关键词： 国际中文教育；教学理论与方法；世界汉语教学；Citespace；计量分析

一 前言

《世界汉语教学》是国际中文教育领域的中央级学术刊物，为世界汉语教学学会会刊，是由中国教育部主管的"语言学/汉语"类核心期刊，其复合影响因子在该领域核心期刊中处于绝对领先地位。该期刊能够及时反映世界范围内汉语教学领域的最新理论研究成果，其发文内容和数量可

梁诗，北京师范大学国际中文教育学院；李娜，北京师范大学国际中文教育学院，通讯作者。

在一定程度上显示该领域研究现状、研究热点及发展趋势。

国际中文教育领域的研究一般可分为本体论、认识论、方法论和工具论四个层面。本研究的重点"教学理论与方法"研究属于其中的方法论层面,"这个层面的研究将涉及课程与教学论、教材编写理论与实践、教学大纲的设计与制作、语言测试、对外汉语教师在职培训等诸多方面"(赵金铭,2001)。为便于进一步分析,本文将"教学理论与方法"相关研究归纳为以下五大类:

(一)聚焦"汉语教学内容"的研究,包括对汉字、词汇、语法等语言要素的教学研究等;

(二)聚焦"汉语教学方法"的研究,包括对不同类型教学法的探讨、对课堂教学策略的研究以及对教学模式改革与创新的研究等;

(三)聚焦"汉语教师"的研究,包括对汉语教师培训、技能与职业发展的研究等;

(四)聚焦"汉语教材"的研究,包括对教材编纂及适用性、教学大纲的设计研究以及语料库标注模式的研究等;

(五)聚焦"汉语测试"的研究,包括对各类汉语测试的效度、存在问题的研究等。

本研究将重点关注该期刊在 2010—2021 年以"教学理论与方法"为主题的发文情况。Citespace 软件是德雷埃尔大学陈超美开发出的一款可视化分析系统与工具,其知识图谱是目前最受国际计量学研究者普遍认可的技术之一(刘则渊、陈超美、侯海燕,2009)。本文采用 Citespace 5.8.3 版本,将定量研究与定性研究相结合,对满足要求的文章进行分析。

二 研究现状

(一)总体趋势

2010—2021 年,《世界汉语教学》共发文 517 篇,其中关于"教学理论与方法"层面的文章共 91 篇。随着时间的推移,其在该期刊总篇目中占比总体呈下降趋势(见图 1)。2010—2015 年,"教学理论与方法"层面共发文 59 篇,其逐年发文量占比基本在 15% 以上。而 2016—2021 年,该层面共发文 32 篇，其逐年发文量占比基本上降到 15% 以下。在上述第二阶段中，仅有 2020 年度的发文量占比超过 15%，共 7 篇，其中 3 篇文章均为 2019 年新冠疫情暴发以来对线上教学方法与模式（崔希亮，2020；王瑞烽，2020）或《疫情防控"简明汉语"》疫情用书（汲传波、李宇明，2020）的探讨研究。这或许是"教学理论与方法"研究热度在特殊情境中的短暂回升，目前还不能确定是否能代表该研究层面的整体发展趋势。

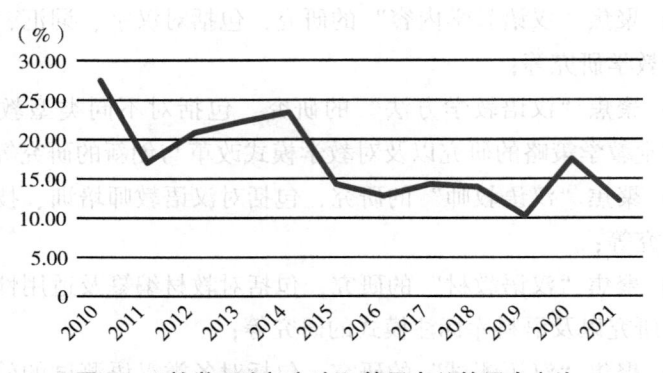

图 1　"教学理论与方法"篇目在总篇目中占比

总体来看，《世界汉语教学》中所刊发的"教学理论与方法"的研究日益减少，该刊对汉语教学领域其他层面的研究正在逐步给予更多关注。

为进一步了解近年来该刊所发文章的主要研究内容，我们在 CiteSpace 中设置时间范围为 2010—2021 年，时间切片为 1 年，分析得出关键词共现的时区图谱（见图 2）。在该时区图谱中，关键词只出现在该时段内第一次对其研究的年份上，其后时段对该关键词的研究以连线表示，连线的密集或稀疏程度意味着对关键词研究的文章的多少，其研究频率通过字体大小展现。由此，我们可以掌握关键词的出现时间和各关键词之间的共现关系。

如图 2 所示，在研究内容上，该刊在 2010—2015 年所刊发的"教学理论与方法"的文章几乎已经涵盖了该层面的大部分研究主题，主要关键词包括"汉语教学""教材""汉字""美国""词汇教学"等。而在 2016—2021 年，该时段出现的关键词数量明显减少，连线较为稀疏。由此可知，这几年间关于"教学理论与方法"的发文数量呈下降趋势，且除 2018 年的"产出导向法"相关研究外，该层面研究课题的范围并

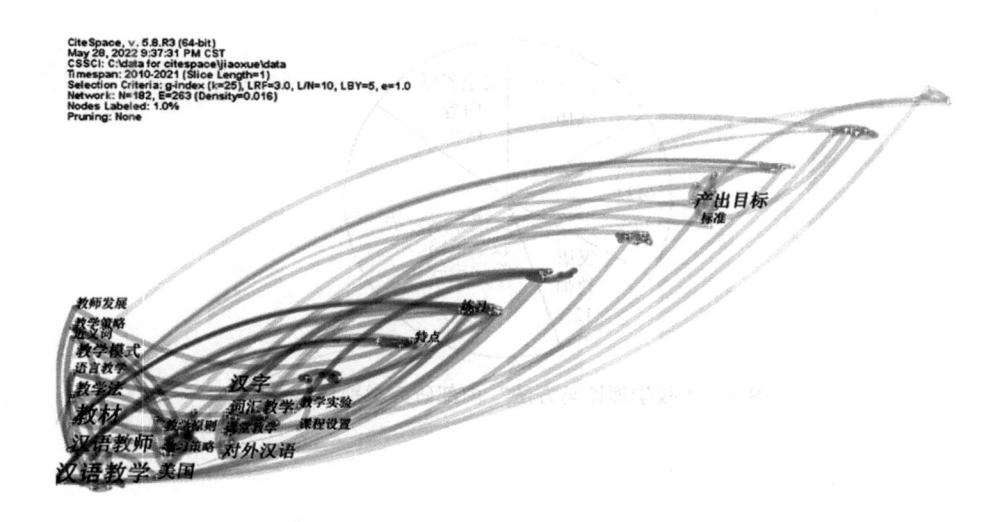

图 2　关键词共现时区图谱

未出现显著扩大，关于新课题的聚集性研究也尚未形成规模。

（二）研究类别

如前文所述，本文将"教学理论与方法"层面的文章分为五大类。为进一步分析这五类研究在《世界汉语教学》期刊上的发文情况，我们分别统计了2010—2021年各类研究发文数量的总体占比（见图3）以及其逐年变化趋势（见图4），并通过被引量前三名的各类文章，来了解学者们共同感兴趣的研究焦点（见表1）。

第一，如图3所示，集中在"汉语教学方法"上的文章数量最多，占比40%，此类研究被引量居于前三名的文章也远高于其他四类（见表1）。这三篇文章或从新的角度构建具有汉语特色的教学法，如"产出导向法"（文秋芳，2018）和"构式—语块"句法分析法及教学法（苏丹洁、陆俭明，2010），或从整体上对汉语教学法进行回视（赵金铭，2010），这些都是读者较为关注且认可度较高的研究主题。另外，从此类研究在2010—2021年的发文数量变化情况也可看出（见图4），虽然发文数量曲线有起有落，但《世界汉语教学》期刊对其给予的重视仍相对较

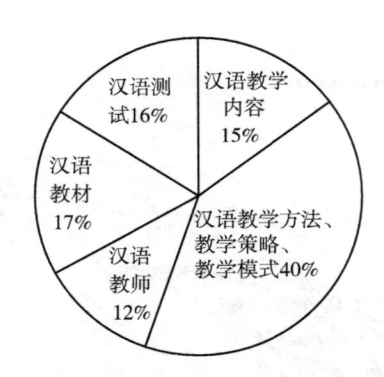

图 3　"教学理论与方法"内部研究类别总体占比

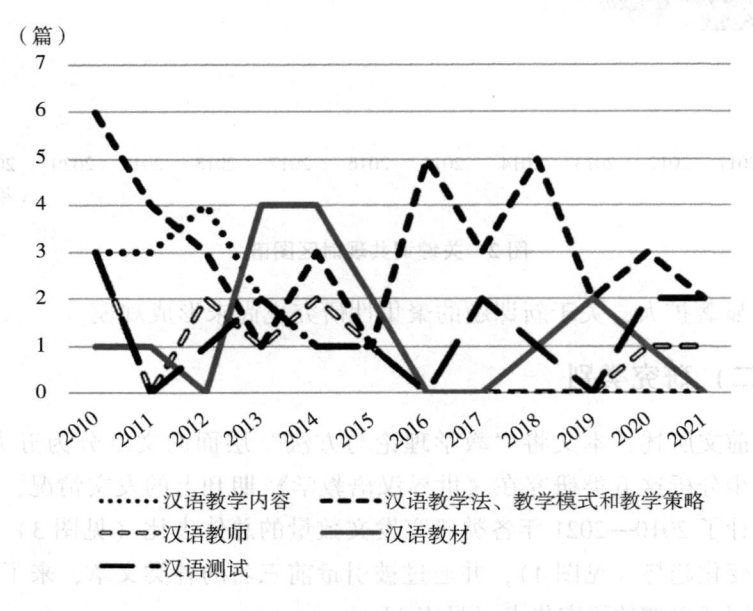

图 4　"教学理论与方法"内部类别发文数量变化

为明显。除了上述排名前三的文章以外，其他学者从沉浸式教学法（惠天罡，2020）、词汇教学"语素法"（赵玮，2016）、认知功能教学法（邵菁，2013）、写作教学中的"写长法"（宗世海、祝晓宏、刘文辉，2012）、疫情下的线上教学模式（王瑞烽，2020）等方面开展的研究也得到了该刊的青睐。这些研究立足汉语自身的特点或实际汉语教学的需要，是对"汉语教学方法"的有益探索。

表1　　　　　　　　　　各类别文章被引量前3名统计

所属类别	年份	作者与篇名	被引量（次）
汉语教学内容	2014	李运富《汉字的特点与对外汉字教学》	179
	2012	王汉卫；苏印霞《论对外汉语教学的笔画》	132
	2010	李绍林《对外汉语教学词义辨析的对象和原则》	132
汉语教学方法	2018	文秋芳《"产出导向法"与对外汉语教学》	502
	2010	苏丹洁；陆俭明《"构式—语块"句法分析法和教学法》	309
	2010	赵金铭《对外汉语教学法回视与再认识》	304
汉语教师	2010	江新；郝丽霞《对外汉语教师实践性知识的个案研究》	131
	2012	田艳《基于英国MTESOL课程体系对汉语国际教育硕士课程设置的思考》	83
	2014	孙德坤《国际汉语教师个人实践性知识个案研究》	56
汉语教材	2015	李泉《汉语教材的"国别化"问题探讨》	253
	2013	周小兵；陈楠，《"一版多本"与海外教材的本土化研究》	170
	2011	章宜华《对外汉语学习词典释义问题探讨——国内外二语学习词典的对比研究》	89
汉语测试	2010	刘英林；马箭飞《研制〈音节和汉字词汇等级划分〉探寻汉语国际教育新思维》	85
	2012	柴省三《关于HSK阅读理解测验构想效度的实证研究》	33
	2013	王佶旻《汉语能力标准的描述语任务难度研究——以中级口语能力量表为例》	27

第二，"汉语教师"这一研究类别的相关文章在《世界汉语教学》上的发文量占比较小（见图3），且被引量前三名的文章集中在前六年（见表1），其中两篇以个案研究的方法分析汉语教师的实践性知识，为汉语教师的师资培训提供参考（孙德坤，2014；江新、郝丽霞，2010）；另一篇通过对英国英语国际教育硕士专业课程体系和中国汉语国际教育硕士专业课程的对比，提出对汉语国际教育硕士专业课程设置的建议（田艳，2015）。在2016年以来的6年间，该刊只有两篇以"汉语教师"为主题的文章（见图4），而这一主题在2016—2019年四年间的发文量为0。总体来看，对"汉语教师"主题的讨论很多涉及汉语教师的知识技能上，包括教师应掌握的学术知识的研究（崔希亮，2013），教师教学技能及二语习得知识掌握情况的评估模式的研究（柯传仁、陆原、潘小斐，2015），职前教师课堂观察与分析能力研究（刘弘，2012）及关键事件视角下职前汉语教师对语法教学的反思（刘玉屏、袁萍，2021），等等。

第三，"汉语教学内容""汉语教材""汉语测试"三个类别的研究在《世界汉语教学》期刊的发文量占比基本相等，处于中间水平（见图3）。"汉语教学内容"类的研究集中在汉字教学（万业馨，2015；李运富，2014；万业馨，2012；王汉卫、苏印霞，2012）、词汇教学（洪炜，2013；赵金铭，2012；杨雪梅，2012；李绍林，2010；吕文华，2010）、句式教学（赵秀娟，2011；张则顺，2011）及课程内容设置的研究（井茁，2013；钱茜露，2011）上，研讨内容较为全面。被引量居于前三的文章（见表1）分别为对于汉字教学问题（李运富，2014）、汉字笔画教学问题（王汉卫、苏印霞，2012）和词义辨析问题（万业馨，2012）的研究。图4显示，近6年有关"汉语教学内容"的文章在该刊发文量为0，可见其受关注程度在近十年来呈明显下降趋势。

学界对"汉语教材"方面的研究集中在汉语教材编撰（张金圈，2019；陈楠、杨峥琳，2015；李泉，2015；张璐、彭艳丽，2013；周小兵、陈楠，2013）、词典编撰（张博，2013；章宜华，2011）及语料库研究上（王玮、张劲松，2019；肖奚强、周文华，2014；张宝林，2013），该类别被引量居于前三的文章是对于教材国别化（李泉，2015）、本土化（周小兵、陈楠，2013）的研究以及国内外二语学习词典的释义对比研究（章宜华，2011），该类研究在2010—2015年的文章相对较多，后期虽有上升，但总体也呈下降趋势（见图4）。

近些年对于"汉语测试"的研究一直较为平稳（见图4），该类别研究有的从不同国家汉语测试的不同维度入手，如对美国K-12中文教学评测基本特点与方法的探讨（赵炜、张丽、姚力虹，2013）、对新加坡汉语阅读理解测试模式的研究（钟国荣，2010）等，有的从对汉语测试中口语、阅读、汉字等方面的测试入手（伍秋萍、洪炜、邓淑兰，2017；李晓琪、李靖华，2014；柴省三，2012），有的在整体上对汉语水平测试的发展提出看法（刘英林、李佩泽、李亚男，2020；鹿士义、王二平，2010）。从其被引量（见表1）上看，被引量前三的文章引用量均未超过100，从其发文数量（见图3）上看，每年最高发文量不超过3篇，该领域相较而言并未得到较多关注。

（三）研究方法

文秋芳指出，根据资料来源，研究可分为文献研究和实证研究（文秋芳，2005）。本文所统计的 91 篇"教学理论与方法"的文章中，主要包括 40 篇文献研究类文章和 51 篇实证研究类文章。

分阶段而言，2010—2015 年 6 年间，共有文章 59 篇，其中文献研究类文章有 32 篇，实证研究类文章有 27 篇，实证研究占比 45.76%；2016—2021 年 6 年间，共有文章 32 篇，其中文献研究类文章有 8 篇，实证研究类文章有 24 篇，实证研究文章占比升至 75%（见表 2）。可以看到，实证研究在近十年来的发文比例明显增加。

表 2　　　　　　　　　　　研究方法统计

	文章总篇数（篇）	实证研究篇数（篇）	实证研究篇数占比（%）	文献研究篇数（篇）	文献研究篇数占比（%）
2010—2015 年	59	27	45.76	32	54.24
2016—2021 年	32	24	75	8	25

2015 年以后，文献研究类文章一般是宏大理论问题的描写概括或创新性理论的阐释和运用，如《"产出导向法"与对外汉语教学》（文秋芳，2018）和《"一带一路"倡议下的汉语国际化人才培养模式的转型与发展》（邢欣、宫媛，2020）等。实证研究类文章一般是作者采用实验研究、问卷调查、访谈、课堂观摩、课堂反思等方法直接获取第一手数据而开展的研究，但由于收集第一手信息在时空上的局限性，此类文章更加青睐较为微观具体的研究主题，如《产出导向型汉语口语教学中的驱动环节研究》，通过课堂观察、访谈、问卷调查等方法，具体研究产出导向法中的一个教学环节（鲁文霞、朱勇，2021），《副词"实在"的语义分析及教学应用》通过语料调查，详细分析了一个词语的三种意义（杨雪梅，2012）。同时，他们多用统计学原理对数据进行验证推理，提升了研究的严谨性和准确性。

三　研究热点

关键词可以反映文章的重点内容，通过关键词的聚类我们便可以了解某一领域的研究热点与趋势，在 CiteSpace 中将节点类型设置为关键词，得到关键词共现知识图谱（见图 5）。

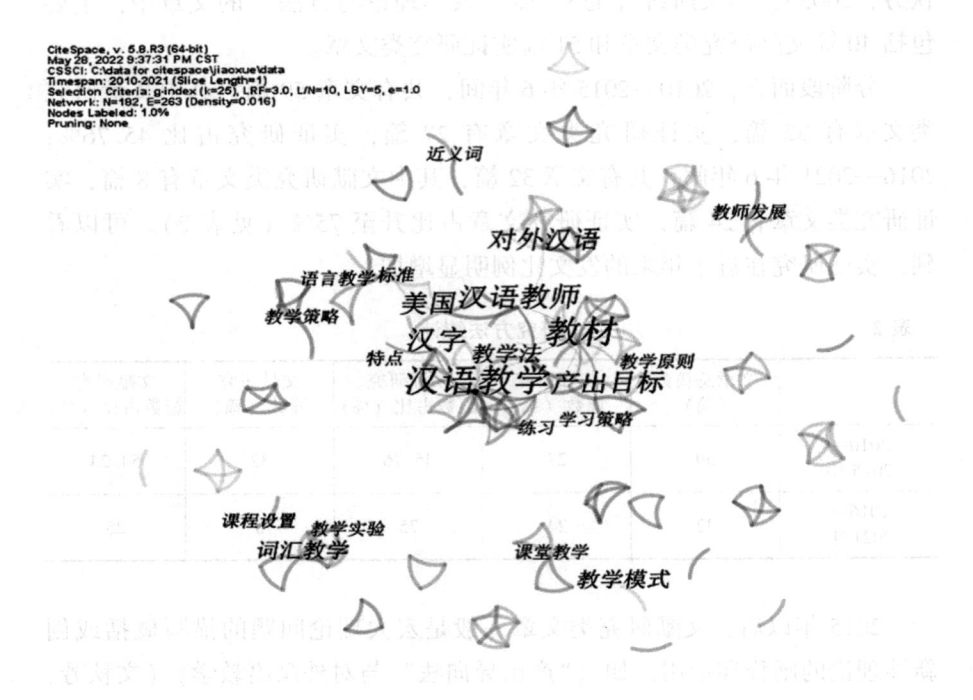

图 5　关键词共现知识图谱

从关键词出现的频率来看，居于前列的为汉语教学、教材、汉语教师、汉字、对外汉语、美国、产出目标，除宏观上的"汉语教学""对外汉语"以及"教学理论与方法"内部的五类研究如"教材""汉语教师"外，"产出目标"（产出导向法）、"汉字"和"美国"出现的频率最高，在具体的研究中，这三者为该时期研究的热点。

（一）产出导向法

"产出导向法"（Production-oriented Approach，简称 POA），是近来外语教学研究的热点，在 2018—2021 年 4 年中，《世界汉语教学》期刊有 4 篇探讨"产出导向法"的文章。"产出导向法"原是北京外国语大学文秋芳团队针对英语学习中"学用分离"的弊端提出的教学法，其在英语教学领域的有效性已得到了初步证实。

2018 年文秋芳教授撰写了《产出导向法与对外汉语教学》，说明了如何将 POA 应用于国际中文教学（文秋芳，2018）。之后，学者们对 POA

的有效性及在教学中如何具体落实展开了研究。其中，桂靖、季薇讨论了如何从结构、生词、语言点以及练习等方面对汉语教材进行 POA 化处理（桂靖、季薇，2018）；朱勇等通过实验研究初步得出 POA 适用于国际中文教育（朱勇、白雪，2019）；鲁文霞等细化了 POA 中的驱动环节，认为其可以从驱动任务设计、驱动材料选择和教师行为等方面进行优化（鲁文霞、朱勇，2021）。

总之，从 2018 年以来，POA 作为一个新兴的教学法日趋成熟和完善，并且已经吸引了不少学者的关注。《世界汉语教学》为学者们提供了宝贵的交流平台，这似乎也预示着"产出导向法"在未来一段时间内仍将是具有相当潜力的研究热点。

（二）国别化教学中的美国教学

在 2010—2021 年《世界汉语教学》刊发的国别化汉语教学研究文章中，聚焦美国汉语教学的有 6 篇，主要集中在沉浸式教学（惠天罡，2020；崔永华，2017）、外语能力的 5C 标准（钱茜露，2011；姜丽萍、王立、王圆圆，2020）、K-12 中文教学测评方式（赵炜、张丽、姚力虹，2013）及其发展面临的挑战与对策（温晓虹，2011）上。其研究对象多为 K-12 教育阶段的美国学生，除 2020 年的两篇文章外，其余四篇文章均为文献研究类文章。这些文章从介绍美国学校的汉语教学现状出发，在分析其教学方法、测评方式、课程设置的基础上，提出改进建议，以促进美国当地汉语教学的发展，并为国际中文教育的实践提供了有益的思考。

（三）汉字教学

在国际中文教学的教学内容上，汉字教学是汉语教学的一大特色和一大难点，近年来《世界汉语教学》所刊发的汉字教学相关文章有 6 篇。其中，李运富从形体、理据、功用三个方面分析了汉字成为教学难点的原因，从理论层面全面地介绍了汉字的特殊之处（李运富，2014），这也是该刊中被引量最高的关于汉字教学的文章。万业馨探讨了汉字和拼音的关系（万业馨，2012），并从教学思路、教学设计、教学主体三个角度提出了汉字教学的操作性建议（万业馨，2015）。张海威等介绍了留学生识字量表的编制过程（张海威、张雪妍、张铁军等，2021），使汉字的认读标准进一步规范化。也有的研究力图建构通过汉字认读鉴别汉语能力的指标

（伍秋萍、洪炜、邓淑兰，2017），或致力于研制《音节和汉字词汇等级划分》（刘英林、马箭飞，2010）。这些文章半数从教学内容的层面，描写汉字的特点地位及探究如何高效地进行汉字教学；半数从汉语水平及测试的角度出发，探究如何编撰留学生识字量表、如何进行汉字等级划分以及如何发挥汉字在分班测试中的作用。

四 作者合作网络分析

通过对作者的可视化分析，可展现该领域的核心作者及其合作关系。我们在 CiteSpace 中将节点类型设置为作者，得到了作者合作网络知识图谱（见图6）。图中共有节点（N）124 个，连线数（E）112 个，网络密度为 0.0147，密度越小，表明作者之间的联系越分散，缺乏一定的相关性。

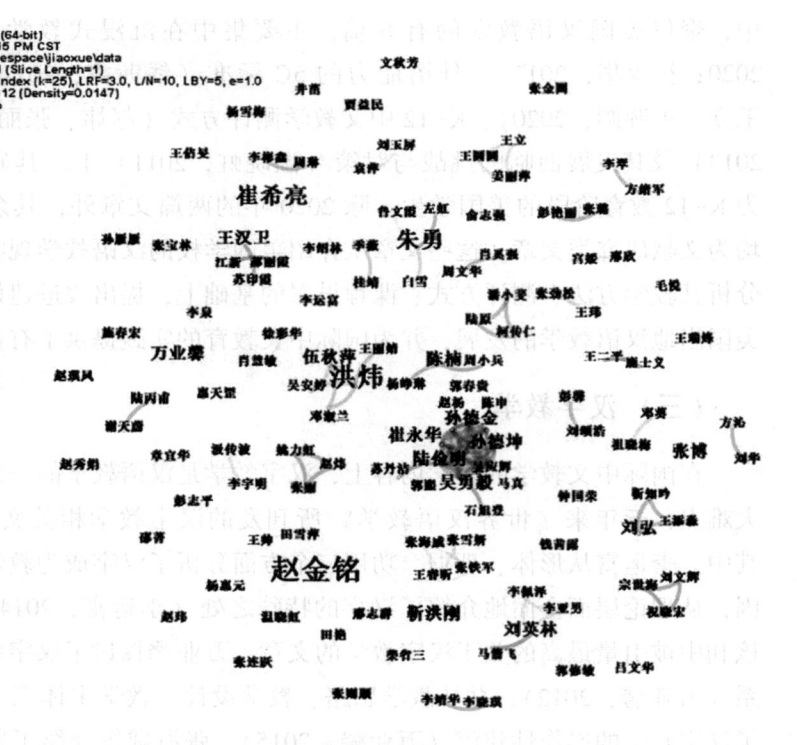

图 6　发文作者合作图谱

从文章发表总数量来看，居于前列的作者是赵金铭（5篇）、洪炜

(4篇)、崔希亮（3篇）和朱勇（3篇）。其中，赵金铭发表的五篇文章皆为独立研究，主要集中在教学法方面，包括对教学法理论的梳理（赵金铭，2010）、对特定语言教学法的探讨（赵金铭，2014）、对初级汉语教学法的探讨（赵金铭，2011），等等，这些文章从汉语自身的规律特点出发，对具有汉语特色的教学法体系构建做出了贡献。洪炜的四篇发文中，有三篇与他人合作完成，都是以实验设计的方式研究汉语教学方法（洪炜、吴安婷、伍秋萍，2018；洪炜、王丽婧，2016）、教学内容或汉语测试（洪炜、王丽婧，2016），研究涉及范围较广。崔希亮的三篇文章均为独立研究，注重宏观上对基础问题的探讨，研究焦点包括国际中文教育中的"三教"问题（崔希亮，2010）、汉语教师的学术自觉（崔希亮，2013）以及疫情下的汉语教学（崔希亮，2020）。朱勇的三篇文章均采用实验研究的方式与他人合作完成，其中两篇文章均为当下研究热点"产出导向法"的相关研究（鲁文霞、朱勇，2021；朱勇、白雪，2019），另一篇则为汉语文本可读性公式研究（左虹、朱勇，2014）。以上四位学者所发文章均涉及了汉语教学法，独立研究与合作研究方式并存。

此外，由图6还可以看出，该层面的研究呈现出小集中、大分散的特点，有一些学者构建了学术共同体，然而大部分学者处于独立研究的状态。从合作范围上看，学术群体内部成员间的同质化程度较高，都为国际中文教育中对某一领域感兴趣的学者，这种合作模式一方面有助于保证研究质量，有利于研究的深入，但另一方面或许也限制了某些研究领域的跨学科发展。

五　研究展望

通过对《世界汉语教学》2010—2021年在"教学理论与方法"层面发文情况的可视化分析，可以看出，这12年间该层面研究的发展变化。一方面，该层面发文总占比呈下降趋势，且对"汉语教师"研究的关注相较不足。另一方面，像"产出导向法"这类研究热点的出现以及实证研究的大幅度增加也为该领域的发展注入了新的活力。鉴于此，我们对国际中文教育"教学理论与方法"的研究提出以下建议：

第一，在研究内容上，学界应继续加强对"教学理论与方法"的研究，尤其是国际中文教师的研究，如教师培养、教师素质、教师职业发展等。教师自身素质与教学能力的提高，将直接影响到该学科的发展以及学生的学习效果。

第二，在研究方法上，实证研究已成为当前以及未来的发展趋势。研究者应能注重客观世界中为自己的研究结论提供依据，增强研究的严谨性、科学性。

第三，鼓励不同学科、不同专长的研究者之间开展合作研究。国际中文教育涵盖了语言学、教育学、心理学、传播学等不同学科知识，学界应当支持不同学科的研究者之间展开合作，拓展思路，发现看待问题、解决问题的新视角。

参考文献

柴省三：《关于 HSK 阅读理解测验构想效度的实证研究》，《世界汉语教学》2012 年第 2 期。

陈楠、杨峥琳：《基于学习策略的汉语教材练习本土化研究》，《世界汉语教学》2015 年第 2 期。

崔希亮：《汉语国际教育"三教"问题的核心与基础》，《世界汉语教学》2010 年第 1 期。

桂靖、季薇：《"产出导向法"在对外汉语教学中的应用：教学材料改编》，《世界汉语教学》2018 年第 4 期。

洪炜、王丽婧：《Focuson Form 和 Focuson Forms 两种教学法对汉语二语词汇学习的影响》，《世界汉语教学》2016 年第 2 期。

李泉：《汉语教材的"国别化"问题探讨》，《世界汉语教学》2015 年第 4 期。

李绍林：《对外汉语教学词义辨析的对象和原则》，《世界汉语教学》2010 年第 3 期。

文秋芳：《应用语言学研究方法与论文写作》，外语教学与研究出版社 2001 年版。

伍秋萍、洪炜、邓淑兰：《汉字认读在汉语二语者入学分班测试中的应用——建构简易汉语能力鉴别指标的实证研究》，《世界汉语教学》2017 年第 3 期。

近二十年（2000—2021）国内
祖语保持研究综述

张江丽　陈思璇

摘要：祖语研究是应用语言学界一颗冉冉升起的新星。近年来，越来越多的国内学者开始关注祖语保持这一领域并开展了广泛的研究。本文以 2000 年到 2021 年近二十年的国内祖语保持研究为基础，从文献总体情况、研究对象、研究内容三个方面进行评述，同时指出了现有研究中存在的不足，以便为今后的国内祖语研究提供参考。

关键词：祖语；语言传承；综述

一　研究背景

近二十年，祖语研究在国外发展十分迅速，"祖语研究大会"的召开以及祖语研究的专门学术期刊 Heritage Language Journal 的创办使祖语研究逐渐成为一门具有跨学科性质的专门研究领域。

国内有关祖语的研究始于 20 世纪 90 年代，王燕燕、罗庆铭（1998）介绍了加拿大的祖语教育与华文教育发展情况，他们首先将 HL 译为"祖语"。之后，国内开始引入"Heritage Language"这一概念。国内学者对于 HL 的中文译名意见不一，目前有"传承语""祖语""祖传语""族裔语""继承语"等等。郭熙（2017）提出了"祖语"这一译名，与其他译名相比，"祖语"语义透明度更高，清晰地指明了语言传承

[基金项目] 本文系国家社科基金一般项目（项目号：21BYY170）、国务院侨办 2022 年度华文教育研究课题（项目号：22GQB181）、世界汉语教学学会全球中文教育主题学术活动计划（项目号：SH22Y17）、同济大学语言文字推广基地双强项目（项目号：TJSQ22ZD03）的阶段性成果。
张江丽，北京华文学院专修部；陈思璇，成都市树德小学。

研究的对象和范围。所以本文统一采用"祖语"这一术语。

与国外祖语研究的丰硕成果相比，国内研究尚处在新兴发展阶段。为了更好地把握国内祖语研究发展情况，了解当前研究热点问题，本文拟对近二十年（2000—2021）国内发表的祖语保持文献进行综述。

二 相关概念及文献搜集方法

（一）相关概念界定

目前学术界对于"祖语"还没有清晰的定义。国外学者关于"祖语"的定义具有代表性的说法有以下几种：Fishman（2001）将 HL 定义为"与学习者有着某种特殊家庭联系的，除英语之外的语言"。Valdes（2001）则认为 HL 是在非英语家庭环境中从父辈或祖辈中获得的语言。郭熙（2017）将其定义为"除社会主体语言之外作为语言文化传承的祖辈语言"。郭熙认为祖语既不等于母语，也不等于民族语。祖语不一定是民族共同语、国家通用语或标准语，祖语也可以指方言。本文中的祖语是指世界范围内的全球华人用语，包括汉语普通话以及华人群体使用的各类方言。

（二）文献搜集方法

我们在中国知网"高级检索"中，先后以"祖语""继承语""传承语""祖传语""语言传承""华语传承""祖语保持""华裔语言使用""家庭语言规划"等为主题词，以 2000—2021 为年限，搜索了相关文献。通过手动筛选，共遴选出有效文献 181 篇。在此基础上，采用定性和定量研究相结合的方法，从研究概况、研究对象和研究内容等方面对国内祖语保持研究情况进行述评。

三 近二十年国内祖语研究概况

（一）文献总体情况

1. 文献发表数量趋势

文献发表数量从一定程度上反映了该研究领域的发展趋势，2000—

2021年国内祖语保持研究文献的年度分布如图1所示：

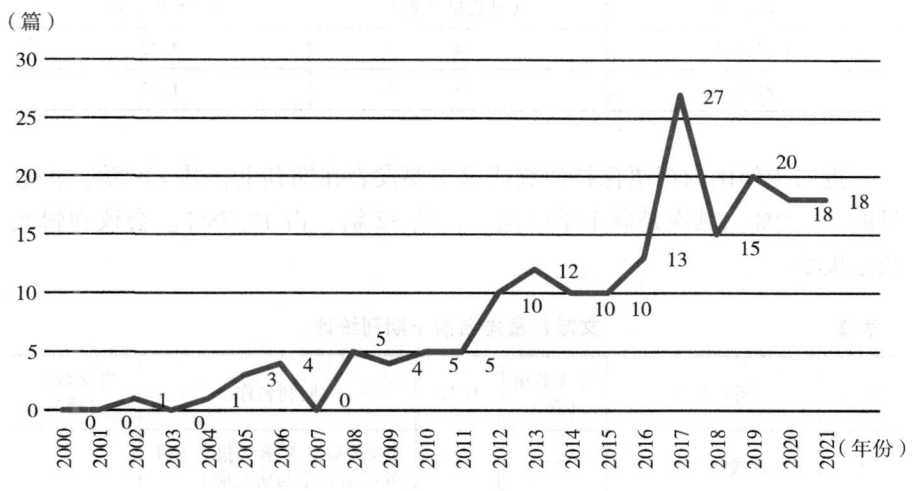

图1 2000—2021年国内祖语保持研究文献数量

从图1可以看出，近二十年国内祖语保持研究整体呈现上升趋势，近五年（2016—2021）增长十分迅速。近二十年的祖语保持研究可划分为以下三个阶段：2000—2011年发文一共28篇，发文量增长缓慢，属于起步期；2012—2017年发文82篇，增长速度明显加快，且于2017年达到了峰值27篇，属于快速发展期；2018—2021年共发文71篇，研究热度稍有回落，但年均发文量17.75篇，整体还是处在较高水平，属于稳定发展期。

从高虹（2010）开始介绍"Heritage Language"的由来并讨论其中文译名之后，相关文献数量开始一直增长。2017年《语言战略研究》期刊组织了"语言传承研究"专题，许多学者发表了关于祖语研究的文章，使得2017年发文数量达到了峰值。之后研究热度有所下降，但总体来看，仍处于继续发展的阶段，未来还会持续成为应用语言学研究热点之一。

2. 文献来源分布

表1　　　　　　　　　文献资源类型分布

文献类型	文献数量（篇）	百分比（%）
期刊	139	77.22
硕士学位论文	32	17.78
国际会议	2	1.11

文献类型	文献数量（篇）	百分比（%）
中国会议	4	2.22
辑刊	3	1.67

近二十年国内祖语保持研究成果主要发表在期刊上，共 139 篇，占总量的 77.22%。其次是硕士学位论文，共 32 篇，占 17.78%。会议和辑刊数量极少。

表 2　　　　　　　　　　　文献数量排名前十期刊统计

序号	期刊名称	发文数量（篇）	序号	期刊名称	发文数量（篇）
1	《语言战略研究》	27	6	《云南师范大学学报》（对外汉语教学与研究版）	4
2	《华文教学与研究》	15	7	《八桂侨刊》	3
3	《语言文字应用》	8	8	《世界汉语教学》	3
4	《海外华文教育》	5	9	《华侨华人历史研究》	3
5	《民族教育研究》	4	10	《语言教学与研究》	3

据统计，国内祖语保持研究领域发文量前五的期刊分别有：《语言战略研究》《华文教学与研究》《语言文字应用》《海外华文教育》《民族教育研究》。从表 2 可以看出，发文量最高的期刊是《语言战略研究》，发文数量高达 27 篇，这与上文提到的 2017 年该期刊组织的"语言传承研究"专题有着很大关系。其他几种期刊中出现最多的关键词是"华文"或"华侨""华人"，说明在华侨华人、华文教育领域内相关的研究较多，是祖语保持研究的热点领域。

（二）研究对象

目前国内祖语保持研究出现了国别化的研究趋势，我们从收集到的 181 篇文献中整理出了不同国家地区的祖语保持研究情况，如图 2 所示。

从图 1 可以看出，近二十年国内亚洲地区的祖语保持问题最受关注，其次是北美洲和大洋洲。在亚洲，东南亚地区的祖语保持研究最多，共 74 篇。其中缅甸、印度尼西亚和泰国的国别化研究最多，各有 12 篇，各

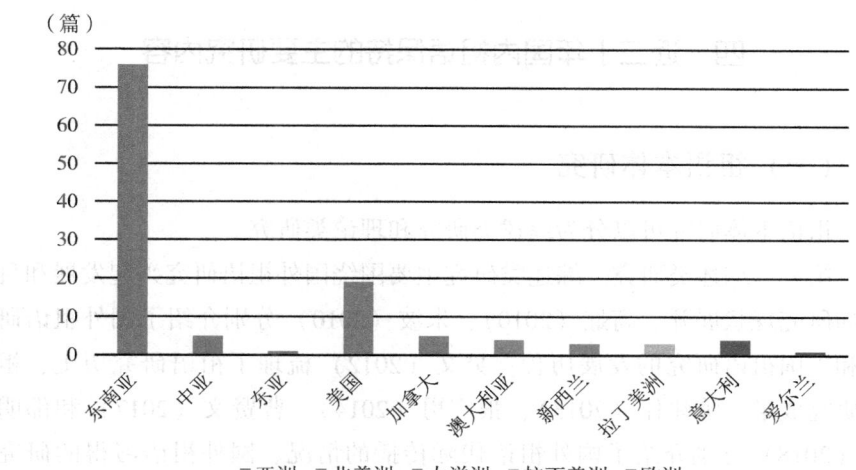

图 2　近二十年国内祖语保持国别研究情况

占总体研究数量的 16.2%。研究内容大多集中于某国祖语传承和保持情况的调查研究。如：沈玲（2015）、袁婉秋（2016）、李春风（2021）分别对印度尼西亚、泰国、缅甸的华裔语言使用情况进行了调查。其次是对东南亚祖语保持整体情况的考察，共 10 篇，占比 13.5%。李计伟、张翠玲（2019）考察了东南亚华语作为传承语的保守性和特征。再次，是对新加坡、马来西亚和菲律宾祖语保持的研究，分别有 9 篇、8 篇和 6 篇。王晓梅（2005）、郭熙（2008）、刘春平（2014）分别考察了马来西亚、新加坡、菲律宾的华人的祖语保持情况。

此外，学者们对欧美国家的关注也较多。北美洲方面，学者主要聚焦于美国和加拿大。王琳璐（2016）和曹贤文、金梅（2021）分别对加拿大二代移民、美国新泽西州华二代的华语传承情况进行了考察。有关拉丁美洲祖语保持的研究数量非常少，仅有刘伊尧（2019）对西语美洲华二代的祖语保持情况进行了调查。

总体来看，海外华人华裔集中的国家和地区，尤其是东南亚地区，成为研究的热点地区。同时学者们也比较关注美国、澳大利亚、加拿大、新西兰这几个移民国家的祖语保持情况，对拉丁美洲的关注较少，并未关注到非洲地区，国别和地区研究还有很大的研究空间。

四　近二十年国内祖语保持的主要研究内容

（一）祖语本体研究

祖语本体研究可以分为综述类研究和理论类研究。

第一，综述类研究。综述类研究主要围绕国外祖语研究兴起发展和目前的研究现状展开。高虹（2010）、朱波（2010）分别介绍了国外祖语研究和美国祖语研究的发展历程。吴文（2012）梳理了祖语研究历史、祖语研究成果。陈建伟（2013）、张广勇（2014）、曹贤文（2017）和邵明明（2018）分别介绍了国外祖语代际传播的情况、国外祖语习得的研究进展。方小兵（2017）归纳了该领域研究的焦点。萧旸（2021）则从多语多文化视角对祖语研究的发展演变进行了综述。总之，已有综述类文献对国外祖语研究的发展历程较为关注。

第二，理论类研究。理论类研究主要聚焦于以下两个话题：一是对"Heritage Language"中文译名的讨论，二是对"祖语"性质特点的论述。

关于"Heritage Language"中文译名国内学者意见不一，有"传承语、祖语、祖传语、族裔语、继承语、遗产语、家庭语言等"。其中比较有代表性的译名有以下四种："祖语""传承语""祖传语"和"继承语"。王燕燕、罗庆铭（1998）最早将 HL 翻译为"祖语"，而后郭熙（2017）取"祖传语言"之意，也将其翻译"祖语"。萧旸（2017）使用了"传承语"这一译名。方小兵（2017）建议将其译为"祖传语"。高虹（2010）主张译为"继承语"，之后陈建伟（2013）、张广勇（2014）和曹贤文（2014）等多位学者也沿用了这一译名。

"祖语"的性质和特点主要集中于郭熙（2017）的《论祖语和祖语传承》一文。他指出"祖语"具有历史性、象征性和资源性。"祖语现象是在一定历史条件下形成的"；祖语的象征意义大于实际意义；同时祖语也是族群的主要人力资源，是族群的黏合剂。

（二）祖语传承主体：祖语传承者研究

吴勇毅（2017）将语言传承的视角分为主体、客体与环境。本文借鉴这一划分，从传承主体、传承客体以及传承环境三个视角进行综述。

祖语传承的主体就是祖语传承者，也叫祖语者，他们是祖语传承中最重要的因素。目前国内祖语传承者研究主要集中在以下几个方面。

1. 祖语传承者的语言态度和语言使用研究。

语言态度十分重要，因为它对人们的语言选择、语言使用和语言认同都有很大影响（王君英，宋兴川，2012）。国内有关祖语传承者语言态度和语言使用的研究大多采用了国别化的研究视角进行实证研究，研究成果较为丰富。

其中有关东南亚祖语保持的研究成果最为丰富，相关文献共有42篇，涉及的国家有：缅甸、印尼、泰国、马来西亚、新加坡、菲律宾、老挝和文莱。郭熙、郑军（2013）通过对印度尼西亚棉兰华裔的问卷调查，发现学生对汉语的语言态度，优于对方言和印度尼西亚语的语言态度。郭熙、李春风（2016）调查发现东南亚华人对于华语的感情深厚，华语社区中方言使用比率较高。华语的习得主要是在儿童及青年时期通过学校教育习得，但华语使用范围有限。同时年青一代也正在积极学习居住国通用语，未来将会形成普通话、方言和居住国通用语并存的局面。

欧美地区的相关研究发现，除了意大利外，欧美的华二代家庭祖语使用的代际差异显著。曹贤文、金梅（2021）对美国新泽西州华二代的调查发现华二代总体上倾向主要使用英文。在家中，他们很少使用中文与父母和兄弟姐妹交流，和祖父母交流时更多使用中文，体现出了明显的代际差异。澳大利亚和加拿大的语言态度和语言使用情况和美国大体相似，都是以英语为主，汉语为辅的模式，家庭祖语使用代际差异明显。拉丁美洲也出现了同样的情况。但意大利的情况有所不同，张巧宏（2019）对意大利的华二代进行了调查，结果表明意大利华二代在家庭中汉语使用频率高于欧美地区，对于汉语学习的态度也非常积极，整体来说祖语保持情况较好。这可能与意大利的华人移民多为新移民，他们多在中国受过基础教育有关。

2. 祖语传承者的身份认同研究。

已有研究表明，身份认同也是影响祖语保持的重要因素。周庆生（2016）提出海外华人的语言与认同研究主要集中于以下几个方面：学习者的语言认同与语言使用、语言能力；华语保持与中华文化认同、身份认同；华人身份认同的代际差异；传承语焦虑与身份认同。相关已有研究成果表明：

第一，华文学习者的语言认同与他们的语言使用和语言能力有关。陈丽梅（2021）通过对缅甸华文教师和华人学员的调查发现，缅甸华人对汉语方言和普通话的认同度高于缅语，除学校、娱乐场合外，汉语普通话和方言的使用频率都高于缅语。曹贤文，金梅（2021）等学者的研究也表明语言认同与语言使用、语言能力之间存在正相关的关系。

第二，对中华文化和对华人身份的认同与海外华人的祖语保持有着很大的关系。劳红叶（2019）调查了印度尼西亚新生代祖语保持情况，发现他们对语言、族群和中华文化认同普遍较高。

第三，华人身份认同之间存在代际差异。调查普遍表明，全球华人家庭中第一代华人对于"中国人"的身份认同最高，第二代和第三代的身份认同和文化语言认同感远远不如第一代，呈现出代际减弱的趋势。陈颖（2014）对纽约华人的身份认同进行调查，发现年龄越小的华人一代对于美国的认同和英语的认同度越高，对汉语方言的认可度就越低。纽约华人移民"美国化"的趋势呈现代际增长趋势。

此外，传承语焦虑与身份认同呈负相关。萧旸（2019）通过实证研究发现民族认同和传承语读写焦虑之间呈负相关。同时焦虑也存在代际性差异：第二代移民的听说焦虑高于第一代移民。

（三）祖语传承客体：祖语习得和教学研究

祖语传承的客体就是祖语本身，包括祖语的习得、教学以及祖语水平测试。

1. 祖语习得研究。

邵明明（2018）对近二十年的继承语学习相关研究进行了综述，指出了继承语学习者与一语、二语学习者之间有很大不同。他们学习继承语的动机大致可分为两类：一是出于族群和文化认同目的的融合动机，二是实用的工具类动机。同时年龄、父母及其他家庭成员、生活环境和族群认同等因素都会对继承语学习产生影响。因此继承语教学要兼顾文化和语言教学，有针对性地展开教学。

不同国家地区的祖语习得情况不同。顾珈瑷（2020）对泰北华裔祖语学习者进行了调查，发现他们普遍具备多语能力，运用水平最高的是泰语，其次为汉语。在听说读写四项技能中，听说能力普遍较高，但阅读和写作水平普遍较低。才让卓玛（2016）调查了美国波士顿华裔学生的汉语学习情况，发现多数学生的听说读写技能尚未达到熟练水平，尚不能使用汉语进行日常沟通。张巧宏（2019）发现意大利的祖语保持情况很好，听说读写四项技能都均衡发展，其中阅读能力稍弱。

2. 祖语教学研究。

祖语教学相关研究较少，且多是理论性研究，实证性研究仅有两篇。刘海咏（2009）从语料分析的角度对高年级汉语祖语学生的写作进行了考察，发现他们对中文写作较为生疏。古滢（2012）对 AP 目标下美国华裔后代的祖语教学进行研究，创新性地提出了三段式的教学方法。

3. 祖语水平测试。

为了更准确地了解海外华裔学生的祖语水平，王汉卫等（2016）提出了华文水平测试的概念。并和其他学者共同研制了华文水平测试的汉字、词汇大纲和文化分级大纲及华文水平测试。

（四）祖语传承环境

祖语传承的途径有很多，如家庭、学校、社区、华语网络媒体等。其中最重要的是家庭，"家庭是母语习得的起点，是移民环境下母语保持的最后堡垒"（于善江，2006）。因此家庭也是祖语传承研究的关注热点。

家庭环境对于祖语传承的影响主要体现在家庭语言规划上。国内的家庭语言规划研究起步较晚。理论研究方面，尹小荣、李国芳（2017）对国外家庭语言规划研究进行了综述，考察了《多语和多文化发展期刊》《双语教育和双语制国际期刊》《语言政策》三家期刊 2000—2016 年关于家庭语言规划的研究文章。刘群（2017）探讨了家庭语言规划涉及的国家通用语、民族语、方言和外语之间的关系，倡导正确处理三组关系，保持平衡，促进家庭成员语言健康发展。白娟（2017）指出家庭语言规划在华文教育中具有十分重要的地位。

实证研究方面，主要是分国别进行华人移民的家庭语言研究。主要研究的国家有菲律宾、新加坡、印度尼西亚、爱尔兰、马来西亚、加拿大等华人移民大国。一些学者考察了家庭在华人祖语传承中的作用，主要体现在以下几个方面：首先是家长通过家庭语言规划创造了祖语习得环境。董洁（2019）研究发现在家庭中家长会主动为孩子创造使用祖语的机会，并为他们学习祖语提供支持。其次是家长为孩子学习祖语提供支持和保障。白娟（2019）发现家庭语言政策是华文教育的原生驱动力，家长的语言意识与子女的祖语态度和祖语能力直接相关。最后是家长的语言意识与子女的祖语态度和祖语能力直接相关。林涵璇（2021）调查了爱尔兰华裔的家庭语言政策，发现家庭语言政策和子女的汉语态度呈正相关。

除了家庭以外，社区也是重要的传承途径。方小兵（2018）认为目前语言规划研究太过集中于家庭语言规划，应该倡导基于社区的语言规划，在社区中考察家庭语言政策，并将社区融入动机、社区经济和与社区网络等因素纳入家庭语言规划影响因素的考察。姚敏（2021）考察了马来西亚华语社区对于华语传承的影响，认为华语社区是华语传承的稳定器，其作用主要体现在两方面：一是华语社区形成华语生活，保障了华语传承，提供了华语传承和使用的平台。二是华语社区构建了族群的华语认同，增加了华人的归属感。

随着互联网的发展，华语网络媒体的传承作用日益增强。姚敏（2021）指出，传统的华语纸媒的受众大多是60岁以上的华人，年青一代的华人更倾向于通过网络新闻媒体、社交平台、华文网站等了解资讯。互联网等新技术的发展使华文传承突破物理空间限制，成为华文传承的新趋势。

五 结语

综上所述，虽然国内祖语保持作为新兴研究领域在近二十年取得了比较丰硕的研究成果，但是我们必须清醒地意识到，研究还存在诸多不足，有待继续深化，主要体现在以下几个方面：

首先是与国外祖语保持研究相比，国内祖语保持研究起步较晚，发展速度较慢，近五年才呈现出较快的发展趋势，文献研究数量相对不足，研究的广度与深度也与国外研究存在着差距，还有较大的发展空间。我们需要客观理性地看待当前的研究现状，对比差距，找出研究短板，继续深入和深化国内祖语保持研究。

其次在研究对象上，研究对象国别分布存在不均衡的现象。针对欧美、东南亚的移民大国研究相对较多，忽视了拉美地区、中亚地区、东亚地区以及非洲地区的祖语保持研究。特别是非洲地区的祖语保持研究还是一块亟待开垦的处女地，但非洲华人也是一个庞大的移民群体，应该受到更多研究者的关注，以弥补研究的空白。

最后在研究内容上，对于祖语传承者的实证研究较为丰富，但理论研究匮乏，相关定义和概念主要借鉴了国外的研究成果。同时广大的实证研究尚未形成一个系统的理论，更多停留在对于现状的描述层面，缺乏深入的探讨和思考。关于祖语习得和教学的研究数量有限。在祖语习得方面，缺乏对祖语学习者语言偏误和变异的研究。在祖语教学方面，针对祖语学习者特点设计的教材和教学方法太少。祖语传承环境的探究局限于家庭环境，对于宗教和网络新媒体的关注较少。

总的来说，国内祖语保持研究还有很大的发展空间，我们应该继续从语言学、应用语言学和社会语言学等多种角度来研究祖语保持问题，从而推动祖语研究的发展。

参考文献

白娟：《华文教育中的家庭语言政策驱动机制和影响分析》，《语言战略研究》2019年第4期。

曹贤文、金梅：《美国新泽西州华二代华语传承调查研究》，《语言战略研究》2021年第4期。

陈颖：《美国纽约华人家庭语言认同的代际差异》，《八桂侨刊》2014年第4期。

方小兵：《国际祖传语研究焦点分析——基于〈祖传语期刊〉历年文献》，《语言战略研究》2017年第3期。

高虹：《Heritage language 的由来及其中文译名》，《中国科技术语》2010年第2期。

郭熙、李春风：《东南亚华人的语言使用特征及其发展趋势》，《双语教育研究》2016年第2期。

郭熙：《多元语言文化背景下母语维持的若干问题：新加坡个案》，《语言文字应用》2008年第4期。

郭熙：《论祖语与祖语传承》，《语言战略研究》2017年第3期。

李春风：《缅甸华语传承模式研究》，《语言战略研究》2021年第4期。

李计伟、张翠玲：《传承语的保守性与东南亚华语特征》，《华文教学与研究》2019年第3期。

邵明明：《近二十年继承语学习相关研究综述》，《云南师范大学学报》（对外汉语教学与研究版）2018年第4期。

沈玲：《印尼华人家庭语言使用与文化认同分析——印尼雅加达500余名新生代华裔的调查研究》，《世界民族》2015年第5期。

王汉卫、黄海峰、杨万兵：《华文水平测试的总体设计》，《华文教学与研究》2013年第4期。

王晓梅：《马来西亚雪兰莪州万津华人的语言保持和语言转用》，《中国社会语言学》2005年第1期。

王燕燕、罗庆铭：《加拿大的祖语教育与华文教育》，《语文建设》1998年第3期。

吴勇毅：《语言传承研究的三个视角：主体、客体与环境》，《语言战略研究》2017年第3期。

萧旸：《多语意识形态下的传承语教育与身份研究》，《国际汉语教学研究》2021年第4期。

姚敏：《马来西亚华人社会、华语社区与华语传承》，《语言战略研究》2021年第4期。

尹小荣、李国芳：《国外家庭语言规划研究综述（2000—2016）》，《语言战略研究》2017年第6期。

于善江：《从奥克兰华人日常对话看语码转换和母语保持》，《语言教学与研究》2006年第4期。

郑军：《印尼棉兰华裔学生汉语语言态度调查分析》，《云南师范大学学报》（对外汉语教学与研究版）2013年第5期。

周庆生：《语言与认同国内研究综述》，《语言战略研究》2016年第1期。

Fishman, Joshua A., *Can Threatened Languages Be Saved*：*Reversing Language Shift, Revisited*：*A 21st Century Perspective*, Clevedon, UK：Multilingual Matters Ltd., 2001.

Valdes, Guadalupe, "Heritage Language Students：Profiles and Possibilities", In J. K. Peyton, D. A. Ranard, and S. McGinnis（eds.）, *Heritage Languages in America*：*Preserving a National Resource*, Washington, DC：Center for Applied Linguistics, 2001.

"一带一路"语境下西北民族地区精准推普实践研究

宋　珊　敏春芳

摘要：西北民族地区语言差异显著，想要真正实现沟通顺畅、抓住发展契机，应对"一带一路"倡议实施需求，就必须加强普通话的推广和使用。研究通过阐述西北民族地区的语言使用状况和特点，探讨西北民族地区语言因素巩固帮扶成效的路径和模式，分析该地区精准推普的重要举措，就加大民族地区普通话推广力度的同时如何促进地方语言增值、如何处理好地方语和普通话的关系作出探讨。为建立符合民族地区具体的语言扶贫理论体系、推进精准推普实践研究及助力乡村振兴建设提供多方面的参考。

关键词：西北民族地区；精准推普；语言经济；语言资源

一　引言

在"一带一路"建设背景下覆盖中亚、南亚等五个地区的官方语言超过40种。因此，如何与共建国家进行跨境语言交流、实现语言互通是"一带一路"建设的重要环节。基于"一带一路"中国语境国际化的背景，西北民族地区应该抓住机遇，有效利用丰富的语言资源，结合实际情况，研究"一带一路"发展战略中具体的语言需求，推进语言资源的开发和利用。西北民族地区语言差异显著，想要真正实现沟通顺畅、抓住发展契机，应对"一带一路"战略实施需求，就必须加强普通话的推广和使用。"一带一路"建设将为西北民族地区能讲普通话、精通民族语的家

宋珊，西北师范大学国际文化交流学院；敏春芳，兰州大学文学院。

庭带来新机遇，要把战略发展中对语言人才的需求同自身优势相结合，自觉激发出民族地区的家庭学习普通话的内生动力。在这个过程中，只有加大普通话推广力度，鼓励当地更多的人自主学习、使用普通话，才能为该地区双语乃至多语人才"走出去"提供语言保障。

2016年，教育部、国家语委关于印发《国家语言文字事业"十三五"发展规划》的通知中明确指出：农村和民族地区国家通用语言文字普及程度还不高；语言文字信息技术创新与社会应用能力还比较薄弱；国家语言能力和语言文字服务水平还不能完全适应经济、社会和文化发展的需求①。西北民族地区群众使用国家通用语言文字的水平相对薄弱，这在很大程度上限制了人们外出务工、增加就业、提高收入、摆脱贫困。在西北民族地区精准推普是巩固帮扶成效的重要环节，也是从根本上阻断贫困代际传递的治本之策。

二 从经济学角度探讨语言与贫困的关系

国内近年来关于语言与经济理论有两方面的探讨，一方面研究语言因素对经济的影响，侧重关注了语言与贫困理论研究和语言能力对个体劳动收入的影响；另一方面，从经济对语言产生的影响论证了语言扶贫的科学性和可行性。

西北地区少数民族众多、语言面貌丰富。从经济学角度来讲，语言的多样性会增加交易成本、影响沟通交流、影响教育和人力资本积累，总体来讲语言多样性对经济发展具有抑制作用。能够解决这一问题的有效路径就是大力推广国家通用语，以此来减少语言多样性对经济发展的制约因素。就语言多样性和贫困的关系已有学者作出研究。不是语言多样性导致的贫困，而是语言多样性会使贫困固化或者说在一定程度上阻碍了贫困地区摆脱贫困②。笔者认为虽然语言多样性对经济有抑制作用，但这种抑制作用不是一成不变的。针对西北地区民族语言和汉语方言并存的语言面貌，应当认识到当地语言的多样性特征，发挥各种语言的资源优势，在推广普通话的过程中注重当地少数民族语言资源的开发和保护，积极促进地

---

① http://www.moe.gov.cn/srcsite/A18/s3127/s7072/201609/t20160913_281022.html.
② 王海兰：《国内经济学视角语言与贫困研究的现状与思考》，《语言战略研究》2019年第1期。

方语言增值。

语言作为一种人力资本,通常从宏观和微观两个维度考察:宏观方面,是指一国国民总体的语言能力,是该国人力资本的一个重要组成部分;微观方面,是指个体优化选择、投入产出的问题,与个人的就业和收入相关。语言技能与经济地位之间的关系:第一,双语或多语者在劳动力市场中较单语者能够获得更高的收入和更多就业机会。从这方面来看,西北民族地区应该发挥当地多语者的语言优势,通过多语者掌握的语言技能,提升其在劳动力市场的竞争能力。第二,语言流利程度与个体收入高低成正比。在西北民族地区推广普通话对于促进当地经济发展、提高人均收入有着至关重要的影响。[①] 以上对于语言技能和经济地位关系的论述,带来两方面的启示:其一,推广普通话在教育扶贫领域具有重大的现实意义,要重视语言因素在乡村振兴中的基础性作用,能够流利使用普通话是提高个人收入、永久摆脱贫困的必要前提;其二,将自身的语言资源优势转化为"走出去"的条件和前提,民族地区多语者拥有的语言资源应该被重视和开发。

三 西北民族地区精准推普的必要性

现阶段西北民族地区更多地关注产业帮扶、经济扶持、职业技能培训等方面,而作为巩固脱贫成效手段之一的"精准推普"并没有被重视起来,精准推普对巩固脱贫攻坚成果的保障作用没有得到很好的发挥。究其原因,相较于产业、政策扶贫的经济转化成效,语言的经济转化成效需要一个很长的周期才能实现,语言因素作为助力乡村振兴中的重要指标,还没有引起当地人足够的重视和关注。

西北民族地区普通话使用率低,国家通用语言文字的推广普及工作迫在眉睫。今天全国普通话普及率已经达到 73%,大城市的普及率已超 90%。然而,该地区的普通话普及水平还远远低于全国的普遍水平,日常交际仍以当地的少数民族语言和汉语方言为主。普通话使用率低导致他们在外出务工和社会交往中始终处于被边缘化的位置,这对他们提升自信和激发内生动力产生了限制,从根本上阻碍了他们"走出去"的步伐。全

---

① 黄少安、张卫国、苏剑:《语言经济学导论》,商务印书馆 2017 年版,第 31—32 页。

面推行普通话已成为语言发展的一个大趋势，是经济社会发展的必然要求。因此，在西北民族地区推广国家通用语言问题亟待解决。

教育资源的分配不均衡以及师资力量薄弱，导致西北民族地区群众通用语言文字使用能力普遍较弱，无法及时有效地获取更多后续帮扶政策的相关信息。调查数据显示，在普通话普及程度偏低的民族地区，教师的普通话应用水平也普遍偏低。因此提高西北民族地区师资队伍的普通话水平，关乎推普工作的可持续发展，是乡村文化振兴过程中必须重视的问题。

四 西北民族地区语言使用状况及特征

推广普通话可以分为宏观层面和微观层面，所谓宏观推普是指在某一区域推广普通话；微观推普是指在个体或家庭层面推广普通话，即我们所说的精准推普①。目前针对民族地区个人和家庭的微观推普，是我国民族地区巩固脱贫成效中凸显的一个新问题。

这里以甘肃为例。甘肃"两州一县"民族地区曾是"精准扶贫"的重点区域，包括甘肃省的甘南藏族自治州、临夏回族自治州和天祝藏族自治县，是国家在脱贫攻坚中重点支持的"三区三州"深度贫困民族地区。此处以"两州一县"民族地区为个案，考察甘肃"两州一县"民族地区家庭内部语言和社区内部语言使用情况，以期掌握该地区的语言使用特点，为国家通用语言文字在西北民族地区的顺利推广提供参考。田野点主要选在临夏市、合作市、天祝藏族自治县，其他乡镇辅助调查。

（一）甘肃"两州一县"民族人口和语言分布

表1 "两州一县"民族地区少数民族语言的地区和人口分布

语言	省区	地州	县	民族	民族人口（人）
保安语	甘肃	临夏州	积石山县	保安族	10048

---

① 李宇明等：《"推普脱贫攻坚"学者谈》，《语言科学》2018年第4期。

续表

语言	省区	地州	县	民族	民族人口（人）
东乡语	甘肃	临夏州	和政县	东乡族	308315
	甘肃	临夏州	东乡族自治县	东乡族	172578
	甘肃	临夏州	广河县	东乡族	43364
	甘肃	临夏州	临夏县	东乡族	21710
	甘肃	临夏州	积石山县	东乡族	15278
	甘肃	临夏州	康乐县	东乡族	6461
	甘肃	临夏州	永靖县	东乡族	2789
河州话	甘肃	临夏州	东乡族自治县	回族	8259
	甘肃	临夏州	积石山县	回族	64593
	甘肃	临夏州	东乡族自治县	汉族	33098
	甘肃	临夏州	积石山县	汉族	93101
撒拉语	甘肃	临夏州	积石山县	撒拉族	5392
唐汪话	甘肃	临夏州	东乡族自治县	东乡族	172578
土族语	甘肃	武威市	天祝县	土族	11873
安多藏语	甘肃	甘南州	夏河县	藏族	86671
	甘肃	甘南州	卓尼县	藏族	53908
	甘肃	甘南州	舟曲县	藏族	36870
	甘肃	甘南州	迭部县	藏族	35942
	甘肃	甘南州	玛曲县	藏族	27242
	甘肃	甘南州	碌曲县	藏族	21777
	甘肃	甘南州	临潭县	藏族	14434
	甘肃	武威市	天祝县	藏族	55617

注：根据黄行《中国少数民族语言活力研究》（2000）附录的 115 种分布在我国大陆的少数民族语言及语言身份尚存争议的各种"话"中整理出甘肃"两州一县"少数民族语言的地区和人口分布状况。在孙宏开等主编的《中国的语言》（2007）中认为诶话、五屯话、唐汪话、倒话和扎话等五种地方话是比较特殊的混合型语言，是中国语言接触的特例而非常态。

通过表 1 可知，甘肃"两州一县"民族地区历来汇聚着汉、回、藏、蒙古、撒拉、东乡、保安、裕固等众多民族。该地区作为阿尔泰语系语言和藏缅语族语言接触的前沿地带，语言面貌体现出多样与复杂并存的特征。因此，掌握当地少数民族人口语言的使用状况，为西北其他民族地区更好地实现精准推普具有重要的指导意义。

（二）甘肃"两州一县"民族地区语言使用基本现状及特征

第一，受访者基本信息如表 2 所示。

表 2　　　　　　　　　　受访者基本信息表

背景	性别		年龄（岁）				文化程度			
	男	女	<20	20—40	40—60	>60	文盲	小学	初中	高中	高中及以上
样本（人）	110	90	42	81	47	30	38	60	57	32	13
百分比（%）	55.0	45.0	21.0	40.5	23.5	15.0	19.0	30.0	28.5	16.0	6.5

本次调研共收回有效调查问卷 200 份，这 200 位受访者中，36.4% 的人有外出打工经历。就 200 位受访者从事的职业来看，53% 的人在家务农，28% 的学生，其他经商者、教师及退休干部等职业占 19%。

第二，"两州一县"民族地区不同场合的语言使用情况如表 3 所示。

表 3　　　　　　　　家庭内部语言使用情况表

	本民族语	汉语方言	普通话	其他语言
在家和父亲经常使用的语言（人数）（%）	60.5	38	0.5	1
在家和母亲经常使用的语言（人数）（%）	77.5	22	0	0.5
在家和爷爷奶奶使用的语言（人数）（%）	93.5	6.5	0	0
在家和子女经常使用的语言（人数）（%）	21.5	65	12.5	1

我们在调查中发现，"两州一县"民族地区家庭内部用语大体上有两种，一种是本民族语，另一种是汉语方言。具体来讲，同老人沟通时使用民族语言的比例高达 93.5%，而和子女沟通时使用民族语言比例已经下降到 21.5%，这里突出反映母语使用的代际性差异问题。另外，同母亲交流使用民族语的人数比例高于父亲，是由于女性长期固定在一个语境中，而男性由于外出打工等因素，同外界交际的概率要高于女性。在此过程中，男性使用的语言受到周边语言接触的影响，更容易发生变化。由此可见，民族语言和汉语方言仍是"两州一县"民族地区家庭内部使用最主要的交际语言。综上，甘肃"两州一县"少数民族使用母语的能力整

体上虽然呈下降趋势,但这并不代表当地人开始有意识地学习和使用普通话。在调研的过程中,呈现出当地普通话的掌握程度与其经济收入水平成正比,即越是收入水平低的地区,其家庭内部使用的语言越单一。究其原因是农牧区的少数民族,由于生产方式单一,交际范围有限,他们认为借助单语可以完成生产、生活的全部过程,也正是受到民族语单语的限制,这些人通常不能很好地与外界交流,他们不敢改变原有的生活模式,继而影响了这些人的家庭经济收入和生活水平。

表4　　　　　　　　　　　社区内部语言使用情况表

	本民族语	汉语方言	普通话	其他语言
在社区和本民族的人经常使用的语言(%)	72.2	21.4	6.4	0
在社区和其他民族的人经常使用的语言(%)	6.5	80.9	12.6	0

如表4所示"两州一县"民族地区在社区和本民族人进行交流时,72.2%人选择使用自己的母语——民族语作为交流工具。一方面,使用自己的民族语进行交流更方便、更亲切;另一方面,使用自己的民族语,如藏语、土族语、东乡语等语言也是语言自豪感的一种体现,增强了他们的民族认同。由上述列表可以看出,基于我国多元一体的格局,有21.4%的人选择使用汉语方言,只有6.4%的人和本民族交流时使用普通话,这部分人以青少年为主。汉语和少数民族语言之间的影响是双向的,汉语同样受到当地少数民族语言的影响。具体表现为他们使用的汉语方言中通常带有较多的民族语借词,且语序或多或少地受到当地民族语言的影响。

当其他民族进入社区后,为了沟通交流的需要,除少数只会使用民族语的人之外,大部分人倾向于使用当地的汉语方言,汉语方言成了"两州一县"各社区间交流的主要语言。表4显示,社区内部交际有12.6%的人选择使用普通话进行族际交流,这部分人都为青少年,随着学校教育的普及,他们习得了普通话作为母语之外的第二语言,当其他民族进入社区以后,这部分青少年会选择使用普通话作为交际工具。在子女学习使用普通话的问题上,该地区大部分少数民族家长已经意识到学好汉语,学习普通话对于子女的重要性。

综合以上数据,甘肃"两州一县"人口在社区内本民族之间进行交流时,以民族语为主;在社区不同族群之间交流时,以汉语方言为主,这是汉语与少数民族语言在使用功能上相互竞争的结果，语言竞争反映到人的语言观念上，就是对语言的选择，而语言的选择又影响了语言的应用①。然而，无论是哪种语境，将普通话作为交流工具的人微乎其微，这就反映出在民族地区推普具有更强的紧迫性。此外，值得关注的是甘肃"两州一县"地区存在一部分双语人，即部分少数民族以本民族语言作为主要交际工具的同时，还掌握了普通话。由于上大学、外出务工等原因，促使这部分人在外使用汉语方言或是流利程度不等的普通话，在家庭内部则使用民族语进行家庭内部交流。事实上，这部分双语人在普通话的传播和交流中发挥着重要的作用，他们使用的语言客观上成为推动民族语向普通话发展的重要中间环节，对于营造良好的家庭和社区语用环境以及普通话的推广能够起到很好的示范作用。

五　西北民族地区精准推普的具体措施

在国家相关政策的指导下，西北民族地区普通话的推广正处于由宏观推普向微观推普的重要转型阶段，有其自身的复杂性和特殊性。笔者结合甘肃"两州一县"民族地区的具体语境和语言事实，对西北民族地区精准推普提出几点建议。

第一，同龄人交际是母语习得的一个重要因素，假设同龄人交际环境被限制在普通话里，那么他们会在成长的过程中优先选择使用普通话进行交流②。因此，学校必然成为精准推普的重要基地，首先，要加强学校师资队伍普通话水平的培训，教师作为推广普通话的骨干力量，政府部门应优先提升教师队伍使用普通话的整体水平，使教师在精准推普工作中切实发挥好指导、监督、引领的模范带头作用。其次，在民族地区，应着重挖掘干部队伍中的"双语"人才，发挥其语言优势，带头精准推普，引导当地商户、青壮年农牧民、青年教师等对普通话有迫切需求的人群率先推普，对该群体率先进行集中培训、精准推普，让他们在家庭以及社区内优先使用普通话，激发家庭成员以及社区人员使用普通话的内生动力，以此引导更多人加入到学习、使用普通话的队伍中。最后，还应加快完善民族

---

① 戴庆厦、何俊芳：《语言和民族》（二），中央民族大学出版社2006年版，第16—17页。
② 刘丹青：《方言是一种思维方式》，《中国新闻周刊》2020年7月2日第1版。

地区语委的机构建设,强化当地相关职能部门在语言服务中的主体作用,着力发挥语委在精准推普中的规划、引导和服务。

第二,民族地区普通话培训要与自身实际相结合。对于少数民族来讲,普通话是他们习得的第二语言,无论是从自身心理转变还是语言学习都是一个比较困难的过程。因此,在设计普通话培训方案时应该加强民族地区普通话推广的心理建设,同时引导当地少数民族语言态度的积极转变。西北民族地区人口对普通话的语言态度,直接影响他们学习和使用普通话的主动性和积极性。了解该区域人口的语言态度,同时关注他们对普通话的接受度及认同情况,有助于提高该地区人口学习普通话的热情,能够在推普过程中达到事半功倍的学习效果。此外,还要着力强调和突出作为第二语言的普通话功能性的习得特点。

第三,推普工作要发挥好网络媒体和融媒体等互联网平台的优势作用。信息化时代的到来,使推普不再拘泥于知识讲座、广播电视等传统方式,针对该地区的人口,要积极运用现代化宣传手段,把国家通用语言文字的推广普及与县域经济、乡村振兴战略等紧密结合。多形式、多渠道开展语言文字培训,提高当地人口的语言文字使用水平,使语言文字转化为生产力,助力乡村振兴。一方面可以运用已有的国家通用语言文字 App,另一方面还可以根据该地区语言事实,结合当地汉语方言和民族语言在语音、词汇和语法上的特点,开发出与之相适应的普通话学习 App。精准推普工作离不开信息技术的支撑,我们要广泛运用中文信息处理的成果,借助各种信息化手段,使推普形式丰富多样。充分调动当地人自主学习国家通用语言文字的主观能动性,让他们不受地域、经济条件、环境等因素的制约,运用碎片化的时间进行自主学习。此外,还可以运用网络大数据平台积极开展远程学习培训,为大家提供良好的交流学习互动平台,增进彼此之间的民族情感。

通过以上举措,一方面能够拓宽普通话学习的有效路径和渠道,激发学习普通话的内生动力,促进语言之间的互通互用;另一方面,为进一步提升职业技能、增加就业机会,提高经济收入提供了有效的保障。

六 结语

西北地区是少数民族聚居区,是多民族、多语种、多文种地区,我国

56个民族中有51个少数民族聚居或散居在西部80%以上的土地上，使用着60种以上语言、30多种文字①。语言作为宝贵的文化资源，是文化软实力的重要组成部分，随着国家推普工作的进一步深化，西北民族地区的推普工作取得了一定成效。然而，该地区的地方语言保护意识薄弱，民族语言和汉语方言的价值并没有得到充分的挖掘。在推行普通话的同时，我们还要注重保护地方语言文化，将推广普通话以及保护和开发当地少数民族语言资源作为双重任务，处理好推普和保护地方方言、民族语三者之间的关系。进一步增强民族地区人口学习普通话的主观能动性，从根本上解决在民族地区推广普通话的问题。

西北少数民族语言资源非常丰富，在精准推普的过程中，应该利用好当地的少数民族母语资源，考虑如何将少数民族母语资源转化为文化资本和经济资本②，挖掘少数民族语言资源的经济价值，转劣势为优势，形成当地独具特色的语言经济形态。如在旅游业中开发少数民族语言经济，利用好当地少数民族语言文化资源，打造出形式多样的旅游产品。研发切合当地特色的语言文化产品，以此带动语言经济的发展。在这个过程中，当地农牧民要和外界沟通交流、经贸往来就必须学好国家通用语言。语言作为交际工具，将语言资源转化为经济资本，一方面很好地保护和开发民族地区丰富的语言文化资源，带动当地经济发展；另一方面，在开发语言资源的过程中，潜移默化地提高了当地少数民族人口学习普通话的积极性和主动性。

基于"一带一路"中国语境国际化的背景，西北民族地区应该抓住机遇，该地区精准推普应进一步加大以下两方面的探讨：第一，在推普过程中注重方法策略。该地区既要加大普通话的推广力度，同时也要深化精准推普的理论创新和实践研究。在利用好当地丰富的语言资源的基础上，将少数民族母语资源转化为经济资本，形成独具特色的语言经济形态，助力乡村振兴建设。第二，抓住"一带一路"发展契机，发挥西北民族地区的语言资源优势，完善当地双语乃至多语人才"走出去"的相关政策措施，进一步提高该区域人口普通话的应用能力。

---

① 戴庆厦、何俊芳：《语言和民族》（二），中央民族大学出版社2006年版，第16—17页。
② 赵世举、黄南津主编：《语言服务与"一带一路"》，社会科学文献出版社2016年版，第25—26页。

参考文献

王海兰:《国内经济学视角语言与贫困研究的现状与思考》,《语言战略研究》2019 年第 1 期。

黄少安、张卫国、苏剑:《语言经济学导论》,商务印书馆 2017 年版。

戴庆厦、何俊芳:《语言和民族》(二),中央民族大学出版社 2006 年版。

刘丹青:《方言是一种思维方式》,《中国新闻周刊》2020 年 7 月 2 日第 1 版。

赵世举、黄南津主编:《语言服务与"一带一路"》,社会科学文献出版社 2016 年版。

师资培养

兼訂資郷

美国欧柏林大学专家型优秀中文教师古文课堂师生话语互动研究

刘安祺　亓　华

摘要： 本文以美国欧柏林大学（Oberlin College）东亚系主任 L 老师的高年级古文课堂师生话语互动为对象，结合线上线下教学观察和访谈，采用量化研究的方式，探究美国高校专家型教师课堂师生话语互动行为的特点。研究发现，L 教师话语互动形式稳定、结构性较强，遵循"循循善诱，讲解为主，回答为辅，教师反馈"的互动模式，其古文教学真正做到了以今释古、以古喻今、沟通古今，联系实际。高年级古文课无论是学生对于古代汉语的认知还是教师关于某一文化现象的讲解，课堂师生话语互动都更重视内容思想意义，具有以义统形的特点。本文力求建构一种高级中文课堂师生话语互动行为研究范型，它应利用但必须超越弗兰德斯话语互动分析工具的制约，创立新的研究范型。

关键词： 美国欧柏林大学；专家型教师；古文课堂；师生话语互动

一　引言

随着认知心理学在 20 世纪 70 年代以来被引入教育学领域，国外对于专家型教师的相关研究开始出现（马艳华，2008）；国内的研究始于 20 世纪 90 年代，是教师成长研究领域的一个转变期（连榕、孟迎芳，

[基金项目] 本研究是亓华主持 2020 年教育部中外语言交流合作中心国际中文教育研究课题"中日美专家型中文教师课堂教学行为与理念比较研究"（20YH12C）成果之一。

刘安祺，北京师范大学国际中文教育学院；亓华，北京师范大学国际中文教育学院。

2001），在20世纪末的"跨世纪园丁工程"之后，专家型教师的研究开始进入规模化发展阶段（陈桂生，2003）。专家教师代表了教师职业发展的最高水平，而针对国际中文教育领域专家型优秀教师进行的系统性研究还比较少，影响较大的只有《对外汉语教学名师访谈录》（崔希亮，2008）。所谓"专家型"教师是指：从教15年以上，具有教学专长的教师，他们具有丰富合理的知识结构、高效的问题解决能力和敏锐的洞察力。本文研究的L老师是1969年毕业于北京师范大学并留校任教的元老级国际中文教师，也是至今唯一活跃在教学一线的"对外汉语教学研究会"的创始人之一。他不但见证了国际中文教育学科的发展，而且自1989年以来一直是美国欧柏林大学中文教学的负责人。本文论及的L老师符合专家型优秀教师标准，他具有丰富的知识结构、教学效果佳、教龄51年及以上且在该领域有一定声望。

　　本文聚焦于师生话语互动，辅以精彩课例分析，研究美国高校专家型优秀中文教师的优秀课型。为此，本文采用随堂观察法和访谈法收集到L老师2015年专门录制的线下课教学录像6课时，以及2020年9月25日至2020年12月4日整个学期的全部课堂资料，转写线上线下随堂听课录音语料约10万字，正式访谈2次，转写语料约4万字。通过数据分析，力求揭示出当前国际中文教育高年级古文课教学的特点，并尝试建构一种专家型教师课堂话语互动行为研究范型。

二　L教师古文课教材、教学设计理念与教法

　　《文言章句》[①] 这部于2008年出版的高级中文教材由L老师编写，共计22课。该教材以词汇语义为中心，特别是文言中的虚词，人们用"之乎者也"称代文言，足见其在文言文中的重要性。教材中的虚词数量不多又使用频繁，用法灵活，掌握这些虚词是读懂文言文的钥匙；而虚词几乎保留着其原有形态活跃在现代语言中，所以《文言章句》教材对虚词进行了系统化介绍。该教材为语录体，选取典型文言例句，将虚词、固定格式、特殊语法归纳成组，综合说解，此为竖向延展的经线；每个例句有

[①] Kai Li and James Erwin Dew, *Classical Chinese: A Functional Approach*, Boston: Cheng & Tsui Company, 2008, p. 284.

词语的注释，多为实词，此为横向扩展的纬线。以这些词语构成经纬，学习者由此而获得初步的文言阅读能力。

教材是教学需求的反映，教材话题和文言章句的择取能够鲜明表现编者的设计理念。L老师认为，对于高级中文教材的编写，应遵从以下原则：第一，将文化性和知识性内容引入教材是必要的，因为高年级学生对这部分内容要求较高。第二，中文教材需要切近平实，需要描述性少、说明性强，可以模仿学习的文字语句，国人所欣赏的"美文"，并不适用于美国学生。文辞过于优美典雅，文采斐然，学习者无法模仿。第三，教材应该增加作者、写作背景、评论等方面的内容，使学习者对其内容有更深入的认识与理解。第四，不再需要词汇的注音、意解和翻译，因为有电子版教材提供智慧学习功能。由此可见，高级教材编写应注重知识性和文化性，语言平实易于模仿，内容编排能够使得学习者产生深入的认识和理解。基于上述思考，L老师编写了《文言章句》这部适用于五年级汉语教学的教材。

L教师充分考虑到外国学生学习古汉语的难度，教材的编写独具匠心，从一个个语气词起，汉字简单、易学好记；然后扩展为名句，名句经典、语文并进；接着在讲授时着重剖析内容思想。下面以《古文章句》第21课《语气词》中（下文话语互动行为动态特征曲线分析的课例）"矣"为例，梳理L老师古文课教学成功的内在思维逻辑。

三　L教师课堂话语互动矩阵及动态曲线计量分析

本文研究的是高级汉语古文课教学，而非以师生互动操练为主的语言课，因而师生话语比例和频次不应被已有的参数和比例所限制，之所以使用弗兰德斯互动分析系统（FIAS，Flanders Interaction Analysis System）只为来量化课堂师生话语互动实际比例，选择优秀专家型教师的优秀案例目的是建立新的参数指标，而不是要以之为标准来解释说明，因此这里只选择性地展示与该系统有关的三项：描述互动行为的编码系统表（见表1）、基于编码记录数据所统计的矩阵分析表（见表2）和反映互动行为变换的动态曲线图（见图1和图2）。

本文利用此系统观察分析了L老师五年级《文言章句》古文特色课

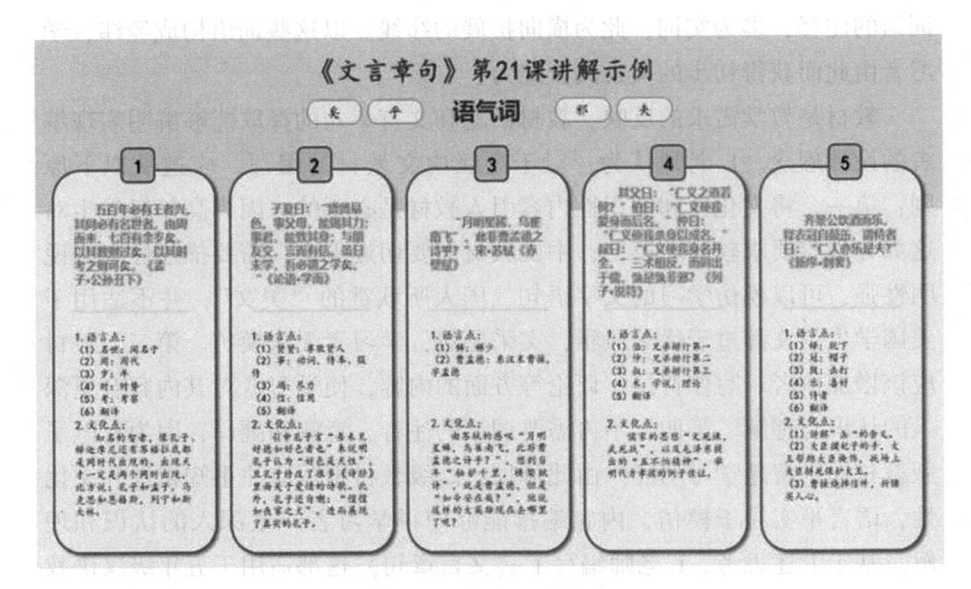

图 1　《文言章句》讲解示例

图 2　L 老师导入阶段与学生互动

程，所选课案共计 1 小时 4 分 41 秒，除去课前等待同学进入课堂的 6 分 45 秒，笔者观察记录了 57 分 56 秒整个授课过程。选择本堂课是基于以下原因：该课案是整个学期中互动模式和话语量都较为典型的类型，能够充分代表 L 老师的话语互动特点。该课程由笔者录像后将师生话语转录成文字，将课堂实录分为以 3 秒钟为单位的片段，记录编码，共编码 58

图 3　L 老师慷慨激昂讲解课文

行 20 列，1154 次。

根据线上实际课堂情况，编码时对师生课堂行为做出如下界定：

1. 每次学生发言结束后，L 老师都会给予鼓励和肯定，但由于需要选取 3 秒内占据时间最多的语言行为，所以大量鼓励性话语未被记录。

2. 教师在赞同学生观点后立即讲解，将序号标为"5"；若重复了学生前面的观点，则记为"3"。

3. 教师娱乐性话语，目的并非讽刺学生的记为 2，针对某一学生的记为 7。

4. 教师复述学生的准确答案，即教师对学生的肯定，记为 2。

表 1　　　　　　　　弗兰德斯话语互动分类

分类		编码	内容
教师语言	间接影响	1	教师表达情感，接纳学生的感受
		2	表扬或鼓励学生
		3	接受学生的主张或观点
		4	向学生提问
	直接影响	5	讲解
		6	给予指导或指令
		7	批评或维护权威

续表

分类	编码	内容
学生语言	8	学生被动说话
	9	学生主动说话
无效语言	10	沉默、怀疑或暂时停顿

表2　　　　　　　　　　　弗兰德斯互动矩阵分析

编码	1	2	3	4	5	6	7	8	9	10	计数
1	0	0	1	0	5	3	0	1	1	0	11
2	0	0	0	1	9	0	0	2	0	0	12
3	0	0	2	3	18	2	0	14	0	4	43
4	0	0	0	14	3	3	0	20	0	16	56
5	1	1	4	17	604	31	2	8	0	11	679
6	0	0	1	2	14	16	0	21	0	14	70
7	0	0	0	0	1	1	1	0	0	1	4
8	5	11	35	9	12	7	1	128	1	4	213
9	1	0	0	1	1	1	0	0	0	0	4
10	4	0	0	9	12	5	0	19	1	11	61
计数	11	12	43	56	679	69	4	213	4	61	1153
百分比(%)	0.95	1.04	3.73	4.86	58.8	5.98	0.35	18.5	0.43	5.29	
	10.58				65.22			18.91		5.29	100
	间接影响				直接影响			学生话语		无效语言	
	75.80							18.91		5.29	
	教师话语							学生话语		无效语言	

（一）互动矩阵分析法

表2显示，教师话语量占整个课堂的75.80%，学生话语量占18.91%，学生话语比率远低于教师话语比率，L老师的课堂以传统讲授式为主。在授课过程中，L老师牢牢把握了话语主动权，高年级学生主要以听为主，以说为辅。该课案以"教师传授知识、学生回答问题，紧接着教师接受或采纳学生的想法"为核心展开，其间学生紧跟课堂节奏，

思考并给出答案。此外，L 老师对学生的间接影响和直接影响分别为 10.58% 和 65.22%，前者仅为后者的 1/6，远低于后者。"间接影响"比重较大的教师教学特色自由度高，课堂氛围较为活跃，学生自主发言意愿较为强烈；"直接影响"比重较大的教师课堂结构性和程序性强，学生的开口意愿在一定程度上受限。L 老师年过古稀，一直遵循传统的教学形式，课堂结构性强和程序性强。在高难度的古文教学活动中，教师把控课堂的主导进行讲解不失为保证教学效果的最佳选择。

（二）动态曲线分析法

为清晰、形象地展示专家型优秀中文教师古文课堂师生话语互动行为的变化趋势，接下来通过数据可视化呈现研究发现：

1. 话语互动行为随时间变化曲线分析

分别选取原始编码中第 1—200 个（1—10 分钟）、第 400—600 个（21—30 分钟）、第 940—1154 个（48—57 分钟），绘制师生话语互动行为随时间变化的动态曲线图（图 4）。

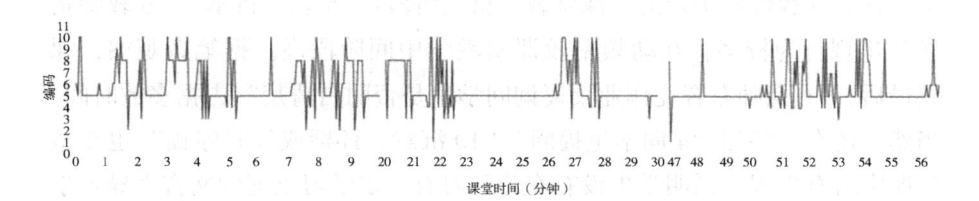

图 4 话语互动编码随时间变化动态曲线

课堂教学初始阶段：之所以教师讲解占据多数时间，是因为教师需要带领学生温习旧知识、介绍将要学习的文言章句及对学习内容做简短的解释或询问学生生活情况，以此来调动学生的学习热情，增进师生情感。课堂教学中间阶段：整体来看，"8 学生被动说话""3 接受学生的主张或观点""5 讲解"行为每次都会出现在教师持续讲解前，特点突出。结合笔者对课堂的观察，出现这种连串行为的原因是教师讲解每一则文言章句前，学生都会在老师的指导下朗读和翻译，接着 L 老师肯定学生表达，继续讲解，教师循循善诱，学生古文学习的积极性也在老师的鼓励下逐渐提高。此外，较课前和课尾，中间时段教师持续讲解时间最长，学生基于教师提问的"8 学生被动说话"持续时间仅次于"5 讲解"，这是 L 老师

（%）

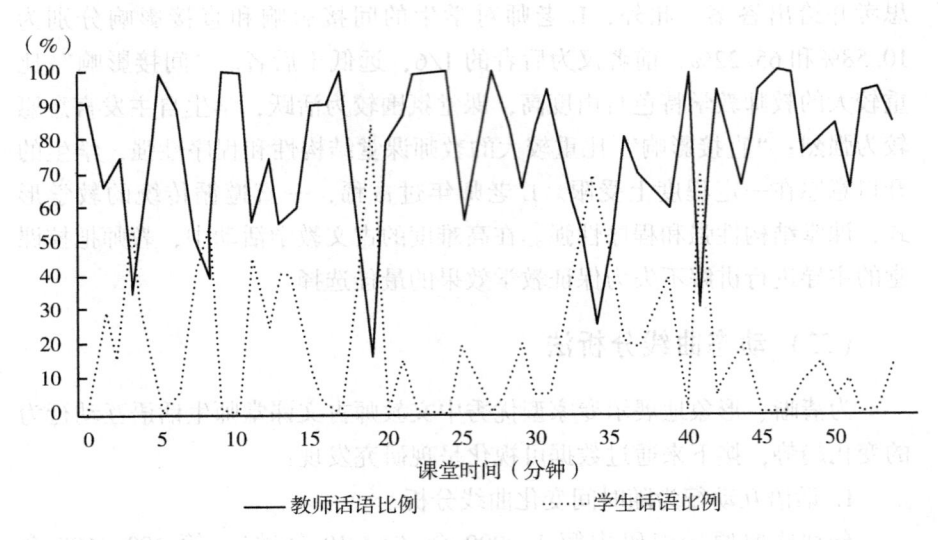

图5 动态特征曲线

在细讲精讲文言章句，学生基于教师有针对性的提问作出回答，是由高级中文课的课程性质决定的。课堂教学最后阶段："5 教师讲解""6 教师指导"出现行为较多，互动频率较课堂教学中间阶段高。据笔者观察，课程最后，"L老师布置完作业反复询问学生是否明白清楚"占据多数时间。当然，还有一些如"4 向学生提问""10 沉默、怀疑或暂时停顿"也在整堂课中时有出现，说明学生没有充分预习有一定学习难度的文言文导致学习效率不高。

2. 话语互动行为动态特征曲线分析

该课段中，教师进行线上《文言章句》第 21 课《语气词》的讲授。结合具体教学过程和图 5 师生话语量动态特征曲线进行分析：

①复习和说明阶段（1—10 分钟）：课堂初始环节，教师以提问文言文背诵为主，形式为一对一提问，要求学生一字不差地背诵经典古文，同时给予点评。此外，L 老师有时辅以说明作业、考试或学校安排等教学事项。在此过程中，师生互动呈现瞬时交错的结果，主要是教师输出，学生简要回答，教师点评和说明事项的状态。

②导入阶段（11—12 分钟）：导入以整体介绍本课内容的形式进行，L 老师开门见山，直接对语气词进行讲授，具体情景是：好，那么现在我们就读一下我们的 21 课，21 课是语气词。任何一个语言里边都有一些语

气词,因为这个语言本身,它除了有声调的高低,用重音来表示你的语气,另外也要有些语气词。用这些词来表示这个句子中间的意义,特别是在中文,中文中因为我们没有这个形态的变化,没有动词形态的变化,所以这个语气词相当重要。

此过程持续了约 2 分钟,L 老师也在访谈中表示,此种授课模式受线上教学所限。若为线下教学,则形式更为丰富多样。

③讲解和操练阶段:13—42 分钟为讲解和操练环节,短短 29 分钟的授课过程就存在三次明显的师生交互行为,即 L 老师和学生共同对某些问题进行深入探讨,沟通古今。分别是让学生进行为人处世之道的选择,以古喻今,"仁义使我爱身而后名,仁义使我杀身以成名,仁义使我身名并全"。学生选择并阐释原因。第二次是让学生切身体会,做"王",探讨妃子被大臣摸手后的做法,L 老师还原历史进行讲授,以今释古。第三次是大家共同探讨"五百年必有王者兴,其间必有名世者"。有无道理及看法。以上学生阐述观点的时候教师都加以引导和点评,所以出现了师生交互非常显著的结果。其他时段,L 老师以传授文言知识为主,学生偶尔读章句并解释古文含义,但仍以教师语言为主。

④布置作业阶段(43—55 分钟):L 老师对作业进行解释和说明,学生倾听和记录。

"下边有些练习的句子,一共有 11 句,这 11 句我们当作作业,请你们把它写在我们的考试的后边,一并今天晚上 6:00 以前交给我,就把它译成现代汉语就可以了",详尽叮嘱作业任务,"因为古人的很多智慧其实是今人所未能及的,多读一点,另外就是,读一点儿文言,对于提高你的语言能力和思辨的训练都大有好处"。

综上,通过话语互动形式及话语量发现,L 老师在教授高级古文课程时,呈现"循循善诱,以讲解为主,学生回答为辅,教师及时反馈"的特点,L 老师的古文教学课堂做到了以古喻今,以今释古,沟通古今,联系实际。

四 L 教师课堂师生话语互动实例分析

(一) 古文课堂师生话语互动精彩实例

1. L 老师高级古文课上,教师开口比率非常高,这与古文教学特色密不可分。这一学期，学生从 21 个文言虚词，以及文言虚词牵出的出自不同作家的几个名句学起，而这些名句又涉及大量名人典故、文人墨客和历史人物，名句中还体现了民族意识和精神气质，高级古文课堂的厚重感由此显现。出于此思考，笔者梳理了 L 老师课上精彩片段。

（1）案例一（2020 年 12 月 4 日《文言章句》五年级课程实录）

师：对，他们是读书人中的君子啦！君子，有道德的人。颜渊，孔子最喜欢的学生，他怎么回答？

生 1：颜渊回答说，聪慧的人了解自己，仁爱的人也爱戴自己。孔子说，可以是读书人中聪明的君子啊！

师：好，三个人回答得不一样，好，那么李经晨（音译），你觉得谁的回答是最好的？

生 2：呃，我觉得颜渊。

师：了解自己，自己爱自己。

生 2：呃，不是，子路吧。

师：哈哈哈，子路说让别人知道你，让别人爱你。别的人的看法呢？王南浩（音译），你觉得？你觉得你要做哪种人？你要做子路这样的，子贡这样的还是颜渊这样的？

生 3：我要做子贡这样的人。

师：子贡，你要知道别人，你要去爱别人对吧？好，那么，晓璇（音译），你呢？

生 4：子贡。

师：子贡、子贡，晓璇和王南浩（音译）都是情操比较高的，要爱别人，要知道别人，我觉得真正要全面的话，把三个合在一起。既要别人爱你，你也要爱别人，而且你也要自己爱自己。你既要知道别人，也要让别人知道你。当然做到这些很难，但是把它综合起来，这是最理想的。好，"若何"，孔子问若何，这就是怎么做。我们注意啊，这里是荀子说的，荀子说的。这个话没有在《论语》里面，《论语》这本书是在孔子在世和过世不久，他们编撰的，而《荀子》已经是比较晚了。所以后来出现了很多"子曰"的话，到底是不是孔子说的，很难说，是他说的，也许就是他说的，好，我们不管他了。

L 老师充分调动学生的思维，让学生化身为孔子的学生，学生在回答想成为孔子的哪个学生时进行价值判断和价值选择。L 老师最后给出答案,"三人结合"的价值观是最好的选择。古文教学借助文言字词句工具,深入文言内容思想,培养学生的精神气质,这是古文教学互动的最大特色。可见,古文课堂师生话语互动都更重视内容思想意义。

(2) 案例二 (2020年12月2日《文言章句》五年级课程实录)

生:五百年必有王者兴,其间必有名世者。由周而来,七百有余岁矣,以其数则过矣,以其时考之则可矣。

师:对,这里也是"矣",来,来说明一下它的意思,嗯。

生:500年内一定有王兴起,这期间一定有,呃,举世闻名的人。

师:嗯。

生:然后,至周,周朝以来,700多年了。

师:嗯,这个"余",这个"余"是"多"啊,700多。这个"余"不是作为主语的"余","我",不是那个意思。700有余,这是我们现在还说的啊,"有余",700多,多年了,下边。

生:呃,按照数量,按照年数来算,则已经超过了。

师:嗯,对!

生:按照时事,按照它的时事来考察。

师:嗯。

生:已经可以了。

师:已经可以了,嗯。按照它的时间,那这个时候应该出现了,啊,这是孟子说的。这个"500年必有王者兴"是一种传统的说法,就是过500年一定会有一个知名的人会出现。从周朝到现在已经过了700多年了,"其数则过矣"这个,已经过了500年了,按照这个时节的话,考察应该是可以出现了。它这里说,其实说就是孔子是那个时候的一个圣人,啊。这个,这个说法有没有道理?子俊(音译)你觉得有没有道理?"500年必有王者兴"?

生:这个,不一定吧。

师:哈哈哈!不一定啊,我也觉得不一定啊。但是有这个传统的说法,但是有点儿奇怪的就是那些知名,知名的智者,像孔子、释迦牟尼还有苏格拉底都是同时代出现的,这个也不知道是怎么回事儿。大概是人类在那个时候突然有一个,有一个觉醒期吧,啊,就是很多智者出现。当时就有一个说法,说中国很多年已经没有出现天才,从孔子以后很多年没有出现天才了,他们也用了这句话说"500年必有王者兴"。现在哈,老天应该出一个天才了……还有一个更奇怪的说法说，说"出现天才一定是成对出现，两个同时出现，比方说，出现了孔子，那么就有一个孟子。那么德国出现了一个马克思，就会有一个恩格斯。俄国出了一个列宁，接着就有一个斯大林。结果成了一个规律。"

师生就"五百年必有王者兴，其间必有名世者"展开话语互动，L 老师由一句话引出了诸多史实，文言课展现出其内容思想意义。

2. 课堂正式授课环节主要互动特征之二是教师常常第一时间给予学生肯定性评价，短暂互动比率较高。相关案例如下：

(3) 案例三（2020 年 12 月 4 日《文言章句》五年级课程实录）

师：好，筑城是为了喝水，筑城，以藏谷，与秦人守之。那么他们来也"无奈我何"，拿我没有办法，这个办法后来到了这个朱元璋在创立明朝的时候，他的这个谋臣给他出了个什么主意？这个有人大概知道对不对，他们给诸葛亮、给朱元璋出了什么主意，诸葛亮是你的老乡，你当然应该知道。高筑墙，还有什么？有人知道吗？

生：广积粮。

师：对，不错！高筑墙、广积粮，还有一个什么？

生：缓称王。

师：对，吴优（音译）不错啊。

结合笔者课堂观察，此时 L 老师语调越来越高，对学生也越来越肯定，这里的互动是 L 老师发自内心的表扬和称赞。

总之，L 老师五年级《文言章句》古文课堂为美国高校古文教学提供了范例，其成功之处在于教师在讲解中为学生展示文言背后厚重的文化风貌，课程的内容和思想在以今释古、以古喻今、沟通古今、联系实际中被挖掘、被传递。从语言层面看，L 老师非常重视学生对于文言章句的理解，学生发言的内容为古文释意，老师将古今语言用法加以比较，以知晓源流；从文化层面看，L 老师所讲授的内容、所提问题和布置的作业以思想和认知深度取胜。高年级古文课无论是学生对于古代汉语的认知还是教师关于某一文化现象的讲解，课堂师生话语互动都更重视内容思想意义，具有以义统形的特点。

参考文献

陈桂生：《"专家型教师"辨析》，《江西教育科研》2003 年第 4 期。

崔希亮主编：《北京语言大学对外汉语教学名师访谈录：李景蕙卷》，北京语言大学出版社 2008 年版。

连榕、孟迎芳：《专家——新手型教师研究述评》，《福建省社会主义学院学报》2001 年第 4 期。

马艳华：《专家型教师的内涵及其进阶路径》，《中国教师》2008 年第 12 期。

亓华、李雯：《中美联办普北班中、高年级课堂话语互动模式研究》，《北京师范大学学报》（社会科学版）2009 年第 6 期。

施恒：《弗兰德斯师生言语互动分析系统：结构、应用与改进》，硕士学位论文，华中师范大学，2017 年。

闫龙：《课堂教学行为：内涵和研究框架》，《全球教育展望》2007 年第 S1 期。

国际中文教师线上与线下教学必备能力重要程度对比研究

吕　爽　徐　文　陈明君

摘要：随着现代教育技术信息化与疫情常态化，许多国际中文课堂转变为线上教学的形式。为了进一步了解线上教学与线下教学对国际中文教师的能力重要程度的差异，本研究针对国际中文教师必备的17种能力在线上与线下教学中的重要程度开展问卷调查与访谈。结果显示：大部分能力在线下教学中的重要性高于线上教学；线上教学缺乏交互性、线上教学中生源更不稳定、线上教学更需要技术支持是线上教学和线下教学中教师能力重要性差异的重要原因；线上与线下教学主要存在沟通交流、教学资源及活动、课程考核、学习效果四方面的差异，并提出建议帮助国际中文教师有针对性地提升个人能力。

关键词：国际中文教师；教学能力；线上教学；线下教学；对比研究

一　引言

"讲好中国故事，传播中国声音"是当前国家与社会需求中的重要内容之一，教授汉语则是传播中国文化的重要途径。汉语国际教育专业以培养国际中文教师为目标，教师素养和能力对于国际中文教育的质量具有重要影响。随着现代教育技术水平的不断发展，同时受新冠疫情严重影响，许多汉语课堂转变为线上教学的模式。线上与线下两种汉语教学模式对国

吕爽，北京师范大学国际中文教育学院；徐文，香港中文大学（深圳）附属道远学校；陈明君，江苏省锡东高级中学。

际中文教师的能力要求有所不同。

当前有关国际中文教师线上教学能力的研究多为针对某一项能力的现状调查，例如跨文化交际能力、提问能力等；线上与线下教学对比研究则集中于教学环节的不同；对于教师各项能力的横向对比以及线上和线下对比研究仍有待补充。因此，本研究通过调查问卷和深度访谈的方式，对比研究国际中文教师线上与线下教学必备能力重要程度，在明确国际中文教师必备能力的基础上，有针对性地为新手教师进行线上教学或线下教学提供参考，帮助教师认识并评估自身能力，也可为培养院校、培训机构、教师自身合理确定能力提升方案提供依据。

二 研究设计

（一）调研对象

本研究采用问卷调查和深度访谈相结合的方法，主要以北京师范大学国际中文教育学院的研究生为调查对象。本次调研共统计到 50 位国际中文教师的打分情况，其中仅有线上教学经验者 21 人，仅有线下教学经验者 10 人，既有线上经验又有线下经验者 19 人。

根据调查问卷结果，5 名答卷人被筛选为深度访谈对象。这 5 名答卷人分别代表新手教师、经验教师和资深教师。同时，本研究还另外邀请北京师范大学国际中文教育学院的一名非答卷人专家教师从更宏观的角度分析调查问卷的结果。

表 1　　　　　　　　　访谈对象信息

E 刘学姐	7 个月	8 个月	国内	本硕为汉语国际教育专业	疫情、实习	短期速成	多种目的

（二）研究工具

1. 问卷

根据《国际汉语教师标准（2012 年版）》及教师教学能力现有研究编写《国际中文教师线上与线下教学必备能力重要程度对比》调查问卷。调查问卷共分为三个部分。第一部分为答卷人参与国际中文教学的基本情况，包含教学形式和教学时长两个问题，并根据被试进行国际汉语教学的形式分为只进行过线上教学、只进行过线下教学和既进行过线上教学也进行过线下教学三类。对于仅进行过线上或线下其中一种方式教学的答卷人，分别按照各自的经验回答；对于既进行过线上教学也进行过线下教学的答卷人，采取矩阵量表的形式，每一个题干下针对"线上"和"线下"两种情境分别回答。第二部分是本研究的主体，由答卷人对国际汉语教师必备的各项能力进行打分，共计 17 种能力（如表 2）。打分共计 5 个选项，1 代表一般重要，5 代表非常重要，数值越高代表重要程度越高。统计分析时分别赋予选项 1—5 为 1—5 分，得出各答卷人对各项能力重要程度的打分。

通过问卷星发放在线问卷，共回收问卷 60 份，其中有效问卷 50 份（如表 3），有效率为 83.3%。经过在线 SPSS 软件分析，问卷中共 71 个选项的综合信度系数值为 0.899，大于 0.8，说明研究数据信度质量高。有效调查问卷中涵盖了只进行过线上教学的教师、只进行过线下教学的教师，以及既进行过线上教学也进行过线下教学的教师。同时各类教师的教学年限涵盖了各个教学资历阶段，因此调查问卷结果能够代表一般水平。

表 2　　　　　　　　　　国际中文教师必备能力

序号	国际中文教师必备能力题项	简称	教学环节
1	能够判断学生的汉语水平	判断学生水平	课前
2	能够根据学生水平设计教学流程	设计教学流程	
3	能够根据学生的实际情况对教材进行调整	调整教材	
4	能够选择适合学生的教学方法	选择教学方法	
5	能够正确、清晰地讲解汉语知识	讲解汉语知识	课中
6	在课堂上根据情况熟练使用外语辅助教学	外语辅助教学	
7	具有跨文化交际意识，了解并尊重师生文化差异	跨文化交际	
8	有效管理课堂秩序，营造课堂氛围	课堂管理	
9	能够灵活应对课堂上的突发事件	处理突发事件	
10	能够根据课堂内容有效提问	有效提问	
11	能够在学生出错时，选择适当的时机和方法进行纠错	适当纠错	
12	能够在针对学生的回答、表现等及时给出反馈	评价反馈	
13	能够熟练运用设计课堂测试、单元测试等课堂评估手段	课堂评估	
14	能够熟练运用现代教育技术手段辅助教学	教育技术应用	

续表

序号	国际中文教师必备能力题项	简称	教学环节
15	能够根据教学情况设计适合学生学情的作业	设计作业	课后
16	能够及时针对整个教学过程进行反思总结	反思总结	
17	能够与学生及学生家长进行良好沟通	师生家校沟通	

表3　　　　　　　　有效问卷统计

	仅有线上教学经验者答卷数	仅有线下教学经验者答卷数	既有线上经验又有线下经验者答卷数	总计
答卷者人数	21	10	19	50
线上答卷回收数	21	0	19	40
线下答卷回收数	0	10	19	29

2. 访谈大纲

根据访谈对象的问卷调查结果进行针对性提问，主要包含以下三个方面的内容：

（1）背景信息，包括教育背景、教学对象、线上教学的契机等；

（2）问卷结果原因阐释，包括打分中较高和较低的分数、线上和线下相差较大的分数、和平均值相差较大的分数等；

（3）整体认知，包括线上和线下的主要差别，线上教学时遇到的问题、相关建议等。

访谈通过微信语音通话进行。访谈结束后将访谈内容转录成为文档，再对文档进行文本分析。

三　调查结果与数据分析

（一）问卷调查结果

1. 线上教学与线下教学中汉语教师必备能力的总体情况

从调查问卷的数据来看，无论是线上教学还是线下教学，教师必备能力平均得分均在3分以上，证明此次所选内容的确为汉语教师必备能力，重要程度均较高。不同之处在于，线下教学中教师必备能力的平均得分整体高于线上教学时的教师必备能力平均得分。这反映出线下教学对教师的

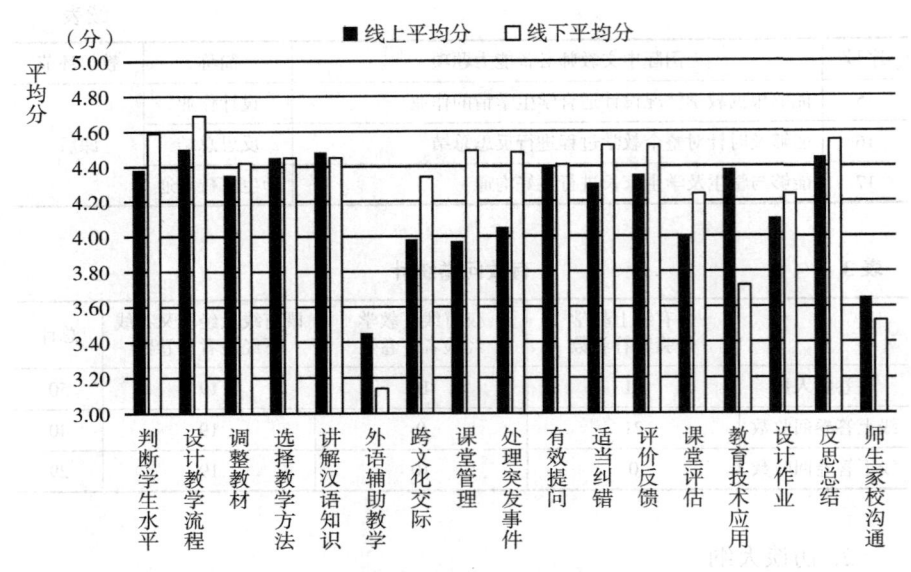

图1 线上与线下教学中教师必备能力平均分统计

能力要求更高。

2. 线上教学与线下教学中教师必备能力的平均分比较

教师必备能力平均分体现各项必备能力重要程度的高低。从平均得分来看，线下教学中平均得分高于线上的能力有："课堂管理""处理突发事件""跨文化交际""课堂评估""适当纠错""判断汉语水平""设计教学流程""反馈""设计作业""反思总结""调整教材""有效提问"，一共12项能力。线上与线下教学平均得分相同的能力是"选择教学方法"。线下教学中平均得分低于线上的能力有："讲解汉语知识""家校沟通""外语辅助教学""教育技术应用"，一共4项能力。

3. 线上教学与线下教学中汉语教师必备能力的排名比较

在线下教学中，汉语教师的必备能力平均得分排在前5位的分别是："设计教学流程""判断学生水平""反思总结""适当纠错""评价反馈"；排在后5位的分别是："课堂评估""设计作业""教育技术应用""师生家校沟通""外语辅助教学"。

在线上教学中，汉语教师的必备能力平均得分排在前5位的分别是："设计教学流程""讲解汉语知识""反思总结""选择教学方法""有效提问"；排在后5位的分别是："课堂评估""跨文化交际""课堂管理""师生家校沟通""外语辅助教学"。

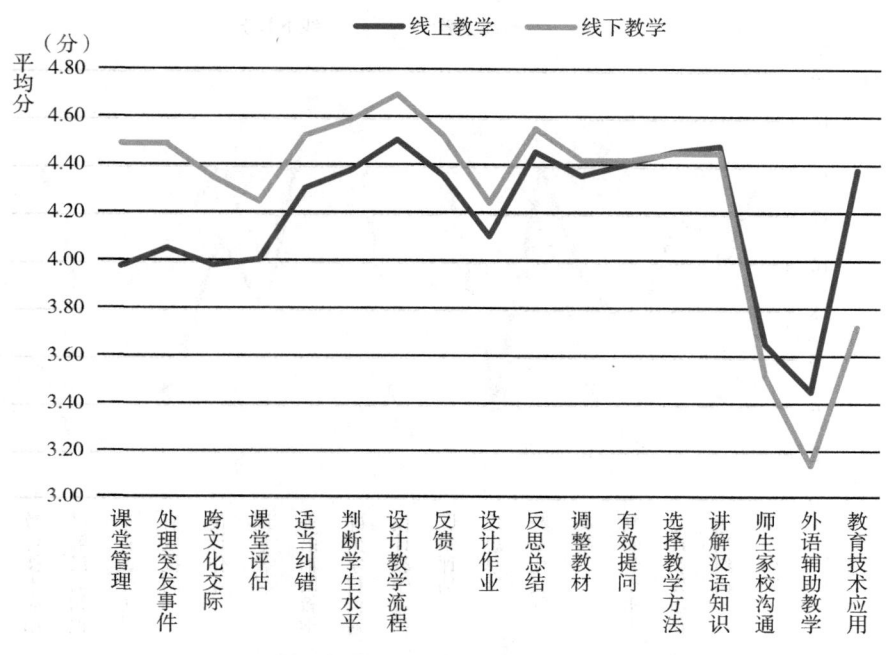

图 2　线上教学与线下教学中教师必备能力平均分对比

通过对比可知，线上及线下两种教学形式下，平均分都排第 1 位的是"设计教学流程"，都排第 3 位的是"反思总结"，这表明汉语教师的教学设计能力和对教学的反思总结能力非常重要，且其重要性不受线上或线下教学形式的影响。另外，"课堂评估"这一能力在线上和线下教学中平均得分均排在第 13 位，"师生家校沟通"在线上和线下教学中的平均得分均排在第 16 位，"外语辅助教学"在线上和线下教学中的平均得分均排在第 17 位。这表明无论在线上教学还是线下教学，这三项必备能力的重要程度都较低。

从平均得分的排序来看，线下教学中排名高于线上教学的必备能力有 6 项，分别是："判断汉语水平""适当纠错""反馈""课堂管理""处理突发事件""跨文化交际"。线下教学中排名与线上教学相同的能力有 5 项，分别是："设计教学流程""反思总结""课堂评估""师生家校沟通""外语辅助教学"。线下教学中排名低于线上教学的能力有 6 项，分别是："讲解汉语知识""选择教学方法""调整教材""有效提问""设计作业""教育技术应用"。

通过平均得分高低与排名高低的对比，调研小组发现：虽然一部分必

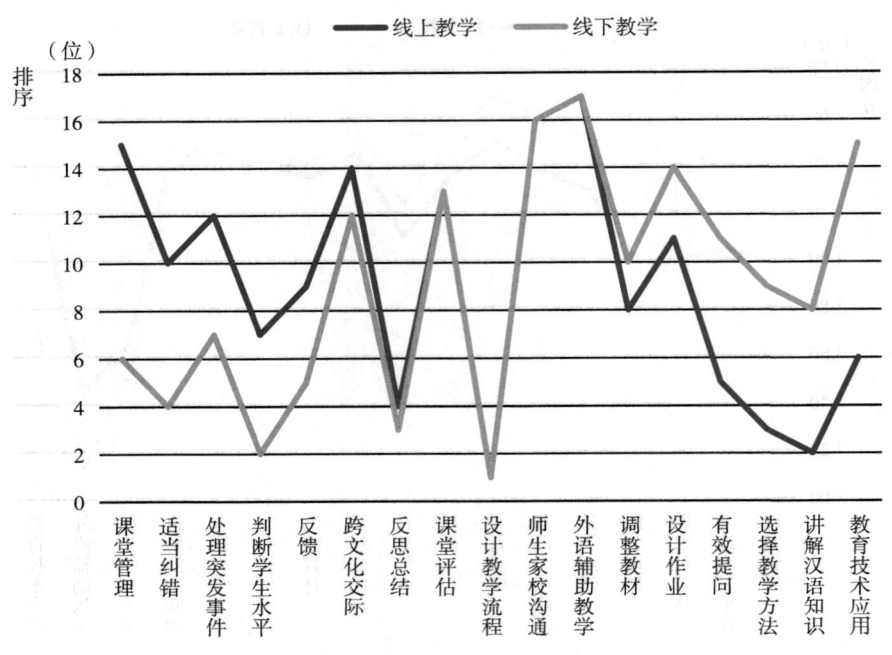

图 3　线上教学与线下教学中教师必备能力排序对比

备能力在线上与线下的平均得分不一致，但其排名却是一致的，说明这些能力在线上教学或线下教学中的相对重要程度基本相当。

（二）针对问卷调查的原因分析

通过对比各项能力的重要程度在线上教学和线下教学中的平均得分，本研究发现"课堂管理"等 12 项能力在线下教学中的平均得分均高于线上，由此反映出绝大部分必备能力在线下教学中的重要程度高于线上教学中。究其原因，专家教师在访谈中表示，无论是学生还是教师，大部分师生对线下教学的期待值高于线上教学。在线上教学中期待值较低，则对教师能力的要求整体偏低。李泉也表示，新冠疫情暴发以来海内外汉语教学界的线上教学，打破了"课堂教学永远不能替代"的神话，然而不少人仍然认为"网络教学永远替代不了课堂教学，线下的课堂教学仍是主体，线上的网络教学是新冠肺炎疫情下的被迫选择"①，因此大部分能力的平均得分仍呈现出线下高于线上的状态。

---

① 李泉：《国际中文教育转型之元年》，《海外华文教育》2020 年第 3 期。

线下教学中真实的面对面交际与线上课堂虚拟互动的不同，使得汉语教师与互动相关的能力重要性存在差异。姜丽萍提出，线上平台不具有国际中文教学的针对性，线上课堂中真实、有效的言语交际更少，部分访谈对象也提到，线下教学与线上教学所处的环境不同，线下教学是真实的交际环境，学生可以互相见到，除了管理课堂秩序以外，教师往往还需要增强学生的班级集体意识，使得师生、生生之间都建立良好的关系，以增加大家的学习兴趣、交流兴趣。[①] 提问、操练、互动、齐读、点读等课堂活动能够在线下课堂中更好实现，因此教师在线下课堂中的课堂管理能力、突发事件应对能力、跨文化交际能力、有效提问能力、纠错能力、针对学生的课堂表现做出及时反馈的能力、根据学生实际情况及时做出调整的能力等更为重要。而线上教学缺乏真实课堂的交互性，尤其当线上教学的教学对象是儿童时，更加需要教师与家长保持密切联系。此外，与线下教学更加便于沟通、互动和运用体态语等非语言交际手段等相比，线上教学更难以使用手势、表情等辅助教学，因此师生言语交互更重要，为了便于学生理解学习内容，使用外语辅助教学的需要增加。因此师生家校沟通和外语辅助教学在线上教学中重要性高于线下教学中。

线上教学中生源不稳定不利于建立长期稳定的师生关系。新冠疫情给国际中文教育带来了生源流失的困境，随着疫情的常态化发展，加上逆全球化和污名化中国的思潮，各国学习者都面临是否有必要学习中文、如何继续学中文的抉择，导致线上和线下生源都不稳定。相比之下，线上教学机构中的生源最不稳定。一位访谈对象曾表示："大多数语言机构里的线上教学，其师生关系很不稳定，学生可以随时换老师，因此没有经常进行测试、评估的必要。但线下教学师生关系比较稳定，经常测试有助于老师了解学生的情况，随时调整教学策略帮助学生更好地学习。"因此汉语教师判断学生水平、课堂评估、纠错等能力在线下教学中更为重要。

线上教学依赖于现代教育技术的发展，线上线下相结合是未来汉语教学的"必由之路"[②]。在线下教学中，现代教育技术作为辅助教学的手段之一，其发挥的作用远没有线上教学大。在线上教学中，如果教师无法做

---

① 《"新冠疫情对国际中文教育影响形势研判会"观点汇辑》，《世界汉语教学》2020 年第 4 期。

② 崔希亮：《全球突发公共卫生事件背景下的汉语教学》，《世界汉语教学》2020 年第 3 期。

到熟练运用现代教育技术手段,将难以解决教学中遇到的技术、课堂管理等问题,同时教学可能也容易缺乏趣味性。因此,线上教学对汉语教师的现代信息素养要求更高。随着线上教学的普及和常态化,需要不断改革现行的教育教学模式和教学管理模式,使之适应当下的教学需求。这就要求教师不断反思并总结教学,设计出符合学生水平的教学流程,并选择适合学生的教学方法。

(三) 线上与线下教学的不同

综合问卷调查与访谈的结果可得,线上与线下教学的不同主要体现在沟通交流、教学资源及活动、课程考核、学习效果四个方面。

1. 沟通交流

在教学中,面对面的交流十分重要,线下教学时,教师可以根据学生特点为其安排特定角色、分配活动和任务,及时了解学生学习情况并调整课堂,因而更有利于在交际活动的过程中因材施教。学生之间相互熟悉,集体性亦更强。

但线上教学的交互性较线下更弱,其弱势在于语言学习需要交互性,需要交际者的体态配合和情景参与。在线上教学的过程中,因网络等诸多不确定因素,师生间的沟通交流容易出现问题。一方面教师难以看到学生的微表情,较难根据学生的反馈及时做出反应,交互性不强。另一方面教师对线上课堂的掌控较弱,课堂混乱的情况更易出现。因此,在线上的虚拟环境中建立良好的师生关系较为困难。尤其在汉语学习的前期,拼音的学习过程较为单调。更需要学生信任教师,在教师的帮助下完成学习任务。

2. 教学资源及活动

相较于线下,线上的教学资源更为丰富。互联网技术下,教学方式更为多样,视频化教学进一步普及,从而丰富了教学资源和教学手段,个性化教学模式亦得以发展。相较于线下,线上使用多媒体更为便捷。线上反馈亦会比线下反馈更及时、更快速。在学习新知识时,学生需要听和写两方面的输入。线上教师可以直接打字进行展示,线下则需要将字写在黑板上。此外,线上可以更好地做到个人教学和全班教学相结合。部分软件具有分组与私信的聊天功能,在个别指导的过程中私密性更强。

但在课堂活动方面,一些线下可以进行的课堂活动在线上较难实施,教师难以实时地观察学生完成效果如何,例如"萝卜蹲"等身体强参与性的游戏仅可以在线下开展。因此，原本线下的教学活动更多地被线上Kahoot 等互动游戏所取代。

3. 课程考核

线上教学与线下教学课程的考核方式是不同的。一方面，线上教师多让学生自主进行考核，对学生的自觉性要求较高。但另一方面，线上又丰富了考核方式，如学生可以通过手写、录音等多种方式完成作业并反馈到特定网站，教师再对此做出评价。因此，对于初级、中级的学生，该考核方式很有必要。但有时会因技术问题，教师需要在考核和反馈的过程中付出更多的时间与精力。因此，对汉语教学进行相应的网络化、数字化改进亦是亟须解决的问题。

4. 学习效果

一方面，相较于线上教学，线下的语言教学更有利于营造一个良好的语言环境。尤其是在海外，学习效果不及国内线下教学。部分教师会承担同一个班级几个学期的教学任务，如果前一学期学习效果不好，第二学期便很容易延续该状态，而后教学任务的实施亦会变得十分困难。

另一方面，部分汉语学习者的汉语水平会更高，统计数据亦显示新冠疫情下汉语水平考试通过率更高，2021 年 HSK 考试合格率较 2020 年提升 2%—3%。其一，在新冠疫情形势下能够坚持学习汉语的学生有着更为强烈的学习动机，学习自主意识更高。其二，互联网上丰富的视频、音频等汉语学习材料丰富了学生居家学习汉语的途径。

（四）小结

通过调查问卷的数据分析及原因分析，本研究发现：线上教学与线下教学中的必备能力平均得分均在 3 分以上，表明本研究所选取的每一项必备能力都较为重要。但由于教师和学生对线下教学的期待和要求高于线上，大部分能力在线下教学中的重要性高于线上教学。线上教学缺乏交互性，线上教学中生源更不稳定，线上教学更需要技术支持是线上教学和线下教学中教师能力重要性差异的重要原因。线上与线下教学的不同主要体现在沟通交流、教学资源及活动、课程考核、学习效果四方面。

四 教学问题及建议

线下教学中，新手教师缺乏教学实践经验，在教学中往往会遇到诸多教学问题。线上教学的不稳定性及时空限制又给新手教师增添了课堂互动及管理方面的障碍。针对教学中易出现的问题，综合问卷调查及访谈结果，提出以下建议。

第一，关注学生的实际需求，增强课堂互动性，及时更新线上教学方式，提升信息化素养，以网络为媒介连接课内外知识。在教学中，教师授课内容不符合学生实际需求、学生对学习不感兴趣的情况时常出现。因此，教师应以学生为中心，实时关注学生在课堂上的反应。提升信息技术运用能力，挖掘学生学习兴趣点，运用信息技术加强生生及师生间的互动，提升课堂趣味性及教学有效性。

第二，增强学生的班级集体意识，建立良好的生生关系。线下教学时，交际环境是真实存在的，班级中的学生可以互相见到彼此并进行交流，但线上教学却很难营造真实的交际环境。因此，教师在线上教学时应注意在教学过程中融入更多学生相互交流的机会，使班集体中的学生加强对彼此的了解，营造和谐、包容、积极的学习环境，减少学生对抗、焦虑、倦怠等负面情绪的出现，以优化学生在学习过程中的情感体验。

第三，加强与学生及家长沟通。线下教学中，学生在教室听课，有问题可以面对面交流，沟通成本较低。但线上教学时，由于网络技术设备、家庭经济、时间安排等问题，沟通易受阻碍。除此之外，相较于线下，线上教师难以多方面了解学生。因此线上教师更需注意根据学生的学习目的及学习特点进行个性化管理。面对学习动机相对较弱的学生，教师则需加强沟通，建立好沟通机制。

第四，教师应注重更新自身所授课程的课程体系，适时放缓教学进度、延长练习时间，以增加学生的可理解性输入。因线上教学进度较线下更慢，部分教师可能会错误地预估教学进程，未能根据学生的学习情况及时调整授课内容。因此，教师需及时根据学生的学习能力及学习情况调整教学安排。若教师不按照学生的实际学习能力水平、学生所处的当地环境进行教学，其教学效果往往适得其反。

第五，在语言表达方面，教师应注意自身的语速。很多新手教师在紧张的情况下语速会变得非常快，但是语速一快，学生就会听不懂，而后导致教学效果不理想。教学的过程需要多种模态的参与，但在线上教学的过程中，教学平台并不能完全呈现出教师的身体语言及面部情态，诸多模态受到制约。加之网络条件的限制，学生理解教师的过程会变得更为困难，因此在教学过程当中，教师一定要注意放慢自身语速，同时确保自身发音的准确性。

第六，有针对性地增强对线上教学课堂的把控能力。线上教学时，可能会出现部分学生情绪较为激动、打断教师、不开摄像头及麦克风等情况，以至于教师难以把控课堂，影响教学进度及效果。面对过于积极、回答问题频率较高的学生，教师应根据实际情况适时制止，合理分配提问对象及时间。面对拒绝打开音视频设备的同学，教师应加强与学生及学生家长的沟通，询问具体相关原因并有针对性地加以解决。

总而言之，线上教学与线下教学有相同之处，但亦存在不同之处。因此除线下教学内容外，教师亦需了解线上教学的特色，建立规则及沟通机制、适时调整教学进度、熟悉网络教育技术、增强教学交互性并调动线上学生学习积极性，从而更好地适应线上教学大趋势，营造科学、高效、有趣的汉语课堂。

五　结语

线上与线下两种教学模式对国际中文教师的能力要求侧重有所不同。本文通过对国际中文教师线上与线下教学必备能力重要程度进行问卷调查，并对线上与线下两种情境下的能力重要性进行分析，结合访谈结果与现有研究得到如下结论：（1）教师和学生对线下教学的期待高于线上，大部分能力在线下教学中的重要性高于线上教学。（2）线上教学缺乏交互性、线上教学中生源更不稳定、线上教学更需要技术支持是线上教学和线下教学中教师能力重要性差异的重要原因。（3）线上与线下教学主要存在沟通交流、教学资源及活动、课程考核、学习效果四方面的差异。（4）线上教学中，对于是否对教材进行调整、是否经常使用课堂评估手段等具体内容，应该根据实际情况进行判断，做到"具体问题具体分析"。

国际中文教师应当充分利用线上线下教学的不同特点和优势，有针对性地提升个人水平，尤其应优先提高重要程度更高的能力。面对线上教学易出现的问题，国际中文教师除知晓线下教学的内容外，亦需了解线上教学的特色，加强师生间的沟通与交流。熟悉网络教育技术，调动线上学生学习积极性。在加强教学实践的基础上，以学生为中心，了解学生学习特点及学习情况，根据学生的学习能力及学习情况调整教学安排。

参考文献

《"新冠疫情对国际中文教育影响形势研判会"观点汇辑》,《世界汉语教学》2020 年第 4 期。

崔希亮:《全球突发公共卫生事件背景下的汉语教学》,《世界汉语教学》2020 年第 3 期。

李泉:《国际中文教育转型之元年》,《海外华文教育》2020 年第 3 期。

彭军:《国际汉语教师跨文化交际能力调查研究》,《辽宁师范大学学报》(社会科学版) 2013 年第 5 期。

亓海峰、丁安琪:《海外汉语教师在线教学现状调查分析》,《天津师范大学学报》(社会科学版) 2021 年第 5 期。

张娜:《国际汉语教师线上教学能力标准构建探索》,硕士学位论文,广西大学,2021 年。

"一带一路"背景下巴基斯坦汉语应用型人才培养模式构建与实践

尚 超

摘要：本研究将理论与实践相结合，构建了"线上+线下、汉语+职业、讲授+实践、高校+企业、海内+海外"五结合的巴基斯坦汉语应用型人才培养模式。并通过问卷调查、访谈、统计分析等方法对人才培养效果进行监控与检验，以评价该培养模式的适用性和有效性，从而进一步修正与完善汉语应用型人才培养模式。研究与实践结果表明，该培养模式科学高效，可操作性强，能有效提升人才培养质量，初步探索出了一条有效的"一带一路"背景下"中巴经济走廊"所需汉语应用型人才的培养路径。

关键词："一带一路"；巴基斯坦；汉语教学；职业汉语；人才培养

一 引言

2015年4月，随着习近平主席访问巴基斯坦，"中巴经济走廊"成为落实"一带一路"倡议的开局之作。加快建设中巴经济走廊，不仅有利于深挖两国经贸合作的潜力，进一步加强两国经济联系，促进人流、物流、资金流、信息流的形成，而且有利于加强产业合作，促进两国和地区经济一体化，推动共同发展。尽管两国积极推进中巴经济走廊，但仍存在着很多困难和挑战。除政治、安全、资金、外界干涉等制约因素外，技术制约也是不容忽视的因素。如果仅靠中方提供技术支持，势必会使项目进

尚超，渤海大学国际教育学院。

程放慢。缓解巴基斯坦本土技术人员不足最有效的方式之一是中国为巴基斯坦提供技术人员培训，同时巴基斯坦国内相关技术人员也应主动加强技术学习。

2018 年 3 月 20 日，巴基斯坦官方发布通告："考虑到中巴经济走廊框架（CPEC）下两国合作日益紧密，参议院鼓励当下以及未来中巴经济走廊人力资源培训项目都要开启学习中国官方语言的课程，以降低沟通的成本。"汉语在巴基斯坦迅速传播，伴随中巴经贸往来的密切，尤其是作为"一带一路"倡议沿线重要支点国家，汉语在各个阶层的使用也会更加频繁，"汉语"将在未来发挥愈加重要的作用。通过对"一带一路"背景下巴基斯坦语言教育政策发展现状及前瞻的研究，有学者指出我国在制定语言政策时需重视国内的汉语教育，提高国人汉语水平，尊重多元语言与文化，保护少数民族语言资源，制定和实施多语种的外语教育政策，培养多元语言人才，助推"一带一路"建设①。已有研究在分析中国高校在巴基斯坦高等教育 2025 愿景中的机遇与作为时强调，要注重国际人才培养、扩大留学生层次与规模、共享优质教育资源、联合培养工程技术人才，致力开发境外市场、积极开展跨境合作办学等举措②。在讨论中巴经济走廊建设背景下的中巴高等教育合作的进展、困境与对策时，特别指出了制定语言人才培养规划，建构汉语师资培训机制的对策③。此外，在针对巴基斯坦的汉语教学研究中，主要包括了整体教学现状与对策研究、针对某一类学生的习得研究、针对某一教学机构的教学状况研究、偏误分析研究等。

虽然已经有了一定的相关研究成果，但我们发现已有成果中多是从宏观角度探讨"一带一路"背景下对巴基斯坦汉语教学的政策，或是从微观角度讨论对巴的汉语教学与学习，较少涉及对"汉语+职业"应用型人才培养模式的研究；现有关于人才培养的研究成果多是从理论角度架构人才培养模式，较少从实证研究的角度对培养模式的实践进行检验与修正；

---

① 李火秀：《"一带一路"背景下巴基斯坦语言教育政策发展现状及前瞻》，《江西理工大学学报》2019 年第 6 期。

② 史雪冰、张欣：《中国高校在巴基斯坦高等教育 2025 愿景中的机遇与作为》，《比较教育研究》2019 年第 4 期。

③ 阚阅、马文婷：《中巴经济走廊建设背景下的中巴高等教育合作：进展、困境与对策》，《教育科学》2022 年第 4 期。

鲜有从职业汉语的角度去探讨巴基斯坦的汉语教学与汉语人才培养。针对以上问题，我们拟开展巴基斯坦汉语应用型人才培养模式研究，在研究的过程中，我们主要回答以下三个问题：（1）巴基斯坦汉语应用型人才培养模式是什么？（2）怎么实施巴基斯坦汉语应用型人才培养模式？（3）实施巴基斯坦汉语应用型人才培养模式的效果如何？

二 汉语应用型人才培养模式构建与培养流程设计

技术的互享互通，有赖于语言先行。自2015年，巴基斯坦全国掀起了"汉语热"，在巴基斯坦学生心中，大家普遍认为学好汉语将是通往美好生活的一种重要途径。但与学生高涨的汉语热情不匹配的是巴基斯坦的汉语教师数量明显不足，巴基斯坦有五所孔子学院，尽管每所孔院授课量饱满，但仍无法满足日益增长的汉语学习者的学习需求。特别是对于"会汉语、懂技术"的应用型人才的培养成了亟待解决的问题。为了提升人才培养的科学化、系统化与高效化，培养模式的构建就显得十分必要，在这里我们主要想回应如下两个问题：（1）巴基斯坦汉语应用型人才培养模式是什么？（2）基于该模式的人才培养流程是什么？

（一）人才培养模式构建

本研究致力于培养巴基斯坦汉语应用型人才，我们所培养的汉语应用型人才主要是指在一定的理论规范指导下，将汉语知识和技能应用于职业实践，从事非学术研究性工作的职业汉语人才。对于人才培养模式的研究与构建，我们从理论和实践两方面进行探索，结合文献阅读与分析、专家咨询和实践经验，我们初步尝试构建了巴基斯坦汉语应用型人才培养模式。采用"五结合"的协同模式进行培养，即"线上+线下、汉语+职业、讲授+实践、高校+企业、海内+海外"相结合的培养模式。

"线上+线下"是指汉语学习和职业体验环节均采用混合式教学方式，在汉语学习过程中实行线上讲授与线下练习、在职业体验过程中实行线上观摩与线下实操，线下的汉语练习和职业实操过程中均有专业教师或职业师傅进行指导；"汉语+职业"是指汉语应用型人才培养模式的构建聚焦汉语教学和职业体验，其中汉语教学包括基础汉语和职业汉语两部分，职业体验包括在华体验和本国体验两部分;"讲授+实践"是指汉语学习环节和职业体验环节均包含汉语知识讲授和汉语与职业技能实践,通过"学中做"和"做中学"实现学与用的直接转化与有效连接,保证汉语应用型人才的应用性特点;"高校+企业"指的是人才培养过程中在高校进行基础汉语和职业汉语的学习以及部分职业场景观摩的学习,在企业进行职业体验和专业实践,并在职业体验与实践的过程中,由企业师傅进行专业的行业指导,形成"师徒制"的教学与实践合作模式;"海内+海外"指的是在汉语应用型人才培养的过程中共分四个阶段,其中第一阶段基础汉语与职业汉语学习、第三阶段基础汉语与职业汉语强化和第四个阶段职业体验与工作实践在巴基斯坦本国完成培养,第二阶段职业汉语学习和职业体验阶段在中国进行,由中国的高校国际中文教育教师和企业专业人员联合进行职业汉语教学与职业体验指导,形成海内外的联合培养模式。"线上+线下、汉语+职业、讲授+实践、高校+企业、海内+海外"的"五结合"联合培养模式,有利于集中并充分调动校内外、国内外和海内外的各种有效资源共同参与汉语应用型人才的培养,形成取长补短、优势互补的协同培养模式。

(二) 人才培养流程设计

基于"五结合"培养模式的构建,在巴基斯坦汉语应用型人才培养的过程中,主要分为四个培养阶段,具体培养流程如下:首先选择巴基斯坦旁遮普省工程和商务专业的大学生作为本研究的研究对象,由该国国际中文教育教师对他们在当地进行线上与线下相结合的基础汉语和职业汉语教学;随后选拔优秀学员来到中国,进行线上与线下相结合的职业汉语学习,同时开展职业场景观摩,为线下职业体验做准备,按照学习周期分前中后三期走进与专业相关的企业单位进行职业体验;在华汉语学习与职业体验后学生回国,选派中国国际中文教育教师去巴基斯坦对学生进行强化版的线上与线下混合式基础汉语教学,并与专业教师一起进行强化版的职业汉语教学,以此为学生实习和步入职场做好充分的职前准备;最后阶段,参与研究的学生到驻巴中资企业进行线下职业体验,由企业职业人员进行专业指导,以形成高校教育和企业实践的校企联合培养模式,打通汉语人才和用人企业之间的联通渠道,满足学生求职就业和企业单位用人的双向需求;在整个培养过程中按照学习阶段和强化阶段的目标划分,共进行两轮基础汉语教学，三轮职业汉语教学和两轮职业体验。

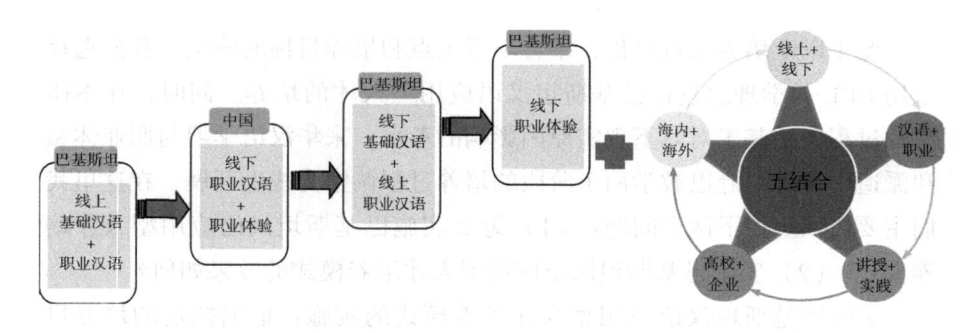

图1 巴基斯坦汉语应用型人才培养过程的"四阶段+五结合"

三 模式应用及效果检验

（一）人才培养重难点与培养目标

在汉语应用型人才培养开始之前，我们首先制订了详细的培养计划，特别是确定了培养的重点和难点。其中培养的重点是提高研究对象汉语水平，尤其是职业汉语水平；提高研究对象职业汉语应用能力与职业技能；检验并完善全新的巴基斯坦汉语应用型人才培养模式。培养的难点是巴基斯坦学生在中国完成职业汉语学习和职业体验回国后，基础汉语和职业汉语如何升级为强化版，如何做到从教学内容、学习深度、练习广度和教学形式上实现多方面全方位的升级，而不是单纯的教材内容和教学难度的简单提升；此外，由于新冠疫情的影响，使得来华交流与学习变得不再如前方便，这也给培养的第二个阶段，即职业汉语学习和职业体验阶段带来了一定的影响。

本研究的培养目标，其一是提升巴基斯坦学生的汉语水平，尤其是汉语听说水平，通过线上课程及职业体验等多种方式，使学生接触到最真实的汉语语言环境，在学中用，在用中学，学练结合，大幅度提升学生的汉语应用水平与能力；其二是预期经线上线下的职业汉语培训与职业体验，使学生能够掌握职业汉语，开阔职业视野，精进职业技能，并逐步成长为"汉语+技术"的应用型人才，缩小乃至弥补中巴经济走廊人才需求的缺口。

（二）人才培养模式应用实践

鉴于以上培养难点分析，结合培养重点和培养目标的确定，我们选择采用 OBE 教学理念进行巴基斯坦汉语应用型人才的培养。同时，在本研究的过程中，基于对时下现实原因影响的考量，来华汉语学习与职业体验和派遣中国教师赴巴教学两个阶段的培养过程调整为线上开展。在这里我们主要想回应如下两个问题：（1）怎么实施巴基斯坦汉语应用型人才培养模式？（2）实施巴基斯坦汉语应用型人才培养模式的效果如何？

关于巴基斯坦汉语应用型人才培养模式的实施：根据拟定的培养目标，结合 OBE 教学理念，培养全过程以目标为导向，紧紧围绕"汉语应用能力"和"职业技能"开展实施。本研究的实施对象是工程、商务两个专业的巴基斯坦大学生共 30 人。首先，采用混合式教学的形式由该国汉语教师对学生进行基础汉语和职业汉语的初阶教学，以汉语入门和打牢基础为目标；其次，同样采用混合式教学的形式由中国汉语教师对学生进行职业汉语的中阶教学，同时进行职业场景观摩，并到驻巴中资企业进行线下初阶职业体验，以职业汉语操练和职业初体验为目标；再次，以中国教师为主，该国教师为辅进行强化版的基础汉语与职业汉语的混合式高阶教学，以职场汉语应用和职前准备为目标；最后，到驻巴中资企业进行全面的线下职业体验，这一过程中以企业职业人员指导为主，汉语教师为辅，通过校企联合培养，形成"学习—就业"通路。以此将整体实施过程划分为"汉语学习阶段→汉语学习与职业体验阶段→汉语应用学习强化阶段→职业实习与专业强化阶段"。

（三）人才培养效果检验

关于巴基斯坦汉语应用型人才培养效果的评估：通过问卷调查、访谈和统计分析的方式，对汉语学习成绩、学生满意度、教师满意度和企业满意度进行研究和分析。研究结果发现：第一，学生综合汉语水平的即时后测成绩为基础汉语均值 88.67 分、职业汉语均值 86.91 分，说明学生整体的综合汉语水平较高，但相对于基础汉语，职业汉语的综合成绩略低；第二，通过 5 点量表调查学生满意度，主要包括汉语学习体验、汉语学习意愿、汉语相关职业实习体验、汉语相关职业从业意愿四个维度，统计后得出学生满意度的整体均值为 4.46，满意度很高，其中汉语相关职业实习体验均值最高（4.78），汉语学习体验均值最低（4.38），进一步分析得知由中国教师远程线上授课的得分较低，通过访谈得知原因是相较于混合式教学，学生对于单纯线上授课的形式接受度较低。此外我们也发现，相较于研究前期，研究后期学生的汉语学习意愿和汉语相关职业从业意愿明显提升，并且两者具有显著的相关性；第三，通过5点量表调查教师满意度，统计得出满意度的整体均值为4.68，通过访谈得知教师最满意的是汉语学习与现场职业体验相结合的培训形式；第四，通过5点量表调查企业满意度，统计得出满意度的整体均值为4.76，通过访谈得知企业最满意的是到企业体验的职业实习与专业强化阶段的人才培养设置，特别是对学生的职业胜任力和人才培养的质量表示非常满意。

四 创新之处与研究意义

通过系统研究与细致分析，我们认为，本研究的创新之处有：（1）研究内容较新。本文的研究内容之一为"基础汉语+职业汉语+职业体验"，突破了单一的汉语语言教育内容，不再局限于汉语学习或职业教育，而是将汉语应用与职业实践相融合，切实贯彻"汉语+"的教育理念。（2）研究视角较新。本研究采用多维融合视角，立足"线上+线下、汉语+职业、讲授+实践、高校+企业、海内+海外"的"五结合"联合培养模式，多举齐下，立体化、全方位开展教学，对中巴经济走廊、巴基斯坦大学生与合作高校在国际中文教育领域的工作都产生了良性的影响。

此外，本研究也具有一定的理论和现实意义。首先，通过探讨巴基斯坦在校大学生汉语应用能力培养的现存问题及解决途径，将调查研究与系统分析相结合，增强理论论证的深刻性、生动性和说服力，有利于把解决问题建立在事实判断的基础之上，通过系统分析形成规律性认识，进一步丰富了国际中文教育的理论与方法；其次，以汉语为媒介，帮助巴基斯坦大学生确定职业目标、完善职业规划、踏入职业坦途，为中巴经济走廊培养急需的应用型人才；再次，巴基斯坦大学生到在巴中资企业或中国企业实地考察，可以亲身体验当代中国的发展，感受新时代的中国风貌，为中国在巴基斯坦"讲好中国故事，传播好中国声音"提供了一个窗口；最后，本研究最大限度利用网络资源，把相隔万里、文化迥异的师生联系在一起，实现线上线下混合教学，并体现了"汉语+职业"的新趋势。研究的实施，将为"一带一路"倡议做出贡献，缓和中巴经济走廊"汉语+技术"人才急缺的困境，培养精通汉语的应用型人才，助力学生的职业规划，并为针对巴基斯坦留学生的综合教学提供了第一手的数据和参考资料。

五　结语与建议

通过本研究的研究，我们认为，在进行相关主题的研究时，需要做到"三个结合"，即理论与实践相结合、量化与质化相结合、实施与检验相结合，以增强研究的科学性和可操作性。在进行巴基斯坦汉语应用型人才培养时可以借鉴"五结合"模式，研究证明这是一个较为高效的人才培养模式。

当然，本研究也有不足之处。巴基斯坦汉语应用型人才培养的第二个阶段，即职业汉语学习和职业体验阶段未能来华进行，这在一定程度上影响了培养模式的应用效果；此外，研究对象样本量相对较少，研究对象所属专业相对局限。这些都是需要在今后的研究中不断改进和优化的方面。也希望改进后的研究方案能够形成更好的研究成果，进一步助推巴基斯坦汉语应用型人才培养以及"中巴经济走廊"的繁荣与发展，并最终服务好"一带一路"倡议在巴基斯坦走深走实，行稳致远。更希望越来越多的业内外同人加入这一问题的研究和讨论中，产出更为充实而丰富的研究成果。

参考文献

巴基斯坦高等教育委员会：《高等教育2025愿景》，WELCOME TO HEC PAKISTAN，https：//www.hec.gov.pk/english/Pages/default.aspx。

常乐、刘飞、董睿：《巴基斯坦留学生汉语声调习得实验研究》，《语文建设》2015年第14期。

阚阅、马文婷：《中巴经济走廊建设背景下的中巴高等教育合作：进展、困境与对策》，《教育科学》2022年第4期。

李火秀：《"一带一路"背景下巴基斯坦语言教育政策发展现状及前瞻》，《江西理工大学学报》2019年第6期。

史雪冰、张欣:《中国高校在巴基斯坦高等教育 2025 愿景中的机遇与作为》,《比较教育研究》2019 年第 4 期。

唐智芳、祁辉:《外国学生汉语静态声调习得偏误分析——基于对巴基斯坦学生单字调的调查研究》,《汉语学习》2012 年第 1 期。

赵佳佳:《"中巴经济走廊"建设背景下的巴基斯坦汉语国际教育现状及问题研究》,《国际公关》2022 年第 23 期。

Muhammad Zakaria, Saquib Y. Janjua and Bashir A. Fida, "Internationalization of Higher Education: Trends and Policies in Pakistan", *Bulletin of Education and Research*, Vol. 38, No. 1, 2016.

关于汉语国际教育专业硕士中国民族音乐课程的思考

刘一杉

摘要：以往关于中国音乐作品辅助汉语教学的研究，大多认为音乐在教学中的功能主要是丰富课堂、增加趣味性。对中国音乐在汉语教学中的潜能挖掘不充分。针对汉语国际教育专业硕士开设的中国音乐类课程，也常从"才艺"的视角出发，注重音乐技能和以增加课堂趣味性为目的的实践操作方法的学习。笔者在面向专业硕士的中国民族音乐教学设计中着重强调了"中国音乐与汉语的关系"和"中国音乐与其他中国语言文化及非语言文化之间的关系"，使专业硕士生们从新的角度更深刻地认识汉语的语音特征，了解中国音乐在汉语及中国文化教学中的潜在价值，从而提升他们未来将音乐作为语言教学工具以及文化教学内容时的教学效果。

关键词：专业硕士；中华才艺；民族音乐；课程建设

作为中华才艺课程的一个组成部分，中国民族音乐课的课时很紧，而有关民族音乐的内容又浩如烟海。笔者从 2012 年开始为汉语国际教育硕士（下文称"专业硕士"）开设中国民族音乐课，其间一直在考虑，选择哪些内容和角度才能与汉语国际教育专业更好地结合，才能挖掘出我国民族音乐对这个专业而言特别的意义？创课十年，谨在此分享一些心得体会。

"任何一个民族的语言无不承载并体现着该民族的文化特色，汉语当然也不例外。也正因为语言与文化的这种密不可分的关系，以语言教学为主要任务的汉语国际教育就势必要包含文化教学的内容与特色。"（刘利

刘一杉，首都经济贸易大学国际学院。

等，2019）中国民族音乐作为中国文化的重要的组成部分，它本身可以展示民族精神风貌，传达审美情趣；作为汉语教学的辅助工具和材料，它还可以丰富语言课堂，增强学习的趣味性。想要发挥好中国民族音乐在汉语教学和文化传播中的功能，首先应使未来的汉语教育工作者认识到它的上述价值，除此之外，我们更希望他们了解到，在教学中，中国民族音乐除了趣味性、娱乐性之外，还可以深化汉语学习者对汉语特点的认识，并使他们进一步了解中国音乐与其他语言文化及非语言文化因素之间的关系。

一　汉语国际教育专业硕士生学习中国民族音乐知识的意义

（一）了解中国民族音乐文化，积累相关的基本知识

在为专业硕士生开设中国民族音乐课的同时，笔者也为中高级的留学生开设中国民族音乐的选修课。两相比较，我们多少有些无奈地发现，许多专业硕士生对中国民族音乐的了解并不比留学生多很多。这主要是因为我们的基础教育当中，"音体美"一直比较薄弱，不受重视。高中中国古代史教材里每章最后仅有的一节"×朝文化与艺术"，在高考复习时也全部被"略过"了。这使得大部分中国学生心里只有政治、经济史的框架，没有文化艺术史的常识。作为中华文化的传播者，我们首先应该了解自己的文化。所以专业硕士生学习中国民族音乐知识的第一重意义，就是了解中国民族音乐文化，积累相关的基本知识。

在中国民族音乐的范畴里，从历时平面来说，学生们应当了解中国音乐历史发展的概貌。从原始社会的歌舞乐一体，到先秦时期的诗经、雅乐；从汉代的乐府到唐朝的西域音乐引入；从"音乐推动"的视角，去看待由唐诗到宋词再到元曲、杂剧的变化，最终迎来明清时期戏曲曲艺的大发展。专业硕士生本身具备中国历史和中国文学史的基础知识，这些音乐史的内容，可以从多个角度与他们已有的知识建立关联，既可以非常容易地"贴"在学生的历史知识框架上，拓展他们的眼界，让他们了解中国音乐的"来历"；同时，也能以不同的视角，加深他们对中国历史和文学史的认识及理解。从共时平面来说，学生们应当了解中

国民族音乐包括民歌、歌舞、器乐、戏曲、宗教五个大门类，其中民歌还可以分为号子、山歌、小调三个小类。这不同类别的音乐特色鲜明，即使不很了解音乐的学生也能在老师的指导下清楚地感受到。这对他们认识中国音乐与汉语之间的关系，并由此加深对汉语语音特点的认识很有帮助（详见下文）。

其次，站在世界音乐的角度看，"中国乐系"作为世界三大乐系之一（王光祈，1993），有着自己鲜明的特色。我们把它粗略地总结为"腔多、板散、旋律重"。展开解释，即在单字上"行腔"婉转；节奏上比较自由，变化频繁；和声薄弱，但旋律极为丰富且地位非常重要。我们通过对东西方音乐经典片段的比较和引导，可以让学生明确地感受到中国音乐的风格特点。

这样一来，通过精练的音乐知识介绍和典型作品赏析，学生就能快速而概括地了解中国音乐的历时变化、共时特征及其与世界其他民族音乐的主要区别和特点。将来在教学和文化交流过程中，就能够简洁高效、重点突出地向汉语学习者介绍中国音乐。

（二）认识中国音乐与汉语之间的关系

"音乐与语言在结构上具有相似性，如二者都有词汇、句法和结构；二者都来自对声音的加工处理；二者都是通过嘴和耳传达；二者都有音高、音量、重音、语调等。"（吴学忠，2011）各民族的音乐都与其语言、历史、自然环境等息息相关，尤其与语言更为贴近。即使是当代流行音乐，也不能违背这一规律。诞生于美国的"布鲁斯"被认为是当代流行音乐的早期形态。它发源于美国南方农场的黑奴中间，当时农场主为了提高生产效率，严禁黑奴在劳作时聊天，但并不禁止唱歌。于是奴隶们就把本该出现在聊天里的家长里短、鸡毛蒜皮都唱了出来，用歌声在田间交流。因为奴隶文化水平很低，唱的也都是日常小事，所以歌词都是俚俗口语，音乐也非常自由随意，逐渐形成了"布鲁斯"的基本风格。举这个例子是为说明：第一，民间的音乐的产生多基于人们的语言，"唱"与"说"本就是一体两面，一首歌"唱得像说话"通常就更容易流行，而像说话一样的音乐必然带有其语言的特色；第二，若没有黑奴在美国的那段历史，黑人们在自己的家乡，也未必会创造出"布鲁斯"这样的风格和作品。它是在特定的历史文化条件下，由特定人群（黑奴）基于特定语言（黑奴英语）创造的音乐种类。这一种类和风格必然携带着大量历史、文化和语言信息。

当代流行音乐尚且如此，我国的民族音乐更是如此。在面向专业硕士生的民族音乐课上，我们向学生介绍中国民歌的三大类型：号子、山歌和小调。其中号子节奏鲜明，劳动属性强，多为集体劳作时协调节奏所用，旋律性相对弱，旋律线条的起伏更接近说话；山歌则旋律性大大增强，节奏自由，可快可慢，可整可散，直抒胸臆，多为放牧、采药等独自劳作者自娱自乐所用；而小调则旋律丰富，婉转动听，但依然严格地保持着与歌词的声调、语调相协调的传统，并常有乐器伴奏，对技巧要求较高，多由职业演唱者表演，是职业演员娱人谋生所用。从号子到山歌再到小调的发展过程，可以让学生清晰地看到我国民歌从说到唱的变化过程，使他们认识到中国音乐根源于中国语言，反映汉语特征的特点。

在对民歌之外的民族音乐其他类别的介绍中，我们从曲艺音乐入手，展示其"从说到唱""说中有唱""半说半唱"的特点；进而衔接到戏曲音乐，让学生体会到二者之间的继承和发展关系，并感受戏曲当中音乐为唱词服务，唱词的平仄与旋律的起伏相配合的特征；最后再推广到器乐，向学生展示民族器乐作品中"句子""气口"等和汉语句调、语气之间形似神也似的关系。通过这种针对专业硕士生的教学顺序安排，让学生体会到民族音乐"扎根汉语，表达汉语"的审美特征和"从汉语中来，到汉语中去"的成长路径。

（三）认识中国音乐与其他语言文化和非语言文化内容之间的关系

从是否以语言为载体的标准看，文化可以"分为两大类：一类以语言为载体，例如文学作品、学术专著、口述史、演讲、讲座等；一类无须以语言为载体，例如艺术、音乐、建筑、服饰、餐饮礼仪等"。（文秋芳，2019）在中国民族音乐课的教学中，我们也有意安排了一些内容，突出中国音乐与我们的语言文化及非语言文化之间的关联。在中国音乐史概述这一部分，我们介绍了从"旗亭画壁"到《阳关三叠》，再从齐言诗到长短句的发展变化，但重点不在于文学知识，而是强调由"以乐从诗"到"采诗入乐"再到"倚声填词"的过程，从而突出音乐在从唐诗到宋词的转变过程中起到的关键作用，让学生了解到音乐与语言文化的互动。

此外，比如"福建南音"表演时横持琵琶以及用"拨子"弹奏的演奏方式，至今仍然保留着唐宋时代的风貌，这一方面让学生亲眼"看到"了千年前音乐表演的样子，另一方面也解释了敦煌著名的飞天"反弹琵琶"时为什么是把琵琶扛在肩上的——因为"正弹"是横在胸前的，所以"反弹"是横在身后的。

音乐就这样反映着每一个时代的文化潮流，沉淀着特定环境和历史条件下人们的生活面貌。所有中国人都耳熟能详的《送别》，因为弘一法师精彩绝伦的填词，从近百年前传唱至今。人们已经完全不在乎那本是一首美国歌曲。作为民国时期学堂乐歌的代表作，它反映了当年的有识之士引进西方音乐，推广新式教育，以富国强兵，救亡图存的努力。今天，许多音乐作品也与特定的节庆日和特定的生活内容相关联。比如创作于1955年的《春节序曲》，与历史悠久的春节相比，它非常年轻，但如今，它已成为当代春节民俗的一部分。再比如，我们在商场超市购物时如果听到《友谊地久天长》或者 Kenny G. 的萨克斯曲《回家》，就知道打烊的时间快到了。它们虽然不是中国民族音乐作品，却是对西洋音乐作品富有中国特色的应用，也早已融进了我们的生活。

除了吸收外国作品为我们所用，自古至今，我们也一直没有停止过音乐文化的输出。今天收藏于日本奈良正仓院的唐代琵琶就是古代中国音乐文化输出的缩影。20世纪50年代，陈歌辛先生创作的《玫瑰玫瑰我爱你》被译成英文传到美国，登上了 Billboard 排行榜，一度成为美国最著名的中国歌曲。

通过以上事例，学生可以了解到中国民族音乐与语言文化、非语言文化之间的互动，以及它从古至今在中外文化交流中发挥的作用和影响。

二 汉语国际教育专业硕士生学习中国民族音乐知识的作用

我们对课程内容认真筛选和精心安排，是希望汉语国际教育专业硕士生们能认识到中国民族音乐不单纯是中华文化传播中的一项内容；如果将它应用于汉语教学，它所能提供的也不仅仅是娱乐性、趣味性，它的功能并不限于丰富课堂教学手段和提升学习体验。

（一）通过对民族音乐的学习，反观汉语在语音方面的特点

学生通过中国民族音乐知识的学习，一方面可以领悟到"中国民族音乐是从汉语的沃土上长出来的"；另一方面，还能通过对民族音乐作品的感受，从新的角度反观汉语，更深刻地认识汉语在声调、语调、节奏层面的特征。比如京剧《穆桂英挂帅》中有著名唱段"猛听得金鼓响画角声震，唤起我破天门壮志凌云"。它不但用旋律线条清晰地构造了"金""鼓""震"等关键字的调形，而且其西皮流水板上下句在旋律走向上的要求，和唱词上下句尾的平仄声字完美搭配。从中我们不难观察到"三声的关键是低点""调形的走向相对稳定，调域的高低相对可变"等汉语声调方面的深层特点。又如20世纪80年代末的流行歌曲《你知道我在等你吗》，因为副歌第一句听起来像"你知道我在等你'妈'"而时常引人发笑。这正是因为作者把本应是轻声的"吗"放在了正拍的位置，还赋予其相对较长的时值和较高的音高，使它完全失去了轻声"时长短，调值模糊"的特点，表现为又高又平，成了典型的一声。再深究一步，其作者张洪量是我国台湾音乐人，他之所以会如此写作，大概与中国台湾方音没有轻声有很大的关系，这就又体现了中国台湾方音与普通话的语音差异。而与此相对，近百年前创作的《卖报歌》中，一句"今天的新闻真正好"则以精妙的旋律语调搭配，生动地用音乐塑造了报童的形象，而成为经典儿歌传唱至今。

中国音乐对汉语语音特征的表现，使学生得以通过音乐的渠道，从新的角度理解和认识汉语的超音段特征。仔细观察，我们还可以发现其他一些汉语语音特点通过音乐作品折射出来。如果专业硕士生们能把这些藏在歌曲中的"教学点"挖掘出来，那么在将来的课堂应用中，歌曲素材就不只是能充当"调料"提升趣味性，还可以切实提高辅助汉语教学的效率，提高"含金量"和利用价值。

（二）从更多的维度，更全面地考虑教学中音乐素材的选择问题

如前所述，中国民族音乐在与我们的语言文化、非语言文化因素的互动，贯穿于从古至今各个时代，渗透在社会生活的方方面面。在利用中国音乐辅助汉语教学时，教师如果具备中国音乐的基础知识，在选择音乐素材时，就可以从更多维度考虑，不仅注意到歌曲的娱乐性和丰富课堂的功

能以及歌词包含的语言要素，还可以同时关注到音乐与歌词的关系、歌曲对汉语语音特征的反映，对时代和社会生活的反映，音乐作品与其应用场景的关联，等等。从而可以在海量的音乐作品中选出综合效能更高的作为教学素材。既能帮助汉语学习者了解中国音乐，又能通过中国音乐所反映的汉语特点，使学习者从新的角度认识汉语，学习汉语，了解中国音乐与中国语言文化和非语言文化因素之间的关系，进一步加深对中国文化的了解。

三　小结

以往关于中国音乐作品辅助汉语教学的研究和实践，大多认为音乐作品在教学中的功能主要是丰富课堂、激发兴趣、增加趣味性。对中国音乐与汉语之间的关系、中国音乐与其他文化因素的关系的挖掘尚不深入。针对汉语国际教育专业硕士开设的中国音乐类课程，常从"中华才艺"的视角出发，注重音乐技能和以增加课堂趣味性为目的的实践操作方法的学习。

基于此，笔者在面向汉语国际教育专业硕士的中华才艺课的教学设计中，着重强调了两种关系。即"中国音乐与汉语的关系"和"中国音乐与中国语言文化及非语言文化之间的关系"。希望以这两种关系为切入点，启发专业硕士生们了解和挖掘中国音乐在汉语及中国文化教学中的潜在价值，从而提升他们未来将音乐作为语言教学工具以及文化教学内容时的教学效果。笔者也是一名普通的汉语国际教育工作者，只是凭着对中国音乐的热爱，十年来一直在探索面向专业硕士及留学生的中国音乐课程。个人的尝试难免有许多问题，谨分享一些小小的心得，供同行同好参考，欢迎批评指正。

参考文献

刘利等：《汉语国际教育知识体系的特色与构建——"汉语国际教育知识体系的特色与构建研讨会"观点汇辑》，《世界汉语教学》2019年第2期。

王光祈：《王光祈音乐论著选集》上册，人民音乐出版社1993年版。

文秋芳:《从英语国际教育到汉语国际教育:反思与建议》,《世界汉语教学》2019年第3期。

吴学忠:《跨文化交流背景下音乐融入外语教育的理论与实践研究:以歌曲在汉语和英语教学中的实践为例》,博士学位论文,华东师范大学,2011年。

国际中文教育领域专业硕士中华文化传播能力现状调查研究

刘景艳

摘要：国际中文教育领域专业硕士是促进中华文化海外传播的重要力量，中华文化传播能力则是衡量其传播效度的重要指标。研究参考《国际中文教师专业能力标准》和专业硕士培养方案，设计调查问卷，对195名北京地区的专业硕士进行调查，从文化基础知识、教学能力、跨文化意识、综合素养四个维度考察国际中文教育领域专业硕士中华文化传播能力的现状。结果显示，相较于传统文化，研究参与者对当代国情更为熟悉，但普遍存在语言教学和文化传播结合意识欠缺、学术研究能力不足等困境。同时，专业硕士中华文化传播能力的四个维度与性别、本科专业、是否有教学经验存在非均质的相关关系。基于研究结果，提出应加快建构科学系统的能力体系，制定多元且具有针对性的培养途径，加强专业硕士的自主学习能力。

关键词：国际中文教育；专业硕士；中华文化传播能力；文化传播

一 引言

自2007年汉语国际教育硕士专业学位试点工作开展以来，国际中文教育领域专业硕士的培养已经走过了十五个年头，专业硕士早已成为国际中文教育事业发展繁荣的中坚力量，为汉语教学的深入发展、中国文化的广泛传播提供了坚实的力量支撑。在"全面提升国际传播效能，建强适

刘景艳，北京师范大学国际中文教育学院。

应新时代国际传播需要的专门人才队伍"①的当下,考察专业硕士的中华文化传播能力是加快构建我国叙事体系的实然要求。

在以往研究中,颜湘茹(2012)以专业硕士核心课程"中华文化与传播"的设置现状为基础探究了如何提升研究生的中华文化传播能力;李建军(2017)从"双主体观念""本土化原则""情感交流力"探究如何提升中华文化传播能力;刘继红(2017)以课程为基础讨论了专业硕士的文化传播意识和文化教学资源的选择;梁钊华(2018)从"传统文化素养""跨文化传播能力""新媒体运用能力"三个角度立足于汉语教师志愿者文化传播能力的培养;马晓娜(2021)从"文化知识""文化观念""文化技能"等七个维度阐释国际汉语教师的中华文化传播能力,并以此验证能力发展的动态性。已有的成果为本研究的推进奠定了必要基础,但大都采取的是定性研究的方法,尚未系统到学科建设、人才培养领域,这为本研究提供了较大的发展空间。

本研究采取量化研究和质性研究相结合的方式,在广泛阅读已有研究成果的基础上,结合德尔菲法,最终确定了中华文化传播能力的四个维度,分别是中国文化基础知识、中外文化比较与跨文化传播视野、第二语言习得与教学策略、学术研究能力等综合素养。在此基础上,采取问卷调查和半结构式访谈的方法评估国际中文教育领域专业硕士的中华文化传播能力,调查其学习需求及对现有课程设置的评价,最后落实到如何系统培养专业硕士的中华文化传播能力。

二 研究设计

(一)调查对象

本次调查的对象为北京地区的专业硕士,使用问卷星平台作为问卷搜集的工具,共回收问卷 197 份,对作答选项相同、有规律填写的 2 份问卷进行清理,最终得到的有效问卷是 195 份,有效率为 99.49%。其中男性 29 人(14.87%)、女性 166 人(85.13%),有教学经验的 78 人

---

① 中华人民共和国中央人民政府:《习近平主持中共中央政治局第三十次集体学习并讲话》,http://www.gov.cn/xinwen/2021-06/01/content_5614684.htm,2021 年 6 月 1 日。

（40.00%）、无教学经验的 117 人（60.00%），专业分布主要集中在汉语国际教育、汉语言文学，如表 1 所示。

表 1　　　　　　　　　　调查样本特征统计

维度	内容	人数（N=195）	占比（%）
性别	男	29	14.87
	女	166	85.13
教龄	无	117	60.00
	1—4 月	33	23.08
	5—8 月	12	6.15
	8—12 月	9	4.62
	1 年以上	4	6.15
本科专业	汉语国际教育	117	60.00
	汉语言文学	48	24.62
	英语	9	4.62
	其他	21	10.77

注：因为计算过程中，采用四舍五入的方法，故各单项百分比之和有时不等于 100%。下同。

（二）研究工具

研究在广泛阅读已有研究成果的基础上，结合专家调查结果，确定了中华文化传播能力的四个基本面向，并以此为基点编制了《国际中文教育领域专业硕士中华文化传播能力现状的调查问卷》。

问卷主要包含三个方面的内容，第一部分从人口学的角度出发调查了受访者的基本信息；第二部分从基础知识、教学技能、跨文化意识、综合素养四个维度出发评估调查对象的中华文化传播能力；第三部分从学习兴趣和学习需求出发，调查与反思现有的培养体系。对回收的问卷信息，通过 SPSS 26.0 数据统计分析软件，运用 T 检验、卡方检验、单因素分析等方法进行数据处理。

（三）问卷信度检验

本文采用 Cronbach's Alpha 系数作为信度检验的指标，当信度系数大于 0.7 时，表示问卷信度良好。本研究运用 SPSS26.0 软件对 195 份问卷进行可靠性检验，问卷总体的系数为 0.864，属于高信度，因此本问卷的信度良好。

三 研究发现

(一) 国际中文教育领域专业硕士中华文化传播能力现状

1. 整体中华文化传播能力状况分析

本研究对195名专业硕士研究生的四个能力维度进行描述性统计,调查统计显示,均值得分由高到低依次是中外比较与跨文化传播(4.00)、综合素质(3.92)、中国文化基础(3.75)、第二语言习得与教学(3.75)。在此基础之上,我们将四个维度的得分的均值与表示一般的中间值3进行单样本T检验,结果表明,研究参与者在中华文化基础(T=3.742,p<0.05)、中外比较与跨文化传播(T=4.965,p<0.05)、第二语言习得与教学(T=2.966,p<0.05)和综合素质(T=2.966,p<0.05)。结果表明,专业硕士的中华文化传播能力整体良好,调查对象内部能力差异较小,其中文化基础知识、汉语教学技能相对薄弱,仍具有较大的提升空间。

表2 调查样本中华文化传播能力现状描述统计量

能力维度	N	M	SD
中国文化基础	195	3.75	0.626
中外比较与跨文化传播	195	4.00	0.437
第二语言习得与教学	195	3.75	0.595
综合素质	195	3.92	0.541

2. 中国文化基础知识

中国文化基础知识的均值为3.75,整体说来高于一般水平,但与文化知识的重要性认为存在一定差距,"我认为中华文化知识在提高中华文化传播能力中非常重要"(M=4.38,SD=0.518)。在文化知识的内部也存在不均衡的现象,"我了解中国的传统文化"(M=3.75,SD=0.886),"我了解中国的当下国情和热点问题"(M=4.13,SD=0.641)。由此可见,研究参与者现有的中国文化基础知识与重要性认识之间差异显著,受访者对传统文化和当下国情的掌握存在不均衡的情况,相较于传统文化,专业硕士对中国当代国情的掌握更为扎实。

就中国文化海外传播而言，传统与现代是绕不开的话题，李泉（2017）、李春雨（2020）、祖晓梅（2022）等学者认为，国际汉语教学视野下的文化传播呈现出"厚古薄今"的面向，"古今兼顾、立足当代"成为文化传播的现实需求。调查结果显示，专业硕士在中国文化基础知识方面的掌握程度有待进一步夯实，具体而言，受访者在当代国情的掌握方面更为扎实，这与当下文化传播的现实需求相契合。

3. 汉语教学技能

研究者的第二语言习得与教学技能得分的均值为 3.75，研究在此基础上考察了受访者对文化教学技能重要性的认识，"您认为文化教学技能在培养中华文化传播能力中非常重要"（$M = 4.13$，$SD = 0.354$），在此基础上针对现有培养体系考察了实践指导的需要，"您认为文化教学的实践指导在提升中华文化传播能力的过程中十分重要"（$M = 4.25$，$SD = 0.463$）。

与此同时，本研究考察了对文化教学的认识，"您认为汉语水平达到什么程度后可以开始文化教学？"调查显示，114 位（58.46%）受访者认为汉语学习者的汉语水平达到中等后可以开始汉语教学、69 位（35.38%）受访者表示初等水平的汉语水平者可以开始文化教学，9 位（4.62%）受访者认为高等汉语水平的汉语学习者才可以开展文化教学，仅有 3 位（4.62%）受访者认为语言教学和文化教学应该是相伴而生的，在零基础阶段就可以开始文化教学。

学界目前对语言教学和文化教学的关系已基本达成共识，李泉、丁秋怀（2017）认为，"语言和文化关系密切，而这也正是汉语作为第二语言教学中文化教学困惑和分歧的主要根由。因为二者密不可分，所以教语言就等于教文化"[①]。陆俭明（2019）认为，"语言只是一种载体，语言必然表达思想。事实告诉我们，任何外语教学，都必然会伴随着思想文化教育，古今中外概莫能外"[②]。可见，受访者的文化教学意识较为薄弱，文化教学的重要性在专业硕士群体中尚未得到重视。

[①] 李泉、丁秋怀：《中国文化教学与传播：当代视角与内涵》，《语言文字应用》2017 年第 1 期。

[②] 陆俭明：《试论中华文化的传播》，《学术交流》2019 年第 4 期。

表 3　您认为汉语水平达到什么程度后可以开始文化教学?

选项	人数（人）	占比（%）	P 值
零基础	3	4.62	
初等	69	35.38	P<0.001
中等	114	58.46	
高等	9	4.62	

4. 中外对比与跨文化传播意识

中外对比与跨文化传播意识的均值为 4.00，在四个维度中的得分最高。研究考察了受访者对这一维度的重要性认识，"您认为跨文化传播的意识和中外对比的视野在培养中华文化传播能力中非常重要"（M=4.13，SD=0.641）。在此基础上，研究探究了中外对比的能力与传播学知识的掌握情况，"您具有在汉语教学中对比中外文化的能力"（M=3.88，SD=0.641），"您了解传播的类型、过程、技巧等基础知识"（M=3.65，SD=0.886）。由此可知，中外对比与跨文化传播意识的得分整体偏高，但与重要性的认识之间仍存在差距，中外对比与传播学知识的掌握存在不均衡的发展面貌。

国际汉语教学的一大目标就是培养汉语学习者的跨文化交际能力，崔永华（2020）认为，"汉语作为第二语言教学以培养汉语跨文化交际能力为目标，是当今人类社会发展对语言人才规格的需求，是二语教学法发展的必然"，并指出为实现这一目标，需要"把培养汉语跨文化交际能力落到实处，为培养国际社会需要的新型人才做出实践和理论上的贡献"①。因此，专业硕士在"中外比较与跨文化传播"维度的得分最高，这与学界研究的期待同步，但具有显著的提升空间。

5. 综合素质

综合素质的得分均值为 3.92，研究主要从语言能力、学术研究能力、信息技术水平等角度衡量专业硕士中华文化传播能力的综合素养。在语言水平上，"我具备良好的汉语水平"（M=4.02，SD=0.743），"我扎实掌握了一门及以上的外语"（M=3.82，SD=0.573）。可见，在语言水平上，外语水平略高于汉语水平。"我具备多学科融合创新的意识和能力"（M=

---

① 崔永华：《对外汉语教学的目标是培养汉语跨文化交际能力》，《语言教学与研究》2020年第 4 期。

3.56,SD=0.487),"我具备运用工具获取信息、处理信息和创造信息的能力"(M=4.16,SD=0.852)。

国际中文教育硕士作为汉语教学领域的中坚力量,其综合素质作为衡量其中华文化传播能力的重要指标。就其内部构成而言,得分由高到低依次是信息技术水平、语言水平和学术研究能力。可见,专业硕士的综合素养整体水平良好,就语言水平而言,外语水平相对于汉语水平而言存在显著不足,受访者在运用工作获取信息方面表现良好,但在学术研究上存在着显著不足。

专业硕士作为汉语教学领域中国文化传播的中高端人才,其学术研究能力不但是研究生培养的重要构成部分,而且也关系到能否将汉语教学实践中微观、具体的问题系统到理论、宏观层面,这对促进汉语教学、文化传播的良性发展至关重要。但现有的研究结果表明,受访者的学术研究能力相较于其他能力维度表现较弱,有待进一步加强。

(二)国际中文教育领域专业硕士中华文化传播能力影响因素

1. 性别

通过独立样本T检验分析性别因素对国际中文教育领域专业硕士中华文化传播能力的影响,结果发现,性别差异在中国文化基础、综合素养上存在显著差异(p<0.05),在中外对比与跨文化传播、二语习得与教学上不存在显著差异(p>0.05)。在中国文化基础、二语习得与教学、综合素养方面,女性受访者明显高于男性,在中外对比与跨文化传播方面,男性受访者明显高于女性。

表4　　　　　　　性别因素对中华文化传播能力的影响

维度	性别	M	SD	P
中国文化基础	男	3.60	0.894	P<0.05
	女	3.77	0.789	
中外对比与跨文化传播	男	4.40	0.548	p>0.05
	女	3.97	0.663	
二语习得与教学	男	3.40	0.548	p>0.05
	女	3.78	0.783	
综合素养	男	3.60	1.517	P<0.001
	女	3.95	0.649	

2. 本科专业

调查在初步了解受访者专业的基础上，在问卷中编制了相关问题。参与本次调查的专业硕士本科专业以汉语国际教育为主（60.00%），汉语言文学专业占据着相当比例（24.62%），除英语（4.62%）外，日语、法语、德语等小语种专业（10.77%）也不能忽视。我们按照专业将研究参与者分为四组，四组在中国文化基础知识、中外比较与跨文化传播意识、第二语言习得与教学、综合素养方面的得分见表5。

调查结果显示，在中国文化基础知识维度，本科为汉语言文学的专业硕士的得分最高（M=4.06，SD=0.929），本科专业对这一能力维度有特别显著影响；在中外比较与跨文化传播维度，本科专业为英语的专业硕士得分最高（M=4.00，SD=0.00），专业对这一能力的评价影响显著。可见，本科专业与中华文化传播能力的形成有着紧密联系。

表5　　　　　　　不同专业背景在中华文化传播能力上的差异

类别	本科专业	M	SD	P
中国文化基础	汉语国际教育	3.64	0.743	P<0.001
	汉语言文学	4.06	0.929	
	英语	3.33	0.577	
	其他	3.86	0.690	
中外比较与跨文化传播	汉语国际教育	3.92	0.664	P<0.05
	汉语言文学	4.13	0.719	
	英语	4.00	0.000	
	其他	4.14	0.690	
第二语言习得与教学	汉语国际教育	3.72	0.759	p>0.05
	汉语言文学	3.81	0.834	
	英语	3.33	0.577	
	其他	4.00	0.816	
综合素养	汉语国际教育	3.87	0.695	P>0.05
	汉语言文学	4.06	0.772	
	英语	3.33	0.577	
	其他	4.14	0.900	

3. 教学经验

研究考察了教学经验对专业硕士中华文化传播能力的影响，117位

(60%) 汉语学习者没有教学经验，78 位（40%）汉语学习者有教学经验，本研究运用单因素方差进行分析，结果显示，是否有教学经验对汉语教学能力的得分有着显著影响（P<0.001），与中外比较与跨文化传播维度有关联（P<0.05）。但教学经验与中国文化基础知识、综合素质维度并无显著关联。

四 研究结论

中华文化传播能力是国际中文教育领域专业硕士助力我国国际传播力建设的重要因素，文化知识水平、汉语教学技能、跨文化意识是衡量这一指标的关键维度。反观现有能力水平的不足，本研究主要从培养标准、培养路径、培养主体的态度等维度，为国际中文教育领域专业硕士中华文化传播能力的培养与提升提供建议。

（一）构建科学系统的培养体系

中华文化传播能力是一个动态、多维的复杂体系，文化知识是专业硕士进行中国文化传播的基础、汉语教学是其传播中华文化的重要平台，中外比较与跨文化传播能力是受众内化中国文化的重要影响因素，此外，语言能力、信息技术素养、学术研究水平等要素都影响着专业硕士中华文化传播能力的提升。研究结果表明，受众在能力维度呈现出不均衡的面貌，鉴于传播能力本身的复杂性，因此系统科学地制定培养方案、规划传播过程具有必要性与紧迫性。与跨文化交际能力体系相比，中华文化传播能力显得尤为薄弱，缺乏明确的培养目标是造成这一困境形成的重要原因，构建系统科学的中华文化传播能力体系迫在眉睫。

（二）打造系统化、针对性的培养路径

中华文化传播能力体系的复杂性决定了其培养路径并非一蹴而就的，需要第一课堂、第二课堂、第三课堂联动作用。第一课堂是能力培养的基础，《中华文化与传播》《跨文化交际》《汉语课堂教学案例》等核心课程，《中外文化交流专题》《中华才艺与展示》等拓展课程都是培养国际中文教育领域专业硕士的重要平台，第二课堂则起到补充性的作用。如果说第一课堂、第二课堂是中华文化传播能力建构的重要理论来源，第三课

堂则是实践的渠道,通过联动实现从理论到实践的转化,三者是一个互相补充、互相促进的机制。

多元的实践途径是提升中华文化传播能力的重要渠道,而文化教学实践的缺乏则是限制受访者能力提升的重要原因。培养途径的系统化是有效形成中华文化传播能力的重要保障,根据《汉语国际教育专业学位研究生核心课程指南》,"中华文化与传播"课程有效培养中华文化传播能力的途径,但作为学位培养的核心课程,在一学期内每周开设3课时,与庞杂的教学内容相比,在有限的时间内难以完成相应体量的教学内容,如何打破课程设置的障碍,系统开发面向专业硕士的、以提升中华文化传播能力为导向的课程则显得尤为重要。

国际中文教育领域专业硕士中华文化传播能力的培养不仅取决于扎实的中国文化基础知识,也取决于针对性的培养方式,文化教学实践、学术研究能力与中华文化传播能力的形成紧密相关,因此在专业硕士的培养过程中应该加强这两个维度的培养,在打造多元的培养路径时关注专业硕士个性化能力的补足。

(三) 加强专业硕士的自主学习与研究能力

国际中文教育领域专业硕士的个体特征是影响其中华文化传播能力形成的又一关键因素。中华文化传播是一个动态的概念,从传播主体,到传播受众、传播渠道、传播效果都是可变的,这就要求汉语教师必须以发展的眼光来看待文化传播事业,而专业硕士就需要树立自我培养、终身学习的意识。

国际中文教育领域专业硕士作为汉语教学的中高端人才,这就要求其在文化传播进程中不能局限于文化知识、教学技能的输入,更应该在教学和实践的过程中充分发挥主观能动性,将输入转化为输出,逐步提升自己的研究能力,在实践中发现问题、解决问题,从而促进汉语教学的生态发展。相较于传统的汉语教师,专业硕士则被赋予了更多的责任与使命,在汉语教学中从事汉语教学、传播中国文化仅仅是基点,从事中华文化海外传播则是对其更高的要求。

五 结语

专业硕士是国际中文教育领域的中坚力量,中华文化传播能力是衡量其文化传播价值的关键所在，关系到文化传播的实际效果。专业硕士的性别、本科专业、是否具有教学经验等个性化因素造成了能力维度不均衡的面貌，使其在文化基础知识、汉语教学能力、中外比较与跨文化传播、综合素质等能力维度方面存在一定差异。专业硕士是汉语教师志愿者的重要组成部分，与专业汉语教师一起共同构成了国际汉语教学与中华文化传播的重要助力，如何系统提升其中华文化传播能力已经成为摆在我们面前的、不可回避的重要问题，如何以人才培养、学科建设为切入点促使中华文化海外传播是一个值得深入探索的问题！

参考文献

崔永华：《对外汉语教学的目标是培养汉语跨文化交际能力》，《语言教学与研究》2020 年第 4 期。

樊颖、李刚：《汉语国际教育硕士"学研教"一体化教学模式构建研究》，《黑龙江高教研究》2020 年第 2 期。

李春雨：《文学教材编写与汉语国际教育》，《海南师范大学学报》（社会科学版）2013 年第 7 期。

李建军：《关于提升中华文化对外传播能力的思考》，《暨南学报》（哲学社会科学版）2017 年第 7 期。

李泉、丁秋怀：《中国文化教学与传播：当代视角与内涵》，《语言文字应用》2017 年第 1 期。

陆俭明：《试论中华文化的传播》，《学术交流》2019 年第 4 期。

吴应辉：《专业学位水平评估对汉语国际教育硕士人才培养带来的影响及反思》，《天津师范大学学报》（社会科学版）2021 年第 2 期。

颜湘茹：《汉语国际教育硕士"中华文化与传播"课程研究——以中山大学国际汉语学院为例》，《长沙理工大学学报》（社会科学版）2012 年第 6 期。

张晓曼、谢叔咏：《传播学视域下汉语国际教育受众分析》，《山东大学学报》（哲学社会科学版）2016 年第 2 期。

赵金铭：《国际汉语教育研究的现状与拓展》，《语言教学与研究》2011 年第 4 期。

郑金洲：《教育文化学》，人民教育出版社 2000 年版。

赴新西兰国际中文教师志愿者
跨文化适应状况调查研究

朱 婷 亓 华

摘要：本研究采用定量研究和质性研究相结合的方法，选取奥克兰孔子学院的46位教师志愿者作为研究对象，从社会文化适应、心理适应以及思维方式、教育思想观念和人文价值观念的调适全方位展开调查访谈。结果显示：志愿者教师跨文化适应程度最低的是语言文化适应；大部分人存在轻度抑郁，没有人重度抑郁；适应水平较高的是人文价值观念适应，其次是教育思想观念的适应，适应水平最低的是思维方式适应，这三方面的增长幅度几乎相当。本文运用 K-means 聚类方法，将志愿者样本按抑郁与否分为两类，综合比较饮食文化、语言文化、社交文化等各大类因素权重，结果显示：与住家相处的融洽程度是影响国际中文志愿者教师跨文化适应的最大因素。本研究通过访谈深入分析这些影响因素，结合新西兰当地社会实际情况对志愿者本身、派出单位、培训机构及孔子学院提出相应的建议。

关键词：国际中文教师志愿者；跨文化适应；社会文化适应；心理适应；思维方式和价值观

一 引言

跨文化适应是个人或群体调整自我心理和行为以适应新的社会文化环

[基金项目] 本研究是亓华主持 2020 年教育部中外语言交流合作中心汉语国际教育专业学位研究生教育研究项目"汉语国际教育硕士跨文化适应与教学传播典型案例研究"（项目号 HGJ201724）成果之一。

朱婷，北京师范大学国际中文教育学院；亓华，北京师范大学国际中文教育学院。

境的过程，有两个方向：一是对社会文化的适应，包括生活环境、人际交往、语言文化、学习工作以及社会支持五个方面，二是心理的适应，在本文中跨文化适应是指新西兰国际中文教师志愿者调整自身心理和行为状态以适应新西兰社会文化环境的过程。

笔者作为2018年派往新西兰的国际中文教师志愿者之一，自身经历了整个跨文化适应的过程，从最初的兴奋到冲击休克再到自我调整，过程中的种种问题以及解决的方式都带来思考。因此，国际中文教师志愿者适应的整体状况是怎样的；哪些因素影响了志愿者的适应过程；最重要的是应该如何解决这些问题，更快从文化冲击和休克中走出来；对出国前的培训、汉办以及孔院有什么样的建议。这些都是笔者选择这个论文题目的原因。

目前知网研究新西兰汉语教师志愿者跨文化适应的文章有4篇，2018年梅寒雪的《赴新西兰汉语教师志愿者跨文化适应性研究》[①]，运用问卷和访谈法，从社会文化适应、心理适应和工作适应三方面对2017年赴新西兰汉语教师志愿者调查分析，强调心理适应在跨文化适应中的重要性；2018年陆茵茵的《赴新西兰汉语教师志愿者跨文化适应研究》[②] 采取定量分析与定性研究相结合的方法，也从社会文化适应、心理适应和工作适应三个方面研究汉语教师志愿者适应情况；2019年后婷的《新西兰汉语教师志愿者跨文化交际适应研究》[③] 从总体适应、工作适应和交往适应三个方面对跨文化交际中的案例进行了整理，分析交际问题产生的原因并提出解决的办法；2021年姚杨的《新西兰汉语国际教师志愿者跨文化适应研究》[④] 依旧从社会文化适应、心理适应和工作适应入手，研究语言能力和期望落差对志愿者们跨文化适应的影响程度。

本研究除了对国际中文教师志愿者的工作生活状况和心理状况展开调

---

① 梅寒雪：《赴新西兰汉语教师志愿者跨文化适应性研究》，硕士学位论文，上海交通大学，2018年。

② 陆茵茵：《赴新西兰汉语教师志愿者跨文化适应研究——以2016—2017年赴维多利亚大学及奥克兰大学孔子学院汉语志愿者为例》，硕士学位论文，厦门大学，2018年。

③ 后婷：《新西兰汉语教师志愿者跨文化交际适应研究》，硕士学位论文，厦门大学，2019年。

④ 姚杨：《新西兰汉语教师志愿者跨文化适应研究——以2019—2020年赴新西兰三所孔子学院的145名汉语教师志愿者为例》，硕士学位论文，华中科技大学，2021年。

查外,还对国际中文教师志愿者的思维方式与价值观念调适状况进行了深入的调查研究,在原有调查量表的基础上,设计了思想价值观念深层文化调适量表,这不仅有利于了解志愿者教师思想价值观念深层文化的整合调适变化过程,也丰富了汉语国际教育跨文化适应的研究内容。

二 赴新西兰国际中文教师志愿者社会文化适应调查分析

(一) 跨文化适应调查研究设计

本研究的调查对象是 2018 年奥克兰大学孔子学院的 46 位(女生 39 位;男生 7 位)教师志愿者。调查问卷分为四个部分:个人基本信息,社会文化适应量表,心理适应量表,以及思维方式与思想价值观念调适量表,而后者为本文研究特色。

本次调查问卷发放 46 份,回收 46 份,其中两份为无效问卷,实际回收 44 份,回收率为 95.65%。本文按照调查对象在新西兰已停留的时间划分为三个阶段:开始至两个月,两个月至七个月,七个月至结束。

从统计结果可以看出,国际中文教师志愿者选择新西兰进行汉语教学最主要有以下三个原因:第一也是最重要的原因是希望提高英语水平,并且了解新西兰文化。第二是有机会在当地旅游,了解新西兰的社会文化和自然环境。第三是锻炼自己对不熟悉环境的适应能力。

(二) 社会文化适应调查分析

社会文化适应量表,参考杨军红(2005)《来华留学生跨文化适应问题研究》中的调查问卷,Colleen Ward,Antony Kennedy(1999)*The Measurement Of Sociocultural Adaptation* 中的社会文化适应量表,分为生活环境适应、人际交往适应、语言文化适应、学校工作适应以及社会支持适应五个方面。

调查分析的计算方法如下,首先将 22 个项目分为生活环境适应、人际交往适应、语言文化适应、学校工作适应和社会支持适应五个方面,分为五种程度,很大困难、比较困难、一般、很少困难和没有困难,将这些困难程度划分为大中小三个等级,得出两组数据,求出平均值,再换算成百分比。

表1　　　　　　　　　　社会文化适应统计结果

	2个月	7个月
	困难程度（%）：大：中：小	
生活环境适应	11：25：64	11：29：60
人际交往适应	7：32：61	13：33：54
语言文化适应	11：50：39	8：47：45
学校工作适应	3：34：63	4：28：68
社会支持适应	11：38：51	8：41：51

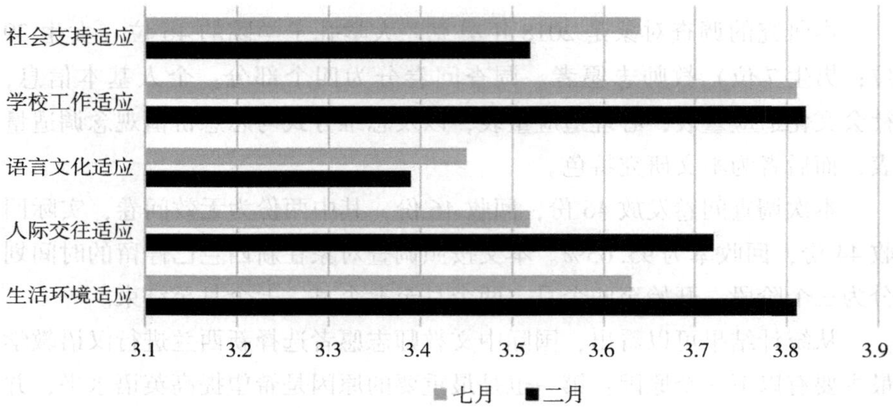

图1　社会文化适应分数统计结果

如图1显示，从整体看，社会文化适应的五个方面困难程度由低到高是：学校工作适应，生活环境适应，人际交往适应，社会支持适应，语言文化适应。由图1可知，学校工作适应趋于平稳，语言文化适应和社会支持适应呈现上升趋势，生活环境适应和人际交往适应呈现下降趋势，接下来逐项分析。

从社会文化适应的调查结果看出，困难程度由低到高依次是：学校工作适应、生活环境适应、人际交往适应、社会支持适应和语言文化适应。在学校工作适应中，程度由高到低依次是：作息及假期时间的适应的水平，与指导老师以及其他老师配合的适应，理解当地教育方式及完成相关教学任务的适应，处理学生发生的一些突发情况。

首先在生活环境适应中，适应程度由高到低依次是慢节奏生活的适应，住宿方面的适应，气候的适应，购物方面的适应，饮食的适应以及交通规则及手段的适应。其次在人际交往适应中，适应程度较高的是与住家的关系和对当地人行为方式、习惯的理解，适应程度相对较低的是交朋友及保持朋友关系，与不同种族的人交往，参与当地社会活动以及对学校教员休息室的适应，对学校教员休息室交谈适应度较低的原因有三点：一是对语言不习惯和缺乏话题，二是由于沟通不畅和自身性格的原因国际中文教师志愿者教员休息室活动参与度较低，三是主动性不够。再次在社会支持适应中，适应程度由高到低依次是：在商场、餐厅、医院、银行或其他公共场所获得服务的适应水平和遗失物品，人身安全等处理有关法律或行政方面的问题，参加宗教活动。还有在语言文化适应中，适应程度由高到低依次是：处理一些文化冲突问题，对当地人幽默的理解，用英语流利沟通。

由于国际中文教师志愿者自身素质良好，教学和生活中是指导老师负责制，遇到困难可以及时联系指导老师和孔子学院寻求帮助，孔子学院也会定期进行岗中培训，对国际中文教师志愿者遇到的教学问题答疑解惑。因此，国际中文教师志愿者在社会文化适应方面虽然有一些小困难，但整体上适应状况是不错的。

三 赴新西兰国际中文教师志愿者心理适应调查分析

（一）心理适应情况

这部分的量表参考的是 Zung W. W. K.（1965）提供的自评抑郁量表（SDS）以及亓华、陈玉凤《在京泰国留学生跨文化适应调查研究》中的心理适应量表，同时结合新西兰国际中文教师志愿者的实际情况增加了"我与住家相处感到愉快"和"我喜欢在学校的汉语助教工作并且不感到困难"两项。这份心理适应问卷共有 20 个项目，其中 1—10 题是负向表述，11—20 是正向表述，量表符合程度从 1 到 5 是完全不符合到完全符合，分数对应 1—5 分。计算方法如下：总分为 100 分，1—10 题正常计分，11—20 题为反向计分，总分低于 50 分为正常，51—65 为轻度抑郁，66—80 为中度抑郁，81 分以上为重度抑郁。调查结果统计见表2。

表 2　　心理适应总分人数分布统计

	2 个月	7 个月
	百分比（%）（具体人数/名）	
正常（0—50 分）	72.73（32）	56.82（25）
轻度抑郁（51—65 分）	27.27（12）	38.64（17）
中度抑郁（66—80 分）	0（0）	2.27（1）
重度抑郁（81 分以上）	0（0）	2.27（1）

从表2调查结果显示：汉语志愿者教师的心理适应状况短期水平高于长期水平，前两个月中心理适应状况正常的汉语志愿者教师占比为72.73%，7个月占比明显下降，占比为56.82%，前两个月轻度抑郁调查对象占比为27.27%，7个月占比有所上升，为38.64%，2个月调查结果显示没有人中度抑郁和重度抑郁，而七月调查结果显示中度抑郁和重度抑郁分别有1人。

（二）心理适应调查分析

两次调查结果显示超过一半的国际中文教师志愿者心理适应情况都是正常的，说明总体来看，国际中文教师志愿者的心理适应能力是不错的，但7月结果显示心理适应正常人数占比下降明显，而抑郁人数明显上升，上升最明显的是轻度抑郁人数，上升11.37%。曲线分布见图2。

由图2可以看出，1—2个月国际中文教师志愿者刚刚来到新西兰，由孔子学院统一安排行程，到岗后有自己的指导老师带领适应教学和日常生活，不会遇到太多生存方面的困难，国际中文教师志愿者对新的工作地点以及新的生活环境也都充满新鲜感，因此在调查结果中显示心理适应正常的人数占比为72.73%，而7月大多数国际中文教师志愿者正在经历跨文化适应期，在生活和教学中的冲突矛盾不断出现，在这个调整适应过程中有部分国际中文教师志愿者出现了抑郁的倾向。

心理适应情况调查中，两次调查结果显示超过一半的国际中文教师志愿者心理适应情况都是正常的，说明总体心理适应情况良好，7个月调查结果显示，心理适应正常人数占比下降明显，而抑郁人数明显上升，7个月调查结果水平低于2个月调查结果，说明这段时间国际中文教师志愿者

正常（0—50分） 轻度抑郁（51—65分） 中度抑郁（66—80分） 重度抑郁（81分以上）

—— 2个月　　—— 7个月

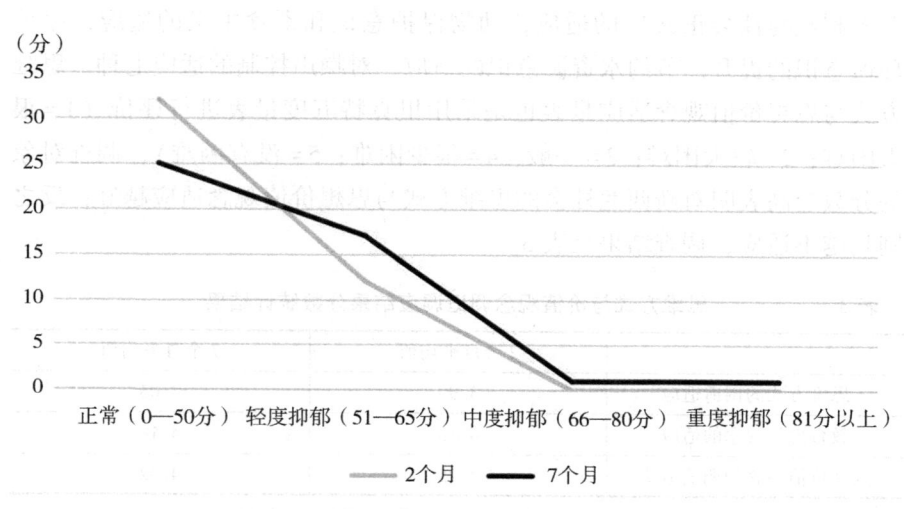

图 2　国际中文教师志愿者心理适应 2 个月、7 个月统计结果

经历挫折和文化休克期，出现种种心理上的不适应。

四　志愿者教师思维方式与价值观念调适研究

汉语志愿者教师不同于一般的旅居者，他们需要承担传授中文和中国文化的教学管理工作，所以学习吸收当地语言文化，进行两种文化间思维方式与思想价值观念沟通调适更为重要。本研究依据陈新夏对思维方式八大组成[①]要素，结合笔者自身经历新西兰实际情况与被访谈者经历将思维方式适应划分为独立思维适应、乐观思维适应、利他思维适应、理性原则思维适应四种。根据新西兰当地的教育情况和社会文化背景将教育思想观念适应分为，1. 对公民基本教育内容的适应；2. 以宗教进行价值观教育的适应；3. 师生平等关系的适应；4. 重视学生独立意识和创造性培养的适应；5. 对所有学生（包括残障学生）一视同仁的适应；6. 重视人性关怀的适应；7. 对学生主体性重视、尊重学生个性的适应；8. 对学生批评思维和独立思考力的培养理念；人文价值观念适应分为强调个人价值的适应，对人人平等和众生平等观念的提升，契约精神（自由与责任统一、

---

① 孔娜：《中英思维方式差异及其对语言表达的影响》，硕士学位论文，山东大学，2009 年。

个人利益与社会正义）的适应，动物保护意识和素食主义的适应，绿色环保意识的提升，节约水资源意识的适应，对噪声控制的适应七种。思维方式与思想价值观念适应量表也是采用里克特五度量表进行评价（1＝很大困难；2＝较大困难；3＝一般；4＝很少困难；5＝没有困难），调查对象的分数越高表明对新西兰社会的思维方式与思想价值观念适应越好；反之则是越不适应，调查结果见表3。

表3　　　　　　思维方式与价值观念调适调查结果分数统计结果

	2个月平均值	7个月平均值
思维方式的调适适应	3.99	4.05
教育思想观念的适应	4.13	4.18
人文价值观念的调适适应	4.25	4.32

由调查结果可知，长期水平均高于短期水平，说明国际中文教师志愿者随着时间的推移，思维方式与价值观念的适应水平越来越高，其中适应水平最低的是思维方式的调整适应（2个月为3.99，7个月为4.05），三个方面的增长幅度几乎相当。

格里戈连科（Grigorenko）和斯滕伯格（Sternberg）（1997）认为，思维方式是介于人格和认知之间的一种特质。侯玉波（2007）的观点是，思维方式作为文化的一种元认知特性，是指人们在看待和思考问题时的一种倾向，反映了文化和地域传统对人们处理和看待问题的影响。本研究正是基于这个定义将国际中文教师志愿者的思维方式调适分为四个方面，独立性思维的适应，乐观性思维的适应，利他思维的适应，理性原则思维的适应，统计结果见表4。

表4　　　　　　　　　　思维方式调适统计结果

题目/选项	2个月平均分	题目/选项	7个月平均分
1. 独立性思维的适应	4.03	1. 独立性思维的适应	4.05
2. 乐观性思维的适应	4.05	2. 乐观性思维的适应	4.08
3. 利他思维的适应	3.9	3. 利他思维的适应	4.02
4. 理性原则思维的适应	4	4. 理性原则思维的适应	4.05
小计	3.99	小计	4.05

调查结果显示，思维方式的适应水平由低到高依次是：利他思维的适

应,理性原则思维的适应,独立性思维的适应,乐观性思维的适应。适应 7 个月与 2 个月相比,四种思维的适应水平均有所提升,且提升的幅度大致相同。

适应水平最低的是利他思维的适应,体现在日常生活的各个方面,例如乘坐新西兰的公共交通时,几乎所有的当地人都会先坐靠窗的位置,这样如果还有人上来,就可以直接坐过道边的位置,不需要跨过人坐到里面去,在中国的公共交通上并没有这种规矩,大家坐得比较随意,一个人先上来,如果觉得坐过道边方便就坐过道边位置,想看风景就坐窗户边的座位,不会考虑他人是否方便;还体现在一些生活细节上,前面有一个人进门,如果这时候走过去,前面的人一定会挡着门让你进;午餐用的微波炉,每个人用完都会及时清理,并且用的时候会盖住盖子,防止有异味,影响下一个人的使用,等等,人们做事情时会主动考虑这对其他人来说是否方便,这种利他的思想意识体现在生活的方方面面,这对国际中文教师志愿者来说需要一个适应和习惯的过程,在生活和工作中养成这种思维。

五　新西兰国际中文教师志愿者跨文化适应影响因素分析

(一) 新西兰国际中文教师志愿者跨文化适应统计结果

本研究将 44 个统计样本 (即研究对象 44 名国际中文教师志愿者) 及其影响因素按表格列出 (如一号样本的气候的适应得分为 x_1^1,饮食的适应得分为 x_1^2;将某个样本所有项得分列成一个向量,如一号样本用向量 $\vec{x_1}$ 表示,二号样本用向量 $\vec{x_2}$ 表示;得分为 1—5 分,样本序号标在右下角,因素序号标在右上角),统计结果如附录显示:对国际中文教师志愿者跨文化适应影响最大的因素是与住家相处是否感到愉快。

(二) 统计方法

本研究采用 K-means 聚类方法对样本 ($\vec{x_1}, \vec{x_2}, \cdots, \vec{x_{44}}$) 进行分析。本研究预将数据分为两组,一组为跨文化适应状况良好的,另一组为跨文化适应情况较差的,随机选择两个对象作为初始的聚类中心进行计算,得出分类结果：将44个统计样本分为两组，其中跨文化适应情况良好的有29个，占65.91%；跨文化适应情况较差的有15个，占34.09%。

（三）统计结果分析

本研究通过K-means方法将样本分为适应较好（综合得分较高）与适应较差（综合得分较低）两类，并对影响跨文化适应的主要影响因素和体现进行了分析，并对其重要性用0.00—1.00进行标注，结果如图3和表5所示。

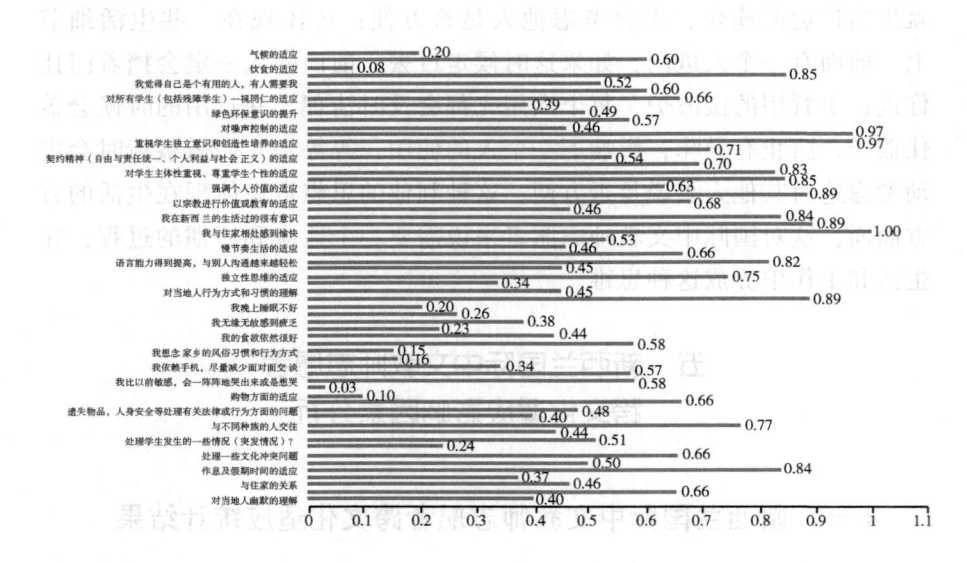

图3 聚类项重要性对比

表5 对新西兰国际中文教师志愿者跨文化适应影响较大的因素

Category	Series 1
我与住家相处感到愉快	1.00
重视学生独立意识和创造性培养的适应	0.97
利他思维的适应	0.97
以前感兴趣的事，我现在依然喜欢做	0.89
对学校教员休息室的适应	0.89

统计结果显示，心理适应方面的有：是否有便秘的苦恼，体重是否下降，睡眠质量是否不好，我真正的朋友是否是中国人，是否想念家乡的风

俗习惯和行为方式,社会文化方面的是否参加宗教活动,气候是否适应,购物是否适应,饮食是否适应以及交通规则手段是否适应,这些对国际中文教师志愿者的跨文化适应几乎没有影响。而对国际中文教师志愿者跨文化适应影响最大的因素是与住家相处是否感到愉快,影响较大的因素在思维方式和价值观念方面有"对重视学生独立意识和创造性培养的适应,利他思维的适应";而在社会文化方面是"对学校教员休息室(staffroom)的适应";在心理方面有"以前感兴趣的事现在是否依然喜欢做"这四项。

六 研究结论与建议

(一)研究结论

本研究对奥克兰孔子学院的46位教师志愿者进行问卷调查和深入访谈。通过对其个人信息、生活环境适应、人际交往适应、语言文化适应、学校工作适应以及社会支持适应,心理适应,思维方式与思想价值观念的等各方面来分析影响国际中文教师志愿者跨文化适应的社会文化因素,结果显示:国际中文教师志愿者在社会文化适应中适应水平最低的语言文化适应和社会支持适应;通过对心理适应的调查,结果显示在跨文化适应过程当中超过一半的国际中文教师志愿者心理适应状态正常,7个月轻度抑郁的人数增加明显;对思维方式的适应、教育思想观念的适应和人文价值观念的适应进行调查,结果显示适应水平最低的是思维方式的调适,表现为利他思维和理性原则思维的适应水平低。通过K-means聚类方法分析,结果显示与住家相处是否感到愉快对新西兰国际中文教师志愿者跨文化适应的影响最大,影响较大的因素是对重视学生独立意识和创造性培养的适应,利他思维的适应,对学校教员休息室的适应以及对以前感兴趣的事现在是否依然喜欢做五方面。

(二)意见和建议

研究结果表明,"我与住家相处感到愉快,重视学生独立意识和创造性培养的适应,利他思维的适应"三项与国际中文教师志愿者的适应水平相关性最大,接下来就国际中文教师志愿者自身、培养单位和孔子学院三个主体，结合调查结果和访谈内容提出建议。

首先是国际中文教师志愿者自身。针对国际中文教师志愿者与住家的关系，国际中文教师志愿者在出发之前可以查阅相关资料来了解新西兰住家的生活习惯，也可以主动与前任国际中文教师志愿者取得联系，因为很大可能会是一样的住家，所以可以向他们咨询住家的爱好和禁忌等，还可以在出发前为住家准备一些小礼物来拉近彼此的关系；和住家相处的过程中秉持互相尊重和互相理解的理念，可以主动向住家示以善意，帮忙做一些家务，为大家做一顿晚餐等，当然，矛盾和误会是难免的，当出现这些情况时积极主动沟通，也可以向自己的指导老师反映，共同解决问题，到达任教学校后，国际中文教师志愿者可以申请去听当地老师的课，学习如何在课堂中培养学生独立意识和创造性，将一些相关的游戏活动等运用到中文课堂中；还可以请自己的指导老师把关，询问是否有更加适应新西兰课堂的形式来完成教学任务。在社会文化方面应调整心态，以开放乐观的心态主动积极融入学校教员休息室，准备交谈的话题，提高口语能力，不要过于紧张或是怕口语不好丢人，尝试融入其中，找到乐趣。在思维方式方面可以向当地老师请教，学习如何培养学生的独立意识和创造性，使之贯穿于汉语教学的课堂；在课堂方面，帮助国际中文教师志愿者转换课堂思路，分享一些适用于新西兰课堂的体现对学生独立意识和创造性培养的主题、活动、游戏等，在教员休息室适应方面可以请适应情况好的国际中文教师志愿者分享经验。

其次是培养单位。在跨文化课程中可以更加重视与住家的关系，呈现更多相关的跨文化案例，让国际中文教师志愿者在赴任前对可能出现的情况有心理预期；可以邀请有任教经验的汉语志愿者教师做分享，分享课堂中培养学生独立意识和创造性、使用过且反映效果好的活动，便于新的国际中文教师志愿者更快适应新西兰的汉语课堂。派出单位在国际中文教师志愿者培训时可以用照片、录像、音频等方式展示新西兰的住家日常，让国际中文教师志愿者对可能遇到的情况在心理上有所准备。

最后是孔子学院。可以提前建立线上平台，国际中文教师志愿者们在群里分享自己做的准备，分享优秀的备课资源和教学资料等，还可以将前任国际中文教师志愿者的联系方式告诉即将赴任的人，提前了解自己即将赴任学校的情况；岗中可以建立双向考评机制，这样孔子学院可以及时了解国际中文教师志愿者的工作状态，若出现问题及时指导；还可以定期开展一些文化交流活动,丰富国际中文教师志愿者的课余生活,缓解他们的思乡情绪,更好地适应当地生活。

参考文献

陈向明:《旅居者和"外国人"留美中国学生跨文化人际交往研究》,湖南教育出版社1998年版。

陈国明:《跨文化交际学》,华东师范大学出版社2009年第2版。

[美]米尔顿·J.贝内特编著:《跨文化交流的建构与实践》,关世杰、何惺译,北京大学出版社2012年版。

杨宁、赵家坤:《新西兰华裔二代在夹缝中寻找文化身份认同》,《人民日报海外版》2016年5月25日第10版。

Ellis R., *Understanding Second Language Acquisition*, Oxford University Press, 1985.

附录1：心理适应量表统计结果（*正面表述反向计分，分数越低适应越好）

Category and Series	Category and Series
1. 我觉得自己是个有用的人，没有人需要我 2.87*	11. 我依赖手机，尽量减少面对面交谈 4.21
2. 我想念家乡的风俗习惯和行为方式 2.97	12. 我头脑和以前一样清楚 4.00*
3. 我真正的朋友都是中国人 3.50	13. 我对将来抱有希望 4.26*
4. 我的食欲依然很好 2.39*	14. 我有便秘的苦恼 4.26
5. 自从来了以后，我时常觉得闷闷不乐，情绪低沉 2.03	15. 我在新西兰的生活过得很有意思 4.18*
6. 语言能力得到提高，与别人沟通越来越轻松 2.00*	16. 以前感兴趣的事，我现在依然喜欢做 4.11*
7. 我晚上睡眠不好 2.00	17. 我时常想家 4.16
8. 我与住家相处感到愉快 2.00*	18. 我喜欢在学校的汉语助教工作并且不感到困难 3.97*
9. 我无缘无故感到疲乏 2.16	19. 我比以前敏感，会哭出来或是想哭 3.87
10. 我发觉我的体重在下降 2.03	20. 我觉得一天之中早晨的心情最好 3.55*

附录2 思维方式与思想价值观念适应统计结果

	Category	Series2
思维方式适应	1. 独立性思维的养成	4.03
	2. 乐观性思维的养成	4.00
	3. 利他思维的养成	3.95
	4. 理性原则思维的养成	4.00
教育思想观念适应	5. 对公民基本教育内容的适应	4.00
	6. 以宗教进行价值观教育的适应	3.74
	7. 师生平等关系的适应	4.08
	8. 重视学生独立意识和创造性培养的适应	4.18
	9. 对所有学生（包括残障学生）一视同仁地适应	4.26
	10. 重视人性关怀的适应	4.26
	11. 对学生主体性重视、尊重学生个性的适应	4.20
	12. 对学生批评思维和独立思考力的培养理念	4.21

续表

Category		Series2
人文价值观念调整适应	13. 强调个人价值的适应	4.21
	14. 对人人平等和众生平等观念的提升	4.32
	15. 契约精神（自由与责任、个人利益与社会正义）的适应	4.26
	16. 动物保护意识和素食主义的适应	4.24
	17. 绿色环保意识的提升	4.32
	18. 节约水资源意识的适应	4.26

赴新西兰国际中文教师志愿者与住家的跨文化交往类型及能力探究

左 力 亓 华

摘要：在孔子学院志愿者的海外跨文化交际中，与海外住家间的人际交往问题是一个不容忽视的方面，而目前学界鲜有人进行研究。本研究以跨文化交际学理论为指导，运用个人访谈法和问卷调查法，对2017—2019年赴新西兰各地区的98位国际汉语中文教师志愿者与其住家的人际交往情况进行问卷调查，并对34人进行了深度访谈，整理了近20万字的访谈记录，据此总结概括出国际中文教师志愿者与新西兰住家的五大跨文化交往类型，并首次对住家主人做了问卷调查，从住家角度得到反馈意见和建议，构建了跨文化交际研究的双向视角，在对新西兰住家调查和与住家关系类型的归类研究上有所突破和创新。

关键词：新西兰；国际中文教师志愿者；住家；跨文化人际交往；关系类型

一 引言

目前，学界对国际中文教师志愿者的跨文化交际研究逐渐增多，但大都集中于志愿者教师的跨文化交际能力、跨文化适应以及跨文化课堂教学研究，很少有研究志愿者与当地人的人际交往。少数关于志愿者教师与当

[基金项目] 本研究是亓华主持教育部中外语言交流合作中心汉语国际教育专业学位研究生教育研究项目"汉语国际教育硕士跨文化适应与教学传播典型案例研究"（项目号HGJ201724）成果之一。

左力，北京师范大学国际中文教育学院；亓华，北京师范大学国际中文教育学院。

地人的人际交往情况的研究都集中于研究志愿者教师与学生、同事的交往情况，对志愿者与住家的交际研究付之阙如。但是，赴任新西兰、澳大利亚的国际中文教师志愿者几乎都寄住在当地人的家里，与住家的相处模式和质量是其跨文化人际交往的第一步，与住家相处是否融洽、关系远近好坏直接验证了其跨文化交际与适应能力。

笔者对2018年和2019年部分赴新西兰三所孔子学院任教的志愿者教师进行深入细致的个人访谈，详细记录了志愿者教师与当地住家交往的真实细节，在与住家交往过程中志愿者教师所做出的生活习惯、行为方式和思维方式等方面的改变与调适，以及在遇到文化差异和矛盾冲突时的心理反应和应急处理方法等，总结志愿者们成功的经验或失败的原因，并针对一些案例找出解决办法，为后来的志愿者与住家的交往提供参考。

本研究的问卷调查对象涵盖了2016—2019年赴新西兰任教的国际中文教师志愿者，和部分新西兰当地住家。志愿者的问卷共收回98份，住家的问卷收回29份，均为有效问卷。34位访谈对象中，有2018年的国际中文教师志愿者29位，2019年的5位。其中，16名志愿者与其住家建立了比较亲近的关系，觉得与住家就像家人或像亲戚朋友的关系；18名志愿者没有与住家建立比较亲近的关系，其中有14名志愿者觉得自己与住家就是维持着表面和气的关系，或者房东与租客的关系，有4名志愿者觉得和住家是很难以相处的关系。

二 志愿者与住家人际交往内容、策略与调查结果分析

（一）志愿者与住家基本情况调查

1. 志愿者的基本情况调查

在98位志愿者中，有77位女生，占78.57%；有21位男生，占21.43%。他们的平均年龄为24岁。其中有69位专业为汉语国际教育（或对外汉语），占70.41%，他们学习过与跨文化交际相关的知识；有31位专业为汉语言文学或者英语专业，以及书法、体育等其他专业，他们中大多数人不具备跨文化交际知识。他们有75.51%在去新西兰之前都没有跟不同文化背景的外籍人士生活3个月以上的经历，有24.49%的志愿者

在赴新西兰之前有跟不同文化背景的外籍人士生活 3 个月以上的经历。有 65 位在新西兰生活了不到一年的时间，占 66.33%，另外有 33 位在新西兰生活了一年以上，占 33.57%。有 64 位志愿者没有换过住家，占 65.31%；有 34 位志愿者换过住家，占 34.69%，其中有 25 位志愿者是因为与住家相处不睦，不得不更换住家，占 52.08%。可见，与住家的交往不顺利并不是个别现象，有超过一半赴新西兰的国际中文教师志愿者在与住家交往的过程中都存在问题。

2. 住家的基本情况调查

参与调查的住家包括欧裔新西兰人（60.2%），亚裔新西兰人（非华人 9.18%）、亚裔新西兰人（华人 8.16%）、毛利人（11.22%）、岛民（4.08%）及其他（7.14%）。这些住家，有 41.84% 的经济情况较好，有 26.53% 的经济情况一般，经济情况非常好、较差和非常差的住家比较少，分别占 15.31%、10.2% 和 6.12%，说明住家的经济状况差距不大，较好和较差的约各占一半。这些住家的受教育情况良好，其中有 50% 的住家学历在本科及以上，30.61% 有小学到高中的学历，没有受过教育的住家只占 9.18%。这些住家，有独居男/女人、单亲父/母、45 岁以下的夫妻和 45 岁及以上的夫妻，分别占 29.59%、8.16%、10.2% 和 43.88%，其他类型的住家占 8.16%。这说明住家的类型主要为 45 岁以上的夫妻。每个住家的家庭成员情况也比较复杂，但是也有一些共同之处。有 35.71% 的住家有未成年孩子同住；有 32.65% 的住家除了志愿者之外，没有其他人同住；有 26.53% 的住家有成年孩子同住；有 20.41% 的住家有其他外来住客同住；还有 10.2% 的住家有长辈同住。这说明很大一部分志愿者都是与有其他人同住的住家生活在一起，除了要与住家主人进行跨文化交际，还要与其他人交际。有 65.31% 的人在接待参与调查的国际中文教师志愿者之前都曾接待过其他的外籍住客，有 34.69% 的人是第一次接待外籍住客。他们接受外来住客的理由也各有不同，超过半数家庭有挣钱补贴家用的原因，占 58.16%，有 40.82% 是因为对不同的文化感兴趣才接收外来住客的，有 28.57% 的住家想要通过接收外来住客让家里更热闹一些，还有 24.49% 的住家想通过接收外来住客接触年轻人。

29 位住家中，有 19 位住家年龄都在 50 岁以上，占 65.52%；年龄在 40—50 岁的住家有 6 位，占 20.69%；年龄在 30—40 岁的住家有 3 位，占 10.34%；只有 1 位 30 岁以下的住家，占 3.45%。有 15 位住家为白人后裔，占 51.72%，有 6 位住家为亚洲后裔，占 20.69%。他们中间，有 14 位取得了学士学位，占 48.28%；有 4 位取得了硕士或者博士学位，占 13.79%；有 6 位的学历为大专，占 20.69%；只上过小学和初中的住家分别只占 3.45% 和 10.34%，其他学历的住家只有一个，占 3.45%。有 17 位都从事与教育相关的行业，占 58.62%；有 6 位从事服务行业，占比 20.69%；从事商业和农业的分别有 2 人和 1 人，分别占 6.9% 和 3.45%；有 3 位住家从事的是其他行业，占 10.34%。有 10 位只接待过一名志愿者，占 34.48%，其他 15 名住家都曾接待 2 名及以上志愿者，总共占 65.52%，甚至有 1 位住家接待过 12 名志愿者，占 3.45%。可以看出这些住家都有比较多的接待志愿者教师的经验。

有 18 位住家为了挣租金接收住客，占 62.07%；有 18 位住家想和不同文化背景的人交往，占 62.07%；有 15 位住家想让家里更热闹，占 51.72%；有 14 位住家是因为对中国文化感兴趣，占 48.28%；有 12 位住家想要帮助远在他乡的志愿者，让他们有一个更好的体验，占 41.38%；有 3 位住家是因为工作需要才接待志愿者的，占 10.34%；有 4 位住家想通过接待住客学习汉语，占 13.79%。是否与相关人士签订正式的住家合同，是一个很重要的问题。在参与调查的 29 位住家中，有 18 位曾与相关人士签订了正式的住家合同，占 62.07%；但仍有 11 位住家没有与相关人士签订过正式的住家合同，占 37.93%。从这可以看出，尚有很多新西兰的住家在接待志愿者之前并不了解双方的权利和义务。

（二）志愿者教师对住家的评价问卷分析

在给志愿者的问卷中，笔者让志愿者给住家打分。满分是 5 分，32.65% 的志愿者打了 5 分，30.61% 打了 4 分，23.47% 打了 3 分，9.18% 打了 2 分，4.08% 打了 1 分。3 分及 3 分以上的占 86.73%，说明这类志愿者对其住家比较满意；3 分以下的占 13.26%，说明志愿者对其住家不满意或很不满意。

在 98 位志愿者的住家中，61.22% 在食物、家具和生活用品等方面尽到了住家的义务，51.02% 的住家在志愿者需要帮助的时候，能伸出援助之手。在日常交往中，双方的交集也没有局限在吃饭时的交际，话题也没有局限在天气、日常生活、工作等表面寒暄，有 59.18% 的志愿者与其住家有深入的交流。有 72.45% 的住家把志愿者当成"自己人"，当志愿者带朋友回家，50%志愿者的住家能热情款待。但有51.02%的志愿者没有被邀请参与过住家的家庭活动，38.78%志愿者的住家不愿意为志愿者提供帮助，住家与家人交流的时候，有23.47%的志愿者也没办法加入，有28.58%的志愿者甚至在住家要成天小心翼翼，不能放松。有62.25%的志愿者在遇到困难时，都愿意自己想办法，不愿意给住家添麻烦，但是70.41%的志愿者在与住家交往方面都是持积极态度的，他们不刻意避开与住家交往，而且有71.42%的志愿者会主动帮助住家做一些力所能及的事情，有66.33%的志愿者会特意做一些事情来拉近与住家的距离，促进双方关系的和谐发展。

住家对志愿者的影响是多方面的，志愿者在与住家交往之后，分别有51.02%、42.86%和41.83%的志愿者都在生活习惯、行为方式和思想观念方面发生了明显变化。而住家对志愿者的职业规划方面的影响相对来说比较小，只有12.24%的志愿者的职业规划因为住家发生了改变。

在给住家的问卷中，笔者分别从"住家能为志愿者提供什么""住家能从志愿者处得到什么""交往程度""志愿者的义务""住家对志愿者的态度""可能的影响因素"几个方面入手，从住家的角度了解住家与志愿者的交往情况和影响双方交往的因素。

80%的住家愿意将家里的安排提前告知志愿者，有时甚至会跟志愿者商量；56%的住家对志愿者有明确的规则或要求，有32%的住家对志愿者没有明确的规则或要求；68%的住家因为有丰富的接待志愿者的经验，所以懂得如何与志愿者相处，22%的住家因为缺乏接待志愿者的经验，不太懂如何与志愿者相处；84%的住家对志愿者非常友好、热情，将志愿者当成亲近的人；76%的住家对志愿者的文化是感兴趣的；76%的住家对志愿者的生活习惯都很满意；80%的住家对志愿者在家里的穿着和举止行为感到满意。

当然我们也能从住家的角度看到双方交往的情况：84%的住家觉得志愿者性格外向，易于相处；92%的住家认为志愿者很懂礼貌，且尊重住家的文化和生活习惯；84%的住家认为自己的意见和建议得到了志愿者的尊重；68%的住家觉得他们所接待的志愿者愿意主动与他们交往，且愿意参与到他们的生活中去；84%的住家认为他们所接待的志愿者懂得分享和帮助别人；84%的住家认为志愿者不会违背自己的规则；80%的住家能接受志愿者所消耗的食物和生活用品量。另外，80%的住家认为他们和志愿者没有因为繁忙而减少交往；60%的住家认为志愿者的英语水平不会影响双方的交往。17.24%的住家并没有因为与志愿者的相处而改变对中国的印象；65.52%的住家对中国的印象因为与志愿者的相处而变好；没有住家对中国的印象因为与志愿者的相处而变差；10.34%的住家因为与志愿者的相处而想进一步了解中国和中国人。同时，住家也对志愿者提出以下的建议：有高达62.07%的住家建议志愿者在有意见或者建议的时候，直接向住家表明；有58.62%的住家建议志愿者要为人善良，诚实守信，乐于助人，懂得分享；有58.62%的住家建议志愿者应该有较强的应对文化差异的能力；有55.17%的住家建议志愿者应该具备较强的语言技能，能与住家无障碍交流；有55.17%的住家建议志愿者要有好的性格和修养；有48.28%的住家建议志愿者有跨文化交际能力，能主动与住家沟通协商。

三 志愿者与住家交往关系类型调查与案例分析

（一）志愿者与住家相处关系类型调查分析

1. 志愿者角度反映情况分析

在探究志愿者与住家的成功经验和交际障碍之前，笔者让志愿者根据自身情况对自己与住家的相处关系类型做出了判断。有21名志愿者选择了与住家是"像家人般的关系"，占21.43%；有34名志愿者选择了与住家是"互助友爱的朋友型关系"，占34.69%；有23名志愿者选择了与住家只是"房东与房客的一般租赁关系"，占23.47%；有11名志愿者选择了与住家只是"维护表面客气的和气共处型关系"，占11.22%；有6名志愿者选择了与住家是"难以相处的关系"，占6.12%；有3名志愿者选择了"其他"（因为不能单独成一类，所以忽略不计，下同），占比3.06%。

2. 住家角度反映情况分析

本研究调查了住家对其与志愿者的关系类型的看法。如图1所示，52%的住家认为与志愿者是像家人般的关系；31%的住家认为与志愿者是互助友爱的朋友型关系；7%的住家认为与志愿者是只是维护表面客气的和气共处型关系；7%的住家认为他们与志愿者只是房东与房客的一般的

你和汉语教师志愿者是什么关系类型？

- 像家人般的关系
- 互助友爱的朋友型关系
- 维护表面客气的和气共处型关系
- 房客与房东的一般租赁关系
- 难以相处的关系
- 其他

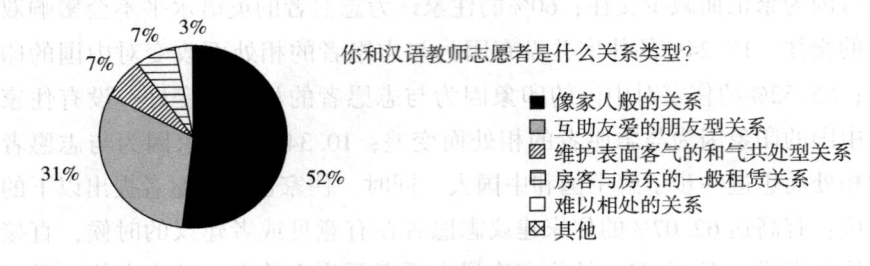

图1 志愿者与住家的关系类型（住家角度）

租赁关系；有3%的住家认为是其他关系；没有住家认为他们与志愿者是难以相处的关系，这是因为提交问卷的住家都是相处关系较好的，像难以相处或被换的住家没给答卷。

3. 五种关系类型典型案例分析

出于保密原则，五位志愿者的名字均为化名。有的化名取其本名的谐音，有的由志愿者本人的特点而来，见名如见人。

（1）与住家像家人一样的案例分析

尚溪是北京某高校研一的学生，专业是汉语国际教育。她有独立生活能力，曾有海外生活经历，有跨文化人际交往方面的经验。她好奇心强，且勤快能干。

住家是60多岁的夫妻，欧裔新西兰人。男主人是艺术学校的老师，受过高等教育；女主人是志愿者的同事，受过高等教育。女主人想要让家里更热闹一些，也想多接触年轻人，所以接待外来住客。住家尽到了应尽的义务，志愿者也主动承担家务。双方都愿意主动与对方交往，有比较深入的交流。双方互帮互助。

志愿者教师能与住家建立起良好关系的影响因素非常多。首先是住家方面的原因：①接待过很多来自不同文化背景的外来住客，善于与人相处；②尽职尽责，照顾志愿者；③尊重志愿者的文化、祖国，和私人空间。志愿者方面的因素也是非常重要的：①有很强的跨文化交际意识；②把住家当成自家长辈，关心爱护他们，且尊重住家的文化和生活习惯；③生活能力强，勤快能干；④对住家的事情感兴趣，主动交往。

（2）与住家像亲友般关系的案例分析

雨诗是北京某高校研一的学生，专业是汉语国际教育，此前没有海外生活经历，但她性格温和，有耐心，有独立生活能力。

住家是一对老夫妻，欧裔新西兰人。男主人是建筑工人，女主人是商场工作人员，二者受教育程度都不高。因为房间空着，所以想有人住进来，同时接触不同的文化，也想挣钱补贴家用。志愿者会主动与住家交往，住家会邀请志愿者参与自己的生活，志愿者偶尔会参加，多数时候不感兴趣；志愿者与女主人的交流较少且不深入，但是跟男住家有深入的交流。双方互帮互助，住家尽到了应尽的义务，志愿者也会通过做家务等来拉近彼此的关系。

通过对雨诗的访谈可以看出，她之所以能够跟住家建立良好的关系，跟双方的努力都有关系。从住家方面看，有三个特点：①很包容，能接受不同的看法；②尊重志愿者的祖国、文化和私人空间；③把志愿者当自己人，主动与志愿者交往，并邀请志愿者融入自己的生活。从志愿者方面讲，也有三个特点：①适应能力很强；主动与住家交往，分享自己的看法；②主动帮助住家做一些力所能及之事，拉近彼此的关系。

（3）与住家维持表面和睦的关系的案例分析

薇薇是北京某高校研二的学生，专业是汉语国际教育。她很独立，却非常渴望关怀，有时候为了与别人和谐相处，会一味妥协。在此之前没有与不同文化背景的人长期相处的经历。她在新西兰换过一次住家。本节内容阐述的是她与第二任住家交往的情况。

住家是一对50多岁的夫妻，欧裔新西兰人，有一个小孩同住。男女主人都是老师，受过高等教育。小孩比较吵闹。住家很抠门，屡次在经济方面占志愿者的便宜。用水等方面，住家对志愿者有要求。男女住家对志愿者的态度冷漠，双方的交流有限。但是因为客观原因，志愿者选择忍耐，努力维持表面的和谐。

双方相处不愉快，住家方面的因素不容忽视：①不尊重志愿者；②不愿意让志愿者融入自己的生活，对志愿者的生活也不感兴趣；③只把志愿者当成经济来源之一，爱贪小便宜；④态度冷漠。志愿者方面，也有一些原因：①对住家没有过多的期待；②怕麻烦而选择隐忍；③不懂拒绝，一味妥协。

（4）与住家只是租客和房东的关系的案例分析

盛华是北京某高校研一的学生，专业是汉语国际教育。盛华很独立，但比较内向，不善于与人交往，对她认为不重要的人比较淡漠。

住家是一个50岁的独居女士，离异，有男朋友，但不住在一起。住家辞职在读研究生，生活压力比较大。住家的性格火爆，脾气不好，敏感强势。

　　双方只是房东和房客的关系，只是按照合同的规定在进行必要的交往。住家想挣钱补贴生活才接收外来住客。住家没有尽到住家的义务，不提供足够的食物。住家对志愿者的要求比较苛刻，会限制志愿者物品放置的位置、回家的时间、使用公共区域的时间，甚至是上卫生间的时间。双方交流极少，从不在一起吃饭。双方对彼此的生活都不感兴趣。和住家在一起，志愿者觉得非常紧张局促。

　　双方以这样的模式相处，住家方面有很大的因素：①不尽责，没有提供足够的食物；②对志愿者提出苛刻甚至无理的要求；③性格脾气不好，比较冷漠和强势；④对志愿者的文化和生活不感兴趣，不主动交往。当然，志愿者方面也有一些影响因素：①对住家没有期待，认为住家不是重要的人；②对住家的生活不感兴趣，不主动与住家交往；③不喜欢被要求做家务。

　　（5）与住家难以相处关系的案例分析

　　志愿者王柔是北京某高校研一的学生，专业是汉语国际教育。她性格内向，不善于表达。她曾经换过一次住家。本章所涉及内容与她的第一任住家相关。

　　住家是50多岁的单身母亲，欧裔新西兰人，有三个小孩同住，是某大公司高管，经济情况较好，但性格非常强势，是为了挣租金而接收外来住客。住家没有尽到应尽的义务，不按时为志愿者提供晚饭，反而要求志愿者为其家人做饭。住家强势，要求志愿者事事服从，不尊重志愿者的意愿，也不尊重志愿者的私人空间，甚至在志愿者不知情的情况下出售志愿者的房间物品。双方交往情况不理想，经常发生冲突，甚至到了剑拔弩张的地步，导致志愿者最后不得不更换住家。

　　影响双方相处模式的因素有很多，住家方面：①只为挣钱，没有尽到应尽的义务；②冷漠，不关心志愿者；③强势，希望志愿者事事顺从；④不尊重志愿者。志愿者方面的影响因素也不可忽视：①对住家抱有过高期望；②因为语言障碍与住家缺少沟通；③性格软弱，不能保护自己。

四　志愿者与住家相处素质、能力与原因调查分析

　　笔者拟将结合调查问卷的相关数据和相关访谈内容来分析。

（一）问卷数据分析结论

此部分量表共 30 个问项，包括个人性格能力、价值观念、行为方式与策略、交往动机、住家的影响因素和其他六大类。每个大类都由几个细分的问项组成。笔者通过分析每个问项的平均得分，来分析每一大类对志愿者和住家人际交往的影响。经过对问卷数据的分析，笔者得出以下结论：

志愿者为住家做事的能力、独立生活的能力、对人的宽容与理解之心和处理摩擦的能力、志愿者对住家的态度、对住家是否理解和包容，以及处理矛盾的方式方法都对志愿者与住家建立良好相处模式的影响很大。住家是否善于与人相处，是否关心志愿者，是否尊重志愿者的私人空间，是否对志愿者热情，是否把志愿者当"自己人"，是否尊重志愿者的文化并对其感兴趣，都是志愿者与住家建立良好相处模式不可忽视的影响因素。另外，住家的文化背景会影响志愿者与住家的交往模式、经济状况、受教育程度、家庭成员情况、接收外来住客的理由会影响志愿者与住家的交往模式。与志愿者建立了良好关系的住家所具有的共性是：欧裔新西兰人、经济情况较好、受教育深度较高、除志愿者以外没有其他人同住的中年夫妻、不贪图钱财。

（二）访谈内容分析结论

影响志愿者无法与住家建立亲近关系的因素还有很多，笔者只能从被访谈者的共性出发，来探讨影响志愿者与住家交际的因素。

1. 志愿者方面的因素分析

首先，是志愿者的定位问题。也就是志愿者如何看待自己在住家的角色或地位。在访谈中笔者了解到，志愿者对自己在住家的角色的定位在很大程度上对双方的交往起着很重要的作用。很多与住家没有建立起良好的或者亲近的关系的志愿者，都觉得自己不是住家的一分子。不管是主动与住家保持距离，还是被迫与住家保持距离，志愿者始终觉得自己是外人，从而为双方建立起亲近关系造成了一层障碍。

志愿者对自己在住家的角色或地位的定位问题，还涉及对做家务的看法。大多数志愿者觉得做家务是他们的义务，虽然交了房租和伙食费，还是应该做力所能及的家务。且做家务能拉近与住家的距离，促进彼此建立良好关系的一个重要手段，所以这类志愿者通常都能与住家建立良好的、亲近的关系。但是也有一部分志愿者认为，自己已经交了房租和伙食费，就应该享受住家的服务，自己就不应该做家务，至少不应该被要求做家务。在访谈中，很多志愿者都表示自己不愿意做家务，更不愿意被要求做家务。

其次，是志愿者的语言水平问题。很多志愿者表示，在与住家的交往中，自己的语言水平跟不上，严重影响了与住家的和谐相处。有时候是因为对自己语言水平的不自信，导致志愿者主动放弃与住家深入交流；有时候是因为志愿者的语言水平不高，无法准确并及时表达自己，或者是在发生矛盾以后，无法及时沟通解决；有时候彼此都无法理解对方语言表达的意义，无法进行有效沟通，所以导致双方无法建立亲近的关系。

2. 住家方面的因素分析

①为挣钱接收志愿者，没有尽到住家的义务。②始终对志愿者很疏远，甚至很冷漠，不关心、不照顾志愿者。③性格强势，过度干涉志愿者。④规矩多，要求苛刻。⑤太忙，没有时间跟志愿者交往。⑥对中国文化不感兴趣，甚至歧视和敌视中国人和中国文化。⑦总是提防志愿者，让志愿者觉得不自在。

3. 其他因素分析

交际双方无法建立亲近关系的原因还有很多，除了以上分析的因素，还有很多双方共同的因素，或者客观的、不可抗的因素。比如双方都不愿意建立亲近关系。据对访谈资料的分析，笔者发现，很多无法与住家建立良好的亲近关系的志愿者与其住家都不太想要与对方建立亲近关系，或者认为与对方只是房东和房客的关系，没有必要进行深入的交往。

五 结语

本研究着眼于对赴新西兰国际中文教师志愿者与住家的不同交往模式的研究，分析影响因素。研究表明，近几年赴新西兰的国际中文教师志愿者与住家的交往情况大体向好，志愿者对住家的评价也偏高；大部分志愿者与住家能进行比较深入的交流；大部分志愿者也能及时合理地处理与住家的文化差异。另外，大部分住家也能尽到作为住家的责任和义务，大部分住家也乐意主动与志愿者建立良好的关系。

笔者根据调查结果，将志愿者与住家的交往模式分为五种：与住家像家人一样的关系；与住家像亲戚朋友一样的关系；与住家就像房客和房东的关系；与住家仅仅维持表面和谐的关系；与住家是难以相处的关系。笔者将前两种关系视为比较亲近的交往模式，把后三种视为不太亲近的交往模式。在关系比较亲近的交往模式下，志愿者与住家主动与对方交往，尊重彼此的生活习惯和文化背景，能融入彼此的生活。在关系不太亲近的相处模式下，志愿者不能融入住家的生活，双方的交往机会较少，多数住家对志愿者的生活习惯和文化背景都缺乏尊重，有些住家甚至未能尽到应有的义务，有些住家对志愿者还有过分的要求。

笔者将每一种模式进行对比，发现与志愿者建立了良好的关系的住家有一些共性：欧裔新西兰人；经济情况较好不贪图钱财；受教育程度较高；除志愿者以外没有其他人同住的中年夫妻；主动与志愿者交流；尊重并关心志愿者。这样的住家基本都能与志愿者建立比较亲近的交往模式。从志愿者方面看，个人生活能力比较强；能正确看待自己与住家的关系；尊重并关心住家；在生活上多帮住家做一些力所能及的事情；主动与住家交往的志愿者，大多数都能与住家建立比较亲近的交往模式。

参考文献

陈国明：《跨文化交际学》，华东师范大学出版社 2009 年第 2 版。

戴晓东：《跨文化交际理论》，上海外语教育出版社 2011 年版。

胡炯梅、姚雪玲：《来华留学生跨文化人际交往障碍与调适研究》，《新疆师范大学学报》（哲学社会科学版）2014 年第 2 期。

亓华、李秀妍：《在京韩国留学生跨文化适应问题研究》，《青年研究》2009 年第 2 期。

朱勇：《海外志愿者跨文化交际影响因素与对策》，《中华文化海外传播研究》2018 年第 1 期。

［德］马勒茨克：《跨文化交流——不同文化的人与人之间的交往》，潘亚玲译，北京大学出版社 2001 年版。

阿联酋"百校项目"中文教师工作适应性研究

马鹏程　关振宇

摘要：阿联酋中文教育"百校项目"实施以来，已有超过300名中文教师赴当地各酋长国从事中小学中文教学工作。然而，该项目具体工作仍处于摸索和经验积累阶段，阿联酋多元的社会文化背景和独特的教育体制使赴阿教师面临工作适应挑战。本研究通过田野调查、访谈和教师日志搜集数据，重点对文本资料进行类别分析和情境分析，提炼出赴阿教师的4类适应障碍及其影响因素。教师在"自我发展"和"改善环境"两大维度采取具体适应策略，其有效性可通过"工作效能"和"个人情感态度"加以评估。通过工作适应资源和社会支持、工作培训、专业发展共同体、灵活采取适应策略可以进一步提升赴阿教师工作适应性，保障阿拉伯国家本土中文教育项目的长远开展。

关键词：阿联酋；"百校项目"；中文教师；工作适应；阿拉伯

2022年12月，首届中国—阿拉伯国家峰会、中国—海湾阿拉伯国家合作委员会峰会成功举办，再次彰显"一带一路"倡议与阿拉伯世界"向东看"外交重心的深度契合。阿联酋作为重要的阿拉伯国家和"海合会"成员国，是最早同中国签署共建"一带一路"文件的国家之一，两国合作领域日益广泛，在人文交流领域的一大表现便是阿联酋兴起的"中文热"。2019年7月，国家主席习近平同来访的阿联酋阿布扎比王储穆罕默德（Sheikh Mohammed bin Zayed Al Nahyan）举行会谈并签署协议，

［基金项目］本研究是中国外语战略研究中心2022年度"世界语言与文化研究"课题阶段性研究成果。

马鹏程，西北师范大学国际文化交流学院；关振宇，西北师范大学国际文化交流学院。

计划为阿联酋 200 所公立学校开设中文课，阿联酋中文教育"百校项目"自此落地，标志着阿联酋成为第一个将中文纳入国民教育体系的阿拉伯国家。

据不完全统计，赴阿联酋"百校项目"中文教师（后文简称"赴阿教师"）数量已超过 300 人，而开设中文课的学校数量距"百校项目"的目标仍有一定空间。可以预见，"后疫情"时期将有更多中文教师赴阿从事语言文化交流工作。然而，与当地中文教育良好发展前景形成对比的是赴阿教师面临的工作适应性挑战。阿联酋社会文化兼具阿拉伯和国际化色彩，人口构成复杂，教育体制深受西方国家影响，但深厚的文化传统和民族身份的觉醒又使当地西方教育体制下包含阿拉伯-伊斯兰文化的内核。在此背景下从事中文教育工作并非易事，关注赴阿教师工作适应性具有宏观、中观和微观三重意义：首先，中文教育是两国民心相通工程的重要组成，赴阿教师的工作适应过程也是中阿民众相知相亲理念的实践过程；其次，中文教育的普及正使阿联酋教育从"双语制"向"三语制"转变，赴阿教师工作效能事关不同语言文化背景教师间的分工协同，其工作适应性将为"百校项目"开花结果提供养分；最后，中文教师赴外动机具有较强的工作导向，国际中文教师通常"将工作上的适应与成果看作是自身跨文化适应与传播能力的根本表达"[①]。工作适应性与赴阿教师个体的专业发展、身份认同、组织承诺等问题密不可分。

一 文献回顾

本研究属于国际中文教育国别研究，而"工作适应性"已是管理学外派适应研究中较为成熟的问题领域。可以从两方面进行文献回顾：

（一）国际中文教育视域下的阿联酋研究

阿联酋官方的中文教学始自 2003 年，为了服务中阿经贸合作、提升华人社区治理水平，迪拜警察学院最早聘请中文教师进行基础中文教学。

[①] 安然：《孔子学院中方人员跨文化适应能力理论模式建构》，《第十届中国跨文化交际国际学术研讨会论文集》，2013 年。

赵周宽在调查迪拜的中文教学环境后认为，当地国民教育伊斯兰教传统和西方化趋势并存，商贸中文教学是开展中文教育的"首选和突破口"。① 随着"一带一路"建设的推进，迪拜大学孔子学院、扎耶德大学孔子学院等中文教育机构纷纷揭牌运营，阿联酋中文教育迎来快速发展期。张依依认为，中阿教育、文化交流具有良好可行性，阿联酋应通过建设更多的中国学校扩大中国市场。② 近年来，中文纳入阿联酋教育体系进程顺利，有关阿联酋中文教育的研究更为系统和具体。《阿联酋文化教育研究》从国情、文化传统、教育历史、教育政策等展现了阿联酋文化和教育背景，并且专门开辟一章探讨中阿教育交流。③ 还有学者关注到"百校项目"的成功实践，朱志平等认为赴阿教师和中文教育需要对阿拉伯及伊斯兰文化、教学法、当地外语教育需求等加以适应，促进中文教育本土化。④ 梁宇等分析了阿联酋中文教育的外部环境和现状，对当地中文教育发展提出了对策和建议。⑤

（二）外派人员的工作适应性研究

随着经济全球化和国际经贸合作趋势的加强，员工的外派工作及其绩效表现引发了管理学领域的关注。尼科尔森（Nigel Nicholson）最早提出了工作角色转变理论，认为员工经历角色转变后会产生"自我发展"和"角色发展"两种适应取向并随之采取四种适应策略：复制、内化、决断、探索。⑥ 布莱克（J. Stewart Black）等学者从工作适应、互动适应和一般适应三个维度考察外派适应性，将外派适应的影响因素归纳为个体因

---

① 赵周宽：《迪拜汉语教学环境调查研究》，《云南师范大学学报》（对外汉语教学与研究版）2007年第3期。

② 张依依：《"一带一路"——阿联酋文化特性及开展人文交流可行性研究》，《阿拉伯研究论丛》2017年第2期。

③ 刘辰、孟炳君：《阿联酋文化教育研究》，外语教学与研究出版社2021年版。

④ 朱志平、兰晓明、陈晨：《民族文化传统范式下的外语教学理念与汉语教学——阿联酋汉语教学的本土化进程》，《国际汉语教学研究》2021年第2期。

⑤ 梁宇、卢星星、王太炎：《阿联酋中文教育发展现状与展望》，《国际汉语教学研究》2022年第1期。

⑥ Nigel Nicholson, "A Theory of Work Role Transitions", *Administrative Science Quarterly*, Vol. 29, No. 2, 1984.

素、组织社会化因素、工作因素、组织文化因素和非工作因素,① 其工作适应理论及工作适应量表在学界的影响较为深远。我国学者刘俊振在文献回顾和概念分析的基础上提出用"跨文化适应成功"代替"外派成功",可以从个体、组织、配偶与家庭、异文化群体四个构面衡量外派人员的适应情况。② 吕俞辉和汝淑媛通过大规模调查发现,有51.3%的中文教师赴外期间存在各种工作适应困难,主要表现在"教学任务繁重""语言障碍""对教学对象缺乏了解""不适应当地教育文化"等方面。③

相关研究展现出中文教育在阿联酋发展的脉络、趋势和社会背景,对把握赴阿教师这一特殊外派群体的工作适应规律具有参考价值,但具体国别尤其是赴阿拉伯国家教师的工作适应问题仍有待关注。管理学针对外派人员的研究大多以跨国公司员工为样本,还未能在国际中文教育情境下对教师的适应性进行探讨。本研究通过展现具体国别中文教育工作中的主要适应障碍、影响因素和适应策略,以期为阿拉伯国家中文教育工作和教师管理提供借鉴。

二 研究设计

本研究关注的主要问题是:(1)阿联酋"百校项目"教师在工作中面临哪些适应障碍?(2)不同适应状态主要受何种因素影响?(3)赴阿教师的工作适应策略及其有效性如何?以上问题侧重自然情境下对具体中文项目的微观考察,因此本研究主要采取质性研究范式进行设计。

本研究通过田野调查、访谈和教师日志搜集数据。首先,笔者在多年阿拉伯国家工作经历的基础上,赴阿联酋开展了为期3个月的实地调研,观察并记录了"百校项目"的运转情况以及赴阿教师的工作和适应状态;其次,根据赴阿教师的分布特点和岗位类型,本研究遵循目的性抽样原

---

① J. Stewart Black, Mark Mendenhall, Gary Oddou, "Toward a Comprehensive Model of International Adjustment: An Integration of Multiple Theoretical Perspectives", *The Academy of Management Review*, Vol. 16, No. 2, 1991.

② 刘俊振:《外派人员跨文化适应成功的衡量:一个多构面的概念模型》,《技术与创新管理》2010年第2期。

③ 吕俞辉、汝淑媛:《对外汉语教师海外工作跨文化适应研究》,《云南师范大学学报》(对外汉语教学与研究版)2012年第1期。

则，围绕工作适应问题和应对策略重点对分布于 4 个酋长国、教学对象和工作内容各异的 7 位教师进行了多次深度访谈（访谈对象的基本信息见表 1）；最后，本研究邀请到 5 位赴阿教师进行了为期 1 年的工作日志记录，共得到 56 篇反映一线教师教学反思过程的文本，这些日志在纵向维度动态展现了教师不同适应状态的影响因素和专业发展历程。

表 1 访谈对象的基本信息

代称	性别	年龄（岁）	地区（酋长国）	工作内容	工作时间
舒老师	女	31	沙迦	幼儿中文教学	17 个月
卫老师	女	27	阿布扎比	中学中文教学	6 个月
艾老师	女	35	阿布扎比	小学中文教学	14 个月
卞老师	女	33	阿布扎比	校级管理岗	17 个月
苏老师	女	31	迪拜	小学中文教学	14 个月
单老师	男	30	沙迦	中学中文教学	30 个月
白老师	男	31	阿治曼	中学中文教学	14 个月

经过整理，本研究得到包括田野调查和参与式观察记录、访谈记录、教师工作日志在内共计 14 万字左右的文本资料，主要采用类别分析和情境分析进行资料分析。通过不断提炼赴阿教师工作中的问题和应对方法，本研究归纳出赴阿教师的 4 类适应障碍和 4 种适应策略。对教师工作和生活事件的情境分析展现出程度各异的工作效能感和专业发展水平，进一步揭示了工作适应的 3 类影响因素和不同适应策略的有效性。本研究在征得教师同意的前提下对访谈进行了录音和文本转写，行文中涉及赴阿教师个人信息时均作匿名处理。

三 赴阿教师工作适应障碍表现及影响因素

"百校项目"自 2019 年实施以来，已形成一套符合当地教育特点的运作流程。阿联酋教育部每 1—2 年主要面向中国进行教师招募，由语合中心协助发布信息并组织面试。"百校项目"对教师是否在中国有工作单位不作要求，教师所学专业为国际中文教育和语言学相关专业即可，对学历的要求也不高，但较为看重教师的教学能力、外语水平、跨文化交际能力和国际化经历，来自阿联酋的专家组直接决定招募结果。"百校项目"

对教师工作实践和跨文化技能的偏重符合阿联酋教育的国际化特色，也反映出赴阿工作可能带来的挑战及其影响因素。

（一）赴阿教师工作适应障碍的主要类型

1. 赴阿初期工作事件过载

中国同阿联酋之间无论是在自然环境、文化传统还是当代社会生活方面都存在较大差异，由于文化符号和生活习惯的陌生化，教师赴阿初期成为工作适应的关键期。教师报告的严重适应障碍有很大一部分都发生在赴任后两个月内。与跨文化适应"U形曲线假说"对赴外最初几周的看法不同，赴阿教师至少在工作适应方面缺乏"蜜月期"体验。

赴阿工作初期的适应障碍主要表现为工作事件过载。不少教师反映，他们在赴阿初期尽管被安排在酒店免费住宿，但期限通常是一周。教师往往要在一种无助感中尽快找到住房并熟悉工作环境和内容，即使顺利解决在异域的"安身"和"立足"问题，短时间内诸如参观学校、学习规章制度、了解教学内容、与中外方同事建立联系、参加指导培训等工作事件也会令教师感到紧迫和无所适从。

2. 教育理念冲突和三语教学协同问题

阿联酋国家战略规划中对教育报以很高期望，在投入大量经费保证本国民众享有免费公立教育的同时，教育理念力图融合民族文化传统、伊斯兰教精神和现代性。赴阿教师所持的教育理念可能不再适用乃至与当地教育理念产生冲突，比如教学实践中的中文和课堂教学需要让位于阿拉伯语和宗教仪式；包括中文教学在内的本土教育需要接受甚至迎合来自欧美国家的教育质量评价。

阿拉伯语是阿联酋的官方语言，英语凭借历史地位和国际经贸合作的现实需求成为通用语言，中文的日渐普及正促使阿联酋教育从"双语"向"三语"转变。在赴阿教师的工作适应中势必存在三语教学的摩擦和协同问题：如何与不同语言文化背景的同事保持教学主题和进度的一致；如何在设计、布置教学环境时为中文争得一席之地；如何对比包含中国文化、阿拉伯文化和英语国家文化在内的东西文化等考验着教师的专业知识与技能。

3. 教育管理和评价体系适应不良

教育管理一般指教育工作者为了实现特定教育目标进行的实践活动。

对于赴阿教师，适应当地教育管理包含"接受管理"和"施加管理"两个层面。前者主要是对阿联酋教育制度的适应，比如接受英国教育体制和IB课程体系。后者主要是指教学过程中的课堂管理。"百校项目"开设中文课程的学校均为幼儿园或中小学，几乎所有参与研究的教师都认为课堂管理在工作适应中是一个突出问题。阿联酋的幼儿园和小学校园充满"快乐教育"的氛围，赴阿教师需要付出较大的精力参与唱歌、舞蹈、游戏等活动并与学生充分互动。中学阶段，学生开始进入叛逆期，性别意识得到强化，学校普遍实行男女分班。赴阿教师需要格外注意自身言行举止来应对不同的性别文化，不少教师出现课堂掌控力不足的问题。

教育评价作为教育管理的重要环节，也考验着赴阿教师的工作适应性。阿联酋教育部重视对教学效果和教师的考评，频繁、细致的考评一方面增加了教师的工作负荷，造成教师口中"各种outcome""令人头痛的paperwork"等问题；另一方面，容易使教师因担心难以通过考评倍感压力。本研究田野调查期间恰逢英国教育评估团即将赴阿联酋的时期，笔者观察到当地教师加班变得十分频繁，在连续8次的"加班原因观察"中，有5次都是因为教师要准备各种工作报告、教学记录、学生评估等。

4. 身份认同挑战和专业发展规划模糊

身份认同很大程度上影响着个体的工作投入和工作满意度。赴海外孔子学院、高校中文系的教师常将"教师志愿者""民间交流使者""中国文化代言人"作为身份标签，其身份认同较为正面且具有较强的组织归属感。赴阿教师尽管不乏类似的身份体验，但其身份属性有别于"志愿者"或"公派教师"，表现出"国际劳务型师资"的属性并由此导致身份认同挑战。本研究提炼出两个常被赴阿教师使用的、集中表现身份认同挑战的"本土概念"：

其一是"外来者"。赴阿教师在谈及中文与阿拉伯语、英语教育之间的关系时，用"外来者"形容中文及中文教师的地位和身份。反映出赴阿教师将中文教育工作视为外派使命，其工作导向就是积极推进中文教育的普及和本土化。而一旦中文教育工作受阻，教师自身也会产生挫败感和疏离感。比如卫老师讲到"整个教室的布置都由阿语老师主导，中文角被放在一个很小的角落"时感到心理上难以接受。

其二是"当保姆"。在描述工作内容时，一些赴阿教师表达出很强的工作预期落差，他们用"当保姆"形容幼儿园和小学工作内容。一方面体现出阿联酋教育产业化进程下，教育行业愈发具有服务业的特征。而"服务者"和"保姆"的身份有悖于赴阿教师以往"教育者"的自我定位。另一方面揭示出阿联酋教育福利化的特点，不少学校采取家长董事会制度，家长的话语权以及学校对其的重视程度往往高于来自教师的声音。

以上"本土概念"有碍于赴阿教师建立专业的身份认同，强化了他们的"国际劳务"身份和不确定感，与教师志愿者和公派教师相比，赴阿教师需要通过更多的努力明确专业发展规划。

（二）赴阿教师工作适应的主要影响因素

1. 知识技能储备和同伴支持

包括阿拉伯语、英语、阿联酋国情文化乃至做饭、开车在内的知识技能是造成赴阿教师不同适应水平的因素。拥有外语技能、了解当地文化的教师往往能够更主动地参与人际交往，更容易理解当地人的行事风格和价值观，进而编织起自己的社交网络。由于赴阿教师的工作地点星罗棋布于不同酋长国的各中小学，阿联酋的公共交通系统远不及中国发达，教师常常要独当一面地应对住宿、交通等生活事件。因此，生活技能和语言文化技能共同影响着赴阿教师的工作适应。

当个人知识技能不足以应对赴阿工作挑战时，同伴支持对提升适应性必不可少。尤其是在赴阿初期，那些与同伴同时赴阿的教师比单独赴阿的教师更顺利地应对了赴阿初期的"工作事件过载"。在日常工作中，包括中外方同事、朋友在内的同伴往往能够提供最直接的帮助，人际关系和谐的教师报告了更高的工作满意度。从事教师管理工作的卞老师表示："我认为'团队'是最重要的事……对于初次来到阿联酋的教师，如果外语能力有限、没有结伴而行的话，让她在短时间内投入工作其实是一件'残忍'的事。"

2. 工作经历和工作内容

教师在赴阿联酋前的工作经历可分为无工作经历、有国内工作经历、有非阿拉伯国家工作经历和有阿拉伯国家工作经历。整体上，无工作经历的教师在工作中的表现较为弱势；有国内工作经历但无海外工作经历的教师适应问题主要在上下级、同事、教师和家长之间的交际模式方面，在国内有中小学工作经历的教师能更快适应"百校项目"教学工作；有非阿拉伯国家工作经历的教师在工作中表现得更开放乐观，能够较好地融入阿联酋的多元文化氛围，对各类突发事件的心理准备也更加充分，但对阿拉伯人的时间观念、风俗禁忌、两性观念等表达出更多的不理解；有阿拉伯国家工作经历的教师对阿联酋本土文化和宗教氛围表现得更加习惯，但仍然感到阿联酋与其他阿拉伯国家较为不同，需要适应的方面包括更加国际化和现代化的社会环境、人情味的缺失、更快的工作节奏、完善而烦琐的规章制度等。

除工作经历外，赴阿后的工作内容也影响着适应性，但这种影响更加微观复杂。比如从事幼儿园和小学中文教学的教师表达出更强的"保姆心理"；体验过不同工作内容的教师认为，中小学的工作负荷比幼儿园更大，但中学中文教育更有利于自身专业发展。

3. 认知因素和专业素养

在认知因素方面，外派动机和预期显著影响着教师的工作适应性。一些教师的外派动机能够将个人利益和工作结合起来，比如通过赴阿工作提升多元文化体验、促进中文教育和中国文化传播。他们对赴阿工作的认识更加积极正面，留任意愿也更高。还有一些教师往往为阿联酋富饶的形象和"百校项目"优渥的待遇所吸引，表达出过高的工具性动机和心理预期。而一旦赴阿工作并非想象中那般轻松愉快，这类教师往往因为落差产生失望、想要离任等负面情绪。

在专业素养方面，教师的教学信念和教学反思对工作适应性具有显著影响。一些教师日志中充满对有效教学的信心、对学生的关爱、对教学过程的反思等，他们总是有意识地改进工作方式，由此带来工作效能的提升又会进一步巩固教学信念和反思，形成良性循环。而教学信念和反思的缺失也很容易使工作适应性不断恶化。

四 赴阿教师工作适应策略及其有效性评估

（一）赴阿教师采取的工作适应策略

个体在进入全新的工作环境时会产生两种适应导向：自我发展和改善环境。据此可将赴阿教师的工作适应策略分为以下四类：

1. 依赖先验工作模式

对于既不愿意改变自己又无意于改善工作环境的教师，一般会将过去的工作经验和方式"复制"到新环境中，采取一种"以不变应万变"的被动适应策略。比如面对学生纪律问题和学业困难时，一些教师习惯性地依赖经验解决问题，通过"找校工或外方助教"把乱跑乱动的学生"抓回来"的方式管理课堂，他们总是需要"喊破嗓子"强调纪律或授课并表示没有更好的办法，因为"一直都是这样做的"。当然，也有一些教师在赴阿工作后通过复制成功经验取得了较好的效果。

2. 学习新的工作技能

一些教师采取的适应策略是"内化"的，即完全通过学习新技能的方式提升自身适应能力，他们更看重自我发展而无意去改变工作环境。比如白老师表示，对于中文教育的大环境、外方同事的文化习俗、疫情期间师资不足等现象，教师是无力去改变的，能做的就是不断"提升自己"，通过学习阿拉伯语言文化、忍受当地的高温、改变自己看问题的角度等方式"慢慢习惯"。学习新的工作技能能够促进赴阿教师跨文化能力的提升，但一味通过改变自己化解外部刺激的做法也容易导致压力过高、焦虑、身份认同混乱等后果，不利于教师正常诉求的表达和工作中的沟通。

3. 改变工作环境

与"内化"的适应策略相反，个别教师在应对适应障碍时的策略是"外向"的，他们更注重改变工作环境、解决现实问题。受中国传统文化影响，赴阿教师倾向于通过隐忍的内化策略维持人际关系的融洽，但有教师表示这种倾向并不利于跨文化背景下问题的解决。舒老师表示，教育理念冲突和三语教学协同问题加剧期间，中外教师关系曾一度十分紧张。当外方领导因多次收到针对中文教师的"告状"找中方教师谈话时，她们选择不再隐忍并勇敢发出自己的声音，这反而促成了中方教师提出工作建议，解决了很多问题。舒老师由此概括出"中文教师不能总是'默默无闻'，应当善于利用'突破口'主动解决问题"。

4. 自我发展与改善环境双向策略

当教师既注重学习新知识技能提升自我又积极改变工作环境来实现工作适应，便出现一种将个人能力与工作环境相协调的适应策略。比如苏老师在面临课堂管理混乱时，积极学习教育心理学相关理论。了解到小学生具有竞争心理后，苏老师主动在课堂设置了"奖惩墙"，通过积分制、小礼物来建立规则，鼓励学生遵守纪律；艾老师为了吸引学生的注意力，提高学生学习兴趣，努力练习绘画并且在课堂开辟了"画画儿讲故事"环节，成功寓教于乐，取得了良好的教学效果。整体上，采取双向策略教师的工作适应表现较为正面积极。

（二）工作适应策略的有效性评估

赴阿教师所采取的工作适应策略并不存"好或坏""有效或无效"的绝对标准，其有效性评估可以从工作效能和个人情感态度两个方面进行。其中，工作效能作为外在标准，较为直观地反映着具体适应策略的效果。无论是以不变应万变地复制已有经验还是学习新知识技能、改变工作环境，有效的适应策略总是与具体工作情境相匹配，有利于工作任务或冲突的解决。而无效的适应策略尽管可能有利于教师的技能提升抑或改变现有规则，但并不利于工作适应问题的根本解决。因此，适应策略与问题情境的匹配度成为衡量有效性的关键。

个人情感态度作为内在标准，是指教师对适应策略的主观感受。工作适应不仅是指工作任务的完成，还包含教师在适应过程中的心理健康。如果教师通过努力学习新知识技能或改变工作环境顺利完成了工作任务，但个人情感方面可能是极不情愿甚至消极负面的，也不能将适应策略简单判定为有效。真正有效的适应策略应当在任务完成的同时伴有积极情感，这是教师作为"人"运用工作适应策略的应有之义，结合"外在"和"内在"标准评价工作适应策略有效性有利于国际中文教育项目长远的良性开展。

五 启示与不足

工作适应性是国际中文教师的关切问题，关注"百校项目"教师工作适应性具有很强的现实意义和区域示范作用。国际中文教师一般将工作方面的适应作为自身跨文化能力的根本体现，[①] 本研究的赴阿教师同样表现出强烈的工作中心取向，他们在回答"在阿联酋的整体感受"这样一个"破冰问题"时，谈及最多的就是工作方面的感受。阿联酋以其丰富的能源、雄厚的财力、成功的国家治理成为阿拉伯世界社会和文化转型的

---

① 黎海英：《中国教师与吉国学生的文化冲突与适应研究》，硕士学位论文，新疆师范大学，2011年。

标杆国家,"百校项目"的成功经验容易在阿拉伯国家发挥辐射效应。可以从以下方面提升赴阿教师工作适应性,助力更多阿拉伯国家本土中文教育项目的运作:

(一) 加强对外派教师的工作适应资源供应和社会支持

社会支持理论认为,物质、信息、情感等方面的资源能够有效降低个体跨文化情境中的压力。"百校项目"开展时间较短,在师资管理、教材开发、评价体系、多语教学合作模式等方面还有待完善。赴阿教师也表达出在物质、信息、情感等方面缺乏支持是造成工作适应不良的主要原因,比如一些教师在解决住宿、交通问题时感到"孤立无援";在教学过程中缺乏教材和教法方面的指导,不少教师需要自编教材;在疫情发生后陷入社会区隔带来的悲观和无助感之中。赴阿教师管理机构有必要结合"百校项目"的特点和教师反馈,加强适应资源供应,为教师提供更有力的社会支持。

(二) 打造针对任期各阶段的培训体系并提升培训质量和实用性

目前对赴阿教师的培训以外派前短期集训为主,教师赴任后一般在每学期开始和结束时接受统一培训。这些培训需要针对教师工作适应的阶段性加以完善,比如赴阿初期工作事件过载带来的冲击较大,可以专门在教师初次赴阿 2—3 周时设置培训,帮助教师明确工作内容,减少外派过渡期带来的不适;针对教师身份认同和专业发展规划方面的问题,可以在任期中和任期结束之际安排培训,突出国际中文教育的事业性和教师使命,明确"百校项目"与国际中文教育其他项目的关系、赴阿经历对于教师专业成长的意义等。另外,赴阿教师反映赴任前后的培训在形式上不利于互动和交流探讨,在内容上缺乏实用性。今后的培训可以在形式上增加不同地区和学校教师之间、培训者和教师之间的交流互动,在内容上考虑增加"百校项目"工作中的真实案例。

(三) 构建赴阿教师专业发展共同体并灵活采取积极有效的适应策略

"百校项目"教师来源广泛,赴阿后被分配至不同酋长国的各中小学，再加上阿联酋国情和教育体制赋予教师的"国际劳务"身份，容易使赴阿教师缺乏归属感，难以寻求同胞间的交流和支持，并由此导致身份认同和专业发展规划等方面的问题。事实上，在网络通信便捷、信息共享的今天，师资管理机构和赴阿教师个体完全可以利用共同语境，主动构建专业发展共同体，增进行业交流，营造信息共享、具有支持性的内部文化。另外，本研究发现教师采取的适应策略不存在绝对的有效性标准，因此，应当在师资培训中有意识地进行工作适应策略训练，鼓励教师根据具体工作情境灵活采取积极有效的适应策略。

本研究的不足，一方面，在于样本数量的限制，未能就赴阿教师的群体特征、适应障碍及其影响因素展开大范围调查；另一方面，在于外方视角的缺失，"百校项目"是中外教师密切合作的语言教育项目，笔者未能透过外方对赴阿教师的评价展现工作适应性。进一步研究可借鉴外派人员工作适应量表，扩大样本范围，从中外方、管理者和教师等多个角度探讨赴阿教师工作适应的深层机会。

参考文献

安然：《孔子学院中方人员跨文化适应能力理论模式建构》，《第十届中国跨文化交际国际学术研讨会论文集》，2013年。

黎海英：《中国教师与吉国学生的文化冲突与适应研究》，硕士学位论文，新疆师范大学，2011年。

梁宇、卢星星、王太炎：《阿联酋中文教育发展现状与展望》，《国际汉语教学研究》2022年第1期。

刘辰、孟炳君：《阿联酋文化教育研究》，外语教学与研究出版社2021年版。

刘俊振：《外派人员跨文化适应成功的衡量：一个多构面的概念模型》，《技术与创新管理》2010年第2期。

吕俞辉、汝淑媛：《对外汉语教师海外工作跨文化适应研究》，《云南师范大学学报》（对外汉语教学与研究版）2012年第1期。

张依依：《"一带一路"——阿联酋文化特性及开展人文交流可行性研究》，《阿拉伯研究论丛》2017年第2期。

赵周宽：《迪拜汉语教学环境调查研究》，《云南师范大学学报》（对外汉语教学与研究版）2007年第3期。

朱志平、兰晓明、陈晨：《民族文化传统范式下的外语教学理念与汉语教学——阿联酋汉语教学的本土化进程》，《国际汉语教学研究》2021年第2期。

J. Stewart Black, Mark Mendenhall, Gary Oddou, "Toward a Comprehensive Model of International Adjustment: An Integration of Multiple Theoretical Perspectives", *The Academy of Management Review*, Vol. 16, No. 2, 1991.

Nigel Nicholson, "A Theory of Work Role Transitions", *Administrative Science Quarterly*, Vol. 29, No. 2, 1984.

汉语本体与习得

吉尔吉斯语学生汉语语音
习得偏误及对策分析

才甫丁·依沙克

摘要：在学习第二语言的过程中，系统而规范地学习语音是语言学习者学习语言的关键。吉尔吉斯语学生在学习汉语语音时，受母语的负迁移影响。声母习得方面，如 c、r 的发音问题，如何区分 j、q、x 和 zh、ch、sh 以及零声母如何准确发音等。韵母习得方面，如 er [ər] 的发音，i [i]、-i [ɿ]、-i [ʅ] 的区分，ia、ie、üe、iao、iou、uo 六个复元音韵母发音过程中的语音掉落现象，带鼻音韵母 ian、uan、üan、in、uen、ün、iang、uang、ing、ueng、iong 的准确发音等。其次，韵母与声母的拼读方面也有些问题。如声母 s、c、z 与韵母 i [ɿ] 和 e [ɤ] 相拼和区分，声母 r、zh、ch、sh 与韵母 i [ʅ]、e [ɤ] 相拼和区分，声母 sh、r、ch、zh、j、q、x 与韵母 u、ü 相拼和区分，以及字母 e 的用法等。此外，学生的语言学习背景、态度、教师缺乏母语知识和所教语言的语音知识、汉语教材等外部因素等都会影响汉语语音的学习。对以上问题，本文提出了相应的解决方法和建议。

关键词：吉尔吉斯斯坦学生；汉语学习；语音系统；习得难点；解决对策

[基金项目] 本文基于《国际中文教育中文水平等级标准》的吉尔吉斯斯坦高校本土中文教材建设—口语教材编写（YHJC22YB088）。

才甫丁·依沙克，西北师范大学国际文化交流学院。

一　引言

　　语音是人类说话的声音，是语义的表达形式，是语言的物质外壳。语音同词汇和语法一样，是语言最重要的组成部分之一。在学习第二语言过程中，规范系统地学习目的语语音是习得第二语言的基础，语音习得会影响学习者后续学习行为。归纳吉尔吉斯斯坦学生学习汉语过程中汉语语音习得难点并对此提出相应解决策略，对吉尔吉斯斯坦学生学习汉语打下坚实的基础有帮助。如果学生初学汉语时没有掌握系统的语音知识，就不能完全理解和吸收与母语不同的汉语语音知识，因而导致汉语基础薄弱的现象，甚至在一定程度上有误导学生之嫌。这种薄弱的语言基础会对他们以后的汉语其他语言成分习得产生或多或少的负面影响。围绕吉尔吉斯斯坦留学生学习汉语的习惯以及在语音方面存在的偏误，有针对性地提出教学改进对策，对吉尔吉斯斯坦的汉语教学具有较明显的理论意义。下面在前人的研究基础上结合我们的相关教学积累和调查，浅谈吉尔吉斯语学生面临的普遍性、规律性的语音偏误问题及相应解决对策。

二　声母习得偏误、成因及对策

　　汉语的语音系统由声母、韵母、声调三个部分组成。一个音节可以没有辅音声母，但不能缺少韵母和声调。教留学生声母和韵母时，教授声母和韵母概念以及它们与元音和辅音的关系，解释它们的异同之处是至关重要的。这是因为目前吉尔吉斯斯坦的学生，甚至是当地本土汉语教师，对汉语声母和韵母的理解很浅薄，经常把它们与元音和辅音混淆。在汉语中构成音节前部的部分称为声母[①]。汉语语音系统中有 b、p、m、f、d、t、n、l、g、k、h、j、q、x、zh、ch、sh、r、z、c、s 等有 21 个辅音声母和 1 个零声母（y 和 w），共 22 个声母。关于区分声母和辅音之间的区别，有以下几个方面需要考虑。首先，要区分声母和辅音出现的位置。汉语声母同吉尔吉斯语中的辅音有共同之处，也有不同之处。汉语声母出现在音

[①] 黄伯荣、廖旭东主编：《现代汉语》（上册，第四版），高等教育出版社 2007 年版，第 21 页。

节的前部，而吉尔吉斯语中的大多数辅音一般出现在音节的任何部位。其次，解释辅音 ng 及其声母的关系。在吉尔吉斯语和汉语中 ng 是辅音，但它不是声母。这是因为 ng 在汉语和吉尔吉斯语两个语言中都不能出现在音节的前面，由于它不能充当音节前面部分，所以它不能叫声母。准确地说，声母和辅音之间既有联系，又有区别。汉语的声母除零声母外，几乎都由辅音充当。吉尔吉斯语语音系统由元音、辅音构成，没有声母、韵母之分。吉尔吉斯语学生学习声母时错误地把声母等同于辅音，因此产生一些偏误。最后，解释并区分汉语零声母和吉尔吉斯语辅音 й、в。吉尔吉斯语学生把零声母 y 和 w 错误地被认为是辅音。而在汉语中，这两个既不是辅音也不是元音，它在普通话拼音方案中，只起隔音符号的作用。吉尔吉斯语学生错误地把零声母等同于吉尔吉斯语辅音 й、в，因而发零声母 y 和 w 时出现偏误。最后，搞清楚 n 的充当作用及其与辅音 n 的关系。在汉语中，n 出现在音节的前部时被认为是声母，出现在音节的后部时被认为是韵母。在吉尔吉斯语中，n 是一个辅音，出现在音节的任何位置。

吉尔吉斯语学生在学习汉语声母音时出现 c、r 的发音问题，难以区分 j、q、x 和 zh、ch、sh，零声母使用和字母 w、u 的准确使用等方面出现偏误。下面我们对这些问题一一进行简单的探讨。

（一）声母 c、r 的发音难点及对策

难点：吉尔吉斯语汉语初学者发音汉语语音 c、r 时无法正确发音。他们一般把这些声母等同于吉尔吉斯语的辅音 с 和 р，发音为吉尔吉斯语的辅音 с 和 р。例如：

表1　　　　　　　　　吉尔吉斯语学生声母 c、r 发音偏误

声母	例子	错误发音	准确发音	意义
r	人	рин	[ʐən]	киши
	肉	роу	[ʐou]	эт
c	擦	са	[tsʻA]	арчы
	错	суо	[tsʻuo]	ката

虽然汉语这两个声母的发音与吉尔吉斯语中辅音 с 和 р 相似，但还是有很大区别。这个偏误的原因是吉尔吉斯语没有 c、r 这两个辅音，所以吉尔吉斯语的学生会找发音相似语音来发音，即来尝试用 с 和 р 来发音它

们。为此，笔者提出以下几个教学建议或对策。

1. 通过图片、视频和实际练习，解释这两个声母的属性及描述特点。由于这两个声母与吉尔吉斯语辅音 c 和 p 的发音部位和发音方法不同，导致错误的发音。因此，让学生先理解这两个声母的概念及发音特点。对汉语初学者来说，把这些相关语言知识用吉尔吉斯语解释更为恰当。学生通过这种方式，可以找到它们的发音部位以及发音方法。

2. 教他们发音部位和方法后，学生要在教师的指导下进行反复的发音练习。值得注意的是老师自己应该能够正确地发出这些声母。这样，学生将能够在老师的指导下进行正确发音练习。

3. 发 r 声母时舌头不颤抖，而且舌头保持相对僵硬的状态。而在吉尔吉斯语中，发辅音 p 时舌头会颤动，舌头很灵活且处于十分柔软的状态。因此，学生发这个音时不仅要注意舌头的颤动状态，而且要留心舌头的软硬状态。发 r 声母时把舌头稍微往前移动并接近上颚，然后舌头变硬，这样可能会有所帮助。学习声母 c 时，可以借助俄语 ц 音来学习其发音方法。因为声母 c 的发音部位相比吉尔吉斯语 c [s] 发音部位更接近俄罗斯语的辅音 ц 的发音部位。这样学生较容易找到其发音部位。

（二）j、q、x 与 zh、ch、sh 的区分难点及其对策

问题：吉尔吉斯语学生难以区分汉语声母 j、q、x 和 zh、ch、sh 的发音，不知道 zh、ch、sh 等的确切发音。学生利用吉尔吉斯语发音相似的辅音来发这些声母，因而导致偏误。例如：

表 2　　吉尔吉斯语学生声母 j、q、x 与 zh、ch、sh 区分偏误

声母	例子	错误发音	正确发音	意义
j	鸡	жи	[tɕi]	тоок
	几	жи	[tɕi]	канча
q	七	чи	[tɕʻi]	жети
	骑	чи	[tɕʻi]	мин
x	西	ши	[ɕi]	батыш
	洗	ши	[ɕi]	жуу
zh	直	жы	[tʂʅ]	түз
	纸	жы	[tʂʅ]	кагаз

续表

声母	例子	错误发音	正确发音	意义
ch	吃	чы	[tʂʅ]	же
ch	池	чы	[tʂʅ]	көлчөк
sh	石	шы	[ʂʅ]	таш
sh	十	шы	[ʂʅ]	он

从表 2 可以看出，吉尔吉斯语学生由于吉尔吉斯语语音系统中没有 zh、ch、sh 等音，他们通常发这些声母时，利用吉尔吉斯语的 ж、ч、ш 加元音 и 来发 j、q、x，发 zh、ch、sh 时，运用吉尔吉斯语的 ж、ч、ш 加元音 ы。也就是说，汉语声母 j、q、x 和 zh、ch、sh 的发音吉尔吉斯语学生通过 ж、ч、ш 加元音 ы 或 и 来发实现。在汉语中，j、zh、q 和 zh、ch、sh 是独立的音素。然而，对汉语的这六个语音吉尔吉斯语只有 ж、ч、ш 三个音素相对应。这种用相似的语音来发音多个语音会导致错误的发音。例如，几个人 [tɕi kɤ ʐən]？说错成 жи гы рын [ʑə kɤ ʁən]？吃饭吧说成 чы фан ба [tʃi fan ba]，牺牲说成 ши шыц [ʃi ʃəŋ]。这些都是按照吉尔吉斯语的发音方式来发音的。这种发音错误在初学汉语的学生中尤为明显。

原因：吉尔吉斯语语音系统中没有 j、zh、q 和 ch、x 和 sh 对应的六个音素。因此，学生发这些声母时借助吉尔吉斯语的 ж、ч、ш 等辅音来发音。虽然在这样的母语帮助下学习目的语的语音对习得语音有一定的帮助，但是如果他们不了解这些语音的属性、发音部位和发音方法的话，将无法正确掌握这些音的发音。对此，我们提出以下几个优化习得的对策和建议。

1. 通过图片、视频和当场实际展示来说明这 j、zh、q、ch、x、sh 六个声母的属性及描述特点。这样，让学生知道它们的发音部位和发音方法。

2. 学生掌握它们发音部位和发音方法后，在教师的指导下要进行反复的发音训练。值得注意的是，教学者或老师首先自己必须能够正确发这些音，只有这样，学生才能在老师的指导下正确练习，逐渐领悟其发音。

（三）零声母习得的难点及对策或教学建议

吉尔吉斯语学生习得汉语声母时最大的问题就是零声母的习得。它对教师来讲也是一项非常艰巨的任务。这是因为该声母的特殊性以及学生对其认识不够引起的。我们调查显示，吉尔吉斯斯坦本土老师和学生均将其认作辅音，他们把零声母分别等同于吉尔吉斯语的й和в。实际上并非如此，汉语中y和w两个既不是辅音也不是元音，它在普通话拼音方案中，只起隔音符号的作用。那何为零声母呢？汉语有些词的音节只由韵母构成，并没有声母。发参与零声母的音节时，从肺部出来的空气似乎稍微摩擦，但词的意思不会变。此类音在语音学中称为零声母。

吉尔吉斯语学生，甚至当地的本土教师都不太了解零声母，将其解释为普通的辅音。这样，学生们错误地把它们看成吉尔吉斯语的相应辅音，出现偏误。因而对他们以后的认字、元音和辅音拼读产生困难。例如：

表 3　　　　　　　吉尔吉斯语学生习得零声母偏误表

零声母	例子	错误发音	正确发音	意义
y	ia 牙	ия	[iʌ]	тиш
	ie 叶	ие	[iɛ]	жалбырак
	iao 要	ияо	[iɑu]	керек
	ian 眼	иян	[iæn]	көз
	iang 羊	иян	[iɑŋ]	кой
	i 一	и	[i]	бир
	in 银	ин	[in]	күмүш
	ing 硬	ин	[iŋ]	катуу
	ü 鱼	ү	[y]	балык
	üe 月	үве	[yɛ]	ай
	üan 圆	үван	[yæn]	тегерек
	ün 云	үн	[yn]	булут
u	ua 蛙	ува	[uɑ]	бака
	uo 我	уво	[uo]	мен
	uai 外	увай	[uai]	сырт
	uei 为	увей	[uei]	үчүн
	uan 玩	уван	[uan]	ойно

造成这种误读的原因如下：第一，母语负迁移的影响。在吉尔吉斯语语音系统没有双元音，一个音节中不会出现两个元音，或者像汉语这样的双元音在吉尔吉斯语中不存在。第二，学生们对什么是零声母以及w和y的根源了解不清楚。第三，不了解字母w和y的用途。对此，我们认为

以下几个有利于习得的对策和建议是可用的。

1. 向学生解释零声母 y 和 w 拼写规则。

音节开头部分没有声母，只有一个韵母独立成为音节，但是它们在发音时，音节开头部分往往带有一点轻微的摩擦成分，没有区别词义的作用，这种音节的声母语音学里称为"零声母"。w 和 y 两个字母是作为 i、u 和 ü 的音头，不作为元音或辅音，具有隔音的作用，名称仍与 i、u、ü 相同，称说时 w 相当于 ua，y 相当于 ia。y 和 w 的具体用法如下：

①韵母表中 i 行的韵母，在零声母音节中，如果 i 后面还有别的元音，就把 i 改成 y，如：ia—ya（牙）ie—ye（叶）iao—yao（要）ian—yan（眼）iang—yang（羊）。如果 i 后面没有别的元音，就在 i 前面加 y，如：i—yi（衣）in—yin（银）ing—ying（硬）。

②在零声母音节中，不论 ü 后面有没有别的元音，一律要在 ü 前面加 y。加 y 后，ü 上两点要省写，如：ü—yu（鱼）üe—yue（月）üan—yuan（圆）ün—yun（云）。

此处有必要给学生强调这样的一个知识点。即以上例子中的 yu 中的 u 实际上是 ü，而不是 u，然后根据汉语拼写方案 u 前面加了 y 并省略了其上面的两个点儿。如这个点儿没给学生们讲清楚的话误读为 u [u]，造成错误。根据汉语拼写方案字母 ü 同辅音字母除 n 和 l 外拼写时要其两点省略，但发音为 ü [y]，不是 u [u]。

③在零声母音节中，如果 u 后面还有别的元音，就把 u 改成 w，如 ua—wa（蛙）uo—wo（我）uai—wai（外）uei—wei（为）uan—wan（万）；如果 u 后面没有别的元音，就在 u 前面加上 w，如 u—wu（五）。

2. 详细解释零声母 y 和 u 是什么，并举例说明这些符号的具体使用情况。

3. 在老师的指导下多练习由零声母组成的词或音节，从而逐渐学会其定义及用途。

三 韵母习得的偏误、成因及对策

韵母是充当音节后面的组成部分。在汉语中，韵母由元音或在元音上加前辅音构成。韵母按结构可分单元音韵母、复元音韵母和带鼻音韵母三类。现代汉语中 a [A]、o [o]、u [u]、ü [y]、e [ɤ]、ê [ɛ]、er [ər]、i [i]、-i [ʅ]、-i [ɿ] 等十个单元音韵母，ia [iA]、ua [uA]、uo [uo]、ie [iɛ]、üe [yɛ]、ai [ai]、uai [uai]、ei [ei]、uei [uei]、ao [au]、iao [iau]、iou [iou] 等 13 个复元音韵母，an [an]、ian [iɛn]、uan [uan]、üan [yan]、en [ən]、in [in]、uen [uən]、ün [yn]、ang [aŋ]、iang [iaŋ]、uang [uaŋ]、eng [əŋ]、ing [iŋ]、ueng [uəŋ]、ong [uŋ]、iong [yŋ] 等 16 个带鼻音韵母组成，共有 39 个韵母。针对吉尔吉斯语学生教学韵母时，有必要说明它们与元音的区别。这是因为韵母和元音既有关系，又有区别。调查显示，大多数母语为吉尔吉斯语的学生，甚至一些老师，把韵母与元音的概念搞不清楚，总是把它们一概而论。本土老师也没有解释它们的差异。结果，学生不知道韵母是什么，或者错误地认为韵母与元音相同。因而出现韵母习得的一些偏误。

如上所述，韵母与元音不同。韵母充当音节的后部。它们中的大多数是由元音组成的，一小部分由鼻音 n 和 ng 加元音组合而成。

（一）单元音韵母习得的难点及解决方法

吉尔吉斯语的元音发音与汉语的 10 个单元音韵母读音基本相同。汉语与吉尔吉斯语在元音方面的相同点使得学生学习汉语语音系统更容易一些。学习单元音韵母时，吉尔吉斯语学生 er [ər] 的发音以及 i [i]、-i [ʅ]、-i [ɿ] 区分方面遇到困难，下面对此展开研究。

1. 韵母 er [ər] 习得的难点及解决办法或建议

汉语在元音方面区别于其他语言的语音特点就是卷舌元音 er [er] 的存在。卷舌元音 er [ər] 卷舌、央、中、不圆唇元音。er 是个舌尖上翘带有卷舌色彩的央元音 e [ə]。发音时，口形略开，舌位居中，舌头稍后缩，唇形不圆，在发 e [ə] 的同时，舌尖向硬腭卷起。吉尔吉斯语学生发这个音较难，如上所述，学生们不会发 r [ʐ]，所以吉尔吉斯语的学生很难发音。他们将其替换为吉尔吉斯语的 p 音来代替，这样会导致发音错误。例如：

表 4　　　　　　　　　　吉尔吉斯语学生韵母 er 的偏误

韵母	例子	错误发音	正确发音	意义
er [ər]	二	ap	[ər]	эки
	儿	ap	[ər]	уул
	耳	ap	[ər]	кулак

引起发音错误的原因是吉尔吉斯语没有这个音，所以他们用接近 er 的语音 p 来发音。第一个原因是在汉语语法中，这个音是用两个字母 e 和 r 表示的。对于非汉语母语者来说，用两个字母标出这样的语音造成困难。这样他们认为这个语音是由 e 和 r 等两个音组合而成的。实际上，并非如此，《汉语拼音方案》中的 r 用在 er 中不代表音素，它不是韵尾，只是表示卷舌动作的符号，所以 er 虽用两个字母标写，仍是单元音，不要以为 r 是辅音。解决方案或教学建议：

① 向学生解释清楚 er 的属性及发音状况。

② 通过图片、视频和实际练习，说明 er 音的发音部位和发音方法。

③ 在老师的指导下多练习 er 的发音，多听带有此音的词或音节，逐渐领悟其正确的发音。

④ 解释韵母 er 中字母 r 的作用。如前所述，重要的是要向学生解释这个韵母是由两个字母组成表示一个音，而字母 r 不是辅音，只是表示卷舌动作的符号。

2. 区分 i [i]、-i [ɿ]、-i [ʅ] 的难点及解决方法或教学建议

吉尔吉斯语学生学习汉语单元音韵母的另外一个难点就是 i [i]、-i [ɿ]、-i [ʅ] 这三个的区分。对他们来说准确发出并区分这些音十分困难并且很复杂，极易出现错误的发音，例如：

表5　吉尔吉斯语学生韵母 i [i]、-i [ɿ]、-i [ʅ] 区分偏误

韵母	例子	拼音	错误发音	准确发音	意义
-i [ɿ]	自私	zi si	зиси	[tsɿ sɿ]	өзүмчүл
	赐死	ci si	сиси	[tsʻɿ sɿ]	Өлүмгө өкүм кылуу
	字词	zi ci	зиси	[tsɿ tsʻɿ]	Иероглиф сөз
-i [ʅ]	知识	zhi shi	жиши	[tʂʅ ʂʅ]	билим
	日食	ri shi	риши	[zʅ ʂʅ]	Күн күйүү
	支持	zhi chi	жичи	[tʂʅ tʂʻʅ]	колдоо
i [i]	比例	bi li	били	[bi li]	Пропорция
	脾气	pi qi	пичи	[bʻi tɕʻi]	мүнөөз
	习题	xi ti	шити	[ɕi tʻi]	көнүгүү

从表5可以看出，吉尔吉斯语学生在读由 i [i]、-i [ɿ]、-i [ʅ] 组成的单词时，不会区分这三个元音并用三个均为吉尔吉斯语的 и 音来

代替。

引起这种错误的原因是，首先，吉尔吉斯语语音系统中没有和这三个语音相对应的元音。其次，在汉语拼音规则中，i [i]、-i [ɿ]、-i [ʅ] 这三个音均为同样一个字母 i 来表示。这样同一个字母来表示不同的语音给学生造成了困扰。因为他们认为三者差不多。最后，这三个语音的发音及发音部位十分接近难以区分。解决方案或教学建议：

①向学生们解释这三个音是同一个字母 i 来拼写的，在不同语音条件下代表不同语音，说明它们可以同哪些声母相拼读，不能同哪些声母相拼读的规则。

②向学生解释这三个音的属性及发音状况。

③通过图片、视频和实际练习，向学生解释这三个音的发音部位和发音方法。

④在老师的指导下，通过多读多听多发音来逐渐培养正确发音技能。

（二）复元音韵母习得的难点及解决方法

汉语和吉尔吉斯语属于不同类型的语言，汉语属于汉藏语系，是典型的孤立语，而吉尔吉斯语属于阿尔泰语系，是黏着语。这两种语言在元音方面最大的差异就是汉语有复元音，吉尔吉斯语没有复元音，只有单元音。汉语中有 ai、ao、ou、ia、ie、ua、uo、üe、iao、iou、uai、uei 等 13 个复元音韵母。吉尔吉斯语学生在学习这些复元音韵母时，ia、ie、üe、iao、iou、uo 等六个复元音韵母的习得较难，或出现偏误。例如：

表 6　　　　　　吉尔吉斯语学生复元音韵母发音偏误

行	韵母	例子	拼音	错误发音	正确发音	意义
1	ia	家	jia	жа	[tɕiᴀ]	үй
2		下	xia	ша	[ɕiᴀ]	асты
3	ie	姐	jie	же	[tɕiɛ]	эже
4		谢	xie	ше	[ɕiɛ]	ракмат
5	üe	月	yue	йө	[yɛ]	ай
6		缺	que	чө	[tɕʻyɛ]	кем
7	iao	小	xiao	шао	[ɕiᴀu]	кичине
8		脚	jiao	жао	[tɕiᴀu]	бут

续表

行	韵母	例子	拼音	错误发音	正确发音	意义
9	iou	有	you	ё	[iou]	бар
10		又	you	ё	[iou]	жана
11	uo	托	tuo	то	[tʻuo]	сүйрө
12		说	shuo	шо	[ʂuo]	сүйлө

从表6不难观察到，吉尔吉斯语学生在发这六个复元音韵母时，出现语音脱落现象，如第一行至第四行，还有第七、第八行语音i掉，第五、第六、第九、第十、第十一、第十二行掉音为u，都读错了。与此同时，u和i的偏误也会出现。这一点我们在本文的表2那里分析了。

出现偏误原因：第一，汉语与吉尔吉斯语在语音方面的差异。前面所提，汉语有复元音，吉尔吉斯语中没复元音。由于吉尔吉斯语没有这些复元音，而且这些复元音的发音根本不符合吉尔吉斯语语音发音特点，即难以改变母语语音发音习惯。因此他们借助母语中发音接近的元音来试图发音，结果受到母语语音发音习惯影响，不会马上改过来，因而出现这种语音脱落现象。第二，吉尔吉斯语元音和谐规律的影响。众所周知，吉尔吉斯语语音方面最显著的特点是元音和谐规律，所有亲属语言中吉尔吉斯语的语音和谐最为严格。在吉尔吉斯语里，多音节词各音节中的元音在舌位的前后、高低和唇形的圆展等方面存在着相互制约、相互和谐的关系。不仅如此，在词根和附加成分之间也存在着这种和谐关系。吉尔吉斯语有八个短元音，包括а、ы、о、у等舌后元音，е、и、ү、ө等舌前元音。简言之，在一个音节中，舌后元音和舌前元音不会同时出现，而汉语则是可以的。所以在元音和谐的影响下，吉尔吉斯语学生为了符合元音和谐去掉一个单元音，就出现了以上提到的元音脱落现象。解决方案或教学建议：

1. 向学生说明汉语复元音的存在并解释与吉尔吉斯语元音的区别，同时在老师的指导下，多听多说由这些复元音组成的词或音节来领会语感。

2. 向学生解释零声母以及字母y和w的拼写规则、它们的用途。

（三）带鼻音韵母习得的难点及解决方法

在汉语中，部分韵母是由辅音n和ng的参与而构成的。现代汉语中有 an［ɑn］、ian［iɛn］、uan［uɑn］、üan［yɑn］、en［ən］、in［in］、uen［uən］、ün［yn］、ang［ɑŋ］、iang［iɑŋ］、uang［uɑŋ］、eng［əŋ］、ing［iŋ］、ueng［uəŋ］、ong［uŋ］、iong［yŋ］等 16 个带鼻音韵母。吉尔吉斯语学生带鼻音韵母习得也出现以下偏误，见表 7。

表 7　　　　　　　　吉尔吉斯语学生带鼻音韵母发音偏误

韵母	例子	拼音	错误发音	准确发音	意义
ian	眼	yan	иян	[iɛn]	көз
uan	万	wan	уван	[uɑn]	түмөн
üan	圆	yuan	уван	[yɑn]	тегерек
in	银	yin	ин	[in]	күмүш
uen	问	wen	увын	[uən]	суроо
ün	云	yun	үн	[yn]	булут
iang	羊	yang	иян	[iɑŋ]	кой
uang	忘	wang	уван	[uɑŋ]	унут
ing	硬	ying	ин	[iŋ]	катуу
ueng	翁	weng	увын	[uəŋ]	карыя
iong	用	yong	иён	[yŋ]	иштет

从表 7 可以看出，吉尔吉斯语学生没有正确发音，而误读为拉丁字母的读音。

出现偏误原因：第一，是吉尔吉斯语的影响。如前文所提到的，吉尔吉斯语在一个音节中不会出现两个元音，或者像汉语这样的复元音在吉尔吉斯语中不存在。第二，他们可能没有完全明白零声母以及字母 y 和 w 的用途。第三，汉语韵母标音与拼音的差异。这个主要表现在 y 和 w 的用途方面。教学建议：

1. 向学生解释零声母以及字母 y 和 w 的用途。

2. 向学生说明汉语复元音的存在并与吉尔吉斯语元音的区别，同时在老师的指导下，多听多说由这些复元音组成的词或音节来领会语感。

四　韵母与声母相拼读习得难点及解决方法

吉尔吉斯语学生除了上述困难外，他们在韵母和声母相拼读习得时也出现一些问题，这些偏误主要如下所示：

（一）声母 s、c、z 与韵母 i［ɿ］和 e［ɣ］相拼读的难点以及解决方法或教学建议

当吉尔吉斯语学生将声母 s、c、z 与韵母 i 进行拼读时，往往仅关注 i 的字母形式，将其视为舌面、前、高、不圆唇元音 i［i］，而忽视了与声母结合时的实际发音 -i［ɿ］，从而导致音节发音上的偏误。此外，他们还分不清 si 与 se、ci 与 ce、zi 与 ze 的区别，出现错误的发音，例如：

表8　吉尔吉斯语学生声母 s、c、z 与韵母 i［ɿ］相拼读偏误

行	يونموڭ شىكموڭ		例子		错误发音		正确发音		意义	
1	i	e	i	e	i	e	i	e		
2	s		si（四）	se（塞）	си	сы	［sɿ］	［sɣ］	төрт	тосулуу
3	c		ci（词）	ce（测）	си	сы	［tsʻɿ］	［tsʻɣ］		сөз	тест
4	z		zi（字）	ze（贵）	зи	зы	［tsɿ］	［tsɣ］	иероглиф	милдет

引起发音错误的原因有以下几个：

首先，汉语中 i［ɿ］、i［i］、i［ʅ］三个不同的语音拼写时用同一个字母 i 表示，这对学生产生错误感。由于缺乏相关语言知识的解释，他们不知道 i 何时和哪些声母相拼读，不可以和哪些声母拼读。其次，将韵母 e 读为［ə］是因为吉尔吉斯语没有这个元音，学生只能通过与它相近元音［ə］来发音。此外，他们声母 s、c、z 与韵母 e 拼读时，把它读为［ə］，实际上它不是［ə］，而是［ɣ］。这是因为吉尔吉斯语语音系统没有［ɣ］，而［ə］的读法与吉尔吉斯语中 ы 的读法相似，所以学生们用 ы 来发音代替。他们还分不清 si 与 se、ci 与 ce、zi 与 ze 的区别是因为这些音节中 i 和 e 的发音十分接近，难以区分，产生偏误。对此教学解决方案或建议是：

1. 向学生说明声母 s、c、z 与韵母 i［ɿ］拼读时，其读音［ɿ］不是［i］，并向学生展示它的正确发音。

2. 通过图片、视频和练习向学生解释清楚韵母 i［ɿ］的基本属性以及发音状况。

3. 向学生说明声母 s、c、z 等与韵母 e 拼读时，其中韵母 e 的读音为［ɣ］而不是［ə］，解释它与吉尔吉斯语中的 ы 读音略有不同，与此同时

通过图片、视频和练习向学生解释清楚韵母 e [ɣ] 的基本属性以及发音状况。

4. 在老师的指导下，多读，多听由声母 s、c、z 和韵母 i [ɿ] 或 e 组成的单词，音节，从而逐渐领悟它们的准确拼读要领。

5. 告知学生韵母 e 的实际读音。韵母 e 在辅音后读音为 [ɣ]，而不是 [ə]。元音 e 有三种变体，在辅音后发音为 [ɣ]。在这种情况下，它的发音与吉尔吉斯语 ы 的发音略有不同。读这个音的时候，最好把下巴放低一点，然后发出音来。

（二）声母 r、zh、ch、sh 与韵母 i [ʅ]、e [ɣ] 拼读难点及解决办法或教学建议

吉尔吉斯语学生当声母 r、zh、ch、sh 分别与韵母 i [ʅ]、e [ɣ] 拼读时，由于只看拼音字母 i 和 e，所以把它们分别误读为 i [i]，e [ə]。例如：

表9　吉尔吉斯语学生声母 r、zh、ch、sh 与韵母 i [ʅ]、e [ɣ] 拼读偏误

声母韵母	例子		错误发音		正确发音	
	i	e	i	e	i	e
r	ri（日）	re（热）	zi	zə	[zʅ]	[zɣ]
zh	zhi（纸）	zhe（这）	tʂi	tʂə	[tʂʅ]	[tʂɣ]
ch	chi（吃）	che（车）	tʂ'i	tʂ'ə	[tʂ'ʅ]	[tʂ'ɣ]
sh	shi（十）	she（蛇）	ʂi	ʂə	[ʂʅ]	[ʂɣ]

这种发音错误的原因有以下几个：

首先，学生经常把韵母 i [ʅ] 错误地认成 i [i]。如上所述，学生们产生这种错误的原因是汉语拼音方案中同一字母表示不同语音。其次，当声母 sh、r、ch、zh 与韵母 e 拼读时，他们不知道韵母 e 的确切读音。由于母语的影响，他们把这个韵母读作 [ə]。这是因为 [ə] 的读法与吉尔吉斯语中 ы 的读法相似。事实上，声母 sh、r、ch、zh 与韵母 e 拼读时，韵母 e 的确切读音 [ɣ] 而不是 [ə]。

教学解决方案或提示：

1. 向学生解释清楚声母 sh、r、ch、zh 与韵母 i [ʅ] 相拼读时其读音不是 [i]，而是 [ʅ]。

2. 通过图片、视频和实际练习，向学生展示韵母 i [ʅ] 的属性、发音方法，发音部位。

3. 说明声母 sh、r、ch、zh 与韵母 e 合读时，其读音不是 [ə] 而是 [ɤ]，说明其读音与吉尔吉斯语 ы 的读音不同，与此同时通过图片、视频展示韵母 e 的准确发音状况。

4. 在老师的指导下，多读，多听由声母 sh、r、ch、zh 和韵母 i [ʅ]、e 组合的词或音节来刺激多个感觉器官的反应，让全身对这种声母与韵母的拼读有一个良好感觉。

（三）声母 sh、r、ch、zh、j、q、x 与韵母 u、ü 拼读的难点及解法或教学建议

当学生将声母 sh、r、ch、zh、j、q、x 与韵母 u、ü 进行拼读时难以区分其读音究竟是 [u] 或 [y]，因而出现偏误。例如：

表 10　吉尔吉斯语学生声母 sh、r、ch、zh、j、q、x 与韵母 u、ü 拼读偏误

声母 韵母	例子		错误发音		正确发音	
	u	ü	u	ü	u	ü
j	—	ju（句）	tɕu *	tɕy	—	[tɕy]
q	—	qu（去）	tɕʻu *	tɕʻy	—	[tɕʻy]
x	—	xu（需）	ɕu *	ɕy	—	[ɕy]
r	ru（如）	—	ʐu	ʐy *	[ʐu]	—
zh	zhu（住）	—	tʂu	tʂy *	[tʂu]	—
ch	chu（出）	—	tʂʻu	tʂʻy *	[tʂʻu]	—
sh	shu（书）	—	ʂu	ʂy *	[ʂu]	—

注意：实际上 j、q、x 不会与 u 搭配；zh、ch、sh、r 不会与 ü 搭配。

从表 10 可以看出，当吉尔吉斯语学生声母 j、q、x 与韵母 u、ü 拼读时，不知道其读音究竟读作 [u] 还是 [y]。类似的情况在声母 sh、r、ch、zh 与韵母 u 拼读时也会出现，甚至出现错误的拼读情况，如表 10 中星号 * 表示的就是错误读音。从这个我们不难看出他们缺乏韵母与声母拼读方面的知识。准确地说他们不知道哪些声母与哪些韵母可以拼读，哪些不能拼读的规则。

究其产生原因，首先，他们不知道或忘记韵母 ü 除 n、l 以外的声母组合时，其两个点儿省略写作为 u 的情况。所以在拼读 ju（句）、qu

（去）、xu（需）的时候错误地把韵母 ü 读作 u。其次，如上所述学生不知道韵母 ü 和 u 与哪些声母可以拼读，与哪些声母不能拼读的规则。解决方法或教学建议：

1. 向学生解释声母 j、q、x 可以与韵母 ü 相拼读，不能与韵母 u 相拼读，提醒韵母 ü 与声母 j、q、x 拼读时其两个点儿省略写作为 u 的情况。同样讲授声母 sh、r、ch、zh 不可以与韵母 ü 相拼读，而可以与韵母 u 相拼读。

2. 在老师的指导下，多读，多听由声母 sh、r、ch、zh 和韵母 u 的拼读音，韵母 ü 与声母 j、q、x 组合的词或音节来刺激多个感觉器官的反应，让全身对这种声母与韵母的拼读有一个良好感觉。

（四）字母 e 的偏误及解决方法或建议

在某些情况下，吉尔吉斯语学生不知道字母 e 何时读为［γ］何时读为［ε］。例如：

te（特）-ye（叶），re（热）-qie（切），ke（课）-ei（欸）。

以上例子中我们可以看到每一组例子中都有字母 e。但是，在 te（特）、ke（课）、re（热）中，这个字母读作［γ］，而在 ye（叶）、qie（切）、ei（欸）中读作［ε］。同一个字母有时发音为［γ］，有时发音为［ε］，这对刚学中文的学生来说很困难，因而产生偏误。解决方法或教学建议：

1. 向学生解释字母 e 在单韵母中读音为［γ］，在复韵母中读为［ε］的情况。在上面的例子中，te（特）、ke（课）、re（热）中，这个字母读作［γ］，ye（叶）、qie（切）、ei（欸）中这个字母则读作［ε］。

2. 讲授零声母及 y 的拼写规则以及音位变体等相关的语言知识。因为吉尔吉斯语学生字母 e 的用途偏误从根本上来看，牵扯到韵母、声母、韵母声母拼读、零声母以及音位变体等语言知识。因此老师讲授这些语音知识时应适当教授这些语言知识来深化他们的认识。

五 结论

习得第二语言的第一阶段是系统而正确地学习语音，语音习得是语言学习者后续语言学习的关键。如学生语音方面没有扎实的基础，没能解决他们语音习得的困难和问题，将会影响语言其他要素的学习。因为语言是由语音、词汇、语法、语义组成的整体，各个组成部分之间相互影响，相互制约，其各个部分不会各自独立地存在，而是紧密地交织在一起，相互作用。综上所述，吉尔吉斯语学生在学习汉语语音时，受母语的负迁移影响，主要在与吉尔吉斯语不相同的方面出现问题或偏误。声母方面，声母的概念及其与辅音的关系及区别，c、r 的发音问题，区分 j、q、x 和 zh、ch、sh，零声母使用和字母 w、u 的准确使用等方面出现偏误。

韵母习得方面，第一，er [ər] 的发音以及 i [i]、-i [ʅ]、-i [ɿ] 区分。第二，ia、ie、üe、iao、iou、uo 六个复元音韵母的发音过程中的音掉现象，带鼻音韵母 ian、uan、üan、in、uen、ün、iang、uang、ing、ueng、iong 的准确发音等方面出现偏误。第三，韵母与声母相拼读方面也存在一些的拼读区分问题。如，声母 s、c、z 与韵母 -i [ɿ] 和 e [ɤ] 存在一些的拼读区分，声母 r、zh、ch、sh 与韵母 -i [ʅ]、e [ɤ] 的拼读并区分，声母 sh、r、ch、zh、j、q、x 与韵母 u、ü 相拼读并区分，字母 e 的用法，等等。

简言之，吉尔吉斯语学生习得汉语语音方面在与吉尔吉斯语不同的方面出现偏误，即汉语特有的语音特征方面的偏误较突出。造成这种难点或偏误的有内部原因和外部原因。对汉语来讲，内部原因包括韵母、声母、复元音、带鼻音韵母、标音、拼音方案、声母与韵母拼读、音位变体等汉语本身具有的独特特征。对吉尔吉斯语来说，元音和谐规律、元音与辅音拼读、元音与辅音在词里的分布情况、标音方案等吉尔吉斯语语音方面本身具有的独特特征。外部因素有学生学习背景、语言态度、教师语言知识及教授技能、学习资料、语言环境等。

参考文献

胡振华编著：《吉尔吉斯语教程》，中央民族大学出版社 2017 年版。

周小兵主编：《对外汉语教学导论》，商务印书馆 2009 年版。

周毅：《汉语拼音对留学生发音错误的诱发机制及教学对策》，《语言和字符应用》2005 年第 9 期。

安然、张仕海：《汉字圈和非汉字圈学生语音感知的差异及成因探析》，《现代语文》2006 年第 6 期。

才甫丁·依沙克：《吉尔吉斯语语音简析》，《语言学杂志》2019年第6期。

金明：《对外汉语教学课程教案设计》，《华语教学》2018年第4期。

李冉：《中亚留学生学习汉语常见问题分析》，《汉语世界》2018年第3期。

基于数字墨水技术的零起点留学生汉字笔顺书写影响因素研究

赖赟

摘要：本研究以零起点留学生的手写汉字为研究对象，利用数字墨水技术考察零起点留学生汉字书写笔顺正误与汉字构形特征之间的关系。通过实验发现，零起点留学生的笔顺书写正确率与汉字的构成特征要素，如汉字的笔画数、笔画种类数、汉字构形中包含的撇笔、捺笔的数量等，存在显著的相关关系。基于统计分析结果，本文建议汉语教师在早期的汉字书写教学中，1. 关注汉字的构形特征；2. 强调汉字书写的笔画顺序，精讲多练；3. 利用数字墨水技术或其他计算机辅助技术手段来对留学生的汉字书写过程进行检测，并及时给予纠正。

关键词：汉语国际传播；笔顺；汉字书写；零起点留学生

一 引言

汉字结构复杂，与拼音文字相比构形差异大，是国际中文教育的基础和难点。特别是汉字的书写问题一直受到广泛关注，被认为是制约外国学习者提高汉语水平和影响学习热情的重要因素。零起点留学生尚未掌握笔画的书写技能与汉字的构形规律，又受其母语负迁移的影响，在汉字书写方面具有特殊的偏误特征，需要根据其学习和认知特点及时给予反馈和纠正。

以往关于汉语第二语言学习者汉字书写的研究大都集中于对汉字书写结果的静态分析，对具有私下性和隐蔽性特征的汉字动态书写过程的研究相对较少。笔画书写的先后顺序等动态行为是汉字教学及汉字认知研究的

赖赟，西北师范大学国际文化交流学院。

重要组成部分。通过数字墨水技术采集的手写汉字样本能够记录汉字书写的空间和时间信息,具有采样点精度,使得对留学生的汉字动态书写行为的细致分析成为可能。

零起点留学生的汉字书写行为反映了学习者对汉字字形的感知和认识,特别是对其笔画书写顺序的考察有助于了解学习者汉字习得的规律与特点,揭示汉字认知过程,从而有针对性地进行汉字书写教学。本研究将基于数字墨水技术,通过对零起点留学生汉字书写的笔画顺序书写行为进行考察,探析笔顺书写正误与汉字构形特征之间是否存在相关关系。并基于实验结果讨论留学生汉字书写笔顺正误的影响因素,丰富汉字书写的认知加工理论,为汉字教学提供科学依据和建议。

二 留学生汉字书写研究现状

汉字书写行为包含书写结果和书写过程两个方面,前者是书写完毕后呈现出的"成品字";后者是汉字书写的动态属性,包含汉字书写时的压力、速度、时间等物理学特征,以及笔顺、笔向、断笔、连笔等语言学特征。目前大部分有关留学生汉字书写的研究均基于对书写结果的观察,利用语料库或纸笔作业,对汉字书写偏误进行分类和归纳。根据汉字书写结果是否"成形",通常将留学生的汉字偏误分为书写错误和书写不规范两大类。书写错误的字可进一步分为错字和别字,错字是指书写不正确,并且在规范汉字字典中查阅不到的字。别字指形体正确但错误使用的字,也就是把某字错写成另一字,是由于字形或字音相近而产生的混淆(黄伯荣、廖旭东,2007)。

区分错字和别字之后,研究者们往往会根据汉字构形的特点,从笔画和部件的层面对留学生书写的错误进行统计和分析。笔画层面的偏误一般包括笔形错误、笔向错误、笔画增减错误、笔画配合错误(崔永华、陈小荷,2000),部件层面的偏误包括部件增减错误、部件更换错误、部件配合错误、部件的变形与变位(施正宇,2000)。别字偏误一般分为同音误用、近音误用、近形误用、近音近形误用等(梁源,2019)。留学生汉字书写偏误的原因包括对外汉语教学对笔画较为忽视,对字形书写缺乏训练,学习者对汉字拓扑性质中可变和不可变特征缺乏认识(冯丽萍,2013)。

汉字书写的正确率随着留学生汉语学习水平的增强而显著提高(王建勤,2009)。本研究主要关注汉语初学者在汉字书写方面的表现。对初级留学生书写偏误研究发现，此阶段学习者书写问题主要集中在笔画层面，表现为书写的无序性，混淆笔画分离、连接、交叉的方式，缺笔、增笔或笔画错位（华丽娅、江新，2018）。何继军、付洁萍（2018）借鉴了张军（2015）基于空间和时间维度的汉字书写偏误分类方法，通过摄像机记录留学生汉字书写过程，发现初级阶段的学习者更易在汉字书写过程中出现笔顺、笔向、连笔和断笔等偏误；在空间层次的偏误多是笔画间的交接关系问题。

汉字的字形信息、结构方式、笔顺信息等都可能对留学生的汉字书写结果产生影响（喻柏林、曹河圻，1992）。笔顺规则是汉字书写的重要学习内容，以正确的笔顺写汉字有利于留学生构建笔画意识、记忆汉字字形、将汉字书写得更加美观（万业馨，2004）。陈晨、冯丽萍（2016）发现笔顺书写正确率与听写正确率之间存在着显著的相关关系。但是安然、单韵鸣（2007）通过摄像机记录留学生书写汉字的过程，发现笔顺并不影响非汉字圈学生的汉语水平提高。

总而言之，现有的留学生汉字书写研究对笔顺等书写的动态行为关注较少。利用摄像机等设备来记录汉字笔画书写过程的研究方式较为耗时耗力，且所采集和提取的信息较为粗糙。而且现有研究的实验样本都相对较小，因而难以得到普适的研究结论。

三 研究方法

本研究首先利用数字墨水技术对留学生的手写汉字进行笔画提取，并对汉字的笔顺正误进行判定。其次，对参考汉字进行构形描述，从笔画数、笔段数、笔画构成等方面对汉字的构性特征进行全面的描写。最后利用SPSS软件分析零起点留学生笔顺书写正确率与汉字构形特征之间的相关性。

（一）数据简介

1. 参考汉字及其构形特征。

表1　　　　　　　　　参考汉字字形

	1	2	3	4	5	6	7	8	9	10
1	大	土	木	门	日	山	九	口	刀	月

续表

	1	2	3	4	5	6	7	8	9	10
2	四	五	六	女	马	水	云	衣	火	立
3	车	米	言	手	鸟	心	上	羊	天	中
4	石	力	见	雨	母	弟	更	重		

汉字书写教学要遵循由易到难、循序渐进的原则。独体字笔画简单、构字能力强，在汉字初学阶段练习独体字的书写有助于培养学习者的汉字构形意识，为掌握复杂汉字的书写技能奠定基础。

本文综合考虑了汉字的笔画数，包含的笔画种类及构形特征，从零起点留学生汉语教材《成功之路：入门篇》中选取了38个独体字作为本文研究的参考汉字（见表1），并对每个参考汉字的笔画数、汉字的笔画种类数、汉字的笔段数、汉字的笔段种类数、汉字构形中包含的各笔画的数量以及汉字的正确书写笔顺进行了详细的标注，构建了全面的汉字构形特征属性表（如表2所示）。为研究和分析零起点留学生笔顺书写与汉字构形特征相关性奠定了基础。

对称是现代汉字构形的重要特征，绝大多数汉字在广义的角度上都是对称的。对字形表中38个汉字的结构特征进行统计后发现，其中28个汉字为对称结构，占比为73.47%。

笔画是汉字最基本的书写单元，笔画数是构成汉字的笔画数量的总和，是汉字的重要属性（郭圣林，2008）。笔段是汉字中同一方向上的不含拐点的一条连续平滑的线段，作为一层笔形单位，广泛运用于计算机汉字识别领域。一个笔画可以包含一个或多个笔段，如图1所示，笔画"竖弯钩"由ab、bc、cd三个笔段组成，笔段数就是构成汉字笔段数量的总和。

表1字形表中38个参考汉字的平均笔画数为4.395画。笔画数最少的汉字为2笔，如"刀""九"等，笔画数最多的汉字是"重"为9画，4画汉字在整体字形表中所占比重最大。38个汉字平均每个汉字包含5.71个笔段，包含笔段数最少的汉字由3个笔段构成，如汉字"上""大"；笔段数最多的汉字共包含11个笔段，如汉字"弟"。包含5和4个笔段的汉字数量最多，约占全部汉字的一半。

表 2 汉字构形特征属性标注

编号	汉字	笔画数	笔画种类数	笔段数	笔段种类数	包含横竖组合笔画	包含撇捺组合笔画	折角数	弯角数	钩角数	是否对称	横	竖	撇	点	捺	提	横折弯钩	横折钩	横折	竖折	撇点	竖折折钩	竖钩	竖弯	横撇	撇折	斜钩	竖弯钩	竖折折钩
1	大	3	3	3	3	0	1	0	0	0	1	1	0	1	0	1	0	0	0	0	0	0	0	0	0	0	0	0	0	0
2	土	3	2	3	2	1	0	0	0	0	1	2	1	0	0	0	0	0	0	0	0	0	0	0	0	0	0	0	0	0
3	木	4	4	4	4	1	1	0	0	0	1	1	1	1	0	1	0	0	0	0	0	0	0	0	0	0	0	0	0	0
4	门	3	3	5	4	0	0	1	0	1	1	0	1	0	1	0	0	0	1	0	0	0	0	0	0	0	0	0	0	0
5	日	4	3	5	2	0	0	1	0	0	1	2	1	0	0	0	0	0	0	1	0	0	0	0	0	0	0	0	0	0
6	山	3	3	4	2	0	0	1	0	0	1	1	2	0	0	0	0	0	0	0	1	0	0	0	0	0	0	0	0	0
7	九	2	2	3	4	0	0	0	1	1	0	0	0	1	0	0	0	1	0	0	0	0	0	0	0	0	0	0	0	0
8	日	4	3	5	2	0	0	1	0	0	1	2	1	0	0	0	0	0	0	1	0	0	0	0	0	0	0	0	0	0
9	刀	2	2	4	4	0	0	1	0	1	0	1	0	1	0	0	0	0	1	0	0	0	0	0	0	0	0	0	0	0
10	月	4	3	4	4	0	0	1	0	1	1	0	0	1	0	0	0	0	0	2	0	0	0	1	0	0	0	0	0	0
11	四	5	5	6	3	0	0	1	0	0	1	2	1	0	0	0	0	0	0	1	1	0	0	0	0	0	0	0	0	0
12	五	4	4	5	3	0	0	1	0	0	1	2	1	1	0	0	0	0	0	0	1	0	0	0	0	0	0	0	0	0
13	六	4	4	4	3	0	0	0	0	0	1	1	0	1	2	0	0	0	0	0	0	0	0	0	0	0	0	0	0	0

续表

分类	属性	14 女	15 马	16 水	17 云	18 衣	19 火	20 立	21 车	22 米	23 言	24 手	25 鸟	26 心
复合笔画	竖折折钩	0	0	0	0	0	0	0	0	0	0	0	0	0
	竖弯钩	0	0	0	0	0	0	0	0	0	0	0	0	0
	斜钩	0	0	0	0	0	0	0	0	0	0	0	0	1
	撇折	0	0	0	1	0	0	0	1	0	0	0	0	0
	横撇	0	0	1	0	0	0	0	0	0	0	0	0	0
	竖弯	0	0	0	0	0	0	0	0	0	0	0	0	0
	竖钩	0	0	1	0	0	0	0	0	0	0	1	0	0
	竖折折钩	0	1	0	0	0	0	0	0	0	0	0	0	0
	撇点	1	0	0	0	0	0	0	0	0	0	0	0	0
	竖折	0	0	0	0	0	0	0	0	0	0	0	0	0
	横折	0	1	0	0	0	0	0	0	0	1	0	0	0
	横折钩	0	0	0	0	0	0	0	0	0	0	0	1	0
	横折弯钩	0	0	0	0	0	0	0	0	0	0	0	0	0
基本笔画	提	0	0	0	0	0	0	0	0	0	0	0	0	0
	捺	1	0	1	0	1	1	0	0	1	0	0	0	0
	点	0	0	0	1	1	1	2	0	1	1	0	1	3
	撇	0	0	1	0	2	2	1	0	2	0	1	0	0
	竖	0	0	0	0	0	0	1	1	1	0	0	0	0
	横	1	1	0	2	1	0	2	2	1	3	2	1	0
	是否对称	1	0	1	1	0	1	1	1	1	1	1	0	1
	钩角数	0	1	1	0	1	0	0	0	0	0	1	2	1
	弯角数	0	0	0	0	0	0	0	0	0	0	0	0	1
	折角数	1	3	1	1	0	0	1	0	1	0	1	3	0
	包含撇捺组合笔画	1	0	1	0	1	1	0	0	1	0	0	0	0
	包含横竖组合笔画	0	0	0	0	0	0	0	1	0	1	0	0	0
	笔段种类数	3	3	5	3	6	3	4	3	5	3	4	5	3
	笔段数	4	7	6	5	7	4	5	5	6	8	5	10	5
	笔画种类数	3	3	4	3	5	3	3	3	5	4	3	5	2
	笔画数	3	3	4	4	6	4	5	4	6	7	4	5	4

续表

类别	特征	27 上	28 丰	29 天	30 中	31 石	32 力	33 见	34 雨	35 母	36 弟	37 更	38 重
	笔画数	3	6	4	4	5	2	4	8	5	7	7	9
	笔画种类数	2	4	3	3	4	2	4	4	4	6	5	4
	笔段数	3	6	4	5	6	4	7	10	8	11	8	10
	笔段种类数	2	3	3	2	3	4	4	4	4	5	4	3
	包含横竖组合笔画	1	1	0	1	0	0	0	0	1	1	1	1
	包含撇捺组合笔画	0	0	1	0	0	0	0	0	0	1	1	0
	折角数	0	0	0	1	0	1	1	1	1	2	3	1
	弯角数	0	0	0	1	0	0	0	0	0	0	0	0
	钩角数	0	0	0	0	0	1	1	0	1	0	0	0
	是否对称	1	1	1	1	0	0	1	1	1	0	0	1
基本笔画	横	2	2	2	1	2	0	1	0	1	1	3	4
	竖	1	1	0	2	1	0	0	2	0	1	2	2
	撇	0	1	1	1	0	0	1	0	0	2	1	1
	点	0	1	1	0	0	0	1	0	4	2	1	0
	捺	0	0	0	0	0	0	0	0	0	0	0	0
	提	0	0	0	0	0	0	0	0	0	0	0	0
复合笔画	横折弯钩	0	0	0	0	0	0	0	0	0	0	0	0
	横折钩	0	0	0	0	0	1	0	1	0	0	0	0
	横折	0	0	0	1	1	0	1	0	1	1	1	1
	竖折	0	0	0	0	0	0	0	0	0	0	0	0
	撇点	0	0	0	0	0	0	0	0	0	0	0	0
	竖折折	0	0	0	0	0	0	0	0	1	0	0	0
	竖钩	0	0	0	0	0	0	0	0	0	0	0	0
	竖弯	0	0	0	0	0	0	0	0	0	0	0	0
	横撇	0	0	0	0	0	0	0	0	0	0	0	0
	撇折	0	0	0	0	0	0	0	0	0	0	0	0
	斜钩	0	0	0	0	0	0	0	0	0	0	0	0
	竖弯钩	0	0	0	0	0	1	0	0	0	0	0	0
	竖折折钩	0	0	0	0	0	0	0	0	0	0	0	0

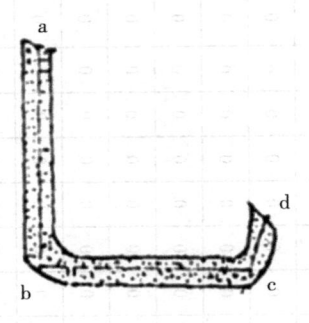

图 1　笔画与笔段

笔形是笔画的书写形状，不同的笔形在视觉特征上有较大的差别，对汉字构形具有重要的意义。除了"一、二、三"等有限的几个汉字是由单一的笔形构成，其余汉字都是由多种笔形相互组合搭配而成。汉字构形中包含的笔形种类数一定程度上反映了汉字构形的复杂程度。笔形根据是否有折笔可分为基本笔形和派生笔形，也称为基本笔画和复合笔画。基本笔形是由简单的点或线构成的笔画，包括"横、竖、撇、点、捺、提" 6 种，派生笔形由两个或两个以上的基本笔画连接而成，包括横折、横撇、横钩等 25 种。《GB13000.1 字符集汉字折笔规范》将复合笔画中简单笔画的连接部分称为"折点"（turning point），细分为折角、弯角、钩角，简称为"折、弯、钩"。据此，本文对 38 个汉字包含的笔形数量和具体笔形的频度分布情况进行统计。38 个汉字共包含的笔形总数为 164，其中基本笔形 129 个，复合笔形 35 个。从笔形的具体种类统计分布上来看，字形表中基本笔形的构字频度由高到低的排序顺序为横、撇、竖、点、捺，横笔的构字能力最强。复合笔形构形复杂，字形表中的 38 个汉字共包含"横折、竖折、横折弯钩"等复合笔形共计 14 种 35 个。字形表中的参考汉字平均包含 3.368 种笔形，由 3 种笔形构成的汉字在字形表中所占比例最大。笔形数最少的汉字由两种笔形构成，如汉字"刀"由"撇"和"横折竖钩"组合而成；包含笔形数量最多的汉字由五种不同的笔形构成，如汉字"弟"，包含"点、撇、横折、横、竖折折钩、竖"五类笔形。

2. 数字墨水汉字数据

本研究用于实验的数字墨水数据获取自张军（2015）构建的留学生汉字摹写数据库。该数据库的书写主体为 2012 年 9 月至 2013 年 1 月学期的 22 名北京语言大学汉语进修学院的留学生，学习者汉语水平为零起点，男生 14 人，女生 8 人。母语背景方面，20 人来自 12 个不同的非汉字文化圈的母语背景，另有 2 人分别来自日韩汉字圈。

采集汉字的设备为 Anoto 数码笔，专用的书写纸张上布满了细小的点，所有的点组成了一个点阵，构造出一个带有坐标信息的二维空间书写者使用数码笔书写时（如图 3 所示）。设备通过感知笔头与纸张接触形成的压力，记录下书写者书写汉字的数字墨水数据，包括从起笔到停笔的全部书写行为。用数码笔在专用纸张上书写，类似于用普通圆珠笔书写，过程与真实书写状态几乎无异。

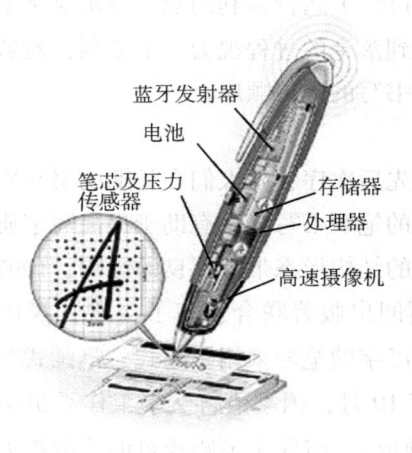

图 2 Anoto 数码笔原理　　图 3 Anoto 数码笔系统

该数据库实际共采集 510 个字形，17139 个书写字例。数据的采集是通过摹写任务完成的。摹写的具体要求为：目标参考字直接呈现在书写载体上，要求被试在目标字后进行跟随式摹写，目标字呈现，直至书写任务结束或被试提前终。零起点留学生的汉字学习策略主要是进行大量的抄写练习。抄写是指依样书写，练习者通常以标准字为参考进行临摹。抄写过程中包含丰富的原始数据和信息，对汉字抄写的过程及结果进行研究，可以揭示书写习得中潜在的认知规律。

该任务能够考查留学生在无须借助语义或语音启动字形，且知晓汉字书写正字法条件下，对汉字进行知觉分解，并执行书写运动的心理加工过程和动作控制过程。可以满足本研究对零起点留学生汉字书写时笔顺及笔向特点的探索需求。

本文从该数据库中为表 1 中的每个参考汉字随机获取约 50 个数字墨水汉字样本，总计 2131 个。由于本研究主要考察汉字书写中的笔画顺序的正误，因此在数字墨水汉字样本选择时人工筛选、去除了由于笔画增加或减少及笔画、笔形误用导致的错字。

（二）数据分析

为了对学习者汉字书写的动态过程进行研究，本文利用了一个原型系统对数字墨水汉字进行笔画提取和笔顺分析。该系统基于汉字书写层次模型（白浩，2018），使用 C++编程语言在 Microsoft visual studio 2005 平台开发，并于 Windows 10 操作系统的 PC 上运行。利用数字墨水汉字采样点的时间和坐标信息，将学习者起笔到落笔的过程视为一个笔画，对数字墨水汉字进行笔画提取，并检测笔画书写的先后顺序。

1. 笔顺正误

笔顺是指汉字书写时各笔画的先后次序，是人们在长期的书写实践中形成的书写习惯。普遍认为以正确的笔顺书写汉字有助于提高写字质量和效率；而错误的笔顺会对汉字书写的结构形态带来不良的影响。1997 年 4 月，国家语言文字工作委员会和新闻出版署联合发布了《现代汉语通用字笔顺规范》，该规范把 7000 通用汉字的笔顺采用跟随式、笔画式和序号式三种描述方式表示出来。1999 年 10 月，国家语言文字工作委员会发布了《GB 13000.1 字符集汉字笔顺规范》，将汉字笔顺规范的范围扩大到了 20902 字。至此，现代汉字的笔顺基本得到了统一。

汉字的基本的笔顺规则包括：

（1）先横后竖，如"十、干"等；
（2）先撇后捺，如"八、人"等；
（3）从上到下，如"三、吕"等；
（4）从左到右，如"川、做"等；
（5）从外到内，如"风、同"等；
（6）先中间后两边，如"小、水"等；
（7）先进去后关门，如"目、回"等。

本文首先利用程序系统对留学生数字墨水汉字进行了笔画提取和笔顺检测。在本研究采集到的 2131 个数字墨水汉字中，笔顺正确的汉字有 1716 个，约占全部数字墨水汉字样本总数的 80.57%；笔顺错误的汉字为

415个，约占全部手写样本总数的 19.43%。为了获得实验数据的平衡性，本文对笔顺正确的汉字再次进行了随机抽样，在保证参考汉字基本覆盖的前提下获取了笔顺书写正确的数字墨水汉字样本 585 个。总计实验样本数为 1000 个。

四 实验结果

本文根据所选参考汉字的结构特点和笔画构成，将参考汉字构形特征分为汉字是否对称，汉字包含的笔画数、笔段数，汉字包含的笔画种类数，汉字构形中包含的横笔、竖笔、撇笔、捺笔、点笔的数量，汉字构形中是否包含横竖结构组合（如"十"）与撇捺结构组合（如"人"或"八"）以及汉字构形中的折角、弯角、钩角的数量共计 14 项特征。

表3　　　　　笔顺正确率与汉字构形特征之间的相关关系

	笔顺（书写正确的记为1，书写错误的记为0）
汉字构形是否对称	0.087**
汉字包含的笔画数	−0.182**
汉字包含的笔画种类总数	−0.198**
汉字包含的笔段数	−0.247**
汉字包含的笔段种类综述	−0.263**
汉字包含的横笔数	0.058
汉字包含的竖笔数	−0.032
汉字包含的撇笔数	−0.201**
汉字包含的捺笔数	−0.119**
汉字包含的点笔数	−0.141**
汉字包含的横竖笔画组合	0.042
汉字包含的撇捺笔画组合	−0.119**
汉字包含的折角数	−0.127**
汉字包含的弯角数	−0.119**
汉字包含的钩角数	−0.156**

注：* $p<0.05$，** $p<0.01$。

本文利用 SPSS 26.0 统计软件，使用相关性分析方法来考察零起点留学生数字墨水汉字的笔顺书写正确率分别和汉字构形中的汉字笔画数、笔段数、笔画种类数、笔段种类数等 14 项特征之间的相关关系，并使用 Pearson 相关系数表示相关关系的强弱情况。统计分析结果如表 3 所示。

通过分析可以看到，零起点留学生笔顺书写正确率和汉字构形是否对称之间的相关系数值为 0.087，呈现出 0.01 水平的显著性，说明零起点的留学生在书写构形对称的汉字时，其笔顺书写的正确率更高。

在构成汉字的笔画数与笔段数方面，笔顺书写正确率和汉字笔画数、笔段数之间的相关系数值分别为-0.182 与-0.247，且均呈现出 0.01 水平的显著性，说明笔顺正确率与汉字构形笔画数与笔段数之间都存在着显著的负相关关系，即汉字构形中的笔画数与笔段数数量越多，学习者书写汉字时的笔顺正确率越低。

笔顺正确率和汉字笔画种类数之间的相关系数值为-0.198，呈现出 0.01 水平的显著性，说明笔顺和汉字笔画种类数之间有着显著的负相关关系。具体来看：

（1）在横竖笔画方面，笔顺正确率与汉字包含的横笔数与竖笔数之间的相关系数值为 0.058 与-0.032，均接近于 0，并且 p 值分别为 0.065 与 0.305，都大于 0.05，因而说明笔顺正确率与汉字包含的横笔数与竖笔数之间并没有相关关系。

（2）留学生笔顺书写正确率和汉字包含的撇笔数、捺笔数与点笔数之间的相关系数值分别为-0.201、-0.119 与-0.141，均呈现出 0.01 水平的显著性，说明笔顺正确率和撇笔数、捺笔数与点笔数之间有着显著的负相关关系。即汉字构形中包含的撇笔数、捺笔数与点笔数越多，零起点留学生在汉字书写时越容易出现笔顺错误。

（3）横竖组合（如"十"）与撇捺组合（如"人""八""入"）也是初学汉字时常遇到的汉字构形组合，经分析发现，零起点留学生汉字书写时笔顺正确率和汉字构形中包含横竖组合的相关系数值为 0.042，接近于 0，并且 p 值为 0.179，大于 0.05，说明学习者笔顺书写的正确率和汉字构形是否包含横竖的笔画组合之间并没有相关关系。笔顺正确率和汉字构形包含的撇捺组合之间的相关系数值为-0.119，并且呈现出 0.01 水平的显著性，因而说明笔顺书写正确率和撇捺之间有着显著的负相关关系。由此可见，汉字构形中是否包含横竖结构不影响初学者汉字书写笔顺的正误，但是对于包含撇捺笔画组合的汉字，学习者在书写时则更容易出现笔画顺序上的偏误。

(4）零起点留学生汉字笔顺正确率和汉字折角数、弯角数、钩角数之间的相关系数值分别为-0.127、-0.119与-0.156，均呈现出0.01水平的显著性，因而说明笔顺正确率与和汉字折角数、弯角数、钩角数有着显著的负相关关系。汉字构形中包含的折角、弯角、钩角数量越多，学习者越容易出现笔顺书写错误。

五 结论

本研究基于数字墨水技术，利用统计分析的方法，对零起点留学生数字墨水汉字笔顺书写正确率与汉字构形特征之间的关系进行考察。根据实验结果可以看到，零起点的留学生汉字书写时笔顺的正确率与汉字构形之间有显著的相关性，笔顺书写正误受汉字构形因素影响较大。

具体来说，书写对称汉字时，学习者的笔顺正确率更高。汉字构形中的笔画数与笔段数数量越多，即汉字构形越复杂，学习者越容易出现笔顺的书写错误。汉字构形中的横笔和竖笔数量，以及横竖笔画组合（如"十"）不影响学习者的汉字笔顺书写。而汉字构形中的撇笔数、捺笔数、点笔数、折角数、弯角数、钩角数越多，零起点留学生在汉字书写时越容易出现笔顺错误。汉字构形中的撇捺组合（如"人""八""入"）也会对笔顺书写的正确率产生显著影响。

本研究的统计分析结果可以给予汉字教学一些启发：

首先，汉字的笔画构形因素会对零起点留学生的笔顺书写正误产生影响，因此在实际的汉字书写教学中，汉语教师要多关注汉字的构形特征。如学习者在书写包含捺笔、钩角、折角的汉字时易出现笔顺错误的现象，教师可以提前对此类汉字进行构形特征的分析和强调，帮助学生更好地掌握笔画顺序的书写。

其次，在面向零起点留学生的汉字书写教学中，教师要注意强调笔画书写的顺序和方向，精讲多练。也可以有针对性地进行同类构形汉字的集中书写练习，提高学习者的汉字书写技能。

最后，由于学习者在汉字书写中的动态行为较难观察，因而在汉字书写教学中可以利用数字墨水技术或其他计算机辅助技术手段来对留学生的汉字书写过程进行检测，并及时给予纠正，避免学习者在初学阶段形成化石化的不良书写习惯，帮助留学生提高汉字书写能力。

参考文献

安然、单韵鸣：《非汉字圈学生书写汉字及修正过程的个案研究》，《暨南大学华文学院学报》2006年第3期。

白浩：《留学生数字墨水汉字笔画错误提取的智能方法研究》，博士学位论文，北京语言大学，2018年。

陈晨、冯丽萍：《意大利汉语初学者汉字基本笔顺书写规律及其相关因素研究》，《云南师范大学学报》（对外汉语教学与研究版）2016年第4期。

崔永华、陈小荷：《影响非汉字圈汉语学习者汉字学习因素的分析》，《海外华文教育》2000年第1期。

冯丽萍：《认知视角的对外汉语教学论》，北京大学出版社2013年版。

郭圣林：《汉字的笔画特点与外国学生汉字笔画偏误》，《暨南大学华文学院学报》2008年第4期。

何继军、付洁萍：《初级阶段来华留学生汉字笔顺偏误分析》，《海外华文教育》2018年第3期。

华丽娅、江新：《摩尔多瓦人汉字抄写和字形知觉的实验研究》，《国际汉语教育》（中英文）2018年第3期。

黄伯荣、廖序东主编：《现代汉语》（增订四版），高等教育出版社2007年版。

梁源：《从书写偏误看汉语二语学习者的汉字习得》，《语言教学与研究》2019年第4期。

施正宇：《外国留学生字形书写偏误分析》，《汉语学习》2000年第2期。

万业馨：《从汉字研究到汉字教学》，《世界汉语教学》2004年第2期。

王建勤主编：《第二语言习得研究》，商务印书馆2009年版。

喻柏林、曹河圻：《汉字识别中的笔画数效应新探——兼论字频效应》，《心理学报》1992年第2期。

张军：《留学生书写行为偏误类型体系的构建》，《海外华文教育》2015年第2期。

莫斯科语义学派词汇函数理论在现代汉语词际语义关系分析中的应用

刘兰民

摘要："词汇函数"是莫斯科语义学派的核心概念之一，指一组词汇语义单位 X 与另一组词汇语义单位 Y 之间的特定抽象语义关系 f。在汉语作为二语教学中遇到的"可怕"与"害怕"类易混淆词之间，存在着抽象语义函数关系 f，即"使人产生某种感觉、情绪，出现某种动作"。从反函数的角度来看，二者之间存在抽象的因果关系。

关键词：词汇函数；汉语词汇；实例

一 引言

在汉语作为第二语言教学中，我们发现，学习者常常混淆"可怕"与"害怕"。例如，我们在 HSK 动态作文语料库中检索到以下两个句子①：

1. 因为那时候，我的年龄太小，而且第一次离开 {CD 了} 家，感觉非常害怕 {CC 可怕}。

2. 因为为了产量的提高，使用很多化肥和农药的话，现在是可以的，能 {CQ 不} 挨饿，但是想想将来和自己的孩子、孙子们，将来一定是可怕 {CC 害怕} 的，肯定引起很坏的后果。

显而易见，在例句 1 中，当用"害怕"，学生误用为"可怕"；而在

刘兰民，北京师范大学国际中文教育学院。

① 为了准确记录学生的错误，我们保留了语料库中例句的原貌，包括语料库中所用的符号。其中大括号 { } 里的"CC"，代表错词。

例句2中的情况则相反,当用"可怕",学生误用为"害怕"。从汉语作为第二语言学习者角度来看,这两个词可以归入"易混淆词"(张博,2005)。而且,"害怕"与"可怕"这对"易混淆词"属于双向混淆,即"害怕←可怕"①。

但是从汉语本体来看,"害怕"与"可怕"之间在语义上有没有关系呢?我们先来看一下《现代汉语词典》第7版(以下简称《现汉》7版)对这两个词的释义:

害怕 hài∥pà 动 遇到困难、危险等而心中不安或发慌。(配例略,下同)

可怕 kěpà 形 使人害怕。

从对动词"害怕"的释义中,我们似乎看不出二者的语义关系。但是从对形容词"可怕"的释义中,显而易见,这两个词在语义上是有关系的,"使人害怕"即为"可怕"。然而这种语义关系属于什么类型呢?这种语义关系类型是否带有一些规律性呢?这是传统词汇学理论无法解答的问题。传统词汇学在涉及词汇中词与词的关系(以下简称"词际关系")时,常常从聚合层面和组合层面两个角度来概括。聚合层面包括同义(近义)、反义、上下位、同音、类义等,组合层面则主要是指词与词搭配的语法规则和语义条件等。然而,这些概括过于笼统,难以细致而深入地揭示纷繁复杂的词际关系,特别是语义关系。例如,从传统词汇学的角度,难以解释"可怕"与"害怕"的语义关系,因为这两个词从聚合的角度来看难以类聚,不存在所谓的"同义(近义)、反义、上下位、同音、类义";从组合的角度来看,也不存在搭配关系,也就谈不上组合搭配的语法规则和语义条件。而学界公认的莫斯科语义学派的"词汇函数"理论,"将一种语言学界此前完全陌生的、新的词汇语义关系引入人们的视野"(张家骅,2002),能够较好地解释与解决这个问题。本文尝试运用莫斯科语义学派的"词汇函数"理论,对"可怕"与"害怕"类的词际关系,重点是语义关系进行探索,并力图提供一个将该理论用于解决汉语实际问题的例子。

---

① 张博(2005)称之为"双向误用"。

二 词汇函数的建立

"词汇函数"（лексическая функция）是莫斯科语义学派《意思↔文本》转换模式的核心概念之一，指一组词汇语义单位 X（X1，X2，⋯，Xn）与另一组词汇语义单位 Y（Y1，Y2，⋯，Yn）之间的特定抽象语义关系 f。X 与 Y 的语义关系可以用函数表示为 Y=f（X）。其中，f 是词汇函数的名称项，代表特定的抽象语义类型，如："同义""反义""使出现"等 70 余种，用相应拉丁语词的缩略形式标记：Syn，Anti，Caus。X 为自变项；Y 为因变项，针对特定的抽象语义关系 f，因 X 的不同而异。例如：特定的抽象语义关系 f 为"使出现"（Caus），X 为"可怕"，Y 的取值应为"害怕"；X 为"可惜"，Y 的取值应为"惋惜"；X 为"吃惊"，Y 的取值应为"惊人"。f"使出现"（Caus）是一个大的抽象语义类，可以包括"使人产生某种感觉、情绪，出现某种动作"等。由此可见，"可怕"与"害怕"、"可惜"与"惋惜"、"吃惊"与"惊人"几组词，存在着相似的抽象语义函数关系，即 f 为"使人产生某种感觉、情绪，出现某种动作"。二者的函数关系可以描述为 Y= f（X）（f=使人产生某种感觉、情绪，出现某种动作）。那么，这样一种词汇函数在现代汉语词汇系统中是否具有一定的普遍性呢？

为了运用词汇函数理论对这一函数进行深入而细致的研究，我们对《现汉》7 版进行了查找。在对《现汉》7 版查找过程中，我们将词汇函数"Y= f（X）（f=使人产生某种感觉、情绪，出现某种动作）"中的"Y"对应不同的词条，等号"="后面的部分，即"f（X）（f=使人产生某种感觉、情绪，出现某种动作）"为释义。其中"X"为函数的自变项，也是函数中的关键词；"Y"为因变项，随着"X"的变化而变化；f 表示抽象的语义关系"使人产生某种感觉、情绪，出现某种动作"。查找中使用的标志词为"使人（让人、叫人、令人）⋯⋯①"。例如，我们借助标志词"使人"，查找到词条及释义：

打动　dǎdòng 动 使人感动。

在这个词条及释义中，Y 为"打动"，f 为"使人⋯⋯"，X"感动"。

---

① "让人、叫人、令人"为"使人"的同义结构。

经过查找，我们得到有效词条 72 个①。需要说明的是，在选取词条时，不包括以下几种情况：

（一）典故性释义词

这类词的释义，是对典故和词的理据的说明，而不是对词义本身的说明，因此释义中的"使人（让人、叫人、令人）……"不具有函数意义。例如：

鸣鞭　míngbiān❷|形|古代皇帝仪仗中的一种，鞭形，挥动发出响声，使人肃静。也叫静鞭。

（二）包含释义提示词"形容"的词条

因为"形容"是对事物的形状、性质进行描述，而不是对词义本身的解释，"使人（让人、叫人、令人）……"不具有函数意义。例如：

呶呶 náonáo〈书〉|形|形容说起话来没完没了使人讨厌。

（三）包含释义提示词"指"的词条

因为这个提示词是"指明词义范围"（于石，1996）的，并不是对词义内涵的解释，"使人（让人、叫人、令人）……"不具有函数意义。例如：

成功 chénggōng ❷|形|指事情的结果令人满意。

（四）被释部分为语素的

虽然这类词汇单位释义中有"使人（让人、叫人、令人）……"，但是因为被释部分为语素，不是一个独立运用的词，谈不上词际关系。例如：

间（間、閒）jiàn❹挑拨使人不和；离间。

---

① 有些词之间实际上也存在着 Y = f (X)（f = 使人产生某种感觉、情绪，出现某种动作）的函数关系，例如"可疑"与"怀疑"。但是在词典释义中并未出现标志词"使人（让人、叫人、令人）"，笔者将另文讨论。

（五）释义部分核心词不唯一的

在函数 Y = f (X) （f = 使人产生某种感觉、情绪，出现某种动作）中，一般来说，X 为唯一核心词①，否则无从研究词际关系。例如：

恼人 nǎorén 形 令人焦急烦恼。

在这个词例中，释义部分的核心词为两个词"焦急烦恼"，因此我们将排除在外。

三 词汇函数中 X 的提取

如上文所述，在词汇函数"Y = f (X) （f = 使人产生某种感觉、情绪，出现某种动作）"中，因变项 Y 对应的是具体词条，f 为"使人产生某种感觉、情绪，出现某种动作"。接下来的问题是从释义部分提取出自变项（也叫关键词）X，唯其如此才能发现 Y 与 X 这两个词的语义关系。

我们通过对上述 72 个词条释义部分的观察发现，23 个采用"并用释词"②方式，50 个采用单一释词方式③。分别举例如下：

1. 魅人 mèirén 形 使人陶醉；吸引人。
2. 可恶 kěwù 形 令人厌恶；使人恼恨。
3. 惊人 jīngrén 形 使人吃惊。

1、2 两个词的释义成分包括两个并列的部分，中间用分号隔开，属于并用释词方式；3 的释义只有一个部分，就是单一释词方式。从单一释词释义方式中提取 X，相对简单一些，比如从 3 的释义"使人吃惊"中，很容易地提取出 X "吃惊"；2 采用的是并用释词方式，含有两个并列的 f 项"令人……"与"使人……"，X 为两个词："厌恶""恼恨"；1 "魅人"虽然也采用并用释词的方式，但是后一部分"吸引人"不含标志词"使人（让人、叫人、令人）……"，X 只能从前一部分"使人陶醉"中

---

① "并用释词"的情况例外，下文将展开论述。
② 张博（2010）指出，语文词典中有时在一个词目或义项号后并列两个（或多个）词进行释义，并列的释词通常用分号隔开，本文称这类释义为"并用释词"。
③ 本文中的"单一释词方式"与"并用释词"相对，是指释义中只有一个部分，不含分号的释义方式。

提取为"陶醉"。这样，我们就得出以下三组具有函数关系的词：魅人/陶醉，可恶/厌恶、恼恨，惊人/吃惊。

从词条的释义部分提取词汇函数中 X 时，我们还特别注意到抓住释义关键词的问题。因为在全部 72 个词条的释义中，并不是每一条释义都与"Y＝f（X）（f＝使人产生某种感觉、情绪，出现某种动作）"的函数式完全相符。有些释义中含有一些函数的附加成分。比如：

暗示 ànshì 动 ❶不明白表示意思，而用含蓄的言语或示意的举动使人领会。

释义中的关键词是"领会"，f 为"使人……"，其前面的部分"不明白表示意思，而用含蓄的言语或示意的举动"用来表示方法、手段，是附加部分。这样的话，我们就可以提取"领会"作为函数中的 X。

按照上述方法，我们对 72 个词条释义中的 X 逐一进行了提取。提取之后，我们发现在 72 个词条中，有 65 个词条 Y 与 X 是一对一的关系，这些词条如下：

暗示/领会、标明/知道、吹风/知道、刺激/激动、打动/感动、骀荡/舒畅、点明/知道、刁难/为难、毒害/受害、烦人/心烦、告诉/知道、拱火/发火、够受的/受不了、裹胁/跟从、加害/受害、尖酸/难受、将军①/为难、搅扰/不安、惊人/吃惊、撅/难堪、可怕/害怕、可人/满意、来劲/振奋、麻烦/费事、魅人/陶醉、蒙蔽/上当、难人/为难、难为/为难、怕人/害怕、骗/上当、欺骗/上当、气/生气、劝/听从、瘆/害怕、示警/注意、耸动/震动、威胁/屈服、无聊/讨厌、奚落/难堪、吓人/害怕、耀眼/眼花、怡人/舒适、娱乐/快乐、招/来、征服/信服、指点/知道、嘴乖/爱听、醉人/陶醉、惊爆/震惊、怄人/生气、使唤/做事、招考/应考、召唤/来、悲惨/伤心、恶心/厌恶、可爱/喜爱、可鄙/鄙视、可气/气愤、可惜/惋惜、可喜/高兴、可笑/耻笑、可憎/厌恶、良好/满意、讨厌/心烦、堪忧/担忧。

在 72 个词条中，只有 7 个是一对二的关系，除了上文中的"可恶/厌恶、恼恨"以外，还有：可悲/悲伤、痛心，可恨/痛恨、憎恨，迷人/陶醉、迷恋，喜人/喜爱、高兴，恨人/生气、怨恨，可叹/叹息、感叹。Y 与 X 这种一对二的关系中，自变项 X 从不同的角度对应于 Y。比如"可

---

① 此处为"jiāngjūn"，而非"jiāng·jun"。

恶/厌恶、恼恨"中，"厌恶"是从态度上对应于"可恶"，而"恼恨"是从情绪方面对应于"可恶"。

四 Y=f(X) 的反函数为 X=f(Y)

上文所述的函数式 Y=f(X)（f=使人产生某种感觉、情绪，出现某种动作）中，X 为自变项，Y 为因变项，f 为抽象的语义关系"使人产生某种感觉、情绪，出现某种动作"。如果换一个角度，将 X 与 Y 的函数角色调换一下，即将 Y 为自变项，X 为因变项，则构成了反函数 X=f(Y)。当然 f 表达的抽象语义关系也相应地会发生变化，表示"某种原因"。例如：

嘴乖 zuǐ∥guāi〈口〉 形 说话使人爱听（多指小孩儿）。

难为 nán·wei 动 ❶ 使人为难。

迷人 mírén 形 使人陶醉；使人迷恋。

在上述释义中，X 分别为"爱听""为难""陶醉、迷恋"。Y 是被释词"嘴乖""难为""迷人"。从反函数 X=f(Y) 的角度来看，"爱听"是因为"嘴乖"，"为难"是因为"难为"，"陶醉、迷恋"的原因是"迷人"。显而易见，Y 是 X 的动因，f 表示"某种原因"，或者说 f=某种原因。

如果从反函数 X=f(Y) 的角度来观察 72 个词条中 X 与 Y 的数量对应关系，我们发现与函数 Y=f(X) 中 Y 与 X 的数量对应关系截然不同。72 个词条有 35[①] 个词条中，X 与 Y 不是一对一的关系，最多的是 1∶5，最少的是 1∶2。具体情况如下：

知道→标明/吹风/点明/指点/告诉

为难→刁难/将军/难人/难为

害怕→可怕/怕人/瘆/吓人

上当→蒙蔽/骗/欺骗

陶醉→魅人/醉人，生气→气/怄人，厌恶→恶心/可憎，受害→毒害/

[①] "喜人"的释义为"形使人喜爱；令人高兴"，有两个并释词"喜爱、高兴"，但属于一个词条。

加害，心烦→烦人/讨厌，满意→可人/良好，来→招/召唤，喜爱→可爱/喜人，高兴→可喜/喜人，难堪→撅/奚落

在上述各组对应关系中，从反函数 X = f（Y）来看，自变项 Y 的取值变化（Y1，Y2，Y3，Y4，Y5），并未引起因变项 X 的变化，Y 的不同取值（Y1，Y2，Y3，Y4，Y5）之间必然有这样那样的联系。如，对应关系"为难→刁难/将军/难人/难为"中的"刁难/将军/难人/难为"为近义词，"害怕→可怕/怕人/瘆/吓人"中的"可怕/怕人/瘆/吓人"、"上当→蒙蔽/骗/欺骗"中的"蒙蔽/骗/欺骗"，也都是近义词。有的组别 Y 的不同取值虽非近义关系，但是也存在语义方面的关联。如，"知道→标明/吹风/点明/指点/告诉"中的"标明/吹风/点明/指点/告诉"，虽然不是近义词，但是它们都是从不同的角度，用不同的方法"使人知道"。因此，从反函数的角度，不仅可以看清 X 与 Y 的关系，还可以在 Y 为多项时，看清 Y 的不同取值（Y1，Y2，Y3，Y4，Y5）之间的关系。

五 余论

作为莫斯科语义学派"意思↔文本"转换模式的核心概念和基本理论之一的"词汇函数"，主要用于揭示纷繁复杂的词际关系，最终目的是应用于机器翻译。该理论对于探究词汇的系统性，发现新型的词际关系，无疑具有重要的价值。但是由于这种理论难度高、词汇函数关系复杂（70 余种关系）、研究成果多集中在俄语方面等原因，我国目前鲜有学者真正将该理论应用于汉语词汇系统的分析。本文结合"可怕"与"害怕"类的函数关系分析，尝试将该理论具体运用于汉语词汇研究，希望能够建立一个应用实例。

通过研究"可怕"与"害怕"类的函数关系，我们发现，"可怕"与"害怕"类的函数关系是有规律可循的。我们所要解决的不是"可怕"与"害怕"这一对易混淆词的关系，而是这一类词的关系类型，不仅有助于深化词汇系统性研究，也有助于解决对外汉语教学中的这类难题。

本文语料来源于《现汉》7 版，依据的标志词限于"使人（让人、叫人、令人）……"。但是仍有一些不带上述标志词，却存在类似函数关系的语料未纳入本文的范围，比如：

可疑 kěyí 形 值得怀疑。

"可疑"的释义为"值得怀疑"。"值得怀疑"当然也会"使人(让人、叫人、令人)怀疑"。因此"可疑"与"怀疑"之间,也存在着类似的函数关系。这样一些问题,有待进一步深入研究。

参考文献

于石:《关于释义中置前的提示词》,《辞书研究》1996 年第 2 期。

张博:《同义词、近义词、易混淆词:从汉语到中介语的视角转移》,《世界汉语教学》2007 年第 3 期。

张博:《并用释词的释义角色及其与被释词的语义对应关系——兼议〈现汉〉与并用释词相关的几个问题》,《语言文字应用》2010 年第 4 期。

张家骅:《"词汇函数"的理论和应用》,《外语学刊》2002 年第 4 期。

从翻译教学角度看日语给予动词句与汉语"给"字句

贾笑寒

摘要：日语给予本动词句和给予补助动词句的主要语义是"物"或"服务"的给予，附带语义是恩惠的"内外"流动。在译成汉语时，日语给予本动词句常被译成"给"字句，而一部分给予补助动词句不能译成"给"字句。本文指出了不能译成"给"字句的日语给予动词句，对于可以译为"给"字句的日语给予动词句，分别从日语动词的宾语是接受者、汉语动词可带双宾语和汉语动词不能带双宾语等三种情况进行了具体分析。

关键词：日语给予动词句；"给"字句；日汉翻译；翻译教学

一 引言

日语授受动词一共有七个，可以分成三组，第一组：くれる、くださる；第二组：やる、あげる、さしあげる；第三组：もらう、いただく。其中，第一组和第二组表示给予义，第三组表示接受义，奥津敬一郎（1984）分别把它们叫作"給与動詞（给予动词）"和"取得動詞（接受动词）"。

日语授受动词除了可以单独使用以外，还可以接在"动词连用形+て"的后面，充当补助动词。"动词连用形+て+授受动词"表示人与人之间行为的往来及恩惠的施受关系。本文为了便于陈述，将含有给予本动词和给予补助动词的句子统称为给予动词句，把含有"くれる、くださる"

贾笑寒，北京师范大学国际中文教育学院。

的句子称为"くれる"句；含有"やる、あげる、さしあげる"的句子称为"あげる"句。

在教学中我们发现，无论日语母语者还是汉语母语者，在翻译日语授受动词句时常因弄不清日语给予动词句和汉语"给"字句的关系而出错。由于日语给予本动词句在译成汉语时常被译成"给"字句，因此，很多学习者自动地把二者对应起来，把包括给予补助动词句在内的所有给予动词句都译成"给"字句，这是错误的。即使是可以译成"给"字句的句子，翻译时仍需注意一些问题。本文试图解决的问题有两个：一是翻译日语给予动词句时应该注意什么；二是把日语给予补助动词句译成汉语"给"字句时应该如何翻译。希望本文得出的结论能够对实际教学有所帮助。

二 日语给予动词句的两个语义

对学习汉语的日语母语者来说，用恰当规范的汉语表达日语授受动词句是一个难点。日语授受动词句的语义不只是"给予"和"接受"，其中还隐含着日本人独特的文化心理和交际模式。我们首先要做的，就是把这部分隐含的语义描述出来。

作为本动词使用的授受动词句主要表达三个内容，即"给予者""接受者"和"移动的物体"。

1. 友達が（私に）本をくれた。 朋友给了我一本书。

在例句（1）中，给予者是"朋友"，接受者是"我"，移动的物体是"书"。

当授受动词作为补助动词使用，即在"动词连用形+て+授受动词"的句子中，移动的不再是物体，而是行为，通常可以理解为某种"服务"。

2. 娘が（私に）ご飯を作ってくれた。 （我）女儿给我做了饭。
3. 娘が父にご飯を作ってあげた。 （我）女儿给我爸爸做了饭。
4. 娘が父にご飯を作ってもらった。（我）爸爸给我女儿做了饭。

在以上三个"动词连用形+て+授受动词"的例句中，"移动的物体"相同，都是"做饭"这种服务；主语相同，都是"我女儿"，但给予者和接受者各不相同。2和3的给予者都是"我女儿"，2的接受者被省略了，是"我",3 的接受者是"我爸爸"。4 的给予方向与 3 正相反,给予者是"我爸爸";接受者是"我女儿"。3 和 4 授受动词前的语序完全相同,但给予方向相反。可以看出,作为补助动词的授受动词决定了给予的方向。

4 是"もらう"句,表示接受。也就是说,这个句子的主语"我女儿"是接受者。例句 2 和 3 属于本文重点讨论的给予动词句,都表示给予。在这两个句子中,主语"我女儿"都是给予者,从"我女儿"的角度来看,无论接受者是"我"还是"我爸爸",都是向外的给予,但 2 使用了"くれる"句,3 使用了"あげる"句。

日语表达中把这叫作"内外有别"。通过以上例句可以看出,日语的"内外"是一个相对的概念,"内"并不仅指"我","外"也不仅指除了"我"以外。判断"内外"时是站在说话人"我"的角度,而非主语的角度;判断的标准是"我"和动作相关者的关系。2 很明确,"给予"的行为是从"我女儿"到"我",即由外向内。在 3 中,虽然从社会关系来看,"我"与"女儿"和"爸爸"都是直系亲属,但是这个句子使用了表示动作由内向外的"あげる","女儿"是"内","爸爸"是"外",说明从"我"的心理和情感角度来看,与"女儿"的亲密程度要大于"爸爸"。如果反过来,"我"把"爸爸"视为内,"女儿"视为"外",就会使用"くれる"句。

通过以上的分析可以看出,日语给予动词句一般有两个语义:一是物体或"服务"的给予;二是恩惠的"内外"流动。物体或"服务"的给予是给予动词句的主要语义,描写了物体或"服务"从给予者到接受者的移动。恩惠的"内外"流动是站在和给予者以及与接受者有一定关联的说话者的角度,描写恩惠由"内"到"外"或由"外"到"内"的流动。这是一个附带语义。

当给予者或接受者是"我"时,恩惠的"内外"流动方向比较明确。当双方都不是"我"时,就需要区别"我方"和"非我方",即"内""外"。有时二者看上去都是"我方",如例句 3 中的"我女儿"和"我爸爸",也要区分远近,离"我"更近的是"内",另一方是"外"。在"くれる"句中,所谓的"内"方是接受者,在"あげる"句中,"内"方是给予者。

给予补助动词还有一个常见的用法,就是接在使动助动词之后,表示容许、致使。这种用法同样包含两个语义。"容许"或"致使"可以理解为某种抽象的"物",其给予者也是施恩者。

5. 両親は（私に）選ばせてくれなかった。父母没让我选。
6. 息子が留学したいというので、行かせてやった。
儿子想去留学,就让他去了。

例句5是否定句,主要语义是父母没有给"我"选择权,附带语义是父母没有施恩于"我"。6是由"内"向"外"施恩的句子,日语里只能用于长辈对晚辈或地位高的人对地位低的人。这个句子的主要语义是"我"把"允许"给了"儿子",让他实现了留学的愿望。

另外,还有一类特殊的给予补助动词句。这类句子不存在给予者和接受者,也没有"行为"授受的语义,只表达了说话人的恩惠意识和恩惠的流动方向。

7. 雨が降ってくれた。　下雨了。
8. わかってくれたか。　明白了吗?
9. 息子は今日ご飯を全部食べてくれた。　儿子今天把饭全吃了。

例句7的语义是下雨这个现象的发生,表达的是说话人的主观看法,即"雨是我们期待的,给我们带来了恩惠"。例句8中的"明白"只是对方个人的事,用"くれる"句的目的是把对方抬高成施恩者,表达一种自谦的语气。例句9中的"吃饭"只是"儿子"单方面的行为,用"くれる"句是为了表达"儿子的行为让我感到满意,把我从担忧中解放了出来"这一语义。

三　日语给予动词句翻译要点

（一）确定给予者

按照日语语法,在本文讨论的给予动词句,即"くれる"句和"あげる"句中,格助词"が"（或提示助词"は"）前面的内容词是"给予者",句子的语义是由格助词和授受动词共同决定的,不受语序的影响。

日语是黏着语,由于其功能词可以明确地标示出主语、宾语、补语等句子成分,因此在语序方面比汉语灵活得多。如例句3,即使把句素"父に"放到句首,将语序变成3'"父に娘がご飯を作ってあげた",也不影响整句的语义。

但是，由于汉语是孤立语，在汉语中，语序是构成语义的决定性条件，不能随意变动，必须给予者在前，接受者在后。因此，在翻译给予动词句时，如果日文是 3' 这样接受者在前的句子，可以先把它改写成例句 3 那样给予者在前的句子，然后再进行翻译，就能有效避免发生语义错误。

（二）舍弃附带语义

前文谈到，日语给予动词句的主要语义是"物"或"服务"的给予，附带语义是恩惠的"内外"流动。从其附带语义可以看出动作涉及的各方面与说话人的关系，因此，完全与说话人无关的客观性陈述是不能使用授受动词来表达的。只有当这种行为与说话人发生意义或情感上的关联时才可以使用授受动词。由此可见日本文化对感恩意识的重视。

相比而言，汉语里没有完全与之对应的表达方式。在中国文化里，"他给我写信"，"他交给我 100 元会费"这样的行为是提不到恩惠施受的程度的。即使是"他帮我打扫卫生"，"他送给我一本书"这样有恩惠施受的行为，汉语表达时也只是对行为做客观描述，如需表达感激之情，还要另外加入表示感谢的语句。

也就是说，在把日语给予动词句译成汉语时，除非通过加译等方法进行补充说明，大部分情况只能放弃附带语义。如果放弃附带语义，"くれる"句和"あげる"句所表达的恩惠内外流动方向的区别就不存在了，只剩下动作的方向。当给予动词是本动词时，无论在"くれる"句还是"あげる"句里，可以一律译成"给"；当给予动词作补助动词使用时，一般不翻译。

3"．※娘が父にご飯を作った。　（我）女儿给我爸爸做了饭。

例句 3" 和 3 的汉语是相同的。虽然 3" 不符合日语的表达习惯，但是，可以把它作为翻译的一步。

（三）补足日语省略的"我""你"

前文提到，在日语授受动词句中，格助词和授受动词决定了动作的方向。因此，省略某些成分是不会对句子的语义造成影响的。在"くれる"句中，"接受者"是"我"时，常被省略。如果是在和"给予者"的直接对话中，还会出现对方"你"也被省略的现象。如：

10. 先生が（私に）辞書をくださった。　老师给我一本字典。
11. 姉ちゃん、（あなたが私に）1000円くれないか。
姐姐，（你）能给（我）1000日元吗？

在译成汉语时，例句 10 需要补足接受者"我"。例句 11 是与姐姐的对话，汉语可以省略给予者"你"。省略接受者"我"也不影响语义，但补足"我"的说法更自然，也会使语义更明确。

在"あげる"句中，当"我"是给予者时，常被省略。如果是在与接受者"你"的直接对话中，"你"也可以省略。如：

12. （私は）母の家事を手伝ってあげた。　我帮妈妈做了家务。
13. （私は）これを（あなたに）差し上げたいと思います。
我想把这个送给您。
14. これ、（わたし、あなたに）やるよ。　这个，给（你）。

把"あげる"句译成汉语时，大部分情况下，给予者和接受者是不可以省略的，如例句 12。例句 13 和例句 14 的给予者都是"我"，接受者都是"你"。不同的是，例句 13 表达的是一种客气的尊敬的语气，必须补足"我"和"你"双方。例句 14 是很随便的语气，一般会省略给予者"我"，也可以省略双方，依靠动作、表情等的配合完成语义。

在日语给予动词句中，"我"常被省略。正如前文所述，日语给予动词句是站在说话人"我"的角度进行描述的，所以无论"我"是给予者还是接受者，省略之后都不会影响语义。而在汉语中，当"我"和"你"对话时，给予者可以省略。大部分情况下，接受者是不可以省略的。因此，在把给予动词句译成汉语时，应根据需要补足"我"或"你"。

（四）可以用汉语表达的附带语义

15. 誕生日に父がネクタイをくれた。　生日时，爸爸送给我一条领带。
16. 退職した社長に花をさしあげた。　向离职的社长赠送了鲜花。

在给予本动词句中，给予本动词一般译成"给"，但是当根据上下文判断，给的东西是礼物时，可以译成"送给"，如例句 15。如果日语原文的书面语程度很高，如例句 16，可以相应地译成"赠送、敬献"等。按照语法，例句 15、16 也可以译成"给了我一条领带""给了社长鲜花"，但是"送给""赠送"等词语的恩惠义更明显，可以更好地表达出原句中恩惠施受的含义。

另外，在给予补助动词句中，当给予的"服务"是一种"帮忙"时，汉语可以通过"帮、替、为"等词语把恩惠义更明显地表达出来。如：

17. 今すぐ本屋に行って辞書を買ってきてくれないか。

A 你能现在去趟书店买本字典吗？ B 你能现在去趟书店帮我买本字典吗？

18. 王さんによろしくおっしゃってください。

A 请问王先生好。　　B 请替我问王先生好。

19. 本のタイトルを考えてくれませんか。

A 能给我想一个书名吗？　　B 能帮/替 我想一个书名吗？

20. 彼は就職のことを心配してくれている。

A 他操心我找工作的事情。　　B 他替/为 我操心找工作的事情。

以上 4 个句子都可以有 A、B 两种翻译。对比来看，译文 B 更贴切地表达了原文的语义。例句 17 日语原文的附带语义是"你去书店买书的行为是施恩于我，我很感谢你"，"帮"可以使这个语义更加明确。例句 18 的两个译文，B 比 A 的语气更客气，表达的语义是，"向王先生问好"这件事应该是"我"做，但是，"我现在拜托您来做，我麻烦了您，受了您的恩"，显然更符合原文客气而正式的表达。例句 19 译成"给"也是可以的，但是比较而言，"给"有命令的语气，"帮"或者"替"更贴切地表达了"请你施恩于我"的含义。例句 20 的译文 A 只是说"他操心这件事"，没有说明理由，译文 B 用"替我、为我"表达出"他的行为是对我的恩惠"，更符合原文。

四　日语给予补助动词句的翻译和汉语"给"字句

（一）不译成"给"字句的日语给予补助动词句

在把日语给予补助动词句译成汉语时，几种情况不能译成"给"字句。一种是例句 7、8、9 那样只有恩惠义的给予补助动词句。这类句中不存在给予者和接受者，没有实际的"给"。句中的给予补助动词只表示说话人的恩惠意识，而汉语中没有与这部分内容对应的表达方式，翻译时通常省略，也可以根据上下文或表达需要，通过增加内容或使用修辞手段把说话人的恩惠意识表达出来。如例句7可以译成"下雨了，太好了""雨来得正是时候"等。

还有一种是日语使动助动词+给予补助动词句，如例句5、6，通常也不译为"给"字句。由于这类句子的语义是容许、致使，一般译成汉语动词"让"带兼语的句子，如"让他选""让他去"。也可以根据语义和语气、使用场合，用"同意""允许""叫"等代替"让"。另外，由于汉语动词"给"本身也有容许、致使义，一些日语使动助动词+给予补助动词句可以译成带"给"的句子，但要注意避免歧义。

还需要注意的是，在日语致使义的句子中，一些动词译成"让"带兼语的形式不符合汉语的表达习惯，如：

21. 彼はふるさとの歌を聞かせてくれた。　他让（给）我听了他家乡的歌。

22. 彼がクラスメートの話を聞かせてくれた。　他给我讲了同学的事情。

例句21、22的日语都是"聞かせてくれる"，但是汉语可以说"让（给）我听歌"，不说"让（给）我听事情"。所以例句22要把"让我听"改成"给我讲"。

（二）日语动词的宾语是接受者

在日语给予补助动词句中，动词的宾语往往是发生移动的具体的物体或某种行为。不过，宾语也有可能直接是接受者。翻译这类句子时会出现三种情况。

第一种是日语动词译成的汉语词是名词，这时往往译成"给"字句。如：

23. よく練習してお父さんを驚かしてあげたい。
我想好好练习，给父亲一个惊喜。

第二种是日语动词译成的汉语词是动词，此时不可以译成"给"字句。如：

24. おばあさんが私を一番に可愛がってくれた。　奶奶最疼爱我。

25. もう二度とやらないから、許してください。
我再也不这么干了，请原谅我。

第三种是日语动词译成汉语时既可以译成动词也可以译成名词，或者译成的汉语词兼类，既是动词也是名词。这时，既可以译成"给"字句，也可以译成动宾结构的句子。

26. 友達が失意の私を慰めてくれた。

在我失落的时候，A 朋友安慰了我。 B 朋友给了我（很大的）安慰。

27. 困っている彼を手伝ってあげたい。

他遇到了困难，A 我想帮他。 B 我想给他（一些）帮助。

例句 26、27 可以有 A、B 两种翻译。值得注意的是，在译成 B 的"给"字句时，例句 26 是表示"我"受恩的"くれる"句，此时汉语里常常加入"很大的""巨大的"等修饰成分抬高对方的恩惠程度。而在例句 27 中，由于"我"是施恩者，常常会用"一些""一点儿"等表示少量的词语，有意降低自己施恩的量，表达一种自谦的态度。

（三）汉语动词可带双宾语

当日语动词的语义相当于汉语"帮、替、告诉、教、借"等可以带双宾语的动词时，一般直接译成这类动词的双宾语句。如：

28. 彼に日本語を教えてあげる。我教他日语。
29. お名前を教えてくれませんか。能告诉我你的名字吗？

翻译时还需要注意三个问题。

一是，这类动词中一部分可以用（S+V 给+NP1+NP2）句型，如可以说"他交给我 100 块会费""他教给我很多道理""他借给我十块钱"；一部分不可以，如不可以说"他替给我……""帮给我……""告诉给我……"等。

二是，应该注意"借、租"等动词的特殊性。这类词在译成不带"给"的双宾语句时动作的方向不明确，无法确定 S 和 NP1 哪个是给予者，哪个是接受者。

30. 彼が100 元を貸してくれた。

A 他借我 100 块钱。 B 他借给我 100 块钱。

在例句 30 的两个译文中，A "他借我 100 块钱"中的"他"既可能是贷出者，也可能是受益者，会造成歧义。所以，应译成 B（S+V 给+NP1+NP2）句型，"他借给我 100 块钱"中的"他"是贷出者，"我"是受益者，授受关系很明确。

另外，"借、租"类词可以使用（S+给+NP1+V+NP2）句型，但语义与（S+V 给+NP1+NP2）句型不同。如果把例句 30 译成"他给我借了 100 块钱"，语义就变成"他"不是 100 块钱的贷出者，"他"向第三者借了钱，借的目的是帮"我"。这时的"给我"可以用"帮我"替换。相似的还有动词"交、付、还"等，"他交给我 100 块钱"和"他给我交了 100 块钱"的语义是不同的。

三是，这类动词不能用（S+给+NP1+V+NP2）句型，其中一部分完全不能用，如不能说"他给我帮/教"等。还有一部分词，如前文提到的"借、租、交"等虽然可以用（S+给+NP1+V+NP2）句型，但语义会发生改变。

（四）汉语动词不能带双宾语

当汉语动词不是可以带双宾语的动词时，一般译成（S+给+NP1+V+NP2）句型。如：

31. 祖母が弟に服を買ってくれた。奶奶给我弟弟买了衣服。
32. 彼がおばあさんに新聞を読んであげた。他给奶奶读了报纸。

译成（S+给+NP1+V+NP2）的句子一部分也可以译成（S+V 给+NP1+NP2）句型，但不是全部。下面将具体讨论这个问题。

（1）否定句的翻译

否定句一般在（S+给+NP1+V+NP2）句型的基础上进行否定。一般情况下，汉语（S+V 给+NP1+NP2）句型的否定型不是（S+没 V 给+NP1+NP2），而是（S+没给+NP1+V+NP2）。不说"他没写给我信"，应为"他没给我写信"。

在对话中，当 NP2 是已知话题，只需要否定行为时，可以在省略 NP2 的基础上使用（S+没 V 给+NP1）句型。例如，当大家讨论"他"的信写给了谁时，一个人可以说"他没写给我"。

（2）可以译成（S+V 给+NP1+NP2）的句子

33. 彼が手紙を書いてくれた。
A 他给我写了（一封）信。　B 他写给（了）我一封信。

例句 33 可以译成两种句型。A 是（S+给+NP1+V+NP2）句型，在这个句子中我们可以知道："他"是写信人，"我"是收信人，信已经写了。有可能寄出了，有可能没寄出，不清楚。至于"我"收到了没有，也需要后文说明才能确定。B 是（S+V 给+NP1+NP2）句型，可以省略动态助词"了",除了 A 的语义以外,通常情况下,"我"已经收到信了。

通过比较可以看出,虽然这个句子可以使用两种句型翻译,但还是有不同的。一是,(S+V 给+NP1+NP2)句型有完成义,除了表示动作完成,还表示传递完成。二是,只有主谓宾成分的句子在译成(S+V 给+NP1+NP2)句型时应加入数量词等其他成分。一般不说"他写给我信",要说"他写给我一封信"。

另外需要注意的一点是,一些动词如"寄、传"等,在译成这两种句型时的语义不同,应该根据日语原句选择合适的句型。如:

34. 彼は手紙を出してくれた。

A 他给(帮/替)我寄了信。 B※他寄给我一封信。

译文 A 是符合日语原义的,"信"是我写给别人的,应该"我"去寄,但是"他"代替我完成了这个行为,此时译成"帮/替"更贴切。而译文 B 对应的日语应该是"彼が手紙を書いてくれた","他"是写信和寄出信的人,"我"是接受者。

(3) 不可以译成(S+V 给+NP1+NP2)的句子

35. 彼が証明書を書いてくれた。

A 他给我写了(一张)证明。 B※他写给我一张证明。

例句 35 的译文 B 是错误的。虽然这个句子的动词和例句 33 一样,都是"写",但例句 33 可以译成两种句型,例句 35 不可以。从表面上看,例句 35 的语义可以理解为:"他"是"证明"的给予者,"我"是接受者,"证明"从"他"处移动到了"我"处。但是,和例句 33 相比,这个句子的附加语义更加明确,即"他"有恩于"我","我"是"证明"的接受者,同时还是受益者。

根据朱德熙(1979),"写"的词义有不确定性。"写信"中的"写"有给予义,"写信"这个行为必然有接受者,例句 33 中的"给"起着引进收信人的作用。但"写证明"中的"写"没有给予义,"写证明"这个行为本身不带接受者。例句 35 的语义重点并非"他写了证明并传递给了我",而是"他为/帮我开了证明"。句中"给"的作用是引进受益者,换成"为、帮"也是可以的。

同样的例子,比如,"他给我打了一个电话"可以换成"他打给我一个电话"。但是,"他给我打了一壶水"不能说"他打给我一壶水"。"打电话"是发生在人和人之间的行为,有给予义,"给"引进了电话的接听者。"打水"不是发生在人和人之间的行为，本身没有给予义。"他给我打水"是指"他"通过"打水"这个行为为"我"提供了帮助，其中的"给"可以换成"为/帮/替"。

也就是说，当汉语动词含有给予义（如"打电话"的"打"）时，译成（S+给+NP1+V+NP2）句型或者（S+V给+NP1+NP2）句型都是可以的，但是要注意避免歧义。当汉语动词本身没有给予义（如"打水"的"打"）时，只能译成（S+给+NP1+V+NP2）句型。

参考文献

[日] 奥津敬一郎：《授受动词文の意味と文法》，《日语学习与研究》1984 年第 1 期。

孔令跃、邹雨彤：《汉语母语者和高水平二语者"给"字句句法启动效应实验研究》，《汉语学习》2022 年第 2 期。

刘永耕：《动词"给"语法化过程的义素传承及相关问题》，《中国语文》2005 年第 2 期。

沈家煊：《"在"字句和"给"字句》，《中国语文》1999 年第 2 期。

王南：《从文化视角看日语的授受表达》，《日语学习与研究》2010 年第 1 期。

王奇：《"给"字句的句法与语义——兼谈德语与格标记与英语 have/get》，《外语与翻译》2019 年第 4 期。

王燕：《日语授受补助动词再考——从日语教学的角度出发》，《日语学习与研究》2002 年第 2 期。

吴颖、袁晓星：《从授受动词的使用来看中日恩惠意识的差异》，《牡丹江大学学报》2011 年第 12 期。

延俊荣、江华：《"给予"双宾式和与格式共存的动因》，《语文研究》2005 年第 4 期。

杨玲：《日语授受句研究述评》，《日语学习与研究》2007 年第 3 期。

张伯江：《现代汉语的双及物结构式》，《中国语文》1999 年第 3 期。

周红：《现代汉语"给"字句的语义类型与语义特征》，《宁夏大学学报》（人文社会科学版）2007 年第 3 期。

朱德熙：《与动词"给"相关的语法问题》，《方言》1979 年第 2 期。

文化教学

文学小说

文学经典的超越性及其跨文化传播

杨晓霭　胡一凡

摘要：文学经典的超越性与接受的共通性，为跨文化传播奠定了基础。文学作为语言艺术、审美艺术，是通过语言来实现审美活动的。在中国文学经典中，古典诗词为国际中文教育提供了丰富、优质的教学资源，尤其是唐诗宋词中的经典名篇，总能引发各国各民族人民的学习兴趣。国际中文教育是中国古典诗词跨文化传播的重要途径，文学经典作品在汉语国际教育教学中的应用与实践，为国际中文跨文化语言教学提供了启示与借鉴。

关键词：文学经典；超越性；共通性；跨文化传播；国际中文教育

人类追求美的共同心理和文学本身所具有的超越时空的特质，使文学经典富有超越性和接受的共通性，从而文学经典成为跨文化交流的桥梁、跨文化传播的最佳媒介，为国际中文教育提供了丰富、优质的教学资源。本文以中国古典诗词的传播为典型个案，通过这些资源在中亚、拉美等地区国际汉语教学中的应用，尝试分析文学经典的超越性及其跨文化传播，从而为跨文化交流提供路向，为国际中文教育教学提供借鉴。

一　文学经典的超越性与共通性

什么样的文学作品堪称经典？我国著名文学理论家刘勰指出，"经"即记载传承世界最高法则的典籍。《文心雕龙·宗经篇》开宗明义："三

[基金项目] 教育部人文社会科学研究一般项目"动态系统视角下的中亚华裔留学生语言认同研究"（项目编号：18XJC740008）；兰州理工大学高教研究项目（GJ2023B-36）。
杨晓霭，兰州理工大学文学院；胡一凡，西北师范大学国际文化交流学院。

极彝训，其书曰经。经也者，恒久之至道，不刊之鸿教也。故象天地，效鬼神，参物序，制人纪，洞性灵之奥区，极文章之骨髓者也。"文学经典阐明了天地人所构建的宇宙法则，其中表达的是恒久不变的道理。所以从这样的经典作品中，人们可以得到效法"天""地"的知识，可以"应验"鬼怪神灵的奇思妙想，可以领悟大自然的千变万化，可以制定立身处世的道德规范，洞察人性的深奥。用当代通用语加以凝练，即文学作品是人类美学的载体，是传播核心文化的最好典籍，是民族语言与文体运用的典范。刘勰在《文心雕龙》中指出了文学经典的"人类学"价值。诚然，古今中外的文学创作家、文学批评家、文学理论家都在探讨"文学是什么"的问题。关于"文学是人学"这一命题的首创者至今仍备受质疑，但当人们读到钱谷融"论'文学是人学'"这一命题时，一定为之震撼。"经典之所以能够成为经典，其中必然含有隽永的美、永恒的情、浩荡的气。经典通过主题内蕴、人物塑造、情感建构、意境营造、语言修辞等，容纳了深刻流动的心灵世界和鲜活丰满的本真生命，包含了历史、文化、人性的内涵，具有思想的穿透力、审美的洞察力、形式的创造力，因此才能成为不会过时的作品。"正是"隽永的美""永恒的情""本真生命"使具体的文学经典作品中包含了"普遍的精神状态"和"民族气质"，从而产生超越时空的审美意义，否则伊利亚特、奥德赛、哈姆雷特、约翰·克利斯朵夫、海燕、堂吉诃德、冉·阿让、艾丝米拉达、保尔·柯察金等一系列经典文学作品中的形象，不会触动中国读者的灵魂，不会被中国读者所接受。当然，李白、杜甫、白居易、苏轼等一大批中国诗人的典范作品也不会被翻译、介绍到世界各地。

文学理论著作都会关注文学的超越性，认为文学的超越性，是指文学通过艺术想象和审美理想提升人的精神境界、获得心灵自由的特性。将其主要表现归纳为三个方面，其中最为核心的内容是文学追求人类普遍自由理想的终极关怀，能够超越现实生活。文学经典则作为超越世界的"世界"，超越生活的"生活"，提供一种特定的或虚拟的人生情境，将读者引入所塑造的"仿佛完整的人生模式"中，让读者身临其境地体验、审视，从而沉浸、思考、升华，最终找到前行的力量，获得精神愉悦。美国学者帕克在《美学原理》一书中指出，对于具有审美意识的人来说，"生活的任何部分都是有趣的"，对生活要"自由地在想象中来欣赏它"。在帕克看来，如果人们能以审美沉思的态度对待现实生活，能够借助文学经典参与和支配自由想象，各种感情才能更好地得到宣泄和陶冶，从而把生活过得更加"有趣"。正是人类与生俱来的情感共通性，使创造的文学形象有了通约性，而这个通约性，又使得文学经典在被阅读接受的过程中表现出超越时代、地域、民族等差异的一致。如高尔基的《母亲》《童年》，对任何一个读者来说都是"共有的"，每个人从高尔基的"母亲"身上、从高尔基的"童年"中，似乎都能找到自己母亲的形象、看到自己童年的影子。

　　王国维主张："古今之成大事业、大学问者，必经过三种之境界。"这三种境界均借用了宋词中的经典词句。"第一境"之"昨夜西风凋碧树，独上高楼，望尽天涯路"；"第二境"之"衣带渐宽终不悔，为伊消得人憔悴"；"第三境"之"众里寻他千百度，蓦然回首，那人却在，灯火阑珊处"。这三首词，均可谓抒写"相思""艳情"之"小词"，并不因"读书治学""理想追求"之大课题而填制，但经王国维引用比喻，则成为横跨古今、融贯中西的治学三境界、人生三境界，生动地体现了文学经典创作接受中的共通特质。文学经典的共通，正如列夫·托尔斯泰所论："各种各样的情感——非常强烈和非常脆弱的、意味深长和微不足道的、非常坏和非常好的，只要它们能感染读者、观众、听众，就都是艺术客体。戏剧中所传达的自我牺牲和屈从于运命或上帝的情感，或者小说中描写的恋爱中的喜悦，或者图画中所描绘的淫荡的情感，或者庄严的进行曲中所表达的振奋之情，或者舞蹈中所引起的愉悦之情，或者笑话中所引起的幽默之情，或者描写晚景的风景画或催眠曲所传达的寂寞之情——这一切都是艺术。只要作者体验的情感感染了观众和听众，这就是艺术。唤起心中曾经体验过的情感之后，通过动作、线条、色彩、声音以及言语所表达的形象来传达出这种情感，使其他人也能体验到这种情感——这就是艺术活动。艺术是一种人类活动，其中一个人有意识地用某种外在标志把自己体验的情感传达给别人，而别人被这种情感所感染，同时也体验着这种感情。"人的本质表现就是某种理想不断生成的过程，人的自我塑造总是向着理想方向进行的，而在现实世界中却不能找到一个理想的样本，只有在文学经典的象征系统中，才能找到符合心理需要的答案，这就是人们为什么选择经典的初心。比如在中国现当代文学作品中，鲁迅的小说成了经典。因为在鲁迅的小说中，人们找到了"想要"与"不想要"的"样板"。人们"不想要"阿Q、孔乙己、闰土式的人物，于是反反复复地读

《阿Q正传》，读《孔乙己》，读《故乡》。当然，就反反复复地读《狂人日记》，读《酒楼上》，读《伤逝》，想要《呐喊》，不想《彷徨》。阅读经典往往犹如一种"探险"，在与"经典"的"交际"中，以往的记忆、当下的处境、未来的向往，构成了一个完整连贯的过程，让人们徜徉其间，至于提供这一情境的是哪国人，哪里发生的事，已经完全不重要了。中国古典诗歌的创作，有所谓"空中架构""超越时空"的技巧，生活在中古时期的诗人、诗评家，不可能有今天"跨文化交际"的理念，但他们对诗歌创作及其本质特点的描述，已然为后代提供了超越时空、跨文化交流的理论基础。"精骛八极，心游万仞。""观古今于须臾，抚四海于一瞬"，凭借天马行空的想象，纵横时空的恣意，一刹那间，思绪放飞，飞向八方极远之地，飞上万仞高空，把古今变迁、四海翻腾都看个明白，从而实现了精神消费的反哺。这就是文学构思的超时空、跨越性特质。这也正是刘勰所谓："文之思也，其神远矣。故寂然凝虑，思接千载；悄焉动容，视通万里。吟咏之间，吐纳珠玉之声；眉睫之前，卷舒风云之色；其思理之致乎！故思理为妙，神与物游。"

"一种语言的最伟大诗人，像莎士比亚和杜甫，不仅比其他任何诗人都更广大更深入地探索人类经验的境界，而且也将该语言的领域扩大。"文学经典正由于比一般作品更广大更深入地提供给读者"人类经验的境界"，对充满好奇心的读者来说，伴随着阅读经典所进行的探险活动，超越性越大，刺激性越强，情境越陌生，越能引发好奇，跨文化的经典阅读、跨文化的经典观赏、跨文化的经典审美，便得到实现。

二　文学经典的跨文化传播

承载着人类共同命运的文学经典，跨文化传播由来已久。翻开任何一部中西文化交流史、一部翻译史、一部比较文学史，都会看到一部长长的中国典籍的外译史，看到一部外国典籍的中译史和全球化背景下跨文化文学比较研究的历史。2014年10月15日，习近平总书记在"文艺工作座谈会"上的重要讲话中所举到的神话、寓言、悲剧、喜剧都是文学样式，而普希金、果戈理、莱蒙托夫、屠格涅夫、陀思妥耶夫斯基、托尔斯泰、契诃夫、高尔基、肖洛霍夫、莫里哀、司汤达、巴尔扎克、雨果、大仲马、小仲马、莫泊桑、罗曼·罗兰、拜伦、雪莱、济慈、狄更斯、哈代、萧伯纳、歌德、席勒、海涅、惠特曼、马克·吐温、杰克·伦敦、海明威、泰戈尔都是我国读者耳熟能详的诗人、小说家、戏剧家、散文家，他们的作品如普希金《假如生活欺骗了你》、果戈理《死魂灵》《钦差大臣》、屠格涅夫《父与子》、莱蒙托夫《当代英雄》、陀思妥耶夫斯基《罪与罚》、托尔斯泰《安娜·卡列尼娜》《战争与和平》、契诃夫《变色龙》《套中人》、高尔基《童年》《在人间》《我的大学》、肖洛霍夫《静静的顿河》、司汤达《红与黑》、巴尔扎克《欧也妮·葛朗台》《高老头》、雨果《悲惨世界》《巴黎圣母院》、大仲马《基度山伯爵》、小仲马《茶花女》、莫泊桑《项链》《漂亮朋友》《羊脂球》《我的叔叔于勒》、罗曼·罗兰《约翰·克利斯朵夫》、弥尔顿《失乐园》《复乐园》、拜伦《唐璜》、雪莱《西风颂》、济慈《夜莺颂》、狄更斯《大卫·科波菲尔》《雾都孤儿》《双城记》、哈代《德伯家的苔丝》、萧伯纳《圣女贞德》、歌德《浮士德》、海涅《德国，一个冬天的童话》、惠特曼《草叶集》、马克·吐温《百万英镑》、杰克·伦敦《海狼》、海明威《老人与海》《永别了，武器》、泰戈尔《新月集》《园丁集》《飞鸟集》等，在我国广为传播，甚至家喻户晓。再看看各大出版社"世界文学名著丛书""外国古今名著译丛""中华翻译研究丛书"以及外国著名作家大型文集的出版，更能见出文学经典跨文化交流传播之一斑。

　　文化交流从来都是双向的。全球化语境下，文学经典的传播成为提升中国国际形象的一个重要途径。文学经典的翻译便为跨文化沟通与艺术领悟奠定了基础。谢天振、查明建《中国现代翻译文学史（1898—1949）》、查明建、谢天振《中国20世纪外国文学翻译史》等著作，在对20世纪外国文学在中国译介、接受、影响进行评述的基础上，"按国别和语种设立专章，对俄苏、英、美、法、德、日等国文学及其代表性的作家作品在中国的译介情况"作了系统评介。而中国文学的外译，也是以大型系列丛书的规模在译介。回顾中国古典诗歌外译传播的历史，李白诗歌的英译已有200多年的历史，而杜甫诗歌的翻译，据张忠纲、赵睿才、孙微《杜集叙录》考察，19世纪以来，杜诗即被译为法、德、英、意大利、荷兰、挪威、捷克、匈牙利、罗马尼亚、俄等多种语言，影响遍及西方世界。19世纪下半叶，法国人朱迪特·戈蒂叶译成《玉书》① 其

---

① 《玉书》：1869年法国人朱迪特·戈蒂叶（Juditb Gautier）翻译出版的中国古诗集。

中选有杜诗10多首,随着《玉书》转译成德文、英文,杜诗被更多国家读者所了解。20世纪,不仅有了对杜甫诗歌的翻译传播,而且全面的学术研究也渐成规模。英语世界对杜甫的研究成绩斐然,依时间先后看主要有1924年安德伍德《杜甫——月光下的中国吟游诗人》、1927年艾斯柯《杜甫诗人的自传》、1934年布雷斯《杜甫:中国最伟大的诗人、草堂诗吟咏者》、1952年洪业《杜甫,中国最伟大的诗人》、1956年王红公《中国诗百首》、1971年戴维斯《杜甫》、1979年阿瑟·库柏《李白与杜甫》、1981年宇文所安《盛唐诗》等,这些研究成果中或选译几十首、上百首杜甫的诗歌进行介绍,或介绍杜甫的生平及其在诗歌史上的贡献。通过译介与研究,杜甫深深地影响了英语国家的现代诗人。1961年斯德哥尔摩举行"世界和平理事会主席团会议",杜甫被列为"世界文化名人",昭示出杜甫诗歌跨文化传播的意义。东亚汉文化圈对白居易、李白、杜甫、王维等唐代大诗人的受容、研究、成果更是不胜枚举。有关中国古典诗歌在世界文坛上的影响,早在20世纪80年代,赵毅衡《远游的诗神——中国古典诗歌对美国新诗运动的影响》一书中揭示了中国古典诗歌对美国现代诗人的影响。除此之外,我国的"四大名著"《红楼梦》《三国演义》《西游记》《水浒传》,均被翻译成多种语言,得到广泛传播。"两种不同文化的遇合际会,必然经历碰撞、协商、消化、妥协、接受等过程。"国际汉语教学过程同样是"两种不同文化的遇合际会",但与"翻译"跨文化传播不同的是,教学过程是一个"现身说法"的过程,"面对面"的交流,富有"沟通"的效果。

三 汉语国际教育中的文学经典教学

自"2019年国际中文教育大会"召开以来,"国际中文教育"一词已广为使用。"在我们看来,'国际中文教育'这一概念的提出,体现了国家对国内外汉语教学、国际上的汉语作为第二语言教学和海外华文教育进行资源共享、互补合作的理念,对于充分整合中文教育资源、发挥各种力量的长处,具有重要意义。"本文所讨论的"汉语国际教育中的文学经典教学",是在国际上以汉语为第二语言教学的教学案例。

在汉语国际教育教学中,中国古典诗词已成为十分重要的教学内容。几乎所有从事汉语国际教育的教师在文化课、文学课上都会选择我国古典诗词名篇进行教学，而唐诗宋词总为首选。常选的作品如王勃《送杜少府之任蜀川》、王维《九月九日忆山东兄弟》《山居秋暝》《送元二使安西》、孟浩然《春晓》、王之涣《登鹳雀楼》《凉州词》、王昌龄《出塞·秦时明月汉时关》、李白《静夜思》《早发白帝城》、杜甫《春望》《绝句·两只黄鹂鸣翠柳》、孟郊《游子吟》、刘禹锡《乌衣巷》《赋得古原草送别》、柳宗元《江雪》、张继《枫桥夜泊》、杜牧《清明》、李商隐《无题·相见时难别亦难》、李煜《虞美人·春花秋月何时了》、苏轼《水调歌头·明月几时有》、秦观《鹊桥仙·纤云弄巧》、李清照《一剪梅·红藕香残玉簟秋》、辛弃疾《青玉案·元夕》等，对这些作品的讲解，必然会经历从词语教学到文学教学的过程，熟悉字、词后，理解诗意时，往往会联系到诗人生平、创作背景、文化风俗等内容。不难发现，人性共通之亲情是最容易进行"跨文化"交流与沟通的，如有关父母之爱、手足之情、自然风光的内容，学生最容易接受，并且产生共情。现举几个教学案例。①

案例一，孟郊《游子吟》："慈母手中线，游子身上衣。临行密密缝，意恐迟迟归。谁言寸草心，报得三春晖。"对学生讲解《游子吟》后，一位哈萨克斯坦籍学生用俄语给母亲写了一首诗，翻译成汉语大意是：我有一个梦，您知道吗？妈妈！您知道吗？妈妈！儿子的梦，唯一的梦，就是想要尽快和您在一起，盼望妈妈和爸爸一起，就像高山永不衰老。您知道吗？妈妈！儿子的梦，唯一的梦，就是一辈子保护您，保护妈妈和爸爸一起，就像蓝天永不褪色。您知道吗？妈妈！儿子的梦，唯一的梦，就是和您一样做一个好人，到了下一辈子，我还做您和爸爸的儿子，用我的造化，让真主给您和爸爸，戴上金色美丽的王冠。

案例二，王维《九月九日忆山东兄弟》："独在异乡为异客，每逢佳节倍思亲。遥知兄弟登高处，遍插茱萸少一人。"一位在厄瓜多尔基多圣弗朗西斯科大学孔子学院就读的学生学习该首诗后，于过圣诞节时，用西班牙语给远方哥哥写了一首诗。她的哥哥长期在国外从事外事工作，难有与家人团聚的时间。这位同学的诗，翻译成汉语大意是：亲爱的哥哥啊，爸爸、妈妈、妹妹还有我，都非常想念你。距离我们上一次见面，已经过去了整整9个月。这9个月里，爸爸、妈妈每天都在说起你，他们希望你

---

① 文中所引唐诗均参见（清）彭定求等编《全唐诗》，中州古籍出版社2008年版。

健康、平安；妹妹也在圣诞节的晚上向圣诞老人许下愿望，希望能够得到你送的礼物；这9个月来，我时常去我们小时候一起游泳的湖边，一到那里，就会觉得和你在一起，心中就想着你，祈望着，你早日平安归来。

这些表达母爱、父爱、手足之情的诗，虽然以上两个作者跟孟郊、王维所处的时空相隔遥远，语言差异较大，但表达的思念之情异曲同工。但正如胡文仲在《跨文化交际学概论》中所说，"跨文化传播"中的"隔阂"比比皆是。胡文仲列举了《孝经》故事在美国大学生中的反映和芬兰学者在会议讨论中的表现："孝顺父母是中国传统道德的一个重要部分。《孝经》对于如何尽孝做了详尽的规定……秦朝法律规定'不孝'枭首示众。唐律把不孝列入'十恶'之中，以后历代相沿。对于孝顺的概念西方国家的青年不仅不能接受，而且也不能理解。我把二十四孝中的故事讲给美国大学生听，他们完全不能理解。在一次跨文化交际讨论会上，我把二十四孝中吴猛为了不让父母被蚊虫咬，自己将衣服脱掉，裸露身子，将蚊子吸引到自己身上来的故事讲给芬兰的与会者听。我问他们是否会为父母这样做，他们都摇头。"在国际中文教学中，这样的事例也不少。在位于南美洲北部的哥伦比亚安蒂奥基亚大学语言中心任教时，笔者曾给高年级学生使用了姚宏强主编的《留学生中国文学读本》进行文学课教学。此教材选录有唐代名篇杜甫《春望》、杜牧《清明》等。

案例三，杜甫《春望》："国破山河在，城春草木深。感时花溅泪，恨别鸟惊心。烽火连三月，家书抵万金。白头搔更短，浑欲不胜簪。"《春望》被选入我国初中语文教材。这首诗对国际汉语教学中的外派教师来说，轻车熟路，驾轻就熟。但其在国际中文教学过程中，明显感觉到了文化差异的难以"跨越"。如在安蒂奥基亚大学语言中心从事汉语教学中介绍这首诗时，学生们对杜甫所表现的家国情怀，十分不解。他们认为杜甫只是一个诗人，不是军队的将领，面对山河破碎、国破家亡的境况，既然自己无法做出改变，那么最好想办法"移民"到更好的地方重新开始自己的生活，继续自己的文学创作，而不是做自己做不到的事情。在他们眼中，挽救国家、重整山河是英雄行为，普通百姓无能为力。这显然与中华民族传统的"天下兴亡，匹夫有责"的家国情怀大相径庭。

案例四，杜牧《清明》："清明时节雨纷纷，路上行人欲断魂。借问酒家何处有？牧童遥指杏花村。"在厄瓜多尔基多圣弗朗西斯科大学孔子学院教学生学习杜牧的《清明》时，教材中对"断魂"的注释是："指忧郁愁苦、失魂落魄的样子。""读解提示"是这样写的:"正是清明这一天,天空中飘着小雨,诗人一个人走在乡间的小路上。清明虽是春光明媚、桃红柳绿的季节,可也是气候容易发生变化的时候,这不,细雨纷纷洒洒,天地间一片迷蒙。诗人就这样冒雨前行,任凭衣衫被打湿,独自想着自己的心事。'雨纷纷'在这里既是描写迷离的雨境,更是在形容那雨中行路者纷乱难言的心情。是啊,清明本该是家人团聚的日子,或上坟扫墓,或踏青赏春,可现在出门在外的游子,孤身一人匆匆赶路,触景伤怀,平添万般愁绪,心中的滋味难以言说。诗人用'断魂'二字形象地写出了此时此刻一种忧郁愁苦、失魂落魄的心理状态,其中包含着牵挂、思念、惊悸、不安等复杂内容。在中国诗歌里,'魂'并非指人死后的鬼魂,而多半指的是精神、情绪方面的事情。"当教师借助"读解提示"给学生讲解时,他们对"路上行人欲断魂"一句的解释始终无法理解。他们不理解的是,活着的人应该让逝去的人快乐,为什么自己还要"断魂"——忧郁愁苦、失魂落魄?像清明节一类的节日,厄瓜多尔及其他拉美国家也有,比如亡灵节。拉美人过亡灵节,是一次与已故的亲人、朋友之"亡灵"的欢乐集会。他们会全家人一起带上美食、美酒、乐器到墓地载歌载舞,与"亡灵"一起分享美食美酒和歌舞;他们会在街上举行化装舞会和游行,放浪形骸,极尽欢乐之能事。在他们看来,这一天"亡灵"会和健在的人一起唱歌跳舞,说笑欢闹,十分快乐,而不是《清明》这首诗里所写的那种忧郁愁苦、失魂落魄的样子。

  联系到友情的抒写与认识,如王勃《送杜少府之任蜀川》诗中有千古名句"海内存知己,天涯若比邻"。在国际汉语教学中,当地学生很难理解"朋友"之间还能成为"知己"。这里又会联系到《三国演义》的教学。《三国演义》在拉美国家传播范围较广,学生们对中国古代战争的了解几乎都是来源于这部小说。但对"宴桃园豪杰三结义"之"桃园三结义"的生死与共的精神不能理解。如笔者曾执教的班级,有两个从小一起长大的"发小",平时关系很好。在讲解"桃园三结义"时,笔者将其二人比作"结义"关系,他们却都不认同,朋友之间可以相互帮助、共同进步,但像《三国演义》或是《水浒传》中那种兄弟义气、两肋插刀、赴汤蹈火的行为,他们是接受不了的。他们每个人都有自己的喜好,性格也不尽相同,也有各自的朋友圈,朋友之间不应该承担过多的义务,能够互相尊重、互相理解就好。而像柳宗元《江雪》一类作品的教学又是另外一种情形。

案例五，柳宗元《江雪》："千山鸟飞绝，万径人踪灭。孤舟蓑笠翁，独钓寒江雪。"就汉语教学来说，柳宗元《江雪》应该是最简单易懂的。可在国际中文教学过程中，一些学生的提问，让教师"措手不及"。教师讲解全诗大意：大雪笼罩天地，周围的山上没有飞鸟，来往的小路上没有人影。只有一只小船，船上只有一个戴斗笠、披蓑衣的老先生江雪中垂钓。教师讲：这个垂钓的老翁，其实是象征诗人自己。是借这个形象来表达诗人自己政治失意的苦恼与郁闷，表示自己清高、孤傲的品格。

学生问：老师，这个诗人为什么要把自己比作一个渔翁呢？

教师答：这是中国文化中的一个传统，是事业失败后选择的一种道路，叫退隐，即回避现实，修养自身。

学生回应：老师你看过海明威的《老人与海》吗？《老人与海》中的老渔夫圣地亚哥是那么勇敢，不怕狂风巨浪，是一个英雄，是一个硬汉，而不是见困难躲起来。

的确，西方文学作品中所塑造的渔夫、猎人、樵夫形象，总是屡受挫折却百折不挠，始终保持顽强的生命力和坚强的意志力，面对暴力和死亡都能无所畏惧。从这些教学案例中，我们充分认识到文学经典传播的复杂性，从中也得到了启示。

综上所述，文学的超越性固然为文学经典的跨文化传播提供了可能和极大的便利，也为国际中文教育提供了丰富优质的教学资源。当下国际汉语教学中的必修课程，如《中国概况》课程中也选取了文学经典作品作为学习范文，其中中国古代文学的典范作品有《诗经·国风·周南·关雎》《楚辞·离骚》，有李白《黄鹤楼送孟浩然之广陵》、王维《红豆》，有苏轼《水调歌头》、李清照《声声慢》以及"四大名著"中的精彩片段，而用于留学生的中国文学史教材中全面系统地介绍了中国文学的发展历程。各类教材所选经典篇目，大多是我国人人皆知的名篇，但从国际中文教育教学实际来看，选择什么样的文学经典更有利于跨文化传播，更能产生呼应与共鸣，是教育家、教学工作者必须慎重考虑的问题。其实，越是优秀、越是经典的文学作品，审美信息和文化意蕴越加丰富。文学经典作品尤其是短小精悍的诗词作品，其中所体现的价值观，能更好地支配人的信念、态度和行动的，就更加要求有高水平的语言能力和审美能力。跨文化交流学理论，已给我们提供了指引与借鉴，而具体的教学实践又进一步让从事国际中文教育的教师等工作人员，时刻要遵循这些规律，以接受环境为坐标遴选作品，真正做好文学经典的跨文化教学传播工作。

参考文献

郭熙、林瑀欢：《明确"国际中文教育"的内涵和外延》，《中国社会科学报》2021年3月16日。

［美］H. 帕克：《美学原理》，张今译，广西师范大学出版社2001年版。

胡文仲：《跨文化交际学概论》，外语教学与研究出版社1999年版。

［俄］列夫·托尔斯泰：《艺术论》，张昕畅等译，中国人民大学出版社2005年版。

谢天振、查明建主编：《中国现代翻译文学史（1898—1949）》，上海外语教育出版社2004年版。

［法］伊波利特·阿道尔夫·丹纳：《艺术哲学》，傅雷译，江苏凤凰文艺出版社2018年版。

杨经华：《远游的寂寞——杜甫诗在西方世界的传播与变异》，《杜甫研究学刊》2013年第4期。

姚宏强：《留学生中国文学读本》，学林出版社2011年版。

张少康集释：《文赋集释》，人民文学出版社2002年版。

赵毅衡：《远游的诗神——中国古典诗歌对美国新诗运动的影响》，四川人民出版社1985年版。

跨文化教育视域下来华留学生"讲好中国故事"策略研究

曹晓东

摘要：来华留学生是跨文化语境下求取新知的学习者，也是中国社会和文化的体验者，具备中外融合的"视界"与跨文化交流能力。基于跨文化教育理念和目标，鼓励并引导来华留学生讲好中国故事，有助于推动我国的国际传播能力建设以及来华留学生教育的内涵式发展。跨文化教育视角下的来华留学生如何"讲好中国故事"这一命题主要包含两个维度：一是教师面向留学生讲述中国故事，二是帮助来华留学生群体自主、自觉、自愿地"讲好中国故事"，而加强国际理解教育、注重留学生的跨文化能力培养，对"中国故事"进行主题化、类型化、区域化、信息化的遴选与建构则成为其基石。

关键词：来华留学生；中国故事；跨文化教育；跨文化能力

党的十八届三中全会提出"扩大对外文化交流，加强国际传播能力和对外话语体系建设，推动中国文化走向世界"，强调应在国际社会讲好中国故事，传播中国声音，努力塑造可信、可爱、可敬的中国形象。2020年5月以来，习近平总书记两次给北京高校的留学生回信，勉励学生们深入了解真实的中国，向世界讲述自己所看到的中国，为促进各国人民民心相通、推动构建人类命运共同体发挥积极作用。来华留学生是跨文化语境下求取新知的学习者，也是中国社会和文化的直接体验者，具备中外融合的"视界"与跨文化交流能力，其观察与感受、认同及表达可成为世界了解中国的重要窗口。从跨文化教育理念和目标出发，鼓励并引导来华留

[基金项目]甘肃省教育科学"十四五"规划2022年度"一带一路"教育国际合作交流专项研究重点课题（GS［2022］GHBZXZ003）阶段性研究成果"。

曹晓东，西北师范大学国际文化交流学院。

学生讲好中国故事，打通中外各国各民族的文化之"隔"，不但有助于推动我国的国际传播能力建设，还可借助留学生从时代观察者、历史记录者向国际传播者的身份转变，促进来华留学教育的内涵式发展。

一 来华留学生与"讲述中国故事"

自1950年"清华大学东欧交换生中国语文专修班"开设以来，新中国的来华留学教育已走过72年的风雨历程。特别是改革开放以来，伴随中国国力的大幅增强、国际影响力的与日俱增，秉持开放、包容、友和、和谐理念的当代中国吸引了大批留学生进入，当前已成为世界第二大留学目的地国。来华留学生兼具海外成长背景和在中国的学习及生活经历，这决定了他们既是中国故事的亲历者和见证者，也可能成为中国故事的讲述者与传播者，甚至成长为中国开展公共外交的有生力量。

（一）来华留学生是"中国故事"的亲历者和见证者

中国故事创意传播研究院院长陈先红提出，讲好中国故事应围绕"文化、发展、开放"三个关键词展开①，而这与来华留学生的跨文化经历高度同构。首先，留学生是中国文化故事的接受者，文化课程与实践活动共同构筑了留学生感悟中国文化、了解中国国情的认知空间，帮助他们熟悉中国历史、地理、社会、经济等中国国情与文化基本知识，理解中国社会的主流价值观与公共道德观念。来华留学生也是中国发展故事的亲历者，他们普遍关注中国的生活方式和社会热点问题，对中国的发展理念、发展道路特别是发展成就兴趣浓厚。充满活力的今日中国既是留学生的生活世界，也为他们提供了故事讲述的时代主题，积累了大量的鲜活素材。譬如，中国抗击新冠疫情早期，在华留学生全程见证了中国的疫情防控工作，还有人主动参与，将自己亲历的中国抗疫故事记录下来。最具代表性的是黎巴嫩留学生阿德汉·赛义德的非虚构作品《坚定——一个外国人

---

① 该观点出自陈先红以"新时代讲好中国故事的三大策略"为题目的演讲。2021年3月26日，2020"讲好中国故事"创意传播大赛理论研讨会在济南举行，围绕"话语与生态：新时代中国故事讲述策略研究"主题展开探讨，陈先红出席并发表相关演讲，https://baijiahao.baidu.com/s?id=1695447313870092766&wfr=spider&for=pc。

的武汉日记》①,全书通过一个外国留学生的视角,真实细致地记录了疫情期间武汉城内发生的故事,令社会现实得以进入文学的场域被记录、书写和传播,具有鲜明的个人叙事和历史叙事特征。该书一经出版,就引发了阿拉伯世界对中国抗疫经验的高度关注,并带动沙特阿拉伯、阿联酋等国家和地区向中国汲取抗疫经验,成为向世界推广前期抗疫经验、讲好中国抗疫故事的经典范例。留学生还是中国开放故事的受益人,开放包容的中国为他们提供了良好的学习机会和交流平台,也为他们深刻理解自信开放、和平发展、合作共赢的文明理念奠定了基石。

(二)来华留学生是"讲述中国故事"的有生力量

文化的本质是沟通。作为全球化时代下的跨国流动者,来华留学生有着较宽广的文化视野、较丰富的双边文化乃至多边文化经验,跨文化传播能力较强,能够经由讲好中国故事,找到沟通中外的话语共同点和情感共鸣点。

从对留学国的文化认同来看,来华留学生的自我意识、价值观念正处于成长到成熟的关键时期,他们普遍对新生事物充满热忱,能够欣赏和接纳中国文化,积极融入中国生活,表现出较强的跨文化调适及社会文化适应能力;从跨文化传播意愿来看,来华留学生普遍具有较旺盛的表达欲望。调查显示,中华文化和生活对留学生充满吸引力,他们也愿意向友族介绍自己的中国经历,讲述眼中的精彩中国故事。可见,来华留学生对中国的情感态度及阐述诠释,能够在潜移默化中纠正时空视差、国外媒体"他塑"等因素所导致的文化成见乃至意识形态偏见,从而参与构建了中国形象的国际化表达。

在塑造国家形象方面,活跃的来华留学生群体也能发挥出积极作用。习近平总书记指出,一个国家文化的魅力、一个民族的凝聚力主要通过语言表达和传递。构建中国叙事体系,创新对外话语体系,不但为讲好新时代的中国故事提供了路径依赖,也有助于在国际社会传播良好的国家形象。留学生是中国故事的承载者,也是中国故事的讲述者和传播者,他们对中国的时代性观察、个人化记录更能激发外国民众对中国的兴趣和想

---

① [黎]阿德汉·赛义德:《坚定——一个外国人的武汉日记》,李昕、李翼生译,当代世界出版社 2020 年版。

象，从而提升中国的国际形象和影响力。诸如《鱼翅与花椒》①《美丽的国家》②《坚定》等纪实类作品开辟了来华留学生多视角观察中国社会、用文字记录中国进程的叙事范式，同济大学新推出的"国际学生感悟中国系列丛书"则将此类叙事建构引向系统和深入。影像纪实是来华留学生讲述中国故事的另一途径，同济大学的留学生"行走看中国"媒体矩阵、该校在校留学生联合中国学子共同打造的"熊猫叨叨——国际学生讲中国故事"品牌项目，以及个人向"歪果仁研究协会""阿福 Thomas""法国 Cleo 魏无瑕""俄罗斯小伙德米日"等活跃在中外社交媒体和自媒体平台上的 up 主们合力搭建起展示中国的文化窗口，都为全球化语境下的中国形象"他塑"提供了样本，表明来华留学教育开始向"塑造传播主体，讲好中国故事，推动国际传播"的新维度、新内涵迈进。

二 跨文化教育与"讲好中国故事"的互动共生性

讲述中国故事是一个事实，"讲好中国故事"则隐含了价值判断，其内涵涉及两个维度，一是择取有关中国的"好故事"，二是如何"讲好"这些甄选过的中国故事。近年来，国内有关"来华留学生讲述中国故事"的讨论日趋增多，表明该议题已进入国内研究者的学术视野，并成为来华留学教育亟待解决的重要课题。后者以同济大学国际文化交流学院的实践活动为代表，主要体现在两个层面：一是如何帮助留学生挖掘有意义的中国故事，二是如何引导留学生成为好故事的优秀讲述者③，故而从内容到方法都为来华留学生传播中国故事提供了思路。学术研究方面，众多论者大多偏重理念阐发和经验总结，学理性相对不足，从教育学、社会学、心理学、传播学乃至叙事学等学科角度宏观把握、系统分析的研究成果更是稀少。事实上，无论是传播中国文化还是讲好中国故事，作为接纳者与发送者的来华留学生都处于单向的"输入"或"输出"状态，借助跨文化教育的学科理念，或可为促进这一议题的审视、思考与

---

① [英] 扶霞·邓洛普：《鱼翅与花椒》，何雨珈译，上海译文出版社2018年版。
② [美] 约翰·兰多夫·桑顿：《美丽的国家》，贺辰译，天津人民出版社2013年版。
③ 殷思琴、许峰：《基于来华留学生讲中国故事的传播内容研究》，《神州学人》2022年第4期。

实践贡献力量。

全球化态势下的文化和教育交流是增强各国全球影响力的有效途径。"随着高等教育的国际化,文化多样性作为资源在高等教育领域得到了较多的关注,其重点在于如何利用不同文化背景的学生,整合这些文化资源,推动大学本身作为一种机构来适应全球化时代快速变化的特征"①,因此,在高等教育领域广泛开展跨文化教育,既是时代需求,也是未来趋势。国际教育的目标体系的核心在于"情感沟通",来华留学生作为跨文化教育的主要实施对象,其培养目标与跨文化教育"促进对文化多样性的尊重、增强不同文化团体间的相互理解、促进融合与学业成功、增进国际理解"②的理念相一致。③结合跨文化教育的深层内涵、具体目标与实施策略,帮助留学生完成对于文化差异的再理解与身份认同的再发现,构建一种"知识共同体"乃至"情感共同体",即通过"情感沟通"的方式加强人们的相互理解和认同④,有助于培养留学生讲中国故事的意识和能力,促使该群体实现从接受者到传播者、创作者的意识激发与身份转化。⑤

(一) 文化差异的再理解

梁启超曾言,文化是"人类心所能开释出来之有价值的共业"。来华

---

① 姜亚洲:《跨文化教育的理论与实践研究》,博士学位论文,华东师范大学,2015年。
② 赵中建主译:《全球教育发展的历史轨迹——联合国教科文组织国际教育大会建议书专集》,教育科学出版社2005年第2版,第442页。
③ 李宇明教授指出,来华留学生教育的培养目标有三点:第一,具有专业知识,学有所成;第二,成为优秀的世界公民,有人类命运共同体意识,有人类同情心;第三,知华友华,是中国发展的同行者、支持者,中国文化的传播者,经贸合作的交往者。
④ 胡范铸、刘毓民、胡玉华:《汉语国际教育的根本目标与核心理念——基于"情感地缘政治"和"国际理解教育"的重新分析》,《华东师范大学学报》(哲学社会科学版)2014年第2期。
⑤ 尽管有论者强调面向来华留学生传播中国价值观,促使其了解和认同中国价值观,具有拓展国际合作的现实意义,参见谢文博《来华留学教育的中国价值观传播探索》,《神州学人》2022年第7期。但笔者更认同胡范铸教授的观点,即汉语国际教育不应该只是构建一种"知识共同体",也几乎不可能构建"价值共同体",应该也最可能实现的就是构建一种"情感共同体",即通过情感方面的沟通和交融达成理解与共识。参见胡范铸、刘毓民、胡玉华《汉语国际教育的根本目标与核心理念——基于"情感地缘政治"和"国际理解教育"的重新分析》,《华东师范大学学报》(哲学社会科学版)2014年第2期。

留学生作为中国国家形象的国际受众,以及中国当代生活的亲身体验者,与浸润其中的中国故事天然存在密切而有效的关联。从跨文化教育的理论内涵来看,促进来华留学生感受和理解、阐释与传播中国故事,首先应培养学生对文化差异和文化多样性的理解与尊重,只有在知识目标和态度目标上达到基于文化回应的文化间性,做到既了解和理解文化差异,又能凸显文化共性,方能实现借助中国故事所达成的跨文化沟通与交流。

跨文化教育的内涵首先体现为对文化差异的再理解,它提倡受教育者能够客观和正确理解文化差异,与他者实现互惠性理解,在了解和尊重文化差异的基础上形成文化批判意识①,如要素之一的"国际理解教育"就秉持文化相对主义,在某种程度上与费孝通先生提出的"各美其美,美美与共"有着异曲同工之处。因此,国际汉语教师面向来华留学生讲述中国故事时,无论在教材的选用、教学资源的遴选还是教学内容的阐释上,都应考虑到留学生的来源国与文化差异问题,并带领学生融入真实的社会情境和文化语境,方能自然生发出能够融通师生情感、激发师生共鸣的认知体验。正如孙宜学教授所说,向世界讲好中国故事,最重要的因素是真诚,这体现了不回避文化差异、强调情感沟通和心灵共鸣的叙事和传播立场。"跨文化教育的真正核心是对文化差异保持敏感,抱有共情态度,能用批判性思维来审视和思考自我文化与他者文化,进而形成宽广的世界性视野,而不仅仅是对特定国家或区域知识的理解。"② 因此,紧扣跨文化教育的基本内涵,将其实施到留学生教育教学及管理中,无疑对讲好中国故事的理念与方法具有指导性意义。

(二) 身份认同的再发现

身份认同是跨文化教育的又一核心命题。帮助学习者在文化多样性关系中进行自我认同统整,保持积极的自我认同和高水平自尊,是跨文化教育的重要目标。③ 跨文化教育强调普遍价值和个体的独特性,促使个体在文化多样化的背景中形成跨文化认同,进而获得心理上的归属感、安全感

---

① 姜亚洲:《跨文化教育的理论与实践研究》,博士学位论文,华东师范大学,2015年。

② 谭旭虎:《来华留学生跨文化教育中的问题及其对策》,《高等教育研究》2020年第1期。

③ 姜亚洲:《跨文化教育的理论与实践研究》,博士学位论文,华东师范大学,2015年。

和确定感。① 引导和帮助来华留学生讲好中国故事，需要以确立后者的自我身份认同为基石。在此意义上，明晰中国故事属性，回归日常生活视角，诠释有深度也有温度，能够吸引人、打动人的人间烟火故事，更能够有效激发来华留学生的自我意识和共情心理，有助于打通自我身份与身处环境二者间的文化壁垒。前几年即已蜚声中外的李子柒视频之所以成为现象级的文化产品，实现了中国文化海外传播的巨大成就，就是因为它们的叙事内容和叙事手法质朴且真挚，不但能够满足异国受众的猎奇心理，更是将中国的传统审美意识和文化精神烘托而出：乐天、达观、善良、坚韧，热心助人、恪守孝道，更重要的是营造出了一种独特的中式生活美学，能够在物质文化和精神文化层面引发受传者兴趣的同时，也能够在曲径幽微处触碰到后者对生活的认知与理想，从而实现外部信息与自我认同的调适及融合。

（三）来华留学生与"讲好中国故事"的互动共生

为适应国家、社会和经济发展的需求，中国的来华留学教育经过长期探索与发展，已从单纯的语言教学逐步迈向多元化、学科化乃至职业化的教育模式，出现了从"学汉语"到"用汉语学"的趋势②。与此同时，"讲好中国故事，传播中国声音"也被纳入来华留学生教育的框架和领地，无论科研还是实践，都已经有了大量的相关论述和具体举措，如同济大学于2021年成立的"留学生行走看中国"故事班、该校在校留学生联合中国同学共同打造的"熊猫叨叨——国际学生讲中国故事"品牌项目等即志在实现"讲真实中国故事，架真诚友谊桥梁"并取得了良好效果。基于此，笔者更加认同胡范铸等学者提出的观点，即无论是"汉语国际教育""国际中文教育"还是"中文国际教育"，其根本目标都不仅仅在于提升学生的"汉语能力"（包括语言能力和交际能力的获得）和"中国文化传播"能力，还包括建立在教育者和受教育者共识基础上的"国际理解""情感沟通"乃至"人类命运共同体"意识——汉语国际教育的目标可相应定义为五个层次，即汉语能力获得、交际能力建构、经济利益实

---

① 姜亚洲：《跨文化教育的理论与实践研究》，博士学位论文，华东师范大学，2015年。
② 李宇明、翟艳：《来华留学汉语教育70年：回顾与展望》，《语言教学与研究》2021年第4期。

现、中国文化传播、中外社会互动,而根本目标是"中外社会互动"①。人往往拥有无穷的力量,来华留学生教育与"讲好中国故事"也因此具备显著的互动共生意义,具体来说,留学生的身份和经历决定了这一群体既是"中国文化传播"的接受者和传递者,又是"中外社会互动"的亲历者与承载者,同时还可能成长为促进"中国文化传播"和"中外社会互动"的个体或群体力量,在大外交格局中充分发挥主体性和能动性,推动国际社会间的情感沟通,增进中国和世界其他国家、地区的跨文化理解与跨文明互鉴。用更富文学性和想象性的话语来说,就是来华留学生讲述中国故事或可"点燃未来的万家灯火"(泰戈尔语),以及能"让小鸟在彩虹上筑巢"(维多夫罗语)。

三 来华留学生"讲好中国故事"的策略与挑战

习近平总书记指出,今天中国在世界上的形象很大程度上仍是"他塑"而非"自塑"。与文字形式的出版物相比,来华留学生讲述中国故事更多依赖互联网媒体,内容也受制于创作者对中国的认知感受和个人偏好,多属于自发性的文化交流。为更好发挥来华留学生对外"讲好中国故事"的主体作用,增强该群体的中国形象塑造和国际传播能力,来华留学生的跨文化教育也应与时俱进,承担起对外传播中国声音的重要职责,在教育国际化潮流、人类命运共同体理念以及构建全媒体传播新格局的新形势下,发掘来华留学生能讲、爱讲、善讲中国故事的动力和路径。

(一)实施策略

跨文化教育视角下的来华留学生与"讲好中国故事"包含两个维度,一是教师面向留学生讲述中国故事,二是帮助该群体自主、自觉、自愿地"讲好中国故事"。在内容选取方面,孙宜学教授提出,讲好中国故事应具备向世界讲好中国共产党故事、讲好同中有异的中国故事、讲好以和为贵的中国故事、讲好生动的中国生活小故事、讲好中国发展中的苦难和危

---

① 胡范铸、陈佳璇、张虹倩:《目标设定、路径选择、队伍建设:新时代汉语国际教育的重新认识》,《世界汉语教学》2018 年第 1 期。

机故事、讲好人类命运休戚与共的故事这六大特质。① 体现在来华留学生教育教学方面，除了传统的课堂教学和文化体验、课外实践活动等，还可利用网络平台为学生推送各类学习资源，对学生进行中国文化、国情、时政、国际关系等方面的知识传授与文化浸染，引导他们体悟时代特色与全球观念，理解乃至认同"人类命运共同体"理念。"汉语国际教育在本质上是一种基于语言能力训练而展开的'国际理解教育'，是一种可以影响'情感地缘政治'的过程，它应该是造就国际社会情感沟通的重要力量"②，来华留学生教育应志在增益中国形象的国际传播，帮助学生与时俱进地感知中国，各美其美地表达中国，做沟通中国与世界的情感纽带和文化桥梁。

引导来华留学生对外"讲好中国故事"，除了在课程设计中融入中国故事内容，在实践活动中配置中国故事主题，从而培养学生对中国社会文化的认同感，激发他们的情感共鸣和表达欲望外，还应掌握留学生来源国的基本情况，创新文化回应教学模式，注重分众化、区域化表达，增进留学生母国和中国文化的互补与融汇。例如，对"一带一路"共建国家留学生开展中国文化和国情教育时，可适度融入共建"一带一路"倡议的理念、内容和愿景，对非洲来华留学生则强调中非风雨同舟、友好合作的光辉历程等，帮助留学生区分故事的目标受众，明确内容导向，实现共情同理。鼓励来华留学生对外"讲好中国故事"，还要搭建丰富优质、便捷高效的内容平台，把握内容创作的尺度和话语表述边界，规避跨文化传播中可能出现的国际政治争端和舆情风险。

（二）挑战及反思

当前的中文国际传播存在不同程度的"效果困境"，"讲好中国故事"也同样面临各种挑战。首先，如何衡量中国形象建构及对外传播的效度和信度，如何采用恰当的研究方法和分析工具，这些都对引导来华留学生"讲好中国故事"提出了挑战；其次，如何做到改变以传者为中心的对外

---

① 该论点出自孙宜学题为《好的中国故事应具备七大特质》的相关发言，首见于 2021 年 6 月"建党百年，向世界讲好中国故事——加强我国国际传播能力"研讨会，https: // baijiahao. baidu. com/s? id = 1703408977016876853&wfr = spider&for = pc。

② 胡范铸、陈佳璇、张虹倩：《目标设定、路径选择、队伍建设：新时代汉语国际教育的重新认识》，《世界汉语教学》2018 年第 1 期。

传播思路，摆脱宏大叙事干扰，淡化意识形态成分，纠正"以我为主"的对外传播模式，真正做到"让微观现实承载宏观意义"，也需要人们慎重考量；再次，现有的在华留学生大部分属于具备"数字原住民"属性的 Z 世代青少年，他们是迭代的信息技术变革、剧烈的社会经济变迁所孕育出的特殊代际群体，在价值观念、生活态度、文化品位、行为方式乃至交往模式等方面与前辈群体存在显著差异，故而"讲好中国故事"的叙述内容和传播路径也须直面该群体的代际特征，做到精准对标，有的放矢。最后，正如李宇明教授指出的，经济要素已逐渐成为推动语言传播的一大因素，语言呈碎片化的地区，经济实力也往往薄弱，故而中国文化的对外传播效度也和自身的经济、科技发展密切相关，特别应考虑来华留学生的区域分布问题。总之，想要更好地解决上述问题，可能仍有较长的一段路要走。

参考文献

［黎］阿德汉·赛义德：《坚定——一个外国人的武汉日记》，李昕、李翼生译，当代世界出版社 2020 年版。

［英］扶霞·邓洛普：《鱼翅与花椒》，何雨珈译，上海译文出版社 2018 年版。

胡范铸、刘毓民、胡玉华：《汉语国际教育的根本目标与核心理念——基于"情感地缘政治"和"国际理解教育"的重新分析》，《华东师范大学学报》（哲学社会科学版）2014 年第 2 期。

胡范铸、陈佳璇、张虹倩：《目标设定、路径选择、队伍建设：新时代汉语国际教育的重新认识》，《世界汉语教学》2018 年第 1 期。

姜亚洲：《跨文化教育的理论与实践研究》，博士学位论文，华东师范大学，2015 年。

李宇明、翟艳：《来华留学汉语教育 70 年：回顾与展望》，《语言教学与研究》2021 年第 4 期。

谭旭虎：《来华留学生跨文化教育中的问题及其对策》，《高等教育研究》2020 年第 1 期。

孙宜学：《好的中国故事应具备七大特质》，https：//baijiahao. baidu. com/s？id＝1703408977016876853&wfr＝spider&for＝pc。

谢文博：《来华留学教育的中国价值观传播探索》，《神州学人》2022年第7期。

［美］约翰·兰多夫·桑顿：《美丽的国家》，贺辰译，天津人民出版社2013年版。

殷思琴、许峰：《基于来华留学生讲中国故事的传播内容研究》，《神州学人》2022年第4期。

赵中建主译：《全球教育发展的历史轨迹——联合国教科文组织国际教育大会建议书专集》，教育科学出版社2005年第2版。

国际中文教育视域下的文化教学方法
——以古代历史文化为例

赵宏勃

摘要： 随着国际中文教育事业的开展，在新形势下，文化教学的目标已经发生明显的变化，这也要求我们重新审视相关教学的内容，当下尤其需要讨论如何将文化教学的目标落实于具体的课堂，回应学科发展过程中对中华文化内容进行深度研究的需求。本文认为，在国际中文教育所涉及的文化教学内容丰富多彩，传播形式也应有所区别，教师要充分利用好国内高校的文化课堂，结合课程内容的特点、教育目标的侧重选择教学方法，可采用翻转课堂的形式，更加充分地利用好课堂教学的时间；重视对学习者跨文化能力的培养，尝试任务型教学、研讨式教学等方法的有机结合，从而切实提升教学质量，开拓中华文化传播的新局面。

关键词： 国际中文教育；文化教学；古代历史文化

一 引言

本文主要讨论国内高校"专门的文化教学"，即面向留学生开设的文化类课程中的相关问题。追溯本学科发展的历史，可以发现围绕文化课程、文化内容的讨论，在不同时期的侧重点有着明显的差异，从"处于依附地位的文化"到汇入"讲好中国故事"的时代声音，讨论越来越有深度。当下在国际中文教育视域下的文化教学，已是国际文化传播能力建设的重要一环，是构成中国话语权的内容之一。

通过国际中文教育，各国民众学习中文、了解中国，从国际中文教

赵宏勃，北京师范大学国际中文教育学院。

育这一术语的内涵来看,包括"中国国内的对外汉语教学、国外的中文作为外语或第二语言教学和海外华文教育三大组成部分,既包括各层次学历教育也包括各类非学历培训"。① 显然,国际中文教育发展中除了语言的教学目标,文化的内容必然受到重视,另外,国际中文教育作为学科的本质特点又决定着"文化教学"为"语言教学"提供背景知识,与语言教学深度配合的属性。② 因此,相关的课程建设也必须转换视角、调整内容,本文讨论国内高校以留学生为教学对象的课堂如何进行文化教学,包括教师应具有跨文化能力培养意识,从学习者的特点出发选择教学内容,以改善教学效果、培养学习者的跨文化理解能力。

二 教学目标的转变及对文化教学的影响

《国际汉语教学通用课程大纲》作为"首次面向海外大众化、普及型汉语教学的《课程大纲》"③,明确提出学习者应具备语言综合运用能力,其中包括"文化能力","文化能力"由"文化知识、文化理解、跨文化能力与国际视野"三个方面构成。《国际汉语教学通用课程大纲》作为面向汉语学习新需求而研制的汉语教学标准文件,对于教学有着重要的指导意义。

2022年出台的《国际中文教育用中国文化和国情教学参考框架》(以下简称《参考框架》)是国际中文教育界在新时期标准建设方面的重大成果,提供了一个文化教学的参考框架、一个文化项目的可选清单。《参考框架》对文化教学内容的指导意义在于,教师既可以根据《参考框架》设置的教学内容和目标开展系统化的中国文化概况课程教学,也可以将中国文化和国情教学同语言课程结合,选取语言课程话题任务中对应的文化教学项目进行教学,还可以参考《参考框架》所列的文化和国情教学内容及目标组织课外活动或讲座。《参考框架》中任何一个文化项目或文化

---

① 吴应辉:《国际中文教育新动态、新领域与新方法》,《河南大学学报》(社会科学版)2022年第2期。
② 赵金铭:《如何建设国际中文教育资源体系》,《语言战略研究》2021年第6期。
③ 李泉:《对外汉语教材通论》,商务印书馆2012年版,第118页。

点都可以与其他文化项目或文化点灵活组合使用。① 除了开列知识清单，《参考框架》也对文化教学的目标进行了阐释，以了解文化知识为起点，理解中国文化的多样性，培养学习者的跨文化意识，重视形成正确的文化态度。

这两个文件都强调跨文化能力的培养，追溯本学科从对外汉语教学到汉语国际教育、国际中文教育这一发展的过程，已围绕语言教学中文化知识、文化理解的重要性展开充分的讨论，与语言教学相关的文化教学也有很多研究成果，这是重视文化教学的表现，但是《参考框架》强调的跨文化能力在教学中实践仍较为欠缺。目前在外语教学界跨文化能力也是一个热门话题，不过如何进行跨文化能力的培养还有待加强研究，如缺乏跨文化交际行为、技能、能力的学习和训练。汉语教学界在这方面的理论研究也十分不足。②

不论是出于提高留学生的中国文化知识水平，还是出于培养跨文化能力的需要，都凸显了文化学习的必要性。跨文化能力并不等于零星的跨文化交际技巧，在关乎交际技巧的学习、作为背景被介绍的那些文化知识之外，系统地了解语言对象国的文化是形成跨文化能力的重要条件，与之前文化教学关注内容介绍相比，这一目标对文化知识的系统性提出了要求。

《参考框架》提出的文化教学内容的整体框架，也为中国文化类课程确定教学重点提供了依据，这对文化教学质量必然有着积极的影响。对国内高校面向留学生开设的人文通识课程《参考框架》也有指导意义，在这类课程中如何围绕跨文化能力的培养选择教学内容是本文思考的起点。

从学科发展的历史来看，我们谈文化离不开谈语言，在不同阶段对文化教学的定位有着较大的差异，每一轮对学科的重新定位中，在教学中文化的属性也随之波动起伏。学科的变化也造成对文化教学方法的总结等积累不够，甚至是游移不定。新形势下的国际中文教育，文化教学的目标已经发生变化，对内容选择和教学方法也提出了新的要求。一些研究者指

---

① 马佳楠：《〈国际中文教育用中国文化和国情教学参考框架〉的研制背景、意义及其内容特色》，《国际汉语教学研究》2022年第2期。

② 崔永华：《对外汉语教学的目标是培养汉语跨文化交际能力》，《语言教学与研究》2020年第4期。

出,文化教学的效果受到很多因素的影响,如教学对象的语言水平、文化背景多元、教师自身的文化素养等条件。① 《参考框架》的意义在于,为教师提供了一个科学的内容体系框架,可以指导教师重新审视当下课程中的内容侧重点。

在谈到面向留学生应当教哪些文化时,有一些基本的看法,如"讲述古代文化成就的比例过多"被视为文化教学内容选择中的一个突出问题,有学者认为原因在于古代文化"可以选用的素材比较丰富,但形式较为呆板",现代文化则"发展速度快、更新快,将古典文化的传承融入日常生活美学的意识刚刚起步,文化市场的发展尚不成熟,缺乏系统梳理,缺少对古今文化一脉相承、为我所用的敏感与文化自觉"。② 这些讨论聚焦于内容选择的古今比例问题,提出文化教学中应当重视当代文化。分析《参考框架》所列举的文化清单,在重视当代文化的同时,也给传统文化留下了足够的空间。以高级水平的二级项目为例,"传统文化"之下包括历史、文化遗产、文学、艺术、哲学、宗教、发明、中外交流等类别,所列举的文化点也是中国古代文学课、中国思想史、中国历史、中国概况等文化课程的学习内容。对于教学实践的指导意义也是明确的,这些文化点的选取说明,《参考框架》强调介绍当代文化,也肯定了古代文化内容教学的必要性,尤其值得关注。

在实际教学中,很多学生对中国历史、中国古典文学等内容非常感兴趣,我们认为问题的关键并不在于纠缠教学内容比例分配侧重于古还是今,而在于关注进行古代文化内容的教学时,是否是高质量的内容输出、策略是否科学、方法是否可行,而针对这些问题,目前较有说服力的研究成果尚不多见。

三 历史文化教学的内容与方法

数据显示,最近几年中国已经吸引了更多优质来华留学生,且结构不断优化,2018 年来华留学学历生比例为 52.44%,2019 年来华留学学历生

---

① 刘程、刘梅:《来华留学生课堂教学中的中国文化教育研究综述》,《云南师范大学学报》(对外汉语教学与研究版)2020 年第 1 期。
② 杨薇:《国际传播视域下国际中文教育文化教学的内容选择》,《天津师范大学学报》(社会科学版)2022 年第 4 期。

比例达 54.6%，学历生比例呈增长趋势。① 在国内高校学习的留学生自然也属于中华文化传播的受众。

《参考框架》重视文化教学内容的输出，在前言中明确指出："文化项目和文化点既可以作为语言教学的主题或话题融入中文课堂教学中，也可以作为单独的文化课程、文化讲座、文化活动的内容用学习者的母语来讲授或讨论。"② 这不仅体现着这个框架的国际视野，也说明了对文化内容的关注不仅仅服务于语言教学，如祖晓梅指出的，"定位于文化的通识教育或素质教育，除了培养语言交际能力的工具性目标，还具有更高层次的教育目标，即培养具有丰富知识、技能、国际视野和人文情怀的新一代青年"③。《参考框架》不仅重视通过文化内容教学达到特定的教育目标，也给出了可以指导具体教学内容的文化点举例，其中的古代历史文化要素，有直接呈现和间接呈现两种形式，如文化遗产"长城"被列为初级阶段的文化点，在面向这一水平的学习者讲授时，"长城"主要是作为一种文化符号，由教师简略介绍其中的历史内容，如讲授修筑时的朝代、修筑目的等基本历史信息。同时，"长城"不仅是初级水平阶段必学的文化点，教师在面向高级水平的学习者时，则必然详述修建长城的历史时代特征、较为具体的原因分析等，着重说明背后的背景文化，以加深学习者对中国文化的理解。表 1 提取《参考框架》文化点中可提炼出历史文化要素的项目：

表 1   《参考框架》所涉历史文化因素举例

层级	一级项目	二级项目	文化点举例
初级	传统文化	文化遗产	长城、山海关、八达岭、北京故宫、天安门、布达拉宫、文成公主
		文学	木兰从军

---

① 李宝贵：《中文国际传播能力的内涵、要素及提升策略》，《语言文字应用》2021 年第 2 期。

② 教育部中外语言交流合作中心：《国际中文用中国文化和国情教学参考框架》，华语教学出版社 2022 年版，第 5 页。

③ 祖晓梅：《新时期中国文化教学与传播的新探索——以〈国际中文教育用中国文化和国情教学参考框架〉为例》，《宁波大学学报》（教育科学版）2023 年第 1 期。

续表

层级	一级项目	二级项目	文化点举例
中级	社会生活	衣着	唐装、旗袍
		家庭	严母慈父、望子成龙
		节庆	端午节
	传统文化	历史	古代史/近代史/现代史/秦始皇统一中国/汉唐盛世/秦始皇/唐太宗/成吉思汗/孙中山
		文化遗产	秦始皇陵/兵马俑/
		文学	唐诗/宋词/李白/杜甫/苏东坡/唐僧取经/曹操/诸葛亮
		艺术	书法字体
		哲学	孔子/孟子/老子
		发明	造纸/指南针/印刷术/火药/"丝国"的来历/青花瓷
高级	社会生活	饮食	饮茶习俗
		语言与文化	红娘
	传统文化	历史	夏商周/秦汉/三国两晋南北朝/隋唐五代十国/宋元明清/汉朝开辟"丝绸之路"/南北朝佛教盛行/隋唐盛世/明朝郑和下西洋/清朝中华民族/国家疆域的形成
		文化遗产	殷墟/青铜器/后母戊鼎/甲骨文/四大石窟/佛教艺术/天坛/祈年殿/苏州园林
		文学	《诗经》/《楚辞》/屈原/陶渊明/《红楼梦》/曹雪芹/《水浒》
		艺术	中国画/山水花鸟画/清明上河图/吴道子/古琴/高山流水
		哲学	孔孟思想/忠恕之道/仁与仁政/性善论/四书五经/朱熹/王阳明/《老子》/《庄子》/道法自然/无为而治/以人为本/天人合一/入世与出世/传统美德
		发明	中医/中药/望闻问切/经络/整体观念与辨证论治/水稻栽培/养蚕/《农政全书》/都江堰/京杭大运河/漕运
		中外交流	丝绸之路/佛教传入/遣唐使/鉴真东渡/马可波罗/海上丝绸之路/东学西渐/西学东渐/汉字文化圈

显然，初、中、高不同级别所涉及的历史文化要素在数量上有较大差别，水平越高，学习者需要了解的历史文化内容越丰富。再从上表所列文化点所出现的历史时期这一角度来分析，会发现较为集中于先秦时期，涉及这一历史时期的文化内容丰富，分别对应六个二级项目（见表2）。

表 2　　　　　　　　与历史时期相关的文化点举例

历史时期	《参考框架》中的文化点举例
先秦	历史：夏商周 哲学：孔孟思想/忠恕之道/仁与仁政/性善论 孔子/孟子/老子（中级） 文化遗产：殷墟/青铜器/后母戊鼎/甲骨文 文学：《诗经》/《楚辞》/屈原 节庆：端午节 艺术：书法字体

　　《参考框架》的文化点举例，不仅帮助语言教师明确地圈定教材中应当予以关注的文化内容，并明确提示教师我们根据学习者的语言水平确定所涉文化教学内容的难度。如初级阶段就被纳入学习范围的文学知识"木兰从军"，涉及南北朝时期的历史特征，但在初级阶段不必详细讲述；如果面向中级水平的学习者讲授关于秦始皇陵、兵马俑这类文化遗产的知识，可以较为完整地讲授有关秦朝的历史；中级阶段的中外交流事迹鉴真东渡，要讲清楚则必须与唐代文化的特点、佛教的兴盛联系在一起；在高级阶段介绍文化遗产"天坛"，就涉及更为抽象的思想哲学概念。

　　语言教学中的文化说明，一般是依语言的功能，为了使学习者语言表达得体进行补充，是阐释背景的，具体而言，在语言教学中确立文化点遵循的是特定的选择标准，即由语言出发，发掘语言所携带的各类文化内容，根据情况进行揭示、介绍或讲解。近年来有关文化教学方法的讨论多围绕海外文化传播展开，细究则仍以涉及语言教学的相关知识文化为主，在方法上多采用口头阐释，以完成语言教学任务，顺利进行跨文化交际为主要目标。[①] 这种文化教学当然也有着重要的意义，但很难系统化。

　　文化课程的教学与之不同，是以"文化"为核心，适度与语言教学剥离，为学习者提供全面系统了解某一类文化知识的机会。一些研究指出，有必要面向汉语水平较高的留学生展开系统的文化教学，但目前对国内文化课堂教学内容、方法的讨论较为沉寂。国内高校的中国文化课程，一般以汉语为教学语言进行讲解，是留学生了解中国文化的重要途径，其

[①] 以一篇硕士学位论文《肯尼亚本土汉语教师课堂处理中国文化因素之考察与教学策略研究》为例，教学对象处于初级水平，论文中所列举的文化因素包括：年龄的询问方法、中国人的姓名特点、通信工具、中秋节四项。参见宫张萌《肯尼亚本土汉语教师课堂处理中国文化因素之现场考察与教学策略研究》，山东师范大学，硕士学位论文，2018 年。

教育目标与《参考框架》的要求有一致之处。面向留学生的文化课程具有一个突出的特点，即影响教学效果的因素较为复杂，包括课堂教学面临学习者的汉语水平有差距、多元文化背景的差异等挑战。在教学中时面对同一个教学主题，来自日韩的学习者与来自非洲的学习者有着不同的文化距离，学习者的文化背景这一因素比学习者的语言水平更影响教学效果。值得注意的是，由于在国内高校学习的学习者具有强烈的学习动机，目的语环境提供了一定的文化理解优势，作为一个有利的因素，也应该被善加利用。

尽管面向留学生的高校文化课程具有一定的特殊性，但是从目前教材中历史文化的内容来看，编排体例多为历史脉络的梳理，内容包罗万象，包括政权更迭的历史叙述，重要的政治制度介绍、经济发展状况、文化表现等。与面向中国学生的历史教学内容相比，叙述框架不变，只是内容有所简化。留学生对教材的突出印象就是历史名词过多，在学习中有较明显的畏难情绪。由于这部分信息量大、内容饱满，教师则有课时不够充分之感。另外一个更常见的问题是教学难度的把握，往往出现对一些同学是常识，对另外一些同学又显得难度太高的情况，难以平衡。除了学习者的因素，课程内容的特点、教育目标的侧重都要求历史文化教学的重视方法的选择。

首先，可以采用翻转课堂的形式，更加充分地利用好课堂教学的时间。《参考框架》列出的中国古代历史文化点具有覆盖面广、内容丰富的特点，这也明确了文化教学中进行历史脉络梳理的必要性，要帮助学习者将通过不同渠道获得的各种有关中国古代历史的知识进行系统整合。历史文化内容的教学如果仅限于讲解作为"知识"的历史事实，脱离了"历史语境"，就很难触及文化理解中价值观的部分。留学生有必要熟悉中国历史知识的时代背景，为了减少由于内容丰富庞杂带来的授课压力，除了教师进行讲解，还可以采取翻转课堂的形式，布置课前任务，如请同学们按照自己的兴趣自行完成若干个名词解释，教师可以通过这些作业了解学生的历史知识深度，在教学中有的放矢；学生在课前得到作业的反馈，可以解决一些知识错误或语言表达问题，课上教师根据学生的兴趣点调整教学内容，增加更多有针对性的讲解，引导学生讨论。

其次，重视对学习者跨文化能力的培养，尝试多种教学方法的结合，如任务型教学、研讨式教学等。《参考框架》重视对学习者跨文化能力的培养，对历史文化教学的方法选择也有很大的启示。参照张红玲团队面向中国大学生研制的"外语教育中的跨文化能力教学参考框架"，在认识理解维度提出须掌握的"普遍文化知识"包括"认识世界语言多样性、文化多样性及其意义；掌握跨文化交际、文化价值观、文化身份认同等理论"等。"行为技能"维度中包括："在广泛接触和学习世界文化的基础上，加深对中外文化的理解，逐步提升跨文化思辨能力；能用外语深入描述、比较和分析不同文化群体思维方式、价值观念等的异同。"[①] 中国古代历史文化是留学生文化学习中必不可少的内容，在培养留学生的跨文化能力时，也要充分利用历史文化教学的机会，训练留学生的批判性思维。教师可以通过历史人物介绍、历史事件讲解突出文化的多样性，帮助学生思辨；还可以鼓励学习者分享本国历史的重要事件，培养学生的全球史观。在培养留学生的跨文化能力的过程中，教师的跨文化教育意识起着至关重要的作用。在保证学生可以充分理解的基础上，根据学生的语言能力，教师可以引导学生进行文化比较，对一些历史现象进行深入阐释，探索其背后隐藏的文化原因，并进行批判性审视，进而提高跨文化思辨能力。如介绍中国古代的科技发明时，除了对比该发明与世界其他区域出现的时间早晚，可以探讨这些发明背后的一致性特征及发明的动因，使学生不仅获得知识信息，也提高分析能力。

根据教学实践，不同文化背景专业兴趣不同的学生之间，很自然地会进行文化之间的对话，这是文化课堂展开高效的跨文化教育的机会。聚焦于历史文化教学，对同一历史故事、历史事件，不同文化身份的人会有不一样的分析角度，由此可能会产生交流，甚至冲突，如果教师在备课时有充分的准备，不仅备"文化解说"，也备"跨文化理论"，就能充分利用这一机会，提高学习者跨文化能力，注重跨文化能力培养的文化课堂，能够对学习者产生更积极的影响。在具体的操作上，可以尝试多种教学方法的结合，如任务型教学、研讨式教学等。以任务型教学的实施为例，学生可组成学习小组，以主题汇报的形式介绍中国历史上某个王朝、某位历史人物、某个历史事件或某件中国文物，小组的成员专业背景不同、文化背景不同，他们通过协商决定汇报内容，在前期对古代历史脉络的内容框架

---

① 张红玲、吴诗沁：《外语教育中的跨文化能力教学参考框架研制》，《外语界》2022 年第 5 期。

已有所了解的基础上，学生在完成小组作业中就能调动自身的知识储备，展开讨论、思考，能对一些历史现象进行分析，提出自己的看法。研讨式教学法同样注重发挥学生的主动性和积极性，学生根据自己的兴趣选择研讨课题，在课下查找资料，分析、比较各种观点，形成自己的看法，再与同学、老师分享，在此过程中，学生提高了思辨能力、表达能力，也对所研讨课题的相关内容有了深度的认识。

值得注意的是，关于跨文化能力的培养要关注留学生的特殊身份，他们作为二语学习者"比单语者拥有更广泛的身份选择空间，也更有可能将目的语的思维方式和文化视角纳入自己的认识图式中，最终转变成动态的双文化主义者。因此，'讲好中国故事'在汉语课堂上是大有可为的，运用恰当的传播智慧，培养出一批'中国故事'的倾听者、亲历者和客观讲述者"[①]。这就意味着文化教学中充分重视留学生二语学习者的身份，是有利于中华文化的传播的。

四 结语

国际中文教育事业有着丰富的内容，所面向的教育对象也是复杂多样的，本文所讨论的高校文化课教学，是国际中文教育的一小部分，但又有着特殊的地位，留学生的语言能力是提升文化教学的质量瓶颈所在，多元文化背景的课堂也对教学提出更高的要求。我们认为，文化传播要重视高校留学生群体，重视对他们跨文化能力的培养，通过高效的文化教学内容推动中华文化的阐释、传播。

参考文献

崔永华：《对外汉语教学的目标是培养汉语跨文化交际能力》，《语言教学与研究》2020年第4期。

孔子学院总部、国家汉办编制：《国际汉语教学通用课程大纲》（修订版），北京语言大学出版社2014年版。

[①] 李侠：《传播新生态下的"中华文化与传播"课程建设探析》，《汉字文化》2022年第20期。

李宝贵、李辉：《中文国际传播能力的内涵、要素及提升策略》，《语言文字应用》2021 年第 2 期。

李泉：《对外汉语教材通论》，商务印书馆 2012 年版。

李侠：《传播新生态下的"中华文化与传播"课程建设探析》，《汉字文化》2022 年第 20 期。

刘程、刘梅：《来华留学生课堂教学中的中国文化教育研究综述》，《云南师范大学学报》（对外汉语教学与研究版）2020 年第 1 期。

马佳楠：《〈国际中文教育用中国文化和国情教学参考框架〉的研制背景、意义及其内容特色》，《国际汉语教学研究》2022 年第 2 期。

吴应辉：《国际中文教育新动态、新领域与新方法》，《河南大学学报》（社会科学版）2022 年第 2 期。

杨薇：《国际传播视域下国际中文教育文化教学的内容选择》，《天津师范大学学报》（社会科学版）2022 年第 4 期。

赵金铭：《如何建设国际中文教育资源体系》，《语言战略研究》2021 年第 6 期。

张红玲、吴诗沁：《外语教育中的跨文化能力教学参考框架研制》，《外语界》2022 年第 5 期。

祖晓梅：《新时期中国文化教学与传播的新探索——以〈国际中文教育用中国文化和国情教学参考框架〉为例》，《宁波大学学报》（教育科学版）2023 年第 1 期。

试论"非遗"融入国际中文教育文化教学
——以文化共同体为视角

刘玉川

摘要：提升中华文化影响力已成为中国在立足国际社会、处理国际关系过程中的战略性举措。国际中文教育事业在其中发挥着重要的作用，为构建语言文化全球传播体系贡献着力量，其中的文化教学重要但是存在诸多问题，亟须改进。非物质文化遗产作为全世界共同的财富，将其融入文化教学不但可以丰富文化教学的内涵，对非物质文化遗产的宣传和保护也具有积极的意义，更是人类文化共同体的重要体现。非遗融入文化教学需要在国别、内容的选择上统筹布局、合理安排、考虑周全。

关键词：非物质文化遗产；文化教学；文化共同体；国际中文教育

一 引言

随着中国经济的持续高速发展及国际地位的不断提升，世界各国与中国的交往也日益频繁，加强各国之间人文交流的重要性日益凸显，与此相关的文化传播、文化教学等问题也随之显现，并亟待解决。同时，自非物质文化遗产概念提出以来，世界各国对其都非常重视，如何能够加强国际合作，共同承担宣传和保护的责任和义务正在成为全世界共同的课题。十三届全国人大四次会议通过的《中华人民共和国国民经济和社会发展第十四个五年规划和2035年远景目标纲要》（2021）对这两件事情都有非

刘玉川，北京师范大学国际中文教育学院，厦门大学国际中文教育学院。

常明确的描述，包括"加强对外文化交流和多层次文明对话，创新推进国际传播""建设中文传播平台，构建中国语言文化全球传播体系和国际中文教育标准体系""健全非物质文化遗产保护传承体系，加强各民族优秀传统手工艺保护和传承"①等具体表述。两件事情都十分重要，也都面临一定的困境，将二者结合，可以达到互相促进、相互加持的"双赢"局面。

二 理论背景

2013年3月，习近平首次提出"人类命运共同体"这一伟大命题："这个世界，各国相互联系、相互依存的程度空前加深，人类生活在同一个地球村里，生活在历史和现实交汇的同一个时空里，越来越成为你中有我、我中有你的命运共同体。"命题提出近十年来，尽管人类社会发展极不平衡，世界格局变化无常，各国之间仍有分歧，但面对诸多全球性问题时，任何一个国家都无法独善其身，置身事外。特别是新冠疫情的全球性蔓延，深刻印证了这一点。可以说，残酷的现实正以无可辩驳的姿态佐证着人类命运休戚与共的事实，使"人类命运共同体"理论的正确性无可辩驳。

（一）人类文化共同体是人类命运共同体的根本

"人类命运共同体是一个复杂的、多维的、全方位的概念，文化共同体是其重要基础。"（景海峰，2020）"所谓'文化共同体'，是指民族国家间以共同或相似文化背景（文明）作为基础，淡化、分割以至部分地让渡国家主权，相互承担责任而建立的在经济、政治等诸多领域上的联盟性实体。"（张冠李、张荣斌，2010）从这个定义上来讲，无论是在经济共同体、政治共同体、文化共同体乃至命运共同体等各个维度和层面上，有相同或相似的所谓"共同"内容的民族国家，最容易达成共识，率先形成共同体。因此，在现阶段，区域性的共同体一定是最主要的共同体形式，如"东亚共同体""欧盟共同体"等。然而，我们也看到，随着全球一体化进程的不断深入发展，共同体的形成正在逐渐突破地域的限制，

---

① 中国政府网：http://www.gov.cn/xinwen/2021-03/13/content_5592681.htm。

"金砖国家共同体""'一带一路'国家共同体"等共同体形式表明,很多国家即便相距遥远,即便有不同的政治、经济、文化背景,但仍有可能在某些方面达成共识,形成合作互惠的共同体,从而证明了在保持世界多样性的前提下,人类命运共同体终将实现的可能性。当然,这不是短期可成之事,实为人类发展之终极目标。在这个过程中,人类文化共同体的形成必将发挥根本性的作用,正如李丹(2021)所说,"仅仅由共同利益联结而成的共同体,只能解决实际的收益问题,彼此间仍旧可能貌合神离,由文化凝聚而成的共同体才是精神相依、民心相通、志同道合的共同体。如果说经济共同体是人类命运共同体的起步阶段,政治共同体是人类命运共同体的较高阶段,那么文化共同体则贯穿人类命运共同体的全程全域"。

(二) 全球非遗网络是人类文化共同体的体现

"非物质文化遗产"(以下简称"非遗")的概念是与"物质文化遗产"相对的,20世纪末21世纪初由世界教科文组织提出并发起倡议,包括中国在内的各国积极响应,并迅速开展起对非遗的研究与保护工作。非遗的概念提出较晚,却越来越受到各国的广泛关注和重视,与其自身的特点密切相关,即它的"活态流变性"(王文章,2006)。它不像物质文化遗产,是以实体形式存在的,对其研究与保护都具有实体指向性,具体工作相对明确。而非遗的活态流变性决定了它的不确定性,对其研究与保护完全取决于对它的态度和投入程度,因此更加需要得到重视。

如果文化遗产被视为一个国家的全民财富(方彦富,2009),那么对于世界来说,文化遗产则应被视为人类财富。当然,这里既包括物质文化遗产,也包括非物质文化遗产。各国的物质文化遗产形成了一个世界文化遗产的静态网络,而非物质文化遗产则形成了一个世界文化遗产的动态网络。各国的物质文化遗产除了邻近国家之外,大多异大于同;而各国的非物质文化遗产,无论地理距离多么遥远,则都更有可能找到更多的共同点。从共同体构成的条件来看,拥有共同点的客体更容易率先形成共同体,那么非遗网络拥有更多共同点的事实则将使它更容易率先打破地域的限制,为人类文化共同体的形成作出积极的贡献。

此外,非遗的活态流变性特点也具有积极的意义,它可以加深和促进各国之间的文化交流,为人类文化共同体的构建贡献力量。我们无法把长城运到其他国家去展现，但我们可以把京剧带到其他国家去展示，这是非遗的优势。因此，非遗可以成为民族之间、国与国之间沟通交流的桥梁。我国加入非物质文化遗产保护公约，本身就是在国际社会中进行文化的对外交流与合作。它一方面使我国的非遗走出国门，在世界舞台上展现魅力，另一方面也是与他国携手，共同保护属于全人类的非遗（王丕琢、张士闪，2010）。

三 非遗融入国际中文教育文化教学的应然性

中国在与世界各国的国际交往中，越来越意识到文化的独特魅力和强大力量。习近平（2021）在中共中央政治局第三十次集体学习时强调："要更好推动中华文化走出去，以文载道、以文传声、以文化人，向世界阐释推介更多具有中国特色、体现中国精神、蕴藏中国智慧的优秀文化。"①

（一）文化教学是中国文化对外传播的有效形式

在中国文化走向世界的进程中，国际中文教育扮演着重要角色，发挥着重要作用。随着中国的经济飞速发展和国际地位的日益提升，越来越多的世界民众渴望学习中文、了解中国。但长期以来，由于世界缺乏对中国的了解，很多世界民众对中国还停留在几十年甚至上百年前的印象。因此，当世界有意愿了解中国之时，我们自当责无旁贷、竭力支持，国际中文教育更应首当其冲。于是孔子学院（课堂）应运而生，遍布全球，已成为国际中文教育的龙头品牌，承担着向世界传播中国语言和文化的使命，为世界各国民众学习中文、了解中国提供支持。2020年，"中国国际中文教育基金会"、教育部"中外语言交流合作中心"相继成立，国际中文教育进入了全新的发展阶段，以满足国际中文教育日益个性化、多样化、规模化、质量化的时代需求。而在国际中文教育中，文化教学一直都是一个重头戏，它一方面承担着"开疆辟土"的"文化先行"的责任，另一方面又面临着"求同存异"的"文化认同"的难题。

---

① 中国政府网：http://www.gov.cn/xinwen/2021-06/01/content_5614684.htm。

（二）非遗是中国文化对外传播的重要组成部分

中国的非遗是中华文化重要组成部分。能成为非遗，本身就证明了其具有独特的价值。它有着几千年的历史积淀，依托于 56 个民族实体，体现着各个民族的智慧和创造力，形式丰富，内容多样，具有极大的传播价值（吴玉飞，2020）。同时，中国的非遗也是世界文化的重要组成部分，中国的非遗坐标在中国，但其本质上是世界的，这从"世界非物质文化遗产"这一名称就可以看出来。让他国学习者明白这一点有利于拉近与学习者的心理距离和情感距离，对于进而促成文化理解具有极其重要的意义。因此，非遗在中国文化的对外传播中理应占有不可或缺的一席之地。

（三）二者结合有望成为中国文化走出去的有生力量

1. 非遗融入文化教学可为其内涵注入勃勃生机

一直以来，文化教学早已成为国际中文教育中一个重要的课题和不小的难题。张英（2006）认为文化教学分为"文化因素"与"文化知识"两种不同的类型。文化因素指的是隐藏在语言要素背后的文化内容，必须依附于语言教学。本文探讨的文化教学指的是文化知识的教学，目前主要有两种教学形式：一种是开设单独的"中国文化"类课程，另一种是将文化教学融入"综合课"等其他课程之中。常规的"中国文化"类课程中的文化知识多为介绍性知识，学生基本上可以通过网络等现代化手段去了解，课程设立的必要性日趋下降；而融入其他课程中的文化知识的内容多以"文化注释"等形式存在，实际教学中很多时候被直接略过，或是让学生作为常识自己读一读了事，因为这类课程本质上是语言课，有明确的语言教学层面上的要求，因而在有限的课时内很难对这些附属的文化知识进行有效的深入挖掘，于是导致这种融入显得非常生硬。应该说，无论采用哪一种形式，纯文化知识类的文化教学已经无法满足新时代国际中文教育的受众需求，世界各国青年一代更感兴趣的是蕴藏在文化知识背后的文化观念和价值理念。而"非物质文化遗产是中华五千年文明积淀而成，不仅能够代表中华民族精神和价值观念，而且种类繁多，对海外受众来讲，是新奇的并有着极大吸引力的，可以说是最有效的也是最有利的文化交往的载体"。（吴玉飞，2020）这种特性正可以使其当仁不让地成为文化教学中的浓墨重彩。

2. 文化教学可为非遗传播提供助推平台

当前的中国非遗传播主要为官方渠道，虽然权威，却也存在局限。随着国际中文教育的蓬勃发展，鼓励作为执行者且具有相对较高文化自觉性和跨文化意识的国际中文教师发挥自身主观能动性和专业优势，则可有望使国际中文教育文化教学成为非遗民间化传播的新型助推平台。阮静（2011）曾对中国的世界文化遗产与对外汉语教学的关系做过探讨，认为重视并加强对中国世界文化遗产的研究与保护，主动将其作为对外汉语教学的重要文化因素导入其中，对于提升外国学生学习汉语的热情与积极性，激发他们对中华文明的向往以及对中国文化的热爱，具有十分重要的现实意义。然而其探讨的世界文化遗产范畴为物质文化遗产，主要通过旅游等实地考察的方式与对外汉语教学相连接，面向的是来中国留学的留学生。事实上，除了物质文化遗产，非遗同样可以走入国际中文教育。师天武（2021）以陕西省非物质文化遗产网为例，探讨了非遗网站在对外汉语民俗课中的应用，认为此类非遗官网是民俗文化课最为理想的素材来源，不仅是辅助教师教学的工具，也是留学生打开中国民俗文化宝库的一把钥匙。此外，除了面向留学生，非遗同样可以面向所有在本国学习中文的学习者。因为国际中文教育的使命就是，"将代表中国丰富多样的文化——包括非物质文化遗产——传承下去，传播开来，从国家语言文化战略层面上来维护汉语言文化的发展和国家文化安全，提升中国文化的软实力，增强中国文化的国际影响力"（常峻、黄景春，2015）。因此，二者的结合应该是水到渠成、浑然天成的，不但可以拓展国际中文教育文化教学的理论与实践，同时也可以丰富非物质文化遗产的理论建设，是一个非常有价值、有意义的课题，是历史的也是现实的呼唤。

四 非遗融入国际中文教育文化教学的实现路径

（一）非遗融入国际中文教育文化教学应切实体现人类文化共同体的理念

1. 中外非遗并举，是文明互鉴、天下一家理念的真正体现

在人类发展史上，形成了许多具有各自特点的文明系统。精神共同体是在人类文明的普遍意义上寻求的一种共同性，相同的文化理念是建设文

明共同体、人类命运共同体的重要基础。而文明对话既是一种信息的交换，也是一种自我认知的过程。在这个过程中，需要文明之间的交流互鉴，正是通过这种比较和对话，文化共同体才能出现（景海峰，2020）。

在国际中文教育的发展进程中，一直伴随着一种负面的非议之声，质疑我们语言文化传播的性质，有些国家甚至以此为由采取各种手段加以非难和抵制。诚然，这与西方个别国家出于政治利益的有意污名化有关，但同时也带给我们一定的思考。许嘉璐（2017）把我们对外交往的本质上升到了世界和平的高度，认为其目的是通过让中华文化作为世界文化的一员呈现出来，从而来证实多元文化的必要性和必然性。但问题是我们究竟该如何让他国民众了解并相信我们的这一意图和理念？"讲好中国故事"，甚至让"外国人讲中国故事"符合国家展现真实、立体、全面的当代中国的精神，固然非常重要且必要，但在此过程中，我们还要注重内容、方式、力度等各方面的考量，要去考虑对方的需求和感受，真正体现人类文化共同体的精神内涵。正如李丹（2021）所说："要破除这些负面舆论，没有捷径可走，加强文化交流、文明互鉴是治本途径，也是中国走出去的必修功课。构建文化共同体不是要凭空打造一种新的文化价值规范，而是通过在文明之间进行对话沟通、交流互鉴的方式，促使不同文化主体持续互动，推动形成海纳百川、兼收并蓄的局面，促进文化共在共生、生生不息，文明互尊互鉴、共存共荣。"

2. 中外非遗对话，是培养跨文化意识、国际视野的有效途径

喻旭燕、蔡亮（2015）认为非遗对外传播是"我者文化"与"他者文化"的积极互动，是以文化交流为目的，追求文化认同，因此要实现对目标语文化和目标语读者的观照。正如于丹、高飞（2020）所提倡的，非遗文化的对外传播要在比较中呈现差异，这样才能发现异质文明之间的和而不同，才能彰显不同文化独特的价值特质，从而实现顺畅的文化交流和文化传播。试想我们在文化教学的时候，在一堂课中同时介绍中外两个同类非遗，进行二者之间的比较和对话，势必会对打消学习者的排斥与反感，增进学习者的文化认同感具有积极意义。我们固然喜闻乐见"外国人讲中国故事"，但如能让"外国人用中文讲述外国故事"，则是中外文明互鉴、天下一家的另类表达，同样是我们愿意看到的在人类文化共同体构建过程中的有益尝试。《国际汉语教学通用课程大纲》（2014）中明确提出了国际汉语教学的文化目标是文化知识、文化理解、跨文化意识和国

际视野。可见文化知识在文化教学的目标中处于最低的层次，我们的文化教学不应也不能仅停留于此。而非遗因其活态流变性而与文化观念有着更紧密的联系，特别是对比中的非遗融入文化教学更容易促成文化理解和文化情感的共鸣，提高学习者跨文化意识并拓宽他们的国际视野，真正践行"和而不同"的理念，因此是我们应该努力追求的符合人类文化共同体精神的文化教学的高级形式。

（二）中外非遗融入文化教学要统筹布局、合理安排、考虑周全

在具体的操作层面上，面对众多的中外非遗，无论是教材的编写、教学资源的建设、教学内容的选取、教学活动的安排，都必定要有所选择。国际中文教育研究者和教师要承担起这份责任，以业务素养和专业能力为选择把关。在这个过程中，有以下几点需要注意。

1. 国别选择应注重世界性

在中外非遗文化教学对比的选择时，一定要避免目标过于集中的情况发生。尽量要根据地域来选择，而非发达程度，更非种族。可在每个大洲中根据地域从具有代表性的国家中选择，要覆盖东西南北中各个方位，以真正体现"人类文化共同体"的内涵。因为，"只有文化是平等地容纳每个民族每一个人的唯一领域，因为所有各民族多样的文化艺术都具有同样的价值"（覃业银、张红专，2008）。

2. 内容选择应保证全面性

联合国教科文组织的《保护非物质文化遗产公约》（2003）中将非遗分为五个类别：（1）口头传说和表述，包括作为非物质文化遗产媒介的语言；（2）表演艺术；（3）社会风俗、礼仪、节庆；（4）有关自然界和宇宙的知识和实践；（5）传统的手工艺技能。① 非遗融入文化教学在内容的选择上应包括所有这五个大类，在每个类别的内部根据具体的内容，再结合国家的情况进行综合考量后选择。

3. 内容选择应考虑可参与性

可参与性可通过两种方式实现，一是通过体验，二是通过技术。现行

---

① 中国非物质文化遗产网·中国非物质文化遗产数字博物馆：https://www.ihchina.cn/zhengce_details/11668.html。

的"中国文化"类课程很多已经包含了诸如中医、京剧等非遗的内容，但大都只是知识性的呈现，缺乏参与性。然而，非遗的活态流变性的特性虽然给它的传承和保护增加了难度，却为其走进课堂带来了某些方便之处。绝大部分的物质文化遗产实体走进课堂是几乎不可能的事情，而非遗走进课堂的举措正在很多学校悄然兴起。国内的国际中文教育文化教学可以在这方面努力做一些适当的尝试，在一些有条件的学校，结合当地的实际情况和非遗的类别属性，一方面可以组织学生走进非遗现场，另一方面可以让非遗走进课堂，如果学生能够亲自参与，感受会更深刻，效果也最为理想。国外的国际中文教育文化教学想要做到这一点难度比较大，但我们可以在影像化元素的方向上加大努力力度。影像化元素应是非遗融入文化教学的主要支撑。一方面，即便是在国内，走进非遗现场和非遗走进课堂也只能是偶尔为之，人力财力物力和地域的限制不可能使其成为主要手段；另一方面，相较于静态的物质文化遗产，大部分非遗是有画面有声音的"活的"呈现，影像化方式基本上能够完全展现它的面貌，外国的非遗部分也应主要借助此种表现手段。有研究者强调应在传播实践中搭建虚拟化场景，增强非遗影像"在场感"（唐承鲲、方颖，2022），而当非遗融入文化教学的课堂，非遗影像成为教师教学资源和手段中的一部分，学习者可以参与其中、产生互动的时候，"在场"其实就已经实现了。此外，不得不说，新冠疫情客观上大大促进了各类线上教学的发展，为影像化手段支撑非遗融入文化教学提供了经验和可能。

五 结语

"非物质文化遗产是世界各民族传统文化的珍贵记忆，是人类滋润心灵世界、值得倍加珍惜的精神家园，它对于人类的生存与发展具有独特的价值。"（王文章，2006）因此，世界各国都应该加强对其宣传和保护，世界各国人民都应该加深对其了解和交流，而文化教学在宣传普及非遗这一点上具有天然的责任，因为教育的受众覆盖面是巨大的。而且，上述的探讨不仅适用于国际中文教育的文化教学，面向国人的本国文化教学也可以从中受益。中外非遗的对比教学，"和而不同""天下一家"的理念阐释，对于培养我国青少年的跨文化能力和国际视野，坚定构建人类文化共同体远景目标的信念具有积极的意义。"文化共同体是拥有共同文化记忆、共同文化认同以及共同文化精神的共同体，文化共同体的建构要通过文化互动和整合，在相互理解、相互认同的基础上形成。这既是一个长期的水到渠成的发展过程，也是一个短期可有所为的构建过程。"（李丹，2021）我们探讨的"文化共同体"理念指导下的非遗融入文化教学就是诸多"可有所为"中的一个"所为"的尝试，至少可以作为当前文化教学的一个有益补充。

习近平（2017）在中国共产党与世界政党高层对话会上的主旨讲话中说道："文明的繁盛、人类的进步，离不开求同存异、开放包容，离不开文明交流、互学互鉴。历史呼唤着人类文明同放异彩，不同文明应该和谐共生、相得益彰，共同为人类发展提供精神力量。我们应该坚持世界是丰富多彩的、文明是多样的理念，让人类创造的各种文明交相辉映，编织出斑斓绚丽的图画，共同消除现实生活中的文化壁垒，共同抵制妨碍人类心灵互动的观念纰缪，共同打破阻碍人类交往的精神隔阂，让各种文明和谐共存，让人人享有文化滋养。"包括非遗在内的世界文化遗产，就是人类在历史发展的漫漫长河中留下的见证人类文明的点点星光，即使光线的强弱、色彩不同，繁星的种类、布局有异，却无一不散发着各自独有的魅力和光芒。通过文化教学、文化交流让这些星光照耀彼此，让世界各国人民不断加强沟通、加深理解、加大交流，相信终有一天，整片天空将成为闪耀人类文化共同体光芒的璀璨星河。

参考文献

常峻、黄景春：《"非遗"保护理念在汉语国际教育中的传播与应用》，《浙江师范大学学报》（社会科学版）2015 年第 1 期。

方彦富：《世界文化遗产管理的经验和教训》，《福建论坛》（人文社会科学版）2009 年第 8 期。

景海峰：《通向人类文化共同体的文明对话》，《社会科学报》2020 年 8 月 20 日第 5 版。

李丹：《构建"一带一路"文化共同体的基础条件与现实路径》，《中国人民大学学报》2021 年第 6 期。

覃业银、张红专编著：《非物质文化遗产导论》，辽宁大学出版社 2008 年版。

阮静：《中国的"世界文化遗产"与对外汉语文化教学》，《中国高教研究》2011年第10期。

师天武：《非遗网站在对外汉语民俗课中的应用——以陕西省非物质文化遗产网为例》，《江西电力职业技术学院学报》2021年第4期。

唐承鲲、方颖：《基于"一带一路"文化认同的非遗短视频对外传播策略研究》，《传播与版权》2022年第9期。

王丕琢、张士闪主编：《非物质文化遗产知识读本》，青岛出版社2010年版。

王文章主编：《非物质文化遗产概论》，文化艺术出版社2006年版。

吴玉飞：《文化交往视域下中国非物质文化遗产的对外传播》，《潍坊学院学报》2020年第5期。

习近平：《顺应时代前进潮流　促进世界和平发展》，《人民日报》2013年3月24日第2版。

许嘉璐：《中华文化的前途和使命》，中华书局2017年版。

于丹、高飞：《中国非物质文化遗产对外传播的技术赋能与价值转化》，《对外传播》2020年第8期。

喻旭燕、蔡亮：《文化阐释与叙事呈现——"非遗"对外传播的有效路径研究》，《浙江学刊》2016年第2期。

张冠李、张荣斌：《从民族、民族国家到文化共同体——析人类社会组织形式发展的途径》，《南昌大学学报》（人文社会科学版）2010年第S1期。

张英：《对外汉语文化因素与文化知识教学研究》，《汉语学习》2006年第6期。

跨文化视野下的国际中文教学
——以迪士尼电影《花木兰》为例

孙立峰　王子陌

摘要：由美国华特迪士尼公司制作的电影《花木兰》于2020年在中国上映，这一改编自中国古代长诗《木兰诗》的影片由亚裔演员扮演主要角色，因此影片制作方将中国电影市场作为重点宣传目标。然而，该片在中国上映后票房持续走低，未达预期，这一现象引发了学界对于影片未能通过中国元素成功吸引中国观众的探究。本文从比较文化形象学的视角，深入分析了电影《花木兰》在中国电影市场遇冷的原因，旨在为跨文化视野下的国际中文教育提供启示：本土化是展示中国形象的必要条件，其塑造应当建立在对中国文化的准确把握与充分尊重的基础之上；国际中文教师作为语言教学和文化传播的中坚力量，应该具有多元文化意识，在中外文化交流中讲好中国故事，传递中国声音，为构建立体多维的中国形象发挥作用。

关键词：花木兰；迪士尼；跨文化；形象学；国际中文教学

引　言

　　1895年，法国卢米埃尔兄弟通过自制的活动电影机拍出世界上第一部影片《工厂大门》，标志着电影正式成为文化传播的媒介。电影诞生的第二年，中国人的形象就开始出现在西方电影中。随着西方社会对中国了解的逐渐加深以及中西国际关系的变化，中国形象在西方电影中的呈现也经历了不同阶段：从电影滥觞期神秘的东方古国形象，到21世纪多元的

孙立峰，北京师范大学国际中文教育学院；王子陌，重庆第一双语学校。

现代中国形象，西方未曾停止在各类影视作品里想象中国、塑造中国。然而，在这个过程中，中国对于自我形象的塑造却时常处于失声状态。本文拟从比较文学形象学的理论视角出发，梳理中国著名民间传说中的巾帼英雄"花木兰"作为一个极具代表性的文化元素在中西文学作品中的发展历程，并以迪士尼真人版《花木兰》为案例，分析西方对于中国形象认知的错位现象，以使我们更加清晰地认识到，在文化传播过程中，努力澄清西方对中国的诸多误解之处，向世界展示出一个可信、可爱、可敬的中国形象，是每一位国际中文教师应该铭记于心的使命。

一 比较文化形象学与西方电影中的中国形象

比较文化形象学属于比较文学的分支学科，主要研究一国文学中所塑造、呈现的关于异国的形象以及形成此类形象的原因，从而了解不同文化之间是如何互相观察、互相表述的。电影作为当今社会文化传播的主流形式之一，是展现各国在各自视域中如何塑造异国形象的重要平台。从比较文化形象学的角度出发，研究西方电影中的中国形象，我们可以更加准确地了解到西方社会在如何理解中国、诠释中国，从而在今后的文化教学中，对存在谬误之处加以澄清，遭受歪曲之处加以修正。

中国形象第一次出现在西方电影中是1894年由美国导演威廉·海斯与威廉·K. L. 迪克森合作拍摄的默片电影《华人洗衣店场景》，该片展现了一名美国警察与一名中国犯人在一家华人洗衣店门口周旋的画面，从此至20世纪初，西方电影中的中国人几乎都以第三产业服务人员的面貌出现。如果说这种廉价劳动力形象是对身居海外的初代华裔务工人员较为真实、客观的刻画，不具道德评判或有意丑化的意味，那么，到20世纪中叶，以傅满洲为代表的中国形象则已发展成为邪恶、奸淫的化身，带有较明显的歧视色彩——1913年，英国小说家萨克斯·罗默在小说《傅满洲博士的秘密》中塑造了一个集诡谲、奸诈、凶残于一身的中国恶棍形象："想象有这么一个人，高瘦，像猫一般的优雅，高耸的肩膀，有着像莎士比亚一般的眉毛，和撒旦一样的面容，头骨棱角分明，以及有着猫眼石一般颜色的丹凤眼。他有着所有东方种族的残忍狡诈，有着多年积累下来的各种科学技术，还有着各种各样的资源，如果你想多问一下，某个富裕的政府——已经拒绝承认世界上有这么一个人存在。把所有这些可怕的东西放在一起，你就可以想象出傅满洲博士的样子了，他就是黄祸的化身。"① 到 20 世纪 60 年代，以傅满洲为蓝本创作的小说和电影逾十部，傅满洲逐渐成为西方集体想象中邪恶中国的形象代言人。直到 1980 年美国华人群体掀起抵制傅满洲运动，傅满洲的形象才逐渐淡出西方各类影视文学作品。傅满洲之后，李小龙主演的武术类电影开始将新的中国人形象展现在西方观众面前。通过《精武门》《猛龙过江》《龙争虎斗》等经典动作片，李小龙成功将中国人武功高强的形象根植在西方观众心中。90 年代成龙赴美拍摄的一系列动作类影片又进一步将这种形象固化，相较于此前以傅满洲为代表的"黄祸"形象，这已算是中国人为树立形象尊严做出的巨大努力，但与此同时，西方又不可避免地对中国产生了新的刻板印象——似乎中国人都是未接受文明开化、偏好滥用武力的野蛮人。改革开放以来，中国开始逐步引进西方电影。在西方电影制作者的眼中，拥有超过 11 亿城市院线观影人次的中国电影市场宛如一座有待开发的金矿②。而更好地开采这座金矿的方式之一，便是通过"对华人导演、演员和其他艺术创作人员的吸收以及东方题材和东方文化的融合来拍摄适应中国和东方观众观赏情趣和文化认同的影片"③。也就是在这个时期，西方电影逐渐从丑化、矮化中国形象，转为利用穿插在次要情节中的中国元素吸引中国及受中国文化影响的东亚文化圈的观众。如美国电影《2012》将西藏雪山作为诺亚方舟的建造地，《杀死比尔》系列电影将背负复仇使命的新娘设定为中国功夫的传人，《功夫熊猫》则直接将中国国宝大熊猫安排为电影主角……这些中国元素已成为西方打开中国电影市场的钥匙，吸引中国观众票房的磁石。这一时期，西方银幕上的中国形象得到较大程度的改善。然而，西方电影虽乐于借助中国元素，却缺少对中国文化的深刻理解，以至于影片中碎片化呈现的中国元素常常缺失历史逻辑和文化内涵。《功夫熊猫》中的主角阿宝，尽管在外形上被设计为一只中国大熊猫，在

---

① Sax Rohmer, *The Mystery of Dr. Fu-Manchu*, Britain: Methuen, 1913.
② 牛梦笛:《2021 年全国电影票房 472.58 亿元 全年总票房全球第一》，新浪网：https://finance.sina.com.cn/jjxw/2022-01-05/doc-ikyamrmz3257265.shtml，2022 年 1 月 5 日访问。
③ 尹鸿、萧志伟:《好莱坞的全球化策略与中国电影的发展》，《当代电影》2001 年第 4 期。

思想内涵上却依旧是一个好莱坞式英雄，是西方个人英雄主义的代言人。①

从形象学角度分析，西方电影之所以长期存在失真的中国形象，是因为将中国形象定型化便于西方通过对"他者"的否定将自我补充和延长——"'我'想说他者，但在言说他者的同时，'我'却趋向于否定他者，从而言说了自我。"② 萨义德曾经指出，西方对于东方的再现往往涉及帝国的控制，所产生的往往是一个漫画式的、高深莫测的东方。他认为西方社会的无知和对东方国家潜在的敌意在这种东方形象的形成过程中发挥了重大作用，阻碍了文化之间的正常交流。"对于人们来说，处理某个不同的事物，最简单的方式就是把它描绘成危险的，而且最终把它化成一些陈腔滥调……你可以肆无忌惮地四处乱掷这种刻板印象。"③ 21世纪以来，受中国电影市场票房利益的驱使，西方电影中的中国形象不再趋于极端负面，被误解的程度也得到一定缓解，中国鲜少再成为西方公开嘲弄与丑化的对象，然而，作为一种文化资源，中国形象仍时遭曲解与误用。面对此种现状，作为新时代的国际中文教师，我们不应漠视，而要有所应对，有所作为。

二 被解构与加工的"木兰"形象

"木兰"形象最早出现在中国南北朝时期《古今乐录》收录的叙事诗《木兰诗》中，随着时间推移，越来越多的衍生形象逐渐诞生。自明代徐渭将《木兰诗》改编为南杂剧《雌木兰替父从军》而奠定木兰剧的雏形至今，以木兰为主角的文学、影视类改编层出不穷。④ "木兰"形象也与最初的样貌渐行渐远，直至大相径庭。

成形于中国北魏时期的长篇叙事诗歌《木兰诗》是可考的最早塑造

---

① 华静：《文化差异、文化误读与误读的创造性价值——兼析动画片〈花木兰〉与〈功夫熊猫〉的中美文化差异与误读现象》，《兰州学刊》2010年第1期。

② 孟华主编：《比较文学形象学》，北京大学出版社2001年版。

③ [美] 薇思瓦纳珊：《权力、政治与文化：萨义德访谈录》，单德兴译，生活·读书·新知三联书店2006年版。

④ 韩郑恩玉：《从〈木兰诗〉到"木兰戏"——木兰故事演变系统研究》，《戏剧艺术》2013年第4期。

出"木兰"形象的文本。该诗讲述的故事情节大致是：由于敌人进犯，可汗大规模征兵，木兰担心父亲年高体弱不胜从军之苦，女扮男装替父从军，征战十年后凯旋回乡与父母团聚。① 诗歌用为数不多的笔墨刻画出木兰保家卫国之忠，体贴双亲之孝。诗中所刻画的木兰，既是怀着拳拳爱国热忱奋勇杀敌，"安能辨我是雌雄"的女勇士，又是在凯旋后丝毫不贪恋赏赐，只想立刻回到父母身边、尽显小女儿情态的柔女子，这些人物特点在木兰身上既冲突又和谐，既传奇又真实。同时，由于《木兰诗》贯穿在较为宏大的时间和空间维度中，并未对故事的具体细节进行刻画，也给后世文人对"木兰"形象的加工与再创造留下了充足的发挥空间。

"木兰"作为戏曲文本中的人物形象首次出现于明代戏曲家徐渭据《木兰诗》改编而成的杂剧《四声猿·雌木兰替父从军》中。徐渭笔下的木兰第一次有了确定的姓氏"花"，这一改编增添了"木兰"形象中的女性气质，也体现出人物形象世俗化的倾向。《雌木兰替父从军》增添了花木兰回乡后与上门提亲的书生王郎结为佳偶的情节。一方面，才子佳人式的情节安排体现了徐渭塑造的"木兰"形象的时代局限性——骁勇善战如木兰，也还是要以步入婚姻为最终归宿，这是身处明代的知识分子在进行文艺创作时难以摆脱的思想桎梏，但另一方面，徐渭对于木兰的赞美较之前代却更加高昂深刻，他在戏文中以木兰之口直呼："休女身拼，缇萦命判，这都是裙钗伴，立地撑天，说什么男儿汉！"② 这显然又是徐渭尽力突破时代局限，对木兰所代表的女性价值最为直接的肯定与赞颂。徐渭笔下的木兰，即便增添了世俗婚姻情节，依旧豪情不减。

徐渭之后，"木兰"形象频繁出现在明清传奇、通俗小说以及京剧豫剧等戏曲中，如《双兔记》《忠孝勇烈奇女传》《北魏奇史闺孝烈传》《木兰从军》等，但无论"木兰"形象被怎样解构、重组、再解构，基本都以儒家思想强调的"忠""孝""勇"为价值支撑。

西方文学影视作品对"木兰"形象的塑造则增添了更多新的元素。华裔美国作家汤亭亭的英文自传小说《女勇士》首次将改编过的"木兰"形象移植到西方视野中。汤亭亭笔下的木兰在一只鸟的引领下上山拜师，习武求道，她拜师学艺既是为了向侵扰百姓的外族蛮人复仇，也是为了摆

---

① （北宋）郭茂倩：《乐府诗集》，中华书局1979年版。
② 徐渭：《徐渭集》，中华书局1983年版。

脱家中的琐碎杂务。学成之后的木兰返回家乡,不仅为父老乡亲报仇雪恨,还杀死了歧视女性的财主,并在故事的最后驱逐太子,杀掉皇帝,推翻了封建王权,歌唱独立与自由。① 中国民间传说中的木兰,以忠君孝亲为己任,是封建社会王权和父权的维护者,所付出的努力都基于认可和接纳所处时代的封建制度和社会体系这一前提。而汤亭亭笔下的木兰所完成的都是中国古代女子不可能完成的事业。作者通过这一形象,力图表现女性被压抑的自我意识的觉醒和对男权话语的挑战,同时也表现了以汤亭亭自身为代表的美国华裔女性试图融入美国社会时追求自我身份认同的艰难历程。汤亭亭以华裔美国人的视角塑造的"木兰"形象,"展示了一个处于两种文化背景、两种民族精神影响下的小女孩的成长和反思",② 却也因为过于脱离中国社会现实引起了较多质疑。在一些文化学者看来,汤亭亭身为华裔美国作家仅凭道听途说和想象就把中国妖魔化。亚裔美国文学评论家赵建秀就把汤亭亭作为已被西方社会同化了的华裔作家加以斥责,认为这类作家已失去了华裔族性,通过刻意误用中国传说与歪曲中国形象取悦西方读者,满足西方读者的猎奇心理。③

迪士尼动画电影《花木兰》于1998年在全球上映,是迪士尼首次以中国女性形象为主角制作的电影,木兰自此成为享有全球知名度的经典人物。在动画版《花木兰》中,木兰被刻画成不满儒家伦理道德束缚的叛逆女性——她聪明伶俐、幽默风趣、大大咧咧,会恶作剧、耍小聪明,和家族神兽木须龙打打闹闹,现代性与喜剧效果突出,却也离最初《木兰诗》中那个为国尽忠、为家尽孝、恪守儒家传统道德的"木兰"形象相距甚远。尽管存在形象的错位,但由于影片情节安排巧妙,画面设计精美,且以青少年儿童为目标受众,仍然广受好评,上映期间收获票房利润逾3亿美元,客观来讲是一次较为成功的对"木兰"形象的创造性重塑。然而,2020年迪士尼真人版电影《花木兰》似乎就没有这么幸运。

---

① [美]汤亭亭:《女勇士》,李建波、陆承毅译,漓江出版社1998年版。
② 刘亚龙:《严谨和使命感笔调下的中西文化交融与碰撞——汤亭亭文学作品的介绍与概析》,《广东工业大学学报》(社会科学版)2002年第3期。
③ 张晓玮:《近30年中国学界汤亭亭小说研究综述》,《四川教育学院学报》2010年第9期。

三 迪士尼真人电影《花木兰》中错位的中国形象

迪士尼真人版《花木兰》对于中国形象的刻画主要存在以下几个方面的问题：人物形象过于魔幻；电影主题过于西方；中国元素过于杂乱。

在人物形象的塑造上，迪士尼将木兰设定为拥有超能力"气"和保护神凤凰的女英雄。木兰自出生起体内就蕴藏着"气"，那是一股可以让她爆发出异常武力的神奇力量，但受限于女性身份，木兰一直被父亲教导要隐藏住体内的"气"。女扮男装替父从军时，木兰与敌军中同样拥有"气"的女巫仙娘在荒野对峙，被仙娘识破了身份。仙娘对同为女子的木兰产生了惺惺相惜之情，劝导木兰认同自己的女性身份，脱下男装，解开束发，以女子形象征战沙场。木兰听从了仙娘的话，以女战士的身份重回战场，最终带领军队取得胜利。从木兰的成长过程来看，她最重要的使命似乎不是救国救民，也不是为父亲排忧解难，而是认同自我，彰显女性价值。与木兰互为镜像的女巫仙娘的人物命运，更是将电影对女性主义的宣扬推到极致。仙娘拥有和木兰一样的"气"，法力高超，但囿于性别无法被世人认可，只能通过在暗中辅佐柔然军队的男性首领使自己的价值得到承认。在与木兰交战的过程中，仙娘看到木兰同为女子却可以率领军队所向披靡，甚为触动，最终不惜为救木兰牺牲了自己。无论是对木兰还是仙娘的形象塑造，突出的都是女性在反抗性别歧视时的同仇敌忾、自强不息。在中国观众眼中，电影里的木兰是一位拥有超能力的东方女侠，一位逐渐觉醒的女权主义者，却并非那个熟悉的北魏传说中的巾帼英雄。

在电影主题的构建方面，真人版《花木兰》也在一定程度上偏离了中国历史传统，转而为现代西方的普世精神代言。儒家文化中的伦理观被忽视，保家卫国、忠孝两全不再是木兰行动的首要动机，取而代之的是对自我与女性身份的追寻。电影似乎更像是为呼应现代西方时兴的女权主义潮流而创作。真人版《花木兰》将木兰对于自我的发现、追寻设定为第一主题，将中国本土文化的集体主义价值观置换为美国主流文化的个人主义和女权主义价值观，偏离了"木兰"形象所想要传递的本真和人生意义，因而使中国观众感到陌生、不解。

对于中国元素的大规模误用更是使得影片中原本就较为失真的中国形

象显得更为错乱。较典型的是隐藏在木兰与仙娘体内的"气"。"气"原本是中国古代哲学基础术语,如《孟子·公孙丑下》中的"我善养吾浩然之气";《墨子·辞过》中的"古之民未知为饮食时,素食而分处,故圣人作,诲男耕稼树艺,以为民食,其为食也,足以增气充虚,彊体适腹而已矣";朱熹《答黄道夫》中的"天地之间,有理有气。理也者,形而上之道也,生物之本也;气也者,形而下之器也,生物之具也。是以人物之生必禀此理,然后有性;必禀此气,然后有形"。在中国古代哲学中,"气"是构成天地万物的本原,模糊而抽象,既可以指人的主观精神,也可指维系人精神活动的元气。但无论其内涵如何丰富、玄妙,在迪士尼真人版《花木兰》中,都被简化成了魔法般的超能量,它可以让木兰武力过人,也可以帮助仙娘幻化变形。失去了形而上哲学意味的"气",与任何西方超级英雄电影中的角色们拥有的特异功能并无区别。另一被中国观众所诟病的中国元素,则是在影片中出现过多次的"凤凰"。在每个木兰心性发生转变的关键时刻,画面中都会突然出现一只凤凰盘旋数周,象征木兰女性意识的觉醒和成长。凤凰原本是中国古代神话传说中历史极为悠久的鸟类神兽,是中华民族的祥瑞。早在商周时期,《尚书·虞书·益稷》就有记载:"箫韶九成,凤皇来仪。"中国古人相信,时逢太平盛世,便会有凤凰飞来人间。[①] 但在真人版《花木兰》中,凤凰的外形单薄如一只纸风筝,除了隐喻木兰的女性意识并不负载任何其他意义,突然出现又瞬间消失的情节设计也让影片《花木兰》在传说与神话的边界摇摆不定,更将原本以追求忠、孝、勇为价值驱动的木兰塑造成了天赋异禀和有神兽庇佑的女超人。诸如此类中国元素的随意堆砌在电影中比比皆是:出生于北魏北方地区的木兰居住在宋代形制的闽南土楼之中,门上贴的对联是元朝戏词"愿天下有情人终成眷属"……如果说电影人物形象的失真与主题思想的偏离是迪士尼受限于中西文化的不同造成的设计错位,那么将各类中国元素以明显不符合史实的方式混杂叠加,频繁出现基本的文化常识错误,反映的则是迪士尼在设计中国形象时漫不经心的态度。由此可见,西方电影创作者在掌握创作权与话语权的同时,还需要付出更多耐心去深入了解被刻画国家真实、立体的国家形象与文化全貌。真人版《花木兰》

---

① 罗碧英:《楚文化中凤纹在现代设计中的运用》,硕士学位论文,湖北工业大学,2009年。

希望通过不断叠加中国元素吸引中国观众，却较少考虑到影片所呈现的中国元素是否客观、准确，塑造的中国形象是否会让中国观众感到困惑与不解。

四 影片《花木兰》遇冷原因分析

真人版《花木兰》前期制作投资超过 2 亿美元，宣传花费超过 1 亿美元，在全球 17 个国家和地区上映，却仅收获 3760 万美元全球票房，院线放映结束后转为线上平台播放，线上销售额在 3350 万美元左右，共给迪士尼影业造成 1 亿多美元的亏损。除了票房惨淡，真人版《花木兰》的口碑也不如预期。至今，真人版《花木兰》IMDb 评分 5.7 分，豆瓣评分 4.9 分，低于 86% 的同类型古装电影及 93% 的同类型动作电影。一部制作投资、宣传力度都声势浩大的影片，票房与口碑却双双遇冷，其中的原因值得深思。

对"木兰"形象的改动并非影片失败的根本原因。从古至今，中国文人对于"木兰"形象也曾有过许多重塑，从给木兰加上带有女性意味的姓氏"花"，到给木兰安排步入婚姻、相夫教子的结局，都称得上是比较大的改动，① 但此类改动在中国读者中的接受程度却远比迪士尼改编的木兰高。究其原因，很大程度上是因为中国历代文人在对故事不断进行改编时，虽然囿于时代局限性，时常未能跳脱出儒家传统对于女子的道德约束与名教规范，但都没有改变中国文化注重忠孝节义、重视集体利益的内核，没有"伤筋动骨"。而迪士尼所创造的木兰表现出的女权主义思想和个人主义信念超越了中国观众对于传统两性关系以及个人与社会关系的认知，不符合中国人对于木兰故事内核的心理期待，从改动程度来说，相较徐渭为木兰增添的"缠足""成亲"等细节，迪士尼的改编也许并不是最夸张的，却置换了"木兰"形象的精神内核。"动其根本"使中国观众对迪士尼真人版木兰感到困惑而陌生，这位木兰也因而产生了"水土不服"的现象。

从比较文化形象学的视角解读真人版《花木兰》对于中国人、物、

---

① Wang Z., "Cultural 'Authenticity' as a Conflict-Ridden Hypotext: Mulan (1998), Mulan Joins the Army (1939), and a Millennium-Long Intertextual Metamorphosis", *Journal of Arts*, Vol. 9, No. 3, September 2020.

景的塑造，可以发现它并未承载起厚重的中华文化底蕴与历史传统，仅透过简单、扁平化的形象展现西方人设想中的东方情调，这也是中国观众无法对影片产生情感共鸣的原因。面对中西文化的巨大差异，以迪士尼为代表的西方文艺创作者们，一方面不得不承认中国文化的价值，以中国形象作为吸引中国以及亚洲市场的卖点，另一方面却在塑造中国这一"他者"形象的过程中缺乏对中国文化的常识性了解，只是将中国元素作为猎奇的点缀，抽空其精神，贩卖其空壳，将西方的普世价值安插在中国的传统人物形象之中，借中国形象展现自身的文化模式、价值观与意识形态，导致真实的中国形象被扭曲，难以得到中国观众的接受与认可，直至造成票房惨淡，市场遇冷的局面。这样的结果，是西方电影制作者和中国观众都不愿意看到的。因此，如何使得不同文化在塑造"他者"形象的过程中，尽可能避免因文化差异带来的形象失真，达到文化间的互容、互通、互鉴，是每一位从事文化教学的国际中文教师应该思考的问题。

五 结 语

一国文学艺术作品在塑造他国形象时，往往倾向于突出他国文化与本国文化的相异之处，从而营造出关于遥远异国的神话色彩，产生具有异域风情的艺术效果，这是可以理解的。但单凭设想去塑造他国形象，难免产生刻板印象与误解之处，因此，中国应该主动参与到这一塑造过程中来，有意识地对相关谬误进行澄清，而国际中文教师在这一过程中则扮演着至关重要角色。面对世界百年未有之大变局，用融通中外的方式向拥有不同文化背景的各国受众讲好中国故事，塑造好中国形象，是国际中文教师面临的迫切任务，这亦需要全民的参与和努力。①

在文化教学过程中，国际中文教师应该引导学生树立尊重他国文化的意识，培养学生理解不同文化的能力。同时，国际中文教师也应该采取更易于学生们接受的方式辅助文化教学。如借助视频、图片等更加直观、形象、生动的手段，全面客观地展现当今中国的真实形象。当我们试图掌握塑造中国形象的主导权，向世界展示一个真实、正面的中国，并不是要破

---

① 黄友义：《如何突破中外文化差异让世界更了解中国？》，中国新闻网：https://www.chinanews.com.cn/gn/2021/11-04/9601886.shtml，2021 年 11 月 4 日访问。

除异国"神话"之美，抹杀多元的审美价值，而是要向世界展现中华文化真实而独特的魅力。塑造、更新国际形象，促进国际理解，注定将会是一个漫长的过程，任重而道远，但值得每一位国际中文教师孜孜不倦为之奋斗。

参考文献

（北宋）郭茂倩：《乐府诗集》，中华书局1979年版。

韩郑恩玉：《从〈木兰诗〉到"木兰戏"——木兰故事演变系统研究》，《戏剧艺术》2013年第4期。

华静：《文化差异、文化误读与误读的创造性价值——兼析动画片〈花木兰〉与〈功夫熊猫〉的中美文化差异与误读现象》，《兰州学刊》2010年第1期。

黄友义：《如何突破中外文化差异让世界更了解中国？》，中国新闻网：https://www.chinanews.com.cn/gn/2021/11-04/9601886.shtml，2021年11月4日访问。

刘亚龙：《严谨和使命感笔调下的中西文化交融与碰撞——汤亭亭文学作品的介绍与概析》，《广东工业大学学报》（社会科学版）2002年第3期。

罗碧英：《楚文化中凤纹在现代设计中的运用》，硕士学位论文，湖北工业大学，2009年。

孟华主编：《比较文学形象学》，北京大学出版社2001年版。

牛梦笛：《2021年全国电影票房472.58亿元 全年总票房全球第一》，新浪网：https://finance.sina.com.cn/jjxw/2022-01-05/doc-ikyamrmz32-57265.shtml，2022年1月5日访问。

［美］汤亭亭：《女勇士》，李建波、陆承毅译，漓江出版社1998年版。

［美］薇思瓦纳珊：《权力、政治与文化：萨义德访谈录》，单德兴译，生活·读书·新知三联书店2006年版。

徐渭：《徐渭集》，中华书局1983年版。

尹鸿、萧志伟：《好莱坞的全球化策略与中国电影的发展》，《当代电影》2001年第4期。

张晓玮：《近 30 年中国学界汤亭亭小说研究综述》，《四川教育学院学报》2010 年第 9 期。

Sax Rohmer, *The Mystery of Dr. Fu-Manchu*, Britain: Methuen, 1913.

Wang Z, "Cultural 'Authenticity' as a Conflict-Ridden Hypotext: Mulan (1998), Mulan Joins the Army (1939), and a Millennium-Long Intertextual Metamorphosis", *Journal of Arts*, Vol. 9, No. 3, September 2020.